21世纪高等院校公共管理系列教材

辽宁省一流本科课程（线上线下混合类）教材

公共政策学

PUBLIC POLICY

郭蕊 主编

东北财经大学出版社

Dongbei University of Finance & Economics Press

大连

图书在版编目（CIP）数据

公共政策学 / 郭蕊主编. —大连：东北财经大学出版社，
2024.12. —（21世纪高等院校公共管理系列教材）. —ISBN
978-7-5654-5510-0

Ⅰ. D035-01

中国国家版本馆CIP数据核字第20246009N9号

东北财经大学出版社出版

（大连市黑石礁尖山街217号　邮政编码　116025）

网　　址：http://www.dufep.cn

读者信箱：dufep@dufe.edu.cn

大连永盛印业有限公司印刷　　　东北财经大学出版社发行

幅面尺寸：185mm×260mm　　字数：396千字　　印张：18.75

2024年12月第1版　　　　　　2024年12月第1次印刷

责任编辑：蔡　丽　刘东威　周　晗　　责任校对：刘贤恩

封面设计：原　皓　　　　　　　　　版式设计：原　皓

定价：56.00元

前 言

党的二十大报告指出："高质量发展是全面建设社会主义现代化国家的首要任务。"公共政策学是公共管理学的重要分支学科，主要研究政府及其他公共部门如何制定和执行政策，以解决社会问题、满足公众需求、实现公共利益。作为一门应用性很强的学科，它融合了政治学、经济学、管理学、社会学等多个学科的理论与方法，具有鲜明的交叉性和综合性特点。公共政策学的研究内容涵盖了公共政策的整个过程，包括议程设置、政策制定、政策执行、政策评估和政策终结等环节。公共政策学还关注不同政策主体（如政府、利益集团、公众等）在政策过程中的角色与互动，以及政策工具（如法律、税收、补贴等）的运用和效果。通过系统研究公共政策的内容、过程和影响，公共政策学旨在提高政策制定的科学性、民主性和有效性，更好地回应社会需求、解决公共问题。

作为一线教师，我深知公共政策学教学的重要性和挑战性。一方面，要向学生传授扎实的理论基础和分析方法，启发他们对公共政策的兴趣和思考；另一方面，要紧密结合中国的政策实践，培养学生运用所学知识分析和解决现实问题的能力。正是基于这种考量，让我有责任感与使命感去编写一本该领域的专业教材，力求在系统梳理公共政策理论的基础上，充分吸收中国公共政策实践的最新成果，形成一本兼具理论深度与实践广度的教材。

在理论框架上，本教材继承并发展了系统论、政策科学、新公共管理等学派的研究视角；在章节设计上，本教材从宏观和微观两个层面展开了公共政策全过程的探讨；同时，结合具体案例，对中国公共政策的发展历程和经验教训进行了全面回顾和反思。可以说，本教材既有扎实的学理基础，又充满了问题意识和批判精神，力求为学生提供一个全面认识和深入理解公共政策学的平台。

本教材的主要特色是注重思政引领，融入党的二十大精神。党的二十大报告指出："用社会主义核心价值观铸魂育人，完善思想政治工作体系，推进大中小学思想政治教育一体化建设。坚持依法治国和以德治国相结合，把社会主义核心价值观融入法治建设、融入社会发展、融入日常生活。"本教材在部分章节通过"明德园地"栏目的形式，结合党的二十大报告内容，引导学生深入社会实践，关注现实问题，使他们加强对专业知识的内化吸收与灵活应用，坚定中国特色社会主义道路自信、理论自信、制度自信、文化自信，努力践行习近平新时代中国特色社会主义思想，达到价值塑造、知识传授、能力培养三位一体的立德树人之效。

作为本教材的主编，我承担了全书的草拟编写提纲、物色撰稿人、召集撰稿人反复多次研讨及修改文稿等工作。团队成员们通力合作完成了本教材的撰写，具体分工是：郭蕊、陈杰莹和申子涵编写第1章，马腾博编写第2章，孟可编写第3章，关玉编写第4章，刘畅编写第5章和第8章，田闯编写第5章和第9章，郭蕊和孙世钊编写第6章，徐庆鑫编写第7章和第10章。各位撰稿人以饱满的热情投入本教材的编写工作，贡献了许多新颖的思路和精彩的案例。这种集思广益的创作模式，正是我们治学为人的精髓。

公共政策关乎国计民生。在"两个一百年"奋斗目标的历史交汇期，深入研究公共政策、厘清其中的规律，对于提高国家治理体系和治理能力现代化水平、促进国家长治久安意义重大。我衷心希望本教材能够为广大公共管理学子和公共部门工作者提供重要的理论滋养和智力支持，为全面建成社会主义现代化强国贡献绵薄之力。

在本教材编写过程中，我们参阅了大量的中外文文献，吸收了前人的优秀研究成果，在此向诸位研究者表示崇高的敬意和诚挚的谢意，对推动本教材得以出版的编辑们表示衷心的感谢。

由于时间仓促、水平有限，书中一定存在不妥或不当之处，恳请各位同仁和广大读者批评指正。

郭蕊

2024年11月

目 录

第1章 公共政策学的学科内涵

公共政策学是一门以现代国家治理中的公共政策为研究对象的交叉性学科。正如美国学者托马斯·戴伊（Thomas R. Dye）在其名著《理解公共政策》开篇所言："每一项公共政策背后都有大量相关群体的利益诉求，也都会对社会产生广泛而深远的影响。公共政策学的任务，就是透过纷繁复杂的现象，发现问题的本质，探寻最优的解决之道。"①由此可见，公共政策学旨在系统研究政府公共决策和行动，揭示政策活动的内在逻辑，建构科学完备的政策理论体系，并为政策实践提供智力支持。

1.1 公共政策学及相近概念解析

1.1.1 公共政策学的概念界定

公共政策（public policy）学是一门探究政府为实现公共利益或解决公共问题所制定和实施的方针、政策及相关行动的社会科学。它以政策过程中各相关主体的行为和互动为主要研究对象，关注公共政策从提出、制定到执行、评估、反馈的动

---

① 戴伊. 理解公共政策 [M]. 谢明，译. 12版. 北京：中国人民大学出版社，2011：1-10.

态全过程，旨在提高公共政策的科学性和有效性。公共政策学属于应用性、实践性很强的学科，与政治学、公共管理学、经济学等学科密切相关，是一门综合性、交叉性的学科。①

1.1.2 公共政策学与相近概念辨析

1.1.2.1 公共政策学与政策科学

政策科学（policy science）产生于20世纪50年代，由美国学者哈罗德·拉斯韦尔（Harold Lasswell）等人提出，强调运用科学的理论和方法来研究公共政策问题。②政策科学主要关注描述性和规范性两类问题，即政策过程的基本特征与规律，以及如何制定最佳政策等。它的研究对象比公共政策学更为广泛，涉及政府、企业、非营利组织等不同层面的政策研究。③因此，公共政策学可视为政策科学的一个重要分支，聚焦于政府公共政策这一领域。

1.1.2.2 公共政策学与政策研究

政策研究（policy research）是为制定和执行政策提供知识基础和实证支撑的系统性探究活动。它强调运用科学理性的思维方式，通过调查、观察、分类比较、统计分析等方法，收集相关信息和数据，揭示问题的本质及形成原因，预测政策实施可能产生的影响，为政策制定者提供客观、中立的咨询建议。④政策研究贯穿于公共政策过程始终，对提高政策质量具有基础性作用。它为公共政策学的理论发展提供了知识养料和实践土壤，而公共政策学则为政策研究提供了基本的理论框架和分析范式。两者相互支撑、互为补充。

1.1.2.3 公共政策学与政策分析

政策分析（policy analysis）是20世纪60年代兴起的一种政策研究取向和实践活动，主要运用经济学、系统分析、成本收益分析、政策模拟等方法，针对特定的政策议题开展系统研究，预测不同政策方案可能产生的影响，权衡利弊得失，为决策者选择最优政策提供依据。⑤政策分析是一种应用导向的研究，目的在于解决实际问题，具有很强的工具理性色彩。它是公共政策学的重要组成部分，体现了该学科的实践性和应用性特征。公共政策学则从更宏观、系统的视角审视政策过程及其相关问题，注重理论阐释和逻辑论证，兼具认识世界和改造世界的双重使命。

从上面的分析可以看出，公共政策学与政策科学、政策研究、政策分析既有密切联系，又各有侧重。公共政策学以政府公共政策为核心研究对象，吸收和借鉴相

① 朱春奎. 公共政策学 [M]. 北京：清华大学出版社，2016：12-28.
② LERNER D, LASSWELL H D, FISHER H H. The policy sciences: recent development in scope and method [M]. New York: Standford University Press, 1951: 1-20.
③ 陈振明. 政策科学：公共政策分析导论 [M]. 北京：中国人民大学出版社，2003：15.
④ 杨宏山. 公共政策学 [M]. 北京：中国人民大学出版社，2020：170-190.
⑤ 陈振明. 公共政策学——政策分析的理论、方法和技术 [M]. 北京：中国人民大学出版社，2004：125-150.

关学科理论成果，围绕公共政策的形成、执行、评估等开展系统研究，力图揭示公共政策运行的一般规律，并为政府决策提供理论指导和智力支持。在方法论上，公共政策学倡导整合规范研究和实证研究，注重理论创新和本土化探索，彰显鲜明的问题导向和价值追求，体现了学科的时代特色和使命担当。

1.2 公共政策学的研究对象

学科内涵是把握一门学科的立足之本。它界定了学科的研究对象、研究方法、基本理论、核心概念等要素，彰显了学科的特殊性和独立性，为学科的存在和发展提供了根本依据。对公共政策学而言，准确界定其学科内涵，是构建系统理论、明晰学科边界、指引未来发展的前提和基础。

公共政策学以政府及公共部门制定和执行的公共政策为核心研究对象。一项公共政策的形成和实施，涉及政策主客体、政策问题、政策目标、政策工具、政策过程、政策效果等一系列要素。公共政策学聚焦于对这些要素的系统考察，力图对政策活动的全貌进行理论勾勒和实证分析，发现政策运作的基本规律。这一研究对象贯穿政策始终，涵盖政策全过程，集中体现了公共政策学的学科特色。

在研究视角上，公共政策学是一门综合性的交叉学科，汲取和融合了政治学、管理学、经济学、社会学等多个学科的理论资源和研究方法。政治学视角关注政策的政治合法性以及相关利益主体的权力博弈；管理学视角强调政策过程的科学管理；经济学视角挖掘政策运作背后的成本收益权衡；社会学视角则着眼于政策的社会基础和社会影响。公共政策学努力在多学科知识的交叉融合中，建立自身的理论体系、分析框架和研究范式。正是得益于这种开放包容的学科属性，公共政策学才能够在复杂治理的语境下，从多维视角审视公共政策，为解决公共问题提供全面系统的理论分析工具，在学理逻辑和实践运用间实现对接。

公共政策学的研究对象涵盖政策活动全过程、各要素，不同要素间存在紧密联系，共同构成一个有机系统。这一研究对象的确立，是在中西方公共政策研究经验基础上形成的共识。在西方，从20世纪初伍德罗·威尔逊、马克斯·韦伯等先驱对"政策科学"的理论倡导，到第二次世界大战后兴起的政策科学运动，再到20世纪80年代后公共政策研究的百花齐放，政策研究对象呈现出从"政策本身"到"政策系统"再到"治理体系"的嬗变轨迹，展现了日益开放、动态、综合的学科视野。

中国的政策研究也由来已久，从先秦诸子的治道思辨，到帝制时期的王道政治，再到革命年代的政策实践，无不蕴藏着深邃的政策智慧。尤其是改革开放以来的政策实践更是硕果累累，为中国公共政策学研究提供了丰厚的实践土壤。

正如托马斯·戴伊所言："公共政策学研究政府做什么、为什么做以及其结果如何的问题。"[1]在这一界定中，政策主体、政策行为、政策绩效等基本要素已然凸显。但公共政策学的研究对象绝非仅限于此，而是一个涵盖政策主客体、政策问题、政策工具、政策过程、政策效果等诸多要素在内的有机系统。

1.2.1　政策主客体

政策主客体是公共政策过程中的两个核心要素。政策主体指的是那些参与和影响公共政策决定、执行、监督等全过程的组织、团体或个人，他们在法律规定的框架内，通过合法程序推动公共政策的形成、实施与调整，对公共政策有直接或者间接的决定作用。而政策客体则是政策所指向的对象，包括需要解决的社会问题以及受政策影响的社会成员，公共政策的制定和实施旨在通过对这些客体的作用，实现政策制定者所设定的目标和价值。

1.2.2　政策问题

公共政策是针对公共问题的权威性反应，因此问题界定是政策制定的逻辑起点。"一个问题只有被认知、被界定，才可能进入政府议程并最终转化为政策，"[2]这是公共政策研究的重要前提。问题界定涉及问题的起因、性质、影响等多个层面，不同主体基于各自利益偏好对问题的认知常常存在差异甚至冲突。如何客观呈现问题图景，科学界定问题边界，考验着公共政策学的理论视野和方法功底。

1.2.3　政策目标

目标设定是公共政策的归宿所在，对政策工具选择、政策过程设计、政策绩效评估具有根本性影响。一项政策的目标是否明确可行，不同目标之间是否协调统一，很大程度上决定了政策执行的方向和成效。但在现实中，政策目标常常面临着价值取舍和利益权衡，如效率与公平的平衡、短期与长远的兼顾等，都是政策目标设定必须直面的难题。公共政策学需要运用规范研究与实证研究相结合的路径，为政策目标设定提供坚实的理论支撑和现实依据。

1.2.4　政策工具

公共政策需要借助一定的工具手段方能付诸实施。社会资源配置、行为引导、利益调节等无不依托特定的政策工具展开。常见的政策工具包括法律、规划、财税、信息等类型，不同工具在成本收益、激励约束、适用情境等方面差异显著。科学甄选、优化组合政策工具，事关政策执行的有效性。

1.2.5　政策过程

政策从酝酿、制定到执行、评估的完整过程是一个复杂系统，涉及议程设置、

---

① 戴伊. 理解公共政策 [M]. 谢明，译. 12版. 北京：中国人民大学出版社，2011：1-2.
② 戴伊. 理解公共政策 [M]. 谢明，译. 12版. 北京：中国人民大学出版社，2011：27-30.

方案设计、资源调配、监督问责等诸多环节。政策科学奠基人拉斯韦尔指出："政策过程是政治过程与管理过程的统一。"剖析政策运作的逻辑图景,识别不同环节的关键影响因素,优化提升整个过程的科学化、民主化、法治化水平,是公共政策学的重要使命,也是公共管理现代化的题中应有之义。

1.2.6 政策绩效

公共政策最终要落实到政策产出的社会效应上,事关公共利益的实现程度。政策效果的好坏、政策目标的达成度、政策对象的满意度等,都是衡量政策绩效的重要指标。但政策绩效评估绝非易事。政策成本收益的科学测算、政策效应的中长期追踪、政策副作用的系统识别,对评估技术与方法提出了很高要求。公共政策学致力于建立科学完备的绩效评估指标体系,为政策优化完善提供决策依据,这是彰显政策学术性、应用性统一的重要方面。

1.3 公共政策学的多学科视角与交叉特性

公共政策学作为一门综合性、交叉性的学科,汇聚了政治学、经济学、管理学、社会学等多个学科的理论与方法。多学科视角的引入,为公共政策的研究提供了更为宽泛的学理视野和好用的方法论工具,有助于全面理解公共政策的复杂本质和多维内涵。

1.3.1 政治学视角:政策的政治属性分析

政治学是研究政治现象、政治行为和政治关系的科学,它为审视公共政策提供了独特的理论视角。政策作为政治系统的产物,其形成和运作都深受政治力量的影响和制约。正如美国政治学家戴维·伊斯顿(David Easton)所言:"政策是对社会性价值进行权威性分配的过程。"[①]这一论断揭示了政策与政治的内在联系——政策体现着执政者的意志和利益诉求,反映着不同政治力量的角力与妥协。因此,剖析政策的政治属性,对于深入理解政策的本质具有重要意义。

马克思主义国家观为我们分析政策的阶级属性提供了理论武器。作为国家意志的集中体现,公共政策必然打上统治阶级意识形态的烙印,服务于巩固其阶级统治和维护其根本利益的需要。然而,我们也要看到,在现代民主政治的语境下,政策并非完全由统治阶级主导和操控,而是多元政治力量博弈的产物。这就意味着,政策的制定需要兼顾和平衡不同阶层、不同群体的利益诉求,在一定程度上体现民意、回应民声。因此,全面理解政策的政治属性,既要揭示其背后的阶级利益和意

---

① 伊斯顿. 政治生活的系统分析 [M]. 王浦劬, 主译. 北京: 人民出版社, 2012: 474.

识形态内核，又要关注不同政治力量博弈对政策的塑造作用。

具体而言，政治学视角下对公共政策政治属性的分析，可从以下几个维度展开：

其一，分析不同政治制度和政党体制对政策过程的影响。政治制度作为政治运行的基本规则和框架，深刻影响着政策议程的设置、政策方案的形成和决策机制的运作。不同的政党体制下，政党间的权力结构和互动方式也会对政策走向产生重要影响。

其二，考察利益集团政治对政策的影响。当代社会利益多元、诉求多样，不同利益集团通过游说、施压等方式影响政策，已成为一种常态。准确把握利益集团的政治诉求和行动逻辑，对于理解政策形成不可或缺。

其三，分析民意和舆论导向对政策的影响。民意是政策合法性的重要来源，对政策议程设置和方案选择具有重要影响。而舆论导向则在很大程度上塑造着民意基础，影响公众对政策的接受度。

其四，研究政治领导人的价值理念和领导风格对政策的影响。政治领导人处于政治权力的核心，其治国理政理念和领导风格深刻影响政策导向。领导人的政治智慧和决策魄力，在很大程度上决定着政策成败。

1.3.2　管理学视角：政策过程的科学管理

管理学为公共政策研究提供了系统化的分析框架和方法论工具。作为研究组织运行和管理活动规律的科学，管理学为政策过程的科学化、规范化和效能提升提供了重要的理论指导。公共政策的制定与执行本质上是一个复杂的管理过程，需要运用科学的管理理念和方法来提升政策质量和执行效能。同时，政策管理实践也反过来丰富和发展了管理理论，形成了独特的政策管理范式。深入理解管理与政策的互动关系，对于提升政策过程的科学化水平具有重要意义。

科学管理理论为政策过程的规范化管理奠定了基础。该理论最早由泰勒（F. W. Taylor）提出，后经亨利·法约尔（Henri Fayol）、马克斯·韦伯（Max Weber）等学者发展，强调将科学原理和方法应用于管理活动，通过理性化和标准化来提高管理效率。对于决策而言，科学管理理论重视客观事实和科学数据，强调决策的程序化和标准化，注重管理效率的优化。政策过程中的目标设定、方案设计、资源配置等环节，都需要遵循科学管理的基本原则。

梅奥等人创设的行为科学理论则关注政策管理中人的因素，强调人的社会性需求和组织行为的复杂性，关注人际关系和组织文化在组织管理中的重要作用。因此，在政策制定中需要充分考虑参与政策制定者的行为特征和心理需求，重视沟通协调和激励约束，培育有利于政策执行的组织文化，从而提升政策的有效性。

马克思主义管理思想为政策管理注入了深刻的辩证思维和价值导向。马克思关于社会化大生产管理的理论，深刻揭示了管理活动的社会属性，强调管理要服务于人民群众的根本利益。运用马克思主义管理理论分析政策过程，就要坚持以人民为中心，在追求管理效率的同时注重社会公平，实现政策管理的科学性和价值性的统一。

系统管理理论为政策过程的整体优化提供了方法论指导。该理论强调从整体和关联的视角看待管理对象，注重系统要素间的协调和优化。赫伯特·西蒙（Herbert Simon）的决策理论和彼得·德鲁克（Peter F. Drucker）的目标管理理论为政策管理提供了系统思维框架，强调在复杂性和不确定性条件下进行科学决策。[①]公共政策要坚持系统观念，统筹考虑政策目标、资源条件、执行环境等因素，实现政策系统的整体效能最优。

管理学理论还为评估政策执行效能提供了重要工具。绩效管理和质量管理等理论为建立政策评估指标体系、开展政策执行监测、优化政策实施方案提供了科学方法。马克思主义理论强调实践检验的重要性，要求将政策效能评估纳入整个政策过程，通过科学的评估来改进政策管理，切实提高政策对人民群众需求的回应能力。

1.3.3 经济学视角：政策的成本收益权衡

作为研究资源配置的科学，经济学的基本范式和分析工具为审视政策提供了独特的理论镜鉴。政策的制定和执行不可避免地涉及资源配置问题，如何在有限资源约束下实现政策目标的最大化，是每一项政策都必须面对的课题。

成本收益分析（cost benefit analysis，CBA）是从经济学视角审视公共政策的重要工具。它通过系统衡量和比较政策方案的全部成本和收益，力图找到净收益最大化的最优选择。该方法源于20世纪30年代美国水利工程项目的评估实践，此后逐步发展为一种重要的政策分析工具和决策依据。在现代公共政策的制定过程中，成本收益分析已成为一种常态化的制度安排，以提高政策的经济合理性和资源配置效率。

马克思主义政治经济学为成本收益分析提供了重要的理论基础。马克思的劳动价值论从社会必要劳动时间的视角揭示了商品价值的实质和来源，为衡量成本收益提供了科学尺度；马克思的剩余价值学说揭示了资本主义生产关系的剥削实质，为批判性地认识资本主义条件下成本收益分析的局限性提供了理论武器；马克思的再生产理论阐释了社会总产品的实现条件和均衡增长路径，为宏观层面的成本收益权衡提供了方法论指引。

然而，我们也要看到，成本收益分析作为一种理性决策工具，在实际运用中仍面临诸多局限和挑战。

首先，政策的诸多影响因素难以被量化为可比较的货币价值，使得成本收益核算不可避免地存在片面性。

其次，政策的长远效应和外部性难以在短期内准确预估，这就要求在政策分析时必须纳入动态评估和社会成本的视角。

最后，成本收益权衡取决于基本的价值判断，如何在效率与公平、当前利益与

---

① 西蒙. 管理行为 [M]. 詹正茂，译. 北京：机械工业出版社，2004：37-58.

长远利益间取得平衡，考验着决策者的政治智慧和治理艺术。

1.3.4 社会学视角：政策的社会基础与影响

作为研究社会生活和社会关系的科学，社会学为政策分析提供了重要的理论资源和方法论工具。公共政策的制定和执行都深深嵌入特定的社会结构和文化语境中，社会力量的互动博弈深刻影响着政策走向。同时，政策实施也会对社会关系和秩序产生反作用，引发社会变迁。准确把握政策与社会的辩证互动关系，对于理解政策的生成机制和现实影响至关重要。

社会冲突理论为分析政策的社会基础提供了重要视角。该理论由马克思最先阐述，后经韦伯、拉尔夫·达伦多夫（Ralf Dahrendorf）等学者发展，强调社会是由不同利益和权力团体构成的复合体，团体间的利益冲突是社会矛盾的根源，国家和政策在很大程度上反映了占统治地位集团的利益。在这一视角下审视政策，要深入考察其所反映的利益格局，剖析其背后的社会权力关系，进而理解政策偏好形成的社会根源。

与此同时，社会建构理论关注政策议题形成的社会文化机制。该理论由美国社会学家彼得·伯格（Peter Berger）和托马斯·卢克曼（Thomas Luckmann）提出，强调社会现实是人们通过日常互动建构起来的，人们对问题的主观认知和文化表征塑造着问题的社会定义。政策议题的凸显与否，很大程度上取决于社会对其重要性的集体认知。因此，分析不同社会群体和媒体舆论如何建构政策议题，考察主流价值观和意识形态如何引导政策选择，对于揭示政策的文化根源至关重要。

马克思的阶级分析和唯物史观，深刻揭示了社会结构对上层建筑的决定作用，而公共政策作为上层建筑的重要组成部分，必然打上特定社会关系的烙印。正如马克思所言："人们自己创造自己的历史，但是他们并不是随心所欲地创造，并不是在他们自己选定的条件下创造，而是在直接碰到的、既定的、从过去承继下来的条件下创造。"[①]运用马克思主义社会学分析政策，就要立足社会历史条件，透过经济利益和权力格局的棱镜，批判性地认识政策的阶级属性，进而在坚持以人民为中心的价值立场基础上，探索推进社会公平正义、增进人民福祉的政策路径。

1.3.5 多学科交叉融合与理论创新

随着社会问题日趋复杂，单一学科的分析框架已难以满足政策研究的现实需求，跨学科的理论对话与方法创新日益成为推动政策科学发展的重要动力。多学科交叉融合为公共政策研究开辟了新的理论空间和方法视野。作为一门综合性的应用学科，公共政策学的发展得益于多学科理论资源的不断注入和创新整合。深入把握多学科交叉融合的发展趋势，对于推进政策理论创新和实践创新具有重要意义。

知识整合理论为多学科交叉研究提供了重要的方法论指导。在政策研究领域，

① 马克思，恩格斯. 马克思恩格斯选集：第1卷［M］. 中共中央马克思恩格斯列宁斯大林著作编译局，译. 北京：人民出版社，1995：603.

需要打破传统学科分割的局限，促进经济学、政治学、社会学、管理学等学科的理论对话，通过知识重组和方法创新来增强政策分析的解释力和指导力。

由于政策问题往往具有多层次、多维度的复杂性特征，需要综合运用多学科的理论工具，才能更好地把握政策系统的演化规律和作用机制，因此，复杂性科学为理解政策系统的多维特征提供了新的认知框架。

马克思主义的整体性思维为多学科交叉研究提供了重要的哲学基础。马克思强调："全部社会生活在本质上是实践的。"[①]这一观点要求我们从实践的整体性出发理解政策问题，运用多学科视角全面把握政策与经济、政治、社会、文化等领域的互动关系。正是基于这种整体性思维，才能实现对政策问题的深层次认识和创新性解决。

大数据与人工智能的发展为政策研究的跨学科整合提供了新的技术支撑。计算社会科学的兴起推动了传统社会科学方法与数据科学的深度融合，为政策分析提供了新的研究范式。通过整合社会科学理论与数据分析方法，可以更好地捕捉政策系统的复杂模式，预测政策效应，优化政策方案。

实践导向的问题解决模式促进了多学科知识的创新整合。政策分析作为一门应用性学科，其理论发展必须立足于解决现实问题。面对日益复杂的政策议题，需要根据问题特征灵活调用多学科知识，通过理论创新和方法创新来增强政策分析的实践指导价值。正如邓小平同志指出的："实践是检验真理的唯一标准。"政策研究要以问题为导向，在实践中检验，推动政策分析进行多学科理论的创新整合。

拓展阅读1-1

1.4 公共政策学的历史演进

政策科学的历史演进是一个循序渐进、不断深化的过程。其起源可追溯至20世纪初，但当时尚未形成独立的学科体系，仍处于孕育阶段。直至20世纪50年代，政策科学才真正崭露头角，并奠定了坚实的基础。在此后的各个发展阶段中，政策科学不断拓展其研究范畴，逐步建立起完善的理论框架，实现了理论与实践的紧密结合。同时，面对新世纪的各种挑战，政策科学也展现出强大的适应性和创新能力。

---

① 马克思，恩格斯. 马克思恩格斯选集：第1卷 [M]. 中共中央马克思恩格斯列宁斯大林著作编译局，译. 北京：人民出版社，1995：56.

1.4.1　孕育与萌芽：公共政策学的初期发展

公共政策学科的发展可以追溯到20世纪初期。在这个阶段，公共政策学还没有成为一个独立的学科领域，而是在政治学、行政学、经济学等学科领域中发展，主要关注政策制定和执行的实践问题。

托马斯·伍德罗·威尔逊（Thomas Woodrow Wilson）作为公共行政理论的先驱，曾深刻指出公共政策的本质，即政策是由掌握立法权的政治家制定，再由行政官员具体实施的法律与规定。这一见解强调了政策制定与执行之间的分工，以及立法与行政在政策形成过程中的角色差异。戴维·伊斯顿从政治系统理论的角度，将公共政策视为政治系统对社会需求与压力的一种回应，即政治系统的输出结果。这种观点凸显了政策作为政治过程产物的性质，以及政策与社会环境之间的互动关系。20世纪20年代，行为主义政治学在美国兴起，这一学术运动倡导以实证和经验的方法深入研究政治行为，填补了传统政治学理论与实践之间的鸿沟。20世纪20年代，以查尔斯·E.梅里安（Charles E. Merriam）为代表的一批政治学家，推动了新政治科学的发展，他们强调对政府决策等关键政治行为进行细致的观察和分析，这一转向为政策科学的诞生奠定了理论基石。随后，哈罗德·拉斯韦尔进一步深化了对政策制定过程的研究，创立了"政策科学"学科。拉斯韦尔的工作不仅对政策制定的研究方法加以系统化，还为后续的公共政策学提供了重要的理论框架和分析工具。[①]

1929—1933年的资本主义世界经济危机引发了广泛的社会动荡，暴露了自由市场经济的局限性和社会问题的严重性，这促使人们开始寻求新的解决方案。在这一关键时刻，英国经济学家约翰·梅纳德·凯恩斯（John Maynard Keynes）提出了政府干预经济的政策主张，这一理论突破为公共政策学的诞生奠定了基础。在经济危机之后，西方国家，尤其是美国，开始形成一种共识，即"政治求助于科学，官员求助于学者"。这种趋向反映了政府在决策过程中对科学方法和专家知识的依赖，公共政策学应运而生。

第二次世界大战后，美国社会政治相对稳定，经济技术迅猛发展，但也面临着诸多社会矛盾和问题，如战争、贫困、失业、环境污染、种族歧视和国际事务等。越南战争的失败进一步加深了人们对政策制定系统的反思。学者们普遍认为，除了最高决策者的失误外，政策制定系统本身也存在缺陷，缺乏社会力量和政治科学的充分参与。这一认识推动了对公共政策学的深入研究。人们逐渐意识到，各国政府在解决紧迫的社会、政治和经济问题时，需要大量的公共政策相关知识和信息。这要求建立一个系统的学科，专门研究公共政策的制定、执行和评估。公共政策学因此成为一门独立且重要的学科，为政府决策提供了理论支持和实践指导。[②]

① 药师寺泰藏. 公共政策［M］. 张丹，译. 北京：经济日报出版社，1991：32.
② 麻宝斌，王庆华. 公共政策学［M］. 北京：高等教育出版社，2016：29.

1.4.2　奠基与构建：政策科学的正式提出与理论框架

1943 年，美国著名政治学家哈罗德·拉斯韦尔（Harold Lasswell）在他的一个备忘录里提到了"政策科学"的概念。但是学界认为这一概念被正式地提出则是在 1950 年他与另一位著名的政治学家尼尔·勒纳（Daniel Lerner）合著的《政策科学：范围与方法的新近发展》一书中，书中指出："政策科学是用于解决社会问题特别是解决那些结构和关系都很复杂的社会问题的工具。"①同时，他们还对政策科学的学科特点、基本范畴等进行了系统的讨论，初步构建起政策科学的学科体系，因此，该书被视为政策学科的开端和公共政策学诞生的标志，拉斯韦尔也因此被誉为"现代政策科学的创立者"。

拉斯韦尔不仅是该学科的重要奠基人，还是政治行为主义学派的杰出代表。他写于 1936 年的《政治学：谁得到什么？何时和如何得到？》一书，被广泛认为是行为主义学派在该时期的经典之作。在书中他提出，公共政策的核心在于价值的权威性分配，即政府通过政策决定谁能够获得何种资源和权益，以及如何分配这些资源和权益。这一观点为理解政策的社会功能和效果提供了重要的理论支持。此外，在 1951 年的论文《政策方向》（The Policy Orientation）中，拉斯韦尔首次系统地阐述了政策科学的对象、性质和发展方向。他指出，政策科学是一门跨学科的综合性研究领域，提倡多学科方法，认为政策研究需要融合政治学、经济学、社会学、心理学等多个学科的知识，以全面理解和解决复杂的社会问题。

除拉斯韦尔之外，还有三位政治学家最有代表性：查尔斯·林德布洛姆（Charles E. Lindblom）、戴维·伊斯顿（David Easton）、加布里埃尔·阿尔蒙德（Gabriel Almond）。

1953 年，林德布洛姆在其著作《政治、经济与福利》中对传统的全面理性方法进行了批判，并提出了"渐进主义"的概念。他认为，政策制定不应追求完美无缺的解决方案，而应在现有政策基础上进行逐步改进和调整，这一观点颠覆了以往对政策制定的传统认知。1963 年，林德布洛姆在《决策的战略》一书中将传统的理性模式称为"全面分析"，而将自己的决策模式称为"连续渐进主义"。这一模式认为，政策制定是一个不断试错和调整的过程，而不是一次性找到最佳方案。查尔斯·林德布洛姆通过对全面理性的批判和对渐进主义的倡导，为公共政策学领域带来了新的思考方式和研究路径。他的工作不仅深化了我们对政策制定过程的理解，也为实际的政策分析和制定提供了重要的理论指导。②

戴维·伊斯顿，作为当代政治科学领域的杰出学者，对公共政策学的发展产生了深远的影响。1953 年，伊斯顿出版了其标志性著作《政治体系——政治学状况研究》。在这本书中，他特别强调了公共政策学的重要性，将其视为理解社会政策

① LERNER D, LASSWELL H D, FISHER H H. The policy sciences: recent development in scope and method [M]. New York: Standford University Press, 1951: 3-15.
② 麻宝斌，王庆华. 公共政策学 [M]. 北京：高等教育出版社，2016: 22.

制定与实施的关键领域。伊斯顿明确指出，政治学的核心使命在于探讨社会政策的理想形态，以及如何有效地设计与执行这些政策，以实现公共利益与社会福祉。此外，伊斯顿对政治系统适应性与政策反馈机制的探讨，为政策制定者提供了评估政策效果、调整政策方向的理论依据，从而增强了政策科学的实践意义与社会价值。此外，他对价值结构的深入分析与重建，成为政策研究中不可或缺的一部分，有助于研究者更全面地理解政策背后的动机、目标与预期效果，为政策评估与优化提供了新的视角与方法。[①]

阿尔蒙德是当代政治学领域的知名学者，他大力提倡应用政治学，特别是以公共政策为导向的政治学研究。阿尔蒙德在1960年出版的《发展中地区的政治》（*The Politics of the Developing Areas*）一书中首次提出了他的结构功能主义政治分析理论框架。这一理论框架为理解不同政治体系提供了新的视角，并在随后的研究中得到了进一步的发展和完善。阿尔蒙德的结构功能主义政治分析理论为比较政治学和公共政策研究提供了重要的理论基础和分析工具。他的贡献不仅在于理论的创新，还在于其对实际政策分析和政治体系理解的深远影响。[②]

1.4.3 深化与拓展：政策科学的创新与实践结合时期

20世纪70至90年代，政策科学进入了创新以及实践与理论相结合的时期，这一时期不仅强调理论框架的发展，更注重将理论与实际政策制定相结合。其中，叶海卡·德罗尔（Yehezkel Dror）的研究成果对政策科学的理论和实践都产生了深远的影响。

概括起来说，这一阶段的公共政策学发展表现出以下几个特点：

第一，方法论的丰富性。德罗尔的贡献在于推动公共政策学方法论的多元化。通过鼓励采用各种研究途径，包括案例分析、实证研究以及定性和定量方法，他拓展了学者们的研究工具箱，使其能够更全面、深入地探讨复杂的政策问题。

第二，政策过程研究的焦点变迁。德罗尔引领着学者们将研究关注点从单纯的政策结果转移到政策制定的过程。他强调决策者的行为、组织的角色以及利益群体的参与等多重因素，使研究者能够深入分析政策制定的动态性和复杂性。

第三，伦理与价值导向的政策思考。德罗尔的研究强调了在政策制定中伦理和价值取向的重要性。他认识到政策不仅是技术性的决策，还离不开社会价值观念和伦理原则的塑造。这一关注使公共政策学更注重考虑公正、道德和社会正义等人文因素。

第四，开启公共政策比较研究的大门。德罗尔促进了对全球不同地区公共政策

---

① 伊斯顿. 政治体系——政治学状况研究 [M]. 马清槐，译. 北京：商务印书馆，1993：122-123.
② 阿尔蒙德，小鲍威尔. 比较政治学：体系、过程和政策 [M]. 曹沛霖，译. 上海：上海译文出版社，1987：14-24.

的比较研究。他通过关注不同文化和政治体制下的政策差异，为学者们提供了一种新的思考方式，拓宽了对公共政策多样性的认识。

总之，20世纪80年代至90年代政策科学的实践与理论结合时期，德罗尔的研究为其注入了更为实用和具体的内容，促使理论更好地服务于实际政策制定的需要。这一时期的研究不仅提高了政策科学的适用性，同时为今后的理论拓展和实践创新奠定了坚实基础。

拓展阅读1-2

1.4.4　多元与挑战：21世纪公共政策学的新趋势与应对

20世纪90年代以来的公共政策发展背景呈现出多元、复杂、全球性的特征，要求政策制定者在面对多变的挑战时能够灵活应对，积极创新政策思维和方法。

在这样的背景下，公共政策学的研究呈现如下特点：

第一，跨学科融合。21世纪以来，公共政策学研究更加强调跨学科的融合。公共政策学与经济学、社会学、心理学等学科紧密融合，以整合各领域知识来应对复杂的公共政策问题。

第二，创新技术的影响。信息时代的发展，尤其是人工智能、大数据、云计算等新技术的崛起，深刻地影响着公共政策的制定和执行。研究者开始深入研究这些技术在政府决策中的应用，以及它们对社会治理和公共服务的影响。例如，通过分析社交媒体数据，政府可以及时了解公众对某一政策的反应和意见；人工智能在自动化决策、智能监控、个性化服务等方面的应用，提高了政府工作的效率和精准度；智能交通管理系统可以实时优化交通流量，减少拥堵和事故；通过区块链技术记录公共采购和资金流向，可以有效防止腐败和滥用公共资源。

第三，全球化视野。全球化对公共政策的制定和实施带来深远的影响。学者们更加关注国际的政策互动和相互影响，致力于理解全球性挑战（如气候变化、流行病等）对各国政策的影响。例如，《巴黎协定》的达成就是政策科学成功参与全球气候治理的案例。各国政策制定者在政策科学的指导下，通过协商、研究和合作，制定了旨在减缓气候变化的具体政策措施。这不仅彰显了政策科学在全球性问题上的重要性，也证明了其在推动国际合作中的不可或缺地位。

第四，公众参与和民主创新。通过利用新技术，政府与公众之间的互动更加密切，公众在政策制定中的参与程度得到提升。在线平台和社交媒体成为政策制定与公众互动的重要渠道，增强了民众对政策过程的参与感。政府建立电子政务平台后，公众可以更方便地获取信息、提交意见和参与决策过程。政府也会通过社交媒体发布政策信息、收集公众反馈、开展民意调查等，增强了政策的透明度和公众的参与感。

第五，大众媒体与政策传播。大众媒体在 21 世纪的快速发展对政策传播产生了深刻影响。研究者开始关注新闻媒体、社交媒体等平台在政策传达与解释中的作用。政府通过精心设计的媒体传播策略，确保信息覆盖面广、传播速度快，提高政策的知晓度和公众的理解度。研究者和政府也会通过监测媒体报道和社交媒体上的公众讨论，及时了解公众对政策的反应和意见，从而作出相应的调整和回应。

随着人工智能（AI）技术的快速发展和广泛应用，政策科学领域也面临诸多新的特殊挑战，包括法律与监管、伦理与道德、社会影响与就业、安全与稳定、数据隐私与保护等方面的问题。这些挑战要求政策制定者制定新的法律法规，推动 AI 系统的透明度和可解释性，预判和应对劳动力市场变化，加强网络安全，制定严格的数据保护法规。

拓展阅读1-3

拓展阅读1-4

1.5　中国公共政策学的建构

在中国，公共政策学的建构是一个复杂而深远的课题。它不仅涉及对政策制定、执行和评估的系统研究，还包含了对政策与社会、经济、文化等多个维度的交叉融合。陈振明教授在其著作《中国政策科学的学科建构——改革开放 40 年公共政策学科发展的回顾与展望》中，①深刻地指出了中国政策科学的发展可以划分为两个主要时期或阶段：20 世纪 80 年代初至 20 世纪末的学科引进与初创时期，以及 21 世纪以来的学科拓展与成熟时期。经过两个阶段的发展，中国的政策科学学科建设取得了显著成就。正如陈振明教授所述，政策科学的研究对象或领域的独立性、公认的研究范式、成熟的学科建制等标准均已基本满足，这标志着中国政策科学已经基本成熟。这一成熟的学科体系不仅为中国的政策制定和实施提供了有力的理论支撑，也为国家治理现代化作出了重要贡献。

---

①　陈振明. 中国政策科学的学科建构——改革开放 40 年公共政策学科发展的回顾与展望 [J]. 东南学术，2018（4）：52-59；247.

1.5.1 学科引进与初创时期（20世纪80年代初至20世纪末）

在20世纪80年代初至20世纪末的学科引进与初创时期，中国公共政策学的建构是一个充满挑战与机遇的过程。随着改革开放的深入推进，中国社会亟需一套能够指导政策制定与执行的科学体系，以应对日益复杂的社会问题和公共需求。在这样的背景下，中国学者开始了对西方政策科学理论的引入和吸收，并尝试构建适合中国国情的政策分析框架。

在这一时期，学者们首先关注的是政策科学的基本理论和方法。他们试图理解政策过程的各个环节，包括政策制定、执行、评估和终结等，并将这些理论应用于中国的行政管理实践中。这一时期的研究重点在于探索如何将政策科学的普遍原理与中国的实际情况相结合，以期提高政策的科学性和有效性。

陈振明教授在其著作中提出，政策科学的引入和发展是与中国改革开放和现代化建设的伟大实践紧密相联的。在这一时期，中国学者开始着手进行政策科学的介绍、引进和初步的研究工作，并提出建立中国的政策科学。例如，孟繁森在1983年提出建立政策学的倡议，这标志着中国政策科学建构与发展的起点。1986年，时任中华文学基金会名誉会长的万里在全国软科学工作座谈会上作了《决策民主化和科学化是政治体制改革的一个重要课题》的报告，明确提出要做"政策研究"这一重大课题，成为中国政策科学建构与发展的一个标志性事件。

此后，政策科学发展的重要性和迫切性以及它作为我国社会科学，特别是政治学和行政学以及软科学研究不可或缺组成部分的地位被越来越多的人所认识，政策科学的研究与教学逐步走上正轨并体制化。在初创时期，翻译出版一批国外政策科学的经典及代表性论著；完成了一大批国家和地方的学术研究或调研咨询课题；发表了大量的学术论文，出版了数十部政策科学专著或教材。

此外，学术交流也开始逐步展开，一批国外著名的政策科学家来华讲学，国内的教学科研机构和党政部门的政研机构与国外大学的公共政策学院或思想库（智库）开始建立起学术交流关系。这些活动极大地推动了中国政策科学的发展及其规范化与国际化。

总体来看，这一时期的中国公共政策学建构是在不断探索和实践中前行的。学者们在吸收国外理论的同时，也注重将这些理论与中国的具体实践相结合，以期形成具有中国特色的政策科学体系。这一时期的努力，为中国公共政策学的后续发展奠定了坚实的基础。

1.5.2 学科拓展与成熟时期（21世纪以来）

21世纪是中国公共政策学的学科拓展与成熟时期，它见证了该领域在理论与实践层面的长足进步。在这一时期，公共政策学逐渐从政治学和公共行政中分离出来，成为一个独立的研究领域，并在学术界和社会实践中确立了自己的地位和影响力。

第一，公共政策学的学科建设取得了显著成就。随着国家对决策科学化、民主化的需求增强，以及公共管理硕士（MPA）专业学位教育的启动，数以百计的公共管理与公共政策学院或研究院得以建立，为政策科学的发展提供了坚实的组织基础和人才培养平台。这些机构不仅在教学和研究上取得了突破，而且在推动政策科学与实践的结合上发挥了重要作用。

第二，公共政策学的学术交流与合作日益频繁。国内外的学术会议、研讨会和工作坊为学者们提供了交流最新研究成果、理论启示和实践经验的平台。例如，北京师范大学政府管理学院与留美公共政策学会共同主办的首届中国公共政策研究国际学术会议（ICCPS 2024）就是一个典型的例子。这些会议不仅促进了学术界对中国公共政策的深入了解，而且推动了中国公共政策研究与全球公共政策理论和实践的对接。

第三，公共政策学的研究领域不断拓展。学者们开始关注政策过程的各个环节，包括政策制定、执行、评估和终结等，并在此基础上发展出了一系列的分支学科，如政策分析方法、公共政策、比较公共政策、政策伦理学和公共选择理论等。这些分支学科的发展，不仅丰富了公共政策学的理论体系，也为解决实际政策问题提供了更多的工具和方法。

第四，公共政策学的实践应用也得到了加强。政策分析的理论和方法开始被广泛应用于改革开放和经济建设的重大政策、方针的决策和重大工程项目的研究和论证之中。在推进决策科学化、民主化方面，政策科学发挥了越来越重要的作用。

第五，公共政策学的国际化进程也在不断推进。中国学者在国际期刊和国际会议上的表现越来越受到认可，中国政策研究的国际影响力不断提升。这不仅为中国公共政策学的发展带来了新的视角和挑战，也为全球公共政策领域理论与实践的发展贡献了中国智慧与经验。

1.6 公共政策学的学习意义和学习方法

1.6.1 学习公共政策学的意义

公共政策学不仅是一门实践性强的学科，也是一个涵盖广泛理论的领域。学习和研究公共政策学对个人和社会都具有重要意义，主要体现在以下几个方面：

首先，它有助于推动社会科学和自然科学的研究工作更加关注公共政策议题。党的二十大报告指出，要深入实施科教兴国战略、人才强国战略、创新驱动发展战略，开辟发展新领域新赛道，不断塑造发展新动能新优势。尽管这些学科的根本目的是认识和改造世界，但通过公共政策学的视角，我们可以更清晰地看到公共政策在连接这两个目标中的关键作用。因此，社会科学和自然科学的研究者有必要从公共政策的角度审视其研究的意义和价值，这种审视应该是全面和实事求是的。

其次，学习公共政策学有助于改进政策系统和提高政策质量。公共政策的制定和执行是公共权力机构的核心任务，其出发点和落脚点都应该是人民群众的根本利益。然而，要实现这一价值，需要依靠科学和民主的决策过程。通过公共政策学的研究和学习，我们可以了解到，良好的政策结果不仅仅依赖良好的意愿，还需要科学的政策分析来识别影响政策制定和执行的各种因素，以及这些因素如何影响政策的方向、深度和广度。同时，我们还可以了解到政策系统内部的改进如何能够提升政策的制定和执行效果。此外，公共政策学的研究还能帮助我们预测政策的实施对政策对象和环境的影响，以及可能产生的长期和短期效应，从而使政策的制定和执行更加符合客观规律。

最后，学习和研究公共政策学有助于教育公众理解公共政策，并运用政策来争取和保护自身和他人的利益。通过对公共政策的学习，人们可以更清楚地了解政策的类型、过程和影响，从而更理性地参与政策制定和执行的过程。这不仅可以提高公共政策的质量和效果，还可以增强公众对政策的信任和支持。同时，通过深入学习公共政策学的相关知识、理论和研究方法，我们能够消除对公共决策过程的神秘感和无力感。这种学习使我们能够清晰地了解政策从制定到执行的全过程，理解元政策和基本政策各自的目标，以及为实现这些目标所进行的资源配置。更为重要的是，掌握了公共政策学的知识后，我们能够预见一项政策实施后可能带来的利益和价值的重新分配。这种重新分配不仅影响个人的生活，还可能对整个社会结构产生深远的影响。因此，通过运用公共政策学的原理和方法，我们能够更加明智地参与政策过程，有效地争取和保护自身及公共的利益。

1.6.2　公共政策学的学习方法

公共政策学作为一门综合性的应用学科，其学习既需要有扎实的理论功底，又要求有深入的实践认知。科学的学习方法对于把握这门学科的精髓至关重要。马克思指出："在科学上没有平坦的大道可走，只有那在崎岖小路上不畏劳苦的人，才有希望达到光辉的顶点。"[①]掌握正确的学习方法，是深入理解和运用公共政策学知识的重要前提。

辩证唯物主义认识论为公共政策学的学习提供了根本方法论指导。马克思主义强调实践、认识、再实践、再认识的螺旋式上升过程，这一认识规律对政策学习具有重要启示。[②]政策学习要坚持理论联系实际，在实践中检验和深化对理论的认识，不断提升分析和解决实际问题的能力。

系统化学习是把握公共政策学基本理论体系的关键方法。它要求构建一个全面的理论框架，涵盖政策制定、执行、评估和监控的各个环节，并理解这些环节之间

① 马克思，恩格斯. 马克思恩格斯全集：第 23 卷 [M]. 中共中央马克思恩格斯列宁斯大林著作编译局，译. 北京：人民出版社，1972：21.
② 毛泽东. 毛泽东选集：第 1 卷 [M]. 北京：人民出版社，1991：297.

的相互作用和影响。

首先，系统化学习要求构建一个全面的理论框架，这个框架能够涵盖公共政策的各个领域，包括政策分析、政策制定过程、政策工具的选择与应用以及政策效果的评估。通过这个框架，能够理解政策是如何从问题识别到解决方案的实施，再到效果评估的全过程。

其次，系统化学习强调跨学科的知识整合。公共政策学是一个多学科交叉的领域，它涉及政治学、经济学、社会学、管理学等多个学科的知识。因此，需要通过系统化学习，将这些学科的理论和方法整合到公共政策的分析与实践中，以增强政策分析的深度和广度。

再者，系统化学习注重实践应用。公共政策学的最终目的是解决社会问题，提高公共管理的效率和效果。因此，教材中将包含大量的案例分析，通过分析真实世界的政策问题，学习如何运用理论工具进行政策分析和制定。这种学习方式有助于理解政策的实际运作，并培养批判性思维和问题解决能力。

最后，系统化学习还强调终身学习的重要性。政策环境是动态变化的，新的政策问题和挑战不断出现。因此，需要培养持续学习的习惯，不断更新知识库，以适应政策环境的变化。

实践性学习是提升政策分析能力的重要途径。公共政策学的应用性特征决定了实践性学习的重要地位。具体可采取以下方式：

第一，案例教学法。通过系统分析典型政策案例，理解政策过程的复杂性，把握政策分析的具体方法。

第二，模拟训练法。通过政策模拟演练，培养政策分析的实践技能。可以采用角色扮演、政策设计竞赛等形式，让学习者身临其境地体验政策分析过程，提升实践能力。

第三，调查研究法。通过实地调研、数据分析等方式，深入了解政策实践中的具体问题。邓小平同志强调："调查研究是决策的基础。"[1]只有深入基层、了解实际，才能提出有价值的政策建议。

创新性学习是适应政策环境变化的必然要求。面对复杂多变的政策环境，学习者需要：

第一，保持开放思维。要积极吸收国内外最新研究成果，关注前沿理论发展，不断更新知识储备。正如习近平总书记指出："要坚持古为今用、洋为中用，坚持开放包容、互学互鉴。"

第二，注重方法创新。要善于运用新技术、新方法开展政策分析，特别是要重视大数据、人工智能等新技术在政策分析中的应用。

第三，培养批判性思维。要在继承中创新，在质疑中提升，形成独立的分析判断能力。马克思主义倡导的批判精神，对于培养创新性思维具有重要指导意义。

---

① 邓小平. 邓小平文选：第2卷［M］. 北京：人民出版社，1994：63.

明德园地

稻香四海：中国粮食安全的坚定守护

联合国粮农组织等机构发布的《2024全球粮食危机报告》显示，全球粮食危机日益严峻，2023年有约2.816亿人口面临严重的粮食不安全问题。然而，在这样的国际背景下，中国的粮食安全却稳如泰山，国内大部分老百姓从未担忧过食物短缺。这得益于中国政府对粮食安全的高度重视和一系列战略部署及政策制定。

1.18亿亩耕地红线，守护粮食安全底线

耕地是粮食生产的命脉。为了保护耕地，中国政府实施了一系列严格的措施，并制定了相关政策，如耕地占补平衡政策、禁止非法占用耕地、严格控制建设用地规模等。这些政策的核心是坚守18亿亩耕地红线，确保粮食生产的根本基础不受损害。近年来，通过实施《全国土地利用总体规划》等相关政策，全国耕地总量持续增加，高标准农田建设不断推进，农田抗灾减灾能力明显提升，粮食产量连续9年稳定在0.65万亿千克以上。

2.国家粮食储备充足，应对市场波动

粮食储备是应对突发事件和市场波动的关键手段。中国政府建立了由中央和地方共同构成的粮食储备体系，并制定了《粮食安全保障法》等相关法律法规，确保储备粮食的数量和质量。此外，中国还积极推动国际粮食合作，扩大进口渠道，增强粮食供应链的韧性。这些政策使得中国在面临全球粮食危机时，能够从容应对，保障国内粮食供应。

3.科技赋农，提升农业生产效率

粮食安全，根本在耕地，出路在科技。中国不断加大对农业科技的研发投入，并出台了一系列支持农业科技发展的政策，如《农业科技成果转化资金项目管理暂行办法》等。这些政策鼓励科研机构和企业培育优质高产新品种，改进耕作技术和装备，提高农业生产效率。同时，积极开拓数字农业、智能农业等新兴领域，运用互联网、大数据、人工智能等先进技术，实现农业生产的精细化管理和智能化决策。袁隆平团队研发的杂交水稻和李登海培育的紧凑型杂交玉米等科技成果，正是这些政策推动下的典型代表。

4."光盘行动"，倡导节约粮食

节约粮食不仅是对资源的珍视，也是对环境的负责。中国政府高度重视粮食节约工作，出台多项政策措施，如《中华人民共和国反食品浪费法》等，鼓励社会各界参与粮食节约活动。这些政策不仅明确了各级政府、企事业单位和个人在食品消费过程中的权利义务，还坚决制止了餐饮浪费行为。通过"光盘行动"等宣传教育活动，有效减少了食物浪费，对资源循环利用、环境保护及推动全社会形成勤俭节约风尚起到了重要作用。

资料来源：中新社. 全球近2.82亿人面临严重粮食不安全问题 [EB/OL].（2024-04-25）[2024-11-23]. https://www.chinanews.com.cn/gj/2024/04-25/10205760.shtml.

【价值塑造】

面对全球粮食危机的严峻挑战，中国政府通过一系列精心设计的政策，如坚守18亿亩耕地红线、构建中央与地方联动的粮食储备体系、推动农业科技研发与智能化转型，以及倡导节约粮食的社会风尚，不仅确保了国内粮食安全的稳固，还彰显了公共政策在应对全球性挑战中的核心作用。这一过程中，政策制定者需平衡经济发展、资源保护、环境保护等多重利益，体现了公共政策制定的复杂性和艺术性。同时，政策的有效执行与持续评估，如通过实施《全国土地利用总体规划纲要（2006—2020年）》和《中华人民共和国粮食安全保障法》等法律法规，确保了政策目标的顺利实现，为学生提供了宝贵的实践经验。此外，中国在数字农业、智能农业等新兴领域的探索，展示了公共政策创新与科技融合的无限可能，激励着学生们未来在公共政策领域不断探索创新，为解决社会问题贡献智慧与力量。

基础训练

❖ 在线测试题

第1章单选题　　　　　　第1章填空题　　　　　　第1章判断题

❖ 简答题

1. 试述政策研究、政策分析和公共政策学这三个概念的联系与区别。

2. 公共政策学产生的背景是什么？

3. 21世纪公共政策研究呈现出了哪些特点？又遇到了哪些挑战？

4. 学习公共政策学的意义是什么？

5. 拉斯韦尔和德罗尔分别对公共政策学科的发展作出了什么样的贡献？

❖ 案例分析

河西走廊生态移民与城镇化发展：公共政策推动区域蜕变

中国西北部的河西走廊上演了生态治理与城镇化发展的精彩篇章，时间轴从2012年开始缓缓铺展。

在甘肃省武威市古浪县的广袤土地上,曾经有一片名为黄花滩的戈壁之地,风沙肆虐,人烟稀少。然而,随着国家生态移民扶贫开发项目的深入实施,这片不毛之地逐渐焕发了新的生机。故事的主角是一群来自古浪县南部山区的贫困农民,他们响应政府号召,离开了祖祖辈辈生活的穷山沟,搬迁至黄花滩生态移民区。

在这里,他们不仅住进了宽敞明亮的新居,还分到了耕地和温室大棚。在政府农业技术员的指导下,农民们迅速掌握了先进的农业生产技术,温室里种出的蔬菜瓜果远销粤港澳,牛羊养殖业也蓬勃发展,年交易额突破80亿元大关。昔日的戈壁荒滩,如今已变成了瓜果飘香、牛羊肥美的绿洲小镇。

这一转变的背后,是河西走廊地区城镇化进程的加速推进。政府通过优化城镇空间布局、构建内陆河生态绿谷、培育特色生态小城镇等措施,不仅改善了城乡关系,还促进了农业向集约化发展、农村向城镇化迈进、农民向职业化转型。在这个过程中,河西走廊的城镇化与国家战略同频共振,一批因国家使命而生的城市如嘉峪关、金昌等迅速崛起,成为区域经济发展的重要引擎。

而更令人瞩目的是,河西走廊在保护文化遗产与推动现代化发展之间找到了完美的平衡点。以敦煌为例,这座古老的城市不仅保留了璀璨的莫高窟等世界文化遗产,还通过数字化手段创新文旅资源,让古老的壁画和历史故事以全新的方式呈现在游客面前。《又见敦煌》等大型剧目在全息投影、3D威亚等高科技手段的加持下,让游客仿佛穿越时空,亲身感受丝绸古道的传奇与辉煌。

河西走廊的故事,是生态治理与城镇化发展的生动写照,也是公共政策推动地区经济社会全面进步的鲜活例证。在这里,我们看到了人与自然和谐共生的美好图景,也感受到了传统文化与现代文明交相辉映的独特魅力。

资料来源:叶俊东,范培珅,高远至,等. 勃发中的河西走廊 [J]. 半月谈,2024 (21): 12-19.

思考:

1. 河西走廊在历史上经历了哪些变迁,这些变迁如何影响了当地的生态环境和居民生活?

2. 古浪县实施的生态移民扶贫开发项目旨在解决什么问题?其具体的政策目标是什么?

3. 河西走廊的城镇化进程是如何通过生态移民政策得到加速的?有哪些具体的执行策略?

4. 如何评估河西走廊生态移民与城镇化发展政策的长期和短期影响?

5. 河西走廊的生态移民与城镇化发展项目对其他地区,特别是面临类似生态和经济问题的地区,有哪些可借鉴的经验?

第2章 公共政策的基本内涵

学习目标

1. 准确理解并阐述公共政策的基本含义。
2. 识别公共政策的类型与层次。
3. 理解并识记公共政策的基本特征。
4. 掌握公共政策的一般性功能。
5. 掌握公共政策作为利益分配工具的本质属性。
6. 理解公共政策制定过程实质上是社会利益的分配过程。

党的二十大报告指出："着力解决好人民群众急难愁盼问题，健全基本公共服务体系，提高公共服务水平，增强均衡性和可及性，扎实推进共同富裕。"在现代社会里，公共政策无所不在，如医疗保险政策最新改革，教育部通知"双减"政策持续升级，2024年宏观政策打好组合拳，2024年新政策助力煤炭行业转型，中央对高校毕业生就业创业进行政策补贴等，公共政策渗透到我们生活的各个方面，我们生活中几乎每一次经历，从摇篮到坟墓，都受到公共政策的影响。因此我们需要了解公共政策学，要对公共政策有所认识。公共政策学以公共政策为研究对象，必须首先界定公共政策的内涵，所以本教材的逻辑出发点即"什么是公共政策"。

2.1 公共政策的概念

2.1.1 公共

"公共"是"与私人事务相对的商业界或社会的、为全体人民所支持的或为全体人民的利益服务的"的事业。①在古罗马社会中，公共领域不仅与私人领域相对

---

① 王同亿. 语言大典 [M]. 海口：三环出版社，1990：1214.

立，还包含领域和价值两个层面，《罗马法》有公法与私法之分，分别涉及国家和个人利益，对西方政治思想产生了深远影响。公共与私人、国家与社会的界限在古罗马时期通过公共领域相互连接，界限变得模糊。总体而言，公共是指国家和公民在公共领域中基于公私关系的权力分配，通过限制国家公共权力，保证公民权利，实现国家与社会之间的平衡，以维护社会秩序。

2.1.2 公共政策

现代使用的"政策"一词，通常与国家的"路线"和"方针"密切相关。《辞海》对"政策"的定义为"国家、政党为完成特定任务而制定的行动准则，是路线、方针的具体化"。这说明，政策的制定和实施通常离不开党的指导和国家的支持。

公共政策作为一种社会现象已有数千年的历史。然而，将其作为一门学科进行系统研究则始于1951年，当时哈罗德·拉斯韦尔及其同事共同撰写了《政策科学：范围与方法的新近发展》一文。尽管公共政策的实际应用经验远超其定义的复杂性，这一点在学者们提供的多样解释中尤为明显。

由于公共政策学科具有显著的跨学科特征，它被广泛应用于社会的各个领域，研究者们从多个角度对特定社会问题的公共政策进行分析。如美国政治学家托马斯·R.戴伊对公共政策的定义是："公共政策是政府选择做与选择不做的事情。"[1] B.盖伊·彼得斯（B. Guy Peters）认为公共政策是"政府活动的总和，无论行为是直接的还是通过代理，因为其行为对公民的生活产生影响"。[2]美国学者詹姆斯·安德森（James E. Anderson）提出：政策是一个有目的的活动过程，而这些活动是由一个或一批行为者，为处理某一问题或有关事务而采取的；公共政策是由政府机关或政府官员制定的政策。[3]

结合上述不同角度的内涵界定，参考国内外学者的看法，我们可以将公共政策界定为：公共政策是公共权力机关经由政治过程所选择和制定的为解决公共问题、达成公共目标、实现公共利益的方案。[4]这个定义包含以下几层内涵：

第一，公共政策的制定和实施主体必须是合法的公共权力机关，即广义的政府，包括立法机关、行政机关和司法机关。这些机构具备以国家和公众名义行使公共权力的合法性和权威性，因而在制定和实施公共政策方面具有唯一的合法资格和权威。相比之下，政党、团体（或利益集团）以及个人公民均无法直接担任这一角色。因此，确认政府在公共政策制定和实施过程中的核心地位，对于解决公共政策定义范围过宽的问题至关重要。

第二，公共政策行为是一个活动过程，"制定和实施"两个词就是对公共政策

---

① 戴伊. 理解公共政策 [M]. 谢明，译. 12版. 北京：中国人民大学出版社，2011：2.
② PETERS B G. American public policy: promise and performance [M]. 3d ed. NJ: Chattham House, 1993: 3.
③ 安德森. 公共决策 [M]. 唐亮，译. 北京：华夏出版社，1990：4.
④ 宁骚. 试论公共决策的现代化 [M]//本书编委会. 现代化进程中的政治与行政：下册. 北京：北京大学出版社，1998：722.

活动全过程的高度概括。这个概括弥补了许多公共政策定义只讲公共政策决定或公共政策制定，不讲公共政策实施的缺陷。

第三，公共政策的任务包括"管理公共事务"，解决公共问题，协调公共利益，维护公共秩序，提高公众生活质量，并推动社会进步。在这里，"公共事务"既可以指广泛的公共总体任务，也可以指具体的公共任务，但绝不包括私人事务。"管理"则涵盖了政府在决定实施行动或决定不采取行动方面的职责，无论如何，管理的核心都是针对公共事务。因此，只有明确这一点，才能避免对政府在公共事务管理中的职能产生片面理解。

2.2　公共政策的类型

公共政策存在多种多样的分类方法，这里主要介绍比较有代表性的3种，即从层次性、形式性、职能性3个角度划分公共政策类型。

2.2.1　层次性划分

公共政策作为国家治理的重要工具，依其在政策体系中的地位和作用，可划分为元政策、总政策、基本政策和具体政策4个层次。这4个层次环环相扣、相辅相成，构成了一个逻辑严密、结构完整的有机整体。

2.2.1.1　元政策

元政策是整个政策体系的最高层次，是国家最根本、最核心的指导方针，它反映了执政党的理论基础、价值取向和奋斗目标，决定着国家发展的总体方向。在我国，马克思主义基本原理和中国特色社会主义理论体系，特别是习近平新时代中国特色社会主义思想，构成了当代中国的元政策。马克思主义及其中国化的理论成果，是我国一切政策的思想基石和灵魂所在。习近平新时代中国特色社会主义思想作为当代中国马克思主义、21世纪马克思主义，开辟了马克思主义中国化时代化的新境界，为党和国家事业发展提供了根本遵循。[1]它深刻回答了新时代坚持和发展什么样的中国特色社会主义、怎样坚持和发展中国特色社会主义这个重大时代课题。

2.2.1.2　总政策

总政策是在元政策指引下制定的宏观战略方针，是国家总体工作的纲领性、长远性谋划。它针对国家发展的全局性、战略性问题，提出明确的目标导向和路径选择，对各项事业发展具有重大引领作用。自改革开放以来，我国制定实施了一系列重大总政策，如"三步走"发展战略、社会主义市场经济体制改革、"五位一体"

---

① 习近平. 在庆祝中国共产党成立100周年大会上的讲话 [N]. 人民日报，2021-07-02 (2).

总体布局、"四个全面"战略布局等，成为推动中国特色社会主义事业不断前进的科学指南。以"五位一体"总体布局为例，它从经济建设、政治建设、文化建设、社会建设、生态文明建设等方面，对新时代党和国家各项工作作出了全面部署，为实现第二个百年奋斗目标、实现中华民族伟大复兴的中国梦指明了前进方向。[①]

2.2.1.3　基本政策

基本政策是国家政治、经济、文化、社会等方面的根本制度安排。它通过关键性的顶层设计，为国家长远发展提供稳定的制度基础和规范框架。中国特色社会主义制度是基本政策的集中体现，集中体现了中国共产党领导和我国社会主义制度的显著优势，是具有强大生命力和巨大优越性的先进制度。[②]公有制为主体、多种所有制经济共同发展的基本经济制度，人民代表大会制度，中国共产党领导的多党合作和政治协商制度，民族区域自治制度，以及基层群众自治制度等基本政治制度，社会主义核心价值观，以及覆盖全民的基本社会保障制度等，共同构成了中国特色社会主义的基本制度框架。这些基本政策稳定了国家发展的基本盘，为各项事业持续健康发展提供了根本保障。

2.2.1.4　具体政策

具体政策则立足国家工作的具体领域和问题，细化和落实元政策、总政策、基本政策的要求，直接指导各领域工作实践。立足新发展阶段，贯彻新发展理念，构建新发展格局，制定实施的一系列重大举措（如供给侧结构性改革、区域协调发展、精准脱贫、污染防治、创新驱动发展等），都属于具体政策的范畴。这些政策紧扣人民群众最关心、最直接、最现实的利益问题，在推动高质量发展、满足人民日益增长的美好生活需要方面发挥了重要作用。以打赢脱贫攻坚战为例，从精准识别、精准帮扶到区域整体推进，从产业发展、就业扶贫、易地搬迁到教育医疗保障，一整套行之有效的政策体系，确保了现行标准下农村贫困人口全部脱贫、贫困县全部摘帽。[③]具体政策直面发展难题，回应人民所盼，充分彰显了中国特色社会主义的制度优势。

2.2.2　形式性划分

政策的具体范式，即政策形式，是通过特定的格式和程序来区分的。从广义上讲，所有决策都可以被视为政策的一部分，但在实际管理中，通常认为只有行政机构的决策才可被称为政策。在我国，政策形式主要分为五大类：行政法规、规章、规范性文件、规划和标准。

行政法规是层次最高的政策，通过国务院令颁布，效力仅次于法律；规章按照

① 习近平. 决胜全面建成小康社会 夺取新时代中国特色社会主义伟大胜利——在中国共产党第十九次全国代表大会上的报告 [N]. 人民日报，2017-10-28 (1).
② 《中共中央关于坚持和完善中国特色社会主义制度 推进国家治理体系和治理能力现代化若干重大问题的决定》。
③ 《中共中央 国务院关于打赢脱贫攻坚战三年行动的指导意见》。

制定主体可分为部门规章和地方政府规章，是对制定主体职权范围内事项的具体规定；规划是为实现某一目标或解决某一问题而作出的系统部署或工作安排，一般内容比较具体，篇幅也比较长；规范性文件是我国行政机关使用的非法定公文形式，俗称"红头文件"，这类文件的名称有公告、意见、通知、通告、决定、办法、细则等，数量多，涉及面广，往往对相关利益主体有直接影响；标准是对重复性事物和概念所作的统一规定，以特定的形式发布，作为共同遵守的准则和依据。

第一，行政法规，如《消费者权益保护法实施条例》。第七条：消费者在购买商品、使用商品或者接受服务时，依法享有人身和财产安全不受损害的权利。经营者向消费者提供商品或者服务（包括以奖励、赠送、试用等形式向消费者免费提供商品或者服务），应当保证商品或者服务符合保障人身、财产安全的要求。免费提供的商品或者服务存在瑕疵但不违反法律强制性规定且不影响正常使用性能的，经营者应当在提供商品或者服务前如实告知消费者。

第二，规章，如教育部《校外培训行政处罚暂行办法》。第八条：对线下校外培训违法行为的行政处罚，由违法行为发生地县级人民政府校外培训主管部门管辖。违法行为发生地与机构审批地不一致的，机构审批地有关部门应当依法予以协助。

第三，规范性文件，如《商务部等9单位关于支持新能源汽车贸易合作健康发展的意见》。文件提出：健全国际物流体系，优化运输管理，加强运输保障与服务。

第四，规划，如《中华人民共和国国民经济和社会发展第十四个五年规划和二〇三五年远景目标纲要》第五篇——"加快数字化发展，建设数字中国"。

第五，标准，如《基本公共服务标准化工作指南》。其中，基本公共服务行业主管部门的职责为：

①制定本行业领域基本公共服务标准体系实施方案；

②拟定本行业国家基本公共服务标准；

③制定本行业基本公共服务国家标准、行业标准；

④组织本行业基本公共服务标准的实施。

以上这五类政策每一类都可以进一步细分，是我国各级政府和政府部门管理公共事务的主要工具。

2.2.3 职能性划分

政府职能规定了其在每个领域的行为方向和基本任务。基于政策处理的公共事务领域对其进行划分：政治政策、经济政策、社会政策、文化政策、生态政策等。

第一，政治政策的核心点是巩固、防卫、增益国家权力并维护统治阶级的利益，指掌握政权的统治阶级为调节、解决人们政治关系中所产生的问题而设立的各种规范和行动方案，具体包括国防政策、外交政策、民族政策等。

第二，经济政策是国家或政府为实现宏观经济目标，如充分就业、价格水平稳定、经济快速增长和国际收支平衡，而制定的指导原则和措施，旨在增进经济福利。经济政策的核心在于妥善处理政府与市场的关系，即政府是否应干预社会经济生活、干预的范围以及干预的方式。

第三，社会政策是指国家运用立法、行政手段制定的基本方针或行动准则。如人口政策、劳动就业政策、社会保险政策、环境保护政策等。社会政策的目的是确定建立和发展社会关系的基本方向，保障和促进社会的安定和稳定，其核心是社会正义、社会协调、社会稳定。

第四，文化政策是指一定时代、一定的社会条件下，国家对文化领域问题所颁布的相关规定和对策原则。如 2017 年 1 月中共中央办公厅、国务院办公厅为建设社会主义文化强国，增强国家文化软实力，实现中华民族伟大复兴的中国梦印发的《关于实施中华优秀传统文化传承发展工程的意见》、2022 年 8 月中共中央办公厅、国务院办公厅印发的《"十四五"文化发展规划》等都属于文化政策的范畴。

第五，生态政策是服务于生态建设与管理的一系列谋略、法令、措施、办法的总称，包括环境政策、生态补偿政策、生态移民政策等，主要通过生态项目建设的形式来实施，如 2024 年生态环境部会同多部门联合印发的《土壤污染源头防控行动计划》就属于生态政策范畴。

2.3　公共政策的特征

规定和把握公共政策的特征须遵循两个原则：一是从公共政策的本质出发来理解公共政策的特点，因为事物本质属性的外在表现便是事物的特征；二是必须紧扣不同类型、不同社会的公共政策的现实状况。基于这两条原则，我们认为公共政策具有公共性、权威性、选择性、动态性的特征。

2.3.1　公共性

从人类开始实施治理活动时，便出现了政策或类似于政策的规范。然而，并非所有的政策都可以被称为"公共政策"。换句话说，政策并非一开始就具有公共性。公共政策作为一个历史概念，是在工业化进程中，公共与私人领域分立之后才逐渐形成的。随着对公共性和公共利益的明确指称，政策才开始具备"公共性"这一属性。

"公共政策"这一术语强调政策的公共性，即政策旨在实现"公共"利益。在工业社会中，只有那些符合公共利益的政策才被认为是合法的。政策制定的目的是实现公共利益，只有体现公共利益的政策才能获得合法性。这是公共政策最重要的社会作用和价值所在，也是其基本特征和核心内容。因此，实现并维护公共利益是公共政策内在的自然目标和必不可缺的属性。

公共性作为公共政策的基本属性，成为现代社会政策发展的永恒目标。公共政策的每一步发展都应朝向公共性目标迈进，每一项完善也应有助于公共性的实现。

2.3.2　权威性

公共政策的权威性主要指公共政策在其适用范围内具有普遍的约束力，得到广大社会成员的遵守和认同。公共政策的权威性是以自身的合法性为基础，政策必须经过合法化的程序，才具有对公众的约束力。具体表现在以下几个方面：

（1）公共政策的制定主体——公共组织具有特定性

公共政策的权威性首先依赖其制定主体的特定性。只有特定的组织或机构具备制定公共政策的资格。这种特定性可以源自法律的明确授权，如政府及其各部门、第三部门；也可以是在长期历史发展过程中形成的，比如一些国家的执政党。这些主体因合法的授权和占有的权力地位，使得其制定的政策具备权威性。

（2）公共政策的运作程序和规则具有严格性

在现代社会，无论公共政策的制定还是实施，都必须由法定主体按照法定程序进行，任何组织和个人都不得违反。这意味着所有政策制定和执行过程必须遵循明确的法律程序和规则，确保政策在形式上和内容上的合法性。严格的程序和规则保证了公共政策的合法性，并防止了随意性和任意性。

（3）公共政策的实施具有强制性

公共政策的实施不仅依赖执行机构和目标群体的自我约束，更依赖外在的强制力。政府和第三部门制定的政策由国家强制力保障实施，而政党的政策则通过党的组织纪律确保实施。对于拒不执行或歪曲政策的行为，将会采取相应的处罚措施，确保政策得到有效实施。这种外在强制力使得公共政策能够在实际操作中发挥预期作用。

2.3.3　选择性

公共政策的选择性特征贯穿于公共政策运行过程的始终。无论是公共政策目标的确定、方案的设计和决断还是公共政策的执行、调整、评估和终结，均是相关公共组织进行选择的结果。

公共政策的选择性特征是由人们认知的差异性、目标群体利益需求的多样性和公共政策资源的有限性所决定的。在公共政策的制定和执行过程中，参与人员因其经历、知识背景、价值观、思维方式以及所处地位的不同，会对同一问题或矛盾产生不同的认知。这种认知的差异性，使得对问题的原因、影响及解决方案的理解存在分歧。因此，公共政策必须在众多方案中进行选择或综合，以作为行动的依据。

目标群体是指那些受公共政策影响并需要对政策作出反应的群体或个体。由于这些群体的利益需求各异，公共组织无法满足所有需求。因此，公共政策制定者需要在复杂多样的利益需求中进行取舍，优先考虑最为重要的需求和问题。

政策资源包括人力、财力、物资、权威和信息等要素，这些资源在现实中是有限的。与社会广泛的需求相比，资源的有限性决定了公共组织必须在面对资源缺乏问题时进行合理的分配和利用，不能将所有资源投入所有领域。因此，公共组织需要将资源集中用在最关键的领域，以实现最佳效果。

2.3.4　动态性

公共政策的动态性是指政策从制定、执行到评估和调整的整个过程是一个不断变化和发展的系统。政策不是静态的规则，而是一个包括政策合法化、执行效率和效果反馈的连续过程，深受政治、经济、社会和技术等环境变化的影响。这些变化要求政策具备适应性，以应对外部环境的变动，政策目标也会随着实施效果的信息反馈而调整。政策执行作为一个动态活动，涉及资源运用和政策客体的作用，其效果随时间而变化，需不断评估并反馈给决策者。政策评估不仅是对效果的评价，也是动态调整的依据，评估结果影响政策的持续、终止或修改。同时，政策创新也是动态性的重要方面，随着社会发展和技术进步，政策制定者需重新审视政策效果，并进行价值判断，评估创新方法和工具的影响。因此，公共政策的动态性要求政策制定者和执行者具备灵活性和适应性，以及时响应环境变化和社会需求的变动。

2.4　公共政策的功能与本质

政策功能指的是政策自身具备的以及在实施过程中展现出的功用、效力、性能、用途和目标的集合。这一概念体现了政策的内在价值与创造价值的统一，且通过对政党、政府、社会团体等政治实体的作用来实现。对公共政策本质的理解是政策观念中的核心组成部分，它构成了整个公共政策理论体系的逻辑基础，并且对公共政策的分析及实践活动等方面产生深远的影响。

2.4.1　公共政策的功能

公共政策的功能就是指公共政策所能发挥的作用和公共政策所具有的意义。目前，学术界对公共政策功能的表述并不一致。这里从一般性功能和社会性功能两个不同的视角对公共政策的功能进行解读。

2.4.1.1　一般性功能

（1）导向功能

随着社会的不断发展，社会生活呈现出复杂、多变、无明确目的和相互冲突的特点。在这种背景下，公共政策的功能在于为社会的发展和人们的行为提供明确的方向，将分散的、无效的行为整合到统一的目标中，使社会能够沿既定方向有序前进。

政策的导向作用不仅是对行为的引导，也是对观念的塑造。政策通过规范人们的行为，具有直接引导和间接引导两种作用形式。例如，国务院颁布的《关于进一步完善医疗卫生服务体系的意见》旨在建立一个具有中国特色的优质高效的医疗卫生服务体系。该政策对医疗行业的服务购买机制、人事制度、薪酬制度、资源配置等方面提出了全面要求，从而直接引导了医疗行业的相关变革。同时，该政策还致力于提供全方位的健康服务，对所有社会公民的工作和生活产生了间接影响。然而，需要认识到，并非所有政策都能产生积极的引导作用来推动社会发展。任何政策都不可能充分完善，一些不够完善的政策可能带来负面的引导。因此，我们应努力克服政策的消极影响，充分发挥政策的正面导向功能。

(2) 调控功能

政策调控功能指的是通过政策手段来调整和控制各种利益矛盾。在公共政策的实施过程中，这一功能通常表现为调节与控制的相互交织。公共政策的调控功能主要体现在调整社会中各类利益关系，特别是物质利益关系。例如，我国的宏观调控政策通过财政政策和货币政策来支持扩大内需，促进经济的高质量发展。

在现实社会中，不同的群体往往追求各自的利益。虽然在某些阶段不同群体的利益可能出现一致，但总体上，利益的不一致仍然占据主导地位。由于利益的不一致，各社会群体之间的冲突和摩擦是不可避免的。因此，作为一种政治工具的公共政策，需要充分发挥其调控功能，以平衡各方利益矛盾，实现社会生活的稳定与发展。

(3) 分配功能

社会中不同利益主体在经济地位、知识水平等方面的差异导致了各自不同的利益需求。然而，实际社会生活中，各种资源都是有限的，因此无法完全满足每个主体的需求。这种资源的有限性使得在利益分配时不可避免地出现冲突，从而为公共政策的分配功能提供了发挥的条件。

现代政府在制定涉及社会利益分配的政策时，需要在公平与效率之间寻求平衡。然而，社会利益矛盾仍然显著地体现在分配不公上。因此，研究公共利益的分配功能不仅具有理论意义，也是一个重要的现实问题。对于中国而言，如何进一步深化收入分配制度改革，建立初次分配、再分配和三次分配协调配套的收入分配体系，以及如何合理发挥公共政策的分配功能，都是亟待解决的问题。

(4) 替代功能

公共政策的替代功能指的是公共政策通过自我否定或"扬弃"的过程，实现其更新和替换。这种功能表现为，当政策环境发生变化、政策问题得到解决或政策目标已经达成时，政策内容会发生部分或全部的调整，从而显现出政策的替代功能。

公共政策的替代功能是其他功能有效发挥的基础。正是依赖这一替代功能，公共政策才能不断得到更新、完善和进步，保持其适应性、科学性和实用性。如果没有这一功能，公共政策可能成为阻碍社会发展的障碍。

(5) 规范功能

公共政策的规范功能指的是公共政策在社会实际运行中对社会秩序的维护和行为的规范作用。这一功能主要体现在对目标群体行为的引导和约束上。

一个社会的基本秩序是其存在和发展的必要条件，而合理的行为规范是社会进步的基础。然而，根据公共选择理论，理性个体倾向于追求自身利益的最大化。在缺乏相应行为约束的情况下，个体自由行动可能导致社会资源的有限性问题加剧社会冲突和矛盾，进而威胁到社会的基本秩序。

虽然法律、公共政策和伦理道德在规范社会行为方面有一些共同特点，但它们在强度、保障条件及实现方式上存在差异，因此规范不同社会行为的有效性也有所不同。伦理道德虽然在某些领域和人群中发挥规范作用，但由于其"软约束"的特性，对那些自觉性差或思想觉悟低的个体影响有限。尽管法律对社会行为的规范作用不可替代，伦理道德在规范中也具有重要意义，但都不能完全取代公共政策的作用。因此，公共政策在法律框架内需有效地解决社会问题，发挥其独特的规范功能。

（6）推动功能

公共政策的推动功能指的是公共政策在促进社会经济发展中的作用。社会发展的动力来源于资源的合理配置和个体积极性的激发。在当代社会，公共政策的制定和实施通常围绕资源的分配问题展开，即如何分配资源以及将资源分配给谁。由此，公共政策被视为对社会整体价值的权威性分配。其根本目标是实现社会的公正与公平。

公共组织要维持其存在与发展，必须考虑社会大多数人的利益。在制定和执行公共政策时，公共组织通常会关注公众中大多数人的需求和利益。由于公共政策注重公平性并致力于维护大多数人的利益，它能够激发社会大多数人的积极性，从而推动整个社会的进步。

2.4.1.2　社会性功能

公共政策作为国家政治系统的产物，其功能在不同国家、不同阶段中都有所不同，从社会属性来看，以改革开放后"中国模式"的发展情况为分析对象，公共政策功能可以从宏观调控、协调发展、法治规范 3 个方面进行解读。

（1）宏观调控

当代世界各国政府在经济发展中的角色，已超越了经典自由主义者所提倡的"守夜人"角色，转而成为市场经济的干预者。政府对市场经济活动的调控已成为经济学界的共识。宏观调控是现代市场经济的重要组成部分，经济运行在市场经济条件下需要宏观调控来引导方向。尤其是在中国改革开放初期，经济体制转型过程中，旧体制下积累的结构性矛盾尚未解决，新体制所要求的经济秩序也尚未完全建立，同时市场经济本身存在的失衡问题加剧了这种情况。在这种背景下，经济的高速增长面临限制，并产生了一些问题。这种增长主要依赖固定资产的大规模投资，经济增长往往表现为外延式的存量扩张。这种外延式扩张推动了工业生产、进口、市场货币供应、财政支出和居民消费的高速增长，进一步加剧了宏观经济环境的紧张，导致瓶颈效应的加剧。

因此，中央政府通过一系列公共政策，如货币政策、财政政策、投资政策、产业政策和外汇政策，对经济活动进行宏观调控，维护正常经济秩序和优化资源配置显得尤为重要。同时，经济立法也发挥着确立"竞赛规则"的重要作用，这是宏观调控的关键手段。然而，中央政府出台的政策执行和贯彻，还依赖地方政府的有效调适。

（2）协调发展

在改革开放后的相当长一段时间里，中国的主要任务是推动经济发展。然而，经济发展并非孤立存在，它与政治、社会和文化的发展密切相关，相互促进并互为因果。可以说，社会的协调发展是经济持续增长的前提和动力。然而，市场经济自身并不具备实现社会协调发展的能力，这一任务必须依赖政府的公共政策。

首先，政府需要通过政策倾斜提供必要的公共产品。例如，中央政府承担着提供全国性交通设施、基础教育、科学研究、社会保障和人口控制等公共服务的职责。这些领域通常需要巨额投资且见效较慢，有时甚至不能产生即时的经济效益，企业不愿或无力参与投资与运营。此外，某些领域，如非营利性的公共事业，其涉及面广且无法由私人经营，地方政府也可能不具备承担能力，因此需要中央政府统一规划和投资。没有良好的公共产品服务，社会协调发展将无法实现。

其次，公共政策必须协调社会利益，防止矛盾激化。经济发展往往对现有社会秩序产生冲击，引发社会基本体制重构、结构变化、关系更新和利益调整。因此，关键在于通过公共政策对这些变化进行有效调适。中央政府的公共政策应当反映广大人民的利益，特别是在控制社会分配不公、缩小贫富差距、遏制通货膨胀和政治腐败方面，这些都是维持社会与政治稳定的核心因素，同时也是经济持续发展的保障。公共政策作为政府治理的核心，实质上体现在这些方面。

（3）法治规范

现代政府的各项活动都离不开公共政策的支持和法律的保障。即便某些公共政策尚未被正式确定为法律，它们仍然在现代法治政府权力的行使中发挥着重要作用，并具有类似于法律的效力和权威。公共政策的产生与发展不仅推动了国家战略目标的实现，还在我国法治现代化进程中实现了其价值和理性维度。

在改革开放后的经济转型期，我国的国家公共政策重点在于建立和完善以经济政策为核心的系列配套措施，以推动市场改革的深入和经济体制的健全。经济政策成为国家和政府用于增加供给、发展贸易、扩大内需和刺激经济增长的主要管理工具，社会公众普遍认为，妥善处理政府与经济政策的关系有利于经济发展，有效的经济政策能够使社会公众享受到市场导向改革带来的成果。

然而，随着自由市场经济的深入发展，不正当竞争和限制竞争的现象也逐渐显现。为应对这些反竞争行为，竞争政策应运而生。竞争政策不仅包括传统意义上的竞争法，还涵盖了所有促进国家经济民主和竞争自由的相关措施。

作为公共政策的特殊功能，公共政策的法治规范功能体现在规范政府权力的行使上。政治统治的合理性与合法性是公共政策法治规范功能的内在要求和重要表现。对于社会底层尤其是弱势群体而言，他们往往难以形成强大的力量或掌握话语权，无法充分表达自己的政策偏好。因此，推动社会民众积极参与社会公共事务的管理，同时规范政府权力的行使过程，显得尤为重要。规范政府权力的行使是公共政策的重要功能，也是一种实现社会公共利益的有效途径。

为了保障这一功能的实现，政府在行使权力时应尽可能通过立法进行规范，使法律成为对政府权力行使的约束工具。如果相关立法尚未完善，可以通过制定限制政府权力行使的政策来进行初步规范和约束。在民主体制下，政府权力的行使过程应当规范化、透明化，以防止政府权力的滥用，并保护社会民众的基本权益。

绝大部分公共政策的主要目的是解决社会问题和治理社会事务，政策的执行依赖政府公共权力的行使。虽然在理想层面上，公共政策旨在使社会公共利益最大化，但在实际执行中，政策往往受到利益倾向的影响。政府可能受到"经济人"动机的驱动，从而代表特定团体的特殊利益，以该团体利益的最大化为执行导向。这种情况可能导致政府公共权力的行使偏离社会公共利益的方向。因此，公共权力的行使应当受到公共政策的约束和限制。

为了确保公共政策能够真正服务于社会公共利益，政府在行使政策立法权时，应积极建立公众参与程序，增强政策立法过程的透明度和规范性。这可以确保政策制定过程广泛反映民意和民权，代表更广泛的民众利益。在政策执行过程中，也应强化对公共权力的合理约束，防止权力的主观性和特殊利益偏向，确保政策能够从实际层面上服务于社会公共利益。

拓展阅读2-1

2.4.2 公共政策的本质

从本质上说，公共政策是一种复杂的社会现象，它涉及政治、经济、社会和文化等多个维度。它不仅是政府为了解决特定的公共问题而制定的一系列行动计划和决策，而且是一种反映社会价值、权力关系和利益分配的机制。它体现了国家与社会之间的互动，旨在通过合法的权威和集体行动，对资源进行分配、对社会行为进行调节，并在不断变化的环境中寻求稳定与发展。

公共政策的本质是政治系统权威性决定的输出，它体现了政府对社会公共利益的集中反映和权威性分配。这一定义突出了三个核心思想：首先，公共政策的制定是为了实现价值分配，即在社会成员之间进行资源和利益的分配；其次，这种分配的范围是全社会，涉及广泛的社会成员和利益集团；最后，分配的影响力是权威性的，即政策的制定和实施依赖政府的权威性和合法性。

由于利益主体的多样性，在利益分配中必然伴随着各方利益主体之间的博弈，从而形成复杂的利益关系。这种复杂性也导致了各种利益矛盾的出现。利益主体之间的复杂关系和矛盾，根源在于他们同时希望维护现有的利益并追求更多的利益。因此，要实现公共政策的公共利益取向，需要通过建立透明和民主的责任政府、法治政府，以及完善各利益主体的利益表达和协调机制，从制度上保障公共利益的实现。

作为一个高度自组织的系统，人类社会在发展过程中必然形成各种机制来解决自身存在的问题。其中，公共政策作为最为广泛和直接的机制之一，扮演着调节利益关系的关键角色。政策的形成过程实质上是政策主体根据自身利益需求对复杂的利益关系进行调整的过程。因此，公共政策的制定和执行可以视为社会各种利益的集中体现，公共政策的本质也在于反映和调节这些社会公共利益。因此，从这个角度来看，公共政策的本质就是政府对社会公共利益进行权威性分配的过程。

明德园地

"三棵树"的守望与传承：绿色变革中的精神力量

在山西右玉、河北塞罕坝、河南兰考这片广袤的土地上，三棵不平凡的树——"功勋树""荣怀杨""焦桐"矗立其间，它们不仅是历史的见证者，更是精神的传承者，激励着一代又一代人为了生态文明事业不懈奋斗。

在山西右玉，苍头河畔的那棵"荣怀杨"，已经挺拔了70多个春秋。这棵小叶杨树，是右玉首任县委书记张荣怀带领全县干部群众植树绿化的起点。右玉曾是一个风沙肆虐、荒凉贫瘠的地方，"一年一场风，从春刮到冬"是当时的真实写照。然而，面对恶劣的自然环境，张荣怀没有退缩，他扛起铁锹，带领干部群众在苍头河边种下了这棵希望之树。从此，右玉人开始了坚持不懈的植树造林之路，历经数十年，终将"十山九秃头"的荒凉之地变成了如今的"塞上绿洲"。

在河北塞罕坝，那棵被誉为"功勋树"的落叶松，是塞罕坝机械林场建设的历史见证。新中国成立之初，塞罕坝曾是"黄沙遮天日，飞鸟无栖树"的不毛之地。然而，林业部的调查组在这里发现了一棵生长旺盛的天然落叶松，这棵树的存在坚定了人们建设塞罕坝机械林场的决心。从此，塞罕坝人开启了荒原变林海的伟大征程。经过几代人的努力，如今的塞罕坝已经建成了世界最大的人工林，昔日的荒原已经变成了郁郁葱葱的林海。

在河南兰考，那棵由焦裕禄亲手种下的"焦桐"，成了兰考人民心中的精神图腾。兰考曾是一个风沙、盐碱、内涝"三害"肆虐的地方，百姓生活困苦不堪。然而，焦裕禄的到来给这片土地带来了希望。他带领干部群众植树造林、翻淤压沙，与自然灾害进行顽强斗争。如今，这棵泡桐树已经长成了参天大树，而兰考也早已摆脱了"三害"的困扰，成为绿意盎然的美丽家园。

除了生态环境的改善，这三棵树还成为当地经济社会发展的重要支撑。在右玉，生态旅游、赛马、足球训练等特色产业蓬勃发展，生态红利持续释放；在塞罕坝，森林固碳生态产品项目开发等新兴产业不断涌现，为当地的经济发展注入了新的活力；在兰考，绿色能源、特色农产品种植等产业欣欣向荣，昔日的贫困村如今已经走上了高质量发展的道路。

资料来源：陈忠华，晏国政，张兴军. "三棵树"的守望与传承［EB/OL］.（2024-11-21）
［2024-11-22］. http://www.banyuetan.org/xszg/detail/20241121/1000200033137251732152382128885
886_1.html.

【价值塑造】

"三棵树"的故事生动展示了生态文明建设的重要性与长期性。这启示公共政策学的学生在制定政策时，要具备长远眼光，考虑政策的可持续性，以及其对未来社会、经济和环境的综合影响。"三棵树"的故事还培养了学生的责任感和使命感。这些故事中的主人公们，如张荣怀、焦裕禄等，他们为了改善环境、造福百姓，付出了巨大的努力和心血。他们的故事激励着学生们在制定和实施政策时，既要注重激发公众的参与热情，形成集体行动的力量，以实现政策目标，又要勇于担当、敢于创新，为制定和实施更加科学、合理、有效的公共政策贡献自己的力量。

基础训练

❖ 在线测试题

第2章单选题

第2章填空题

第2章判断题

❖ 简答题

1. 什么是公共政策？

2. 如何从"公共"角度理解公共政策？

3. 公共政策有哪些基本特征？最本质的特征是什么？

4. 如何理解公共政策的社会性功能？

5. 如何理解公共政策的本质就是政府对社会公共利益进行权威性分配的过程。

❖ 案例分析

"山河大学"：一场突然而不荒诞的梦想

2023年8月，在各地高考分数刚刚出炉、考生们忙于填报志愿之际，一所名为"山河大学"的虚构高校在网上火了起来。

"山河大学"能爆火，背后承载的是山河四省大多考生，寒窗苦读多年却翻不出浪浪山的无奈与自嘲。作为中原文化的重要发祥地，与高考大省、人口大省并不相称的是，放眼全国，"山河四省"所拥有的优质高等教育资源都相对匮乏。

以人口大省同时也是经济大省的河南为例，至今河南还没有一所教育部直属高校，在"985""211"高校体系中，也仅有郑州大学1所211高校。这与河南的邻省江苏形成了鲜明的对比：江苏人口比河南少近千万，却坐拥11所211高校、2所985高校。这才有了网友的调侃，咱们自己成立一个"山河大学"，争取一年内赶超清北。学校总部设在中心位置邯郸，在济南、石家庄、太原、郑州分设4个分部，只招收山河四省的学生。

"山河大学"这个虚构高校的火爆，在网友的玩笑之余，也折射出人们对我国高等教育资源分配的关注。事实上，我国高等教育资源的分配和流向一直是社会关注的焦点。一方面，高校数量和质量分布不均衡，导致部分地区出现"留守生""候鸟生"现象；另一方面，高等教育的供需矛盾也是亟待解决的问题。当网友们在这股热情之中娱乐自我时，我们不能忽视提议背后的现实问题。仅仅在高考和录取方面，自1977年恢复高考后就经历了数十次大大小小的改革，每一次微小的改革都会让一部分弱势群体看到改变命运的希望。而在教育资源的分配上，国家也不断有新举措。2023年5月，财政部下达的2023年义务教育相关转移支付资金达到2 274亿元（不含教师工资），比上年增加148亿元。

资料来源：张舒."山河大学"火了，教育部回应［EB/OL］.（2023-07-06）［2024-11-14］. https://www.thepaper.cn/newsDetail_forward_23767710.

思考：

1. 如何看待"山河大学"现象反映出的高等教育资源分布不均的问题？
2. 高等教育资源分配不均对山河四省的社会经济发展有何影响？
3. 国家可以采取哪些政策措施来改善教育资源分布不均的问题？
4. "山河大学"现象是否意味着现行的高考和高等教育体制存在改进空间？
5. 网络上"山河大学"的热议对公共政策制定者有什么启示？

第3章 政策系统与公共决策体制

3.1 政策系统概述

3.1.1 系统及政策系统的含义

"系统"（system）是指一个由多个相互关联、互相影响的元素或部分所构成的，且具备特定功能的整体结构。这里的"整体"是一个相对的概念，任何系统都会有其明确的边界以及与之相互作用的环境。为了保持其自身的存续以及与环境的和谐共存，系统内及其与外部环境之间会不断地进行物质、能量以及信息的交流与转换。

具体而言，系统的内涵包括两方面内容：一方面，一个系统中必须包含至少两个可以明确区分的组成对象；另一方面，这些对象需以某种可辨识的特定方式相互关联。当我们将系统的概念和理论引入政策研究领域时，便衍生出了"政策系统"（policy system）这一概念。

公共政策学者们对于"政策系统"的定义各有见解。根据学者们对政策系统界定的不同侧重点，可以进行如下类型划分：

3.1.1.1　流程导向型界定

流程导向型界定强调政策系统涵盖从政策制定到执行的全过程，并关注这一过程中的多元参与和复杂互动。在这种界定下，政策系统不仅包括政府机构、政党、利益团体等直接参与者，还包括公众代表、相关利益者、各类法规以及社会的整体价值观念等间接影响因素。这种界定方式的优势在于它提供了一个全面的视角来了解政策系统的运作，强调了政策过程中各个环节之间的相互关联和依赖。

在实际政策执行过程中，流程导向型界定有助于政策制定者和分析师全面考虑各种因素，确保政策的制定和执行能够充分反映多元利益和需求。例如，在制定一项新的环保政策时，政策制定者需要考虑政府机构、环保组织、企业、公众等各方的利益和需求，以及相关的法律法规和社会价值观念，通过采用流程导向型界定，更好地平衡各方利益，制定出更加全面和可行的政策。

3.1.1.2　执行导向型界定

执行导向型界定则更注重政策的执行阶段，强调公共政策、利益相关者和环境之间的交互作用。在这种界定下，政策系统被视为一个动态的过程，其中公共政策是核心要素，利益相关者和环境因素则对政策的执行产生重要影响。这种界定方式的优势在于它突出了政策执行阶段的重要性，强调了政策在实际执行过程中与利益相关者和环境的互动和适应。

在实际政策过程中，执行导向型界定有助于政策执行者更好地理解和应对政策执行过程中的挑战和变化。例如，在执行一项教育改革政策时，政策执行者需要关注教师、学生、家长等利益相关者的需求和反馈，以及社会环境的变化对教育政策执行的影响。通过采用执行导向型界定，政策执行者可以更加灵活地调整政策执行策略，确保政策能够有效地实现预期目标。

流程导向型界定和执行导向型界定分别提供了不同的视角来理解政策系统。在实际政策过程中，这两种界定方式可以相互补充，共同为政策制定和执行提供全面的指导和支持。通过综合运用这两种界定方式，政策制定者和执行者可以更好地应对复杂多变的政策环境，制定出更加科学、合理和有效的公共政策。

综上，本教材对公共政策系统的定义是，政策系统是由政策主体、政策客体及其与政策环境相互作用而构成的社会政治系统。从这个定义出发，我们可以进一步理解政策系统在公共政策实施中的核心作用。政策系统作为公共政策实施的平台，是公共政策运行的载体，也是政策过程展开的基础，构成了政策过程推进的基石。政策系统内部各因素的联系是否得当，直接影响到政策的运行是否顺畅，并决定政策效果的好坏。从系统生成的角度来看，政策系统是探究政策过程的首要环节或起点。

3.1.2　政策系统的构成

政策系统是一个复杂且多维的概念，由多个相互关联的子系统构成，共同推动公共政策的运行与发展。政策主系统由主体系统、客体系统、支持系统和反馈系统四大子系统构成（如图3-1所示）。这四大子系统之间以及它们与客体系统和环境之间存在密切的互动与能量交换，为公共政策的产生、存续和发展提供了源源不断的动力。

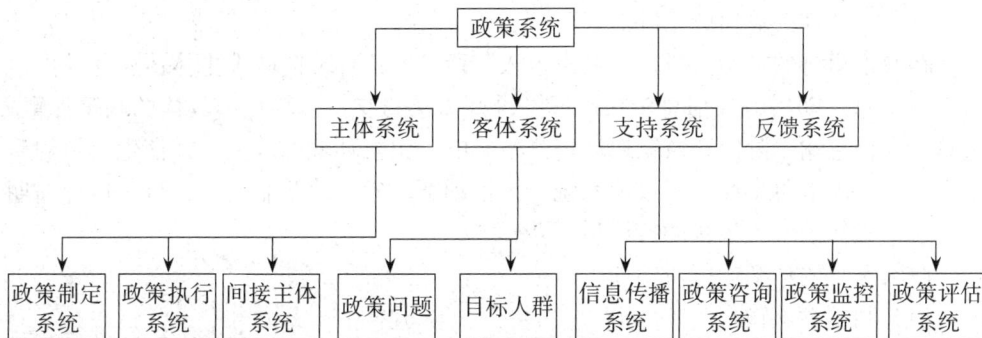

图3-1 政策系统的构成

3.1.3 政策行为者

政策行为者，也称作"政策参与者"，是政策系统的基本构成单元。政策行为者的范畴相当广泛，既包含构成政策主体和政策客体的行为者，也囊括了政策支持系统和政策反馈系统中的行为者，更包括多元化的利益相关者以及由他们共同编织成的复杂政策网络。易言之，政策行为者不仅包括直接涉足并影响政策制定的各类组织和个人，如立法与行政机关人员、政党成员、利益集团代表、大众传媒工作者、舆论领袖、智库成员以及从事政策制定与评估的政策分析专家等，同时，也包括那些虽受政策影响但又能反过来作用于政策制定和执行过程的个人和组织，诸如普通公民、各类社会团体和组织等。

政策行为者与政策系统的关系主要体现在两个方面：一方面，政策行为者在政策制定、执行和反馈中扮演着至关重要的角色，他们是政策系统的核心组成部分，通过不断地互动与博弈，围绕特定政策议题展开讨价还价，以实现各自利益和价值追求，从而推动公共政策的最终制定与实施；另一方面，政策系统为政策行为者提供了一个发挥作用的框架和舞台，尽管政策系统的运行是由其各个子系统或政策行为者的功能活动相互作用而产生的，但政策系统的整体效能远超过各行为者个体作用的简单叠加。政策行为者的角色与行为受到政策系统结构的制约，同时，政策系统现有的制度规则也深刻影响着各行为者追求利益的方式、意愿及成功的可能性。因此，为了进一步优化政策系统、提升政策质量，就需要清晰界定政策系统与政策行为者之间的关系，深入理解各政策子系统或政策行为者的性质、特征和功能，以及它们之间、它们与政策系统总体之间的相互作用方式。

3.1.4 政策系统的运行

政策系统的各个子系统在内部是相互联系、依存并相互作用的，同时，政策系统与外部环境及其作用对象也保持着持续的互动与能量交换。这种动态的交互过程展现了政策系统的生命力与运行机理。其中，政策系统与环境之间、主体与客体之间的矛盾，构成了推动政策运行的核心动力。因此，政策运行可以被视作一个信息不断输入、处理并输出的系统流程。

在政策运行的初始阶段，即信息输入阶段，政策环境向政策主体传递各种需求与支持信息。随后，在信息转换阶段，这些需求与支持被转化为具体的政策提案。最终，在信息输出阶段，政策对环境产生影响，引发环境的改变，并催生出新的需求。这些新需求再次反馈到政策系统中，推动下一轮的政策制定与执行。这种周期性的循环确保了政策系统的持续运行。

政策系统的详细运行步骤如下：

（1）利益诉求输入

政策问题的形成是政策系统运行的起点。这一过程涉及民众和相关利益群体表达自身诉求，并将其输入到政策系统中。利益诉求输入有两种方式：一是内输入，由政策系统内部的权力机构或人员主动识别并输入利益诉求；二是外输入，通过外部组织或个人与政策制定者的互动来表达利益诉求。

（2）利益整合

公共政策旨在解决公共问题，实现共同利益。然而，输入到政策系统中的利益诉求可能是复杂且相互冲突的。因此，政策制定者需要在考虑整体利益的同时，平衡不同社会成员之间的利益关系。

（3）政策制定

在利益综合的基础上，政策系统的各子系统利用各种方法、工具和手段收集并分析相关信息，提出备选政策方案。决策者通过审议这些方案，并在多个维度上进行权衡，最终作出政策选择。

（4）政策宣告

政策决策者确定政策后，通过法定或约定的方式，如新闻发布会、文件发布等，向公众正式宣布政策内容。

（5）政策实施

公共政策的利益分配功能通过政策执行来实现。在执行过程中，需要充分考虑并调整各政策参与者之间的利益关系，以确保政策的顺利实施并减少抵制行为。

（6）政策反馈

在政策施行过程中，反馈机制不断将施行情况反馈给政策主体，同时其他相关系统也试图在各个环节影响政策，使政策施行过程更加复杂多变。

对于具体的公共政策过程而言，它始于利益诉求的输入并终止于政策的失效。然而，政策系统通常同时处理多项政策，因此其运行是一个由多个政策过程组成的复杂动态系统。

我国农村扶贫政策是一个生动展现政策系统运行机制的实例。政策起始于利益诉求的输入，既包括政府内部机构主动识别的贫困问题（内输入），也涵盖农村贫困人口、社会组织等外部力量通过信访、媒体等渠道表达的扶贫需求（外输入）。

随后，政府对这些复杂且可能相互冲突的利益诉求进行综合分析和评估，平衡不同区域、群体的利益关系，在此基础上，政府利用专家咨询、数据分析等工具，提出并审议多个备选政策方案，最终确定并出台包括产业扶贫、教育扶贫等多方面的具体扶贫政策，并通过新闻发布会等形式向公众宣告。政策实施阶段，政府充分考虑并调整各政策参与者利益关系，加强监督和管理，确保政策资金有效使用。同时，在政策施行过程中，政府通过监测、评估等方式不断收集反馈信息，及时调整优化扶贫项目，而其他相关系统如社会组织、媒体也积极参与，共同影响政策。这一过程不仅体现了政策系统内部各子系统的相互联系、依存与相互作用，也展示了政策系统与外部环境及其作用对象之间持续的互动与能量交换，生动诠释了政策系统的生命力与运行机理。

3.2　主体系统和客体系统

3.2.1　主体和客体

"主体"与"客体"这两个术语最初源自哲学领域。自近代以来，人们开始广泛运用这对概念来描绘人类的认识与实践活动。从哲学认识论的角度来看，"主体"通常指的是具有意识、能动性和积极活动能力的人；"客体"指的是人类认识和实践所指向的对象，即客观存在的世界，包括自然界和社会环境。在马克思主义哲学出现之前，哲学家们主要从认识论的角度来阐释主体与客体的关系，即将它们视为一种单纯的认识关系。然而，马克思主义哲学对主体与客体的关系进行了更为科学和全面的解读，为其注入了新的内涵。它不仅将主体与客体的关系看作一种认识关系，更强调它们之间的实践关系。马克思主义经典作家从历史唯物主义的角度阐述了主体与客体的关系，并深入剖析了它们之间辩证法的全部内容，这为我们理解和分析政策系统及政策过程中的主体与客体关系提供了重要的理论基础和方法论指导。

在当代社会科学领域，尤其是管理理论中，"主体"与"客体"的概念得到广泛应用。按当前中国管理学界的普遍观点，管理主体通常是指拥有特定权力、从事管理活动的人员和组织。在现代背景下，管理主体还涵盖了管理资金、设备、信息等物质要素；管理客体则是指承受主体行为的各种因素，包括但不限于被管理者、资金、物资、设备、信息和时间等。在政策科学中，虽然政策主体、政策客体与哲学和管理学中的相关概念有所关联，但它们也展现了政策实践的独特性和差异性。

3.2.2　政策主体系统的含义及分类

3.2.2.1　政策主体

公共政策主体是政策系统的核心成分，指的是参与和影响公共政策决定、执行、监督等全过程的组织、团体或个人，对公共政策有直接或者间接的决定作用。这些主体在法律规定的框架内，通过合法程序参与公共政策的制定、执行与评估，推动公共政策的形成、实施与调整。

政策主体的形成受社会政治、经济及文化背景的影响。在特定的社会环境下，政府、政党、利益集团、社会组织、媒体及公民等各方基于各自利益与需求，共同参与政策的制定与执行。这些力量间的互动与博弈构成政策主体的基石。

就特征而言，政策主体展现出多元性、主动性、权威性与合法性的特点。多元性体现在由多个不同组织与个体构成的政策主体，各有不同的利益诉求与影响力。主动性则表现在政策主体积极介入政策过程，通过提出政策建议、影响政策议程等方式实现自身利益诉求。权威性指的是政策主体在制定与执行政策过程中所具有的影响力，能够左右政策的方向与结果。而合法性则意味着政策主体的存在与行动均符合法律法规与社会规范，具备被社会认可与接受的基础。

公共政策主体的区别主要在于他们在政策体系内所处的位置、行为模式以及所产生的影响力。基于这些差异，我们可以把公共政策主体划分为直接主体与间接主体两种类型。

（1）直接主体

公共政策的直接主体，指的是那些具有法定权力制定公共政策的行为者，他们依法获得授权，掌握公共权力，能对社会资源进行权威分配，从而在政策过程中起主导作用。这些直接主体涵盖国家的立法机构、行政机构、司法机构以及某些政治体系内的政党领袖和军事领导人。

①立法机构。作为国家的法律制定者，在议会与政府合一的体系中，它是国家的最高权力机构。其主要功能是制定法律，即将民众意愿直接转化为法律，或将那些稳定且普遍的政策规定上升为法律形式。立法是立法机构制定公共政策的主要途径。

②行政机构。其负责执行国家的行政管理职能。虽然传统行政学主张政治与行政的分离，即政策制定表达国家意志，而政策执行实现国家意志，但现在人们越来越认识到政策制定与执行是相互关联的。行政机构不仅能对立法机构的决策产生显著影响，而且自身也参与政策制定。因此，可以说，在一定程度上公共决策受行政机构及其人员的影响较大。

③司法机构。在某些政治体系中，司法机构也被视为公共政策的直接主体。例如，在美国，法院通过行使审判权、司法审查权和法律解释权，对公共政策产生深远影响。但在其他不采用"三权分立"制度的国家，司法机构在公共政策制定中的作用较小，其对公共政策的影响也相对有限。

此外，在当代世界的一部分国家里，在政治体制内处于领导地位的执政党，或者主导政治体制的军人执政机构，或者政教合一体制中的宗教领袖，也是公共政策的直接主体。

（2）间接主体

公共政策的间接主体，指的是那些虽不具备法律赋予的强制权力，但能通过施加压力、引导舆论、私下接触等多种途径，在政策制定和执行过程中发挥作用，进而产生一定影响的个体、团体、机构、社区或复杂的社会网络。

这些间接主体可大致归为三类：首先是次国家级的政策参与者，如地方行政机关、政党、代表特定利益的团体（又称压力团体）、非政府组织、公众意见、社会政治运动以及普通公民等；其次是跨国界的政策参与者，包括跨国公司、多国企业、区域性组织（如欧洲联盟、美洲国家组织、阿拉伯联盟、非洲统一组织）等，还有像石油输出国组织、东南亚国家联盟这样的专业或地域性组织；最后是全球范围内的政策参与者，涵盖了全球性的政府间组织，如联合国、世界贸易组织、世界银行、国际货币基金组织、世界卫生组织等，以及全球性的非政府组织，如国际奥林匹克委员会、国际红十字会、绿色和平组织和国际港口协会等。

3.2.2.2 主体系统

政策主体系统是由各类政策主体相互作用所构成的系统。这一系统又包括3个子系统，即政策制定系统、政策执行系统、间接主体系统。

（1）政策制定系统

政策制定系统是公共政策体系中的核心组成部分，常被称作"决策中枢"。该系统由具备法定决策权力的高层组织或个人所构成，涵盖国家立法、行政、司法三大机关以及特定的政治领袖。这一系统的核心职责是识别政策问题、明确政策目标、策划政策方案、审核并选择最优方案，最终完成政策的合法化流程并予以正式颁布。

此系统位于整个政策框架的中心位置，负责引领并决定整个决策流程。其基础职能包括辨识和确定政策问题、为这些问题设定明确的政策目标、策划和设计相应的政策方案、负责审核并提出最终的政策选择、确保政策经过合法化程序后得以正式发布。

（2）政策执行系统

政策执行系统的核心任务是将已制定的政策内容转化为可见的政策效果。该系统主要由负责执行政策的组织和人员，特别是行政机关及其工作人员所组成。其主要功能是为政策的落地实施做好前期准备，确保政策得到有效执行，并对执行情况进行深入分析和总结。为了实现政策目标，该系统会采用多种手段和方法，将政策的理念和内容转化为实际的社会效果，这涉及政策的宣传，计划的制订，组织的落实，政策的试点，全面的推广、协调与控制，以及后续的决策追踪等多个环节。

此外，政策执行系统还可以看作一个由多个子系统（如执行主体、执行对象、执行机制等）共同构成的政策执行集合体。该系统倡导与外界环境保持开放和互动，进行物质和信息的交换，以满足外部的需求，并持续优化自身的运行方式。因此，它与外部环境之间维持着一种动态的输入、输出、反馈和再输入的循环关系。在这一过程中，系统不仅确保政策的有效执行，还承担着对执行情况进行全面分析和总结的任务，以不断优化政策执行的效果。

（3）间接主体系统

在公共政策体系中，除了由直接主体构成的政策制定系统和政策执行系统外，还存在一个由间接主体组成的子系统。这个间接主体系统是政策主体系统不可或缺的一部分，与前两者共同构筑了完整的政策主体框架。该系统主要由政策的间接参与者构成，与直接主体形成互补。

间接主体系统在政策流程中担当了多重角色，其核心功能包括利益诉求的传达与整合、公共问题的发掘与提议、对公共政策制定施加影响、政策环境的塑造与调整，以及填补直接政策主体无法触及的领域。这些功能凸显了间接主体在政策制定与执行中的关键作用。

具体来说，间接主体系统的核心职责包括：传达并整合各方利益诉求；发现并提出公共议题，推动其进入政府决策视野；对公共政策的制定施加影响；塑造并改变政策环境；覆盖直接政策主体无法触及的层面。

该系统的成员主要包括公民、政党、社会组织及媒体等。公民通过选举、公共讨论、参与及政策建议等方式，间接地参与到政策的制定与执行中，有效地表达自身诉求与观点，成为推动政策公正、合理、顺应民意的重要力量。

政党则通过竞选活动、组织运作及政策纲领的提出，代表特定群体的利益，对政策的制定与执行施加影响。政党的参与为政策制定带来了多元视角与竞争性思考，有助于形成更为周全与高效的政策方案。

社会组织在间接主体系统中同样占据重要地位。这些组织专注于特定议题或领域，通过组织活动、倡议发起及政策建议的提供，对政策议程与方向产生影响。社会组织的参与有助于政府与市场在解决社会问题时的不足，促使政策更加关注社会公平与可持续发展。

媒体在系统中则发挥着信息传播与舆论引导的作用。通过报道政策动态、解读政策内容及引导公众讨论，媒体影响着公众对政策的认知与态度。媒体的存在提升了政策制定与执行的透明度与开放性，进而增强公众对政策的信任与支持。

拓展阅读3-1

3.2.3 政策客体的含义及内容

政策客体是指政策发挥作用时所指向的对象，或者说，政策主体就哪些问题、针对哪些人制定政策。[①]政策客体主要包含两个方面的内容：一是政策需要解决的社会问题；二是受政策影响的社会成员。公共政策的制定和实施旨在对这些客体产生影响，以实现政策制定者所设定的目标和价值。

---

① 宁骚. 公共政策学［M］. 3版. 北京：高等教育出版社，2018：159.

3.2.3.1　社会问题

从问题的视角审视，公共政策致力于解决社会问题、公共议题或具体的政策难题。需明确的是，这三者之间存在微妙的差异。社会问题涵盖的范围最为广泛；当社会问题波及社会中的较大群体或产生深远影响时，这类问题便升华为公共议题；而在政府面临的众多公共议题中，仅有少数能被提上政府议程并得到处理，这些被选中的议题即成为政策问题。

社会问题和政策问题不仅是客观存在的状况，更是人们主观构建的产物。这些问题是被人们感知和觉察到的，它们源于价值、规范和利益的冲突，并需要得到妥善解决。因此，一个社会状况是否被视为社会问题或政策问题，以及问题的严重程度如何，都与人们的主观判断紧密相连。

社会问题浩如烟海，类型多样且相互交织，因此对其进行合理分类显得尤为重要。罗威（T. Lowi）依据受影响的人数及其相互关系，将问题归结为分配性、调节性和再分配性三类。邓恩则从问题的属性出发，把政策问题划分为结构良好、结构适中和结构不良三种。另有学者将社会问题或政策问题简单划分为实质性和程序性两类，其中实质性问题关注人类活动的实际结果（如言论自由、环境污染等），而程序性问题则聚焦于政府的组织和行动方式。此外，根据问题的起源，社会问题还可分为内政和外交两大类，内政问题涵盖教育、税收、犯罪、交通和福利等诸多方面。

从更为通俗的视角，我们可以按照社会生活领域的差异，将政策问题细分为政治、经济、社会（狭义）和文化四大类：

①政治领域问题，涉及政治体制、机构设置、外交关系、军事安全、行政管理、人事安排、民族团结、阶级关系等层面。

②经济领域问题，包括生产、流通、分配、消费等经济活动的各个环节，以及财政、金融、产业结构等宏观经济问题。

③社会领域问题，主要指环境保护、人口管理、社会治安、福利保障等社会性问题。

④文化领域问题，覆盖科技创新、文化教育、体育运动、卫生健康等文化生活的方方面面。

显然，社会问题或政策问题的分类与政策本身的分类是相互对应的。针对特定领域问题所采取的措施或方法，即构成了该领域的具体政策，如政治政策、经济政策、社会政策和文化政策等。

拓展阅读3-2

3.2.3.2 目标群体

从社会成员的角度来看，政策所作用的对象即是目标群体。政策影响的大小和作用范围各不相同，因此其影响和调控的社会成员及其行为范围也有所差异。党和国家的宏观及基本政策覆盖面广泛，几乎触及所有社会成员；相较之下，特定政府部门或地方政府的法规政策则更具针对性，主要影响特定群体，如某一社会阶层、行业从业者或地区居民。

政策的核心在于调整和规范人的行为，特别是人与人之间的利益关系。政策旨在引导人们的行为，鼓励某些活动，同时禁止其他活动，以推动社会朝着政府设定的目标前进。在复杂多变的社会关系中，利益关系是最为基础的一环。由于社会成员和利益团体在社会中的位置和分工不同，因此会产生多层次、多性质的利益诉求。这些诉求的交织与碰撞形成了多样的利益关系网。因此，党和国家的政策需起到指引作用，协助人们妥善处理个人与团体、团体与团体之间的利益冲突，构建一个有利于社会稳定和生产力发展的利益框架。在此框架内，国家、集体和个人的利益，整体与局部的利益，以及长远与当前的利益均能得到有效的平衡。

3.2.3.3 客体系统

政策客体系统由公共政策所针对的对象构成，这一系统存在于政策体系的外部。仅当与客体系统相关的信息被输入政策体系，并经过政策主体体系的加工、整理，进而决定针对这些对象制定相应政策时，客体系统才会被纳入政策对象的范畴。在此之前，客体系统作为客观实在，实际上是政策体系环境的一个组成部分。

关于目标群体对特定社会问题的立场——无论是支持还是反对——其形成并非一目了然，而是受多重复杂因素的综合影响。

第一，个人利益和价值观起到核心作用。若社会问题与目标群体的直接利益相契合，或与其内在价值观相一致，他们往往会表现出更强烈的支持态度。相反，若问题与他们的利益相冲突或与其价值观不符，则可能引发反对意见。

第二，信息的获取、处理和解读对于态度的形成至关重要。目标群体接触的信息来源、信息的真实性和完整性，以及他们对信息的解读方式，都会深刻影响他们对社会问题的看法，从而决定其支持或反对的立场。

第三，社会环境和群体压力也是重要的影响因素。目标群体所处的社会环境、文化氛围、传统观念及群体规范等，都会对他们的态度产生深远影响。在某些情境下，个体可能因顺应群体期望或避免社会孤立而调整自身态度。

第四，政策实施成效对目标群体的态度具有决定性影响。若政策能有效解决社会问题并带来实际利益，目标群体更可能表示支持；反之，若政策执行不力、效果不彰或产生负面效应，则可能引发反对和不满情绪。

第五，经济因素和情感反应也在一定程度上左右目标群体的态度。经济利益的变动可能直接触动目标群体的敏感点，而情感反应则可能加剧他们对社会问题的支持或反对情绪。

3.3　政策支持与反馈系统

3.3.1　政策支持系统

随着科技的不断进步与社会的迅速变革，政策问题日益增多，涵盖的领域也愈发广泛，逐渐形成一个错综复杂、相互关联的"问题网络"。这种复杂性超出了政策制定者或执行者有限的知识和技术储备。因此，急需建立一个能够迅速且灵活地协助决策者进行决策的辅助系统——政策支持系统（policy support system，PSS）。政策支持系统是一个多维度、综合性的概念，它指的是在公共政策学科领域中，为政策制定、执行、监控和评估提供理论依据、信息支持、咨询建议和评估反馈的一系列系统和机制的总和。一个完整的政策支持系统通常包括信息传播系统、政策咨询系统、政策监控系统以及政策评估系统 4 个核心子系统。构建和完善这样的政策支持系统对于推进决策的科学化和民主化进程至关重要。

3.3.1.1　信息传播系统

信息传播系统是公共政策体系中至关重要的组成部分，类似于人体的神经系统。它是一个结构有序、规程明确且相互协同工作的系统，涵盖了情报、统计、档案管理、系统数据库管理、图书资料管理、大众传媒与互联网应用，以及政策信息的咨询、监督与反馈等多个部门。信息传播系统的核心职责是，根据政策主体系统的具体需求，高效提供精确、全面、迅速且可信赖的政策信息。该系统的基础功能包括信息的收集与梳理、信息的处理与存储，以及信息的有效传递。随着计算机技术、通信技术和网络技术的不断进步，信息传播系统的功能将得到进一步拓展和提升。

3.3.1.2　政策咨询系统

政策咨询系统，亦被称作"思想库""智库""智囊团""外部智慧源泉"，主要由政策研究机构、政府机构与这些研究机构的互动关系，以及咨询活动所构成。该系统致力于提升政策制定的质量，它结合现代科学理论与尖端技术手段，以相对独立的方式进行深入的政策研究、规划及咨询工作。此外，它还为政策主体系统提供创新思维，诊断新出现的问题，提出可行的政策备选方案，并对政策执行效果进行科学评估。

3.3.1.3　政策监控系统

政策监控系统是由除直接决策者和执行者之外的个体、团队或组织所构成，专门负责监督和控制政策的实施。其主要使命是确保政策系统的顺畅运作以及政策目标的顺利达成，旨在降低决策失误的风险，并防止政策在执行过程中出现偏离。该系统具备以下基本职能：首先，建立明确的政策监控标准；其次，对政策的执行效果进行持续监测；最后，及时发现并纠正政策执行过程中出现的任何偏差。

3.3.1.4　政策评估系统

政策评估体系包含五大核心要素，即评估主体、评估目标、评估意图、评判准则及评估手段。此体系的主要作用在于，为判定政策的质量、是否继续实施或废止，以及政策工具的科学配置，提供实证数据和价值观支持。

政策支持系统在政策实践中得到充分的体现。如为了有效缓解城市交通拥堵这一日益严重的问题，政府构建了一个全面的政策支持系统。该系统通过信息传播系统实时收集、处理并传递交通数据，为市民提供出行建议；政策咨询系统则依托智库深入研究并提出多种政策备选方案，并进行成本收益分析和风险评估；政策监控系统则负责监控政策执行效果，及时发现并纠正偏差；而政策评估系统则通过问卷调查、实地考察等方法全面评估政策实施效果。这一政策支持系统的成功实施，显著缓解了城市交通拥堵状况，提升了公共交通使用率，提高了市民生活质量，并为政府未来的政策调整提供了科学依据。

3.3.2　政策反馈系统

公共政策的反馈系统是一个复杂而精细的机制，它不仅连接了政策主体与政策对象，还连接了政策系统与政策环境，形成了一个多层次、多网络的互动体系。这一系统的核心在于，政策的实施和效果会反过来影响政策的制定和调整，从而形成一个动态的循环过程。

政策反馈效应主要影响四类主体：政治精英、官僚群体、利益集团和普通民众。其中，大众反馈效应，即公共政策对普通民众认知、态度、偏好和行为的影响，是最为普遍的政治后果。政策通过塑造公众的身份认知、机会、政策态度、利益进而影响政治系统。[①]

政策反馈的内容主要包括政策对行动者的影响，以及这些影响如何通过不同的机制发生。政策反馈的作用机制包括：

第一，解释效应。政策通过传递信息和价值观，影响公民和政策制定者的认知和态度，从而影响他们的行为和决策。

第二，资源效应。政策通过分配资源，增强或限制某些社会群体或个体的能力，从而影响他们的政治参与和政策制定过程。

第三，演化效应。政策随时间的演进可能产生路径依赖，导致政策的自我强化或自我削弱，影响政策的持续性和变革。

第四，学习效应。政策制定者和公众通过政策实施的结果进行学习，调整自己

---

① 张友浪，王培杰. 政策如何塑造大众？基于最近三十年国际政策反馈研究的元分析 [J]. 公共行政评论，2024，17（3）：24-43.

的行为和政策需求，影响未来的政策制定。

3.4　政策环境

　　政策环境是政策制定与执行的重要背景和基石，对政策执行的成效起着举足轻重的作用。一个稳固、开放并富有活力的政策环境，可以为政策的顺畅实施提供坚实后盾，同时能调动社会各界的热情和创新力，协同促进政策的有效落地。相反，不良的政策环境可能阻碍政策的执行，甚至可能带来诸多社会问题，对社会的和谐与稳定构成威胁。

　　政策环境这一概念具有广泛性，它包含了所有对政策制定和实施产生影响的自然及社会因素。这些影响因素既包含政策体系外的相关要素，也专指那些对公共政策的萌生、存续及发展有影响的自然和社会条件。政策环境的特点在于其复杂性、多样性、差异性、动态变化以及不可复制性。

　　公共政策是特定环境下的产物，脱离其产生的外部环境，我们就无法对其进行深入的研究和分析。公共政策学在考察政策环境时，通常采用双重视角：一是将政策体系视作因变量，探究政策环境如何影响决策行为和政策过程；二是将政策体系视作自变量，探讨政策体系的产出——公共政策如何反作用于环境。具体来说，政策环境可细分为自然环境、社会经济状况、制度或体制框架、政治文化及国际形势等多个维度。其中，自然环境主要涉及地理和气候等自然要素；社会经济状况则关联到经济发展水平、社会构成及人口状况；制度或体制框架涵盖政治体制、经济体制和法律体系；政治文化则映射了一个国家或区域的政治观念、信仰及态度；而国际形势则包括国际政治经济格局和国际关系等要素。

　　公共政策是政策主体为解决自身与特定环境之间的矛盾而采取的策略和行动。对于具体的政策主体而言，其面临着两种不同的政策环境：首先是政策系统所处的一般环境，也即客观存在的环境，这构成了系统的生态环境；其次是政策系统运行的具体环境，即主体认知的环境，这构成了系统的工作环境。

3.4.1　政策系统所处的一般环境

　　政策系统所处的一般环境，指的是对公共政策产生作用和影响的所有外部因素的总和，这涵盖了地理自然环境、经济环境、政治和法治环境、社会文化环境以及国际环境等多个方面。分析这一环境，旨在为理解政策系统提供一个宏观且全面的框架与背景。

3.4.1.1　地理自然环境

　　地理自然环境构成了国家生存和发展的物质基础，它涉及政策系统所处的地理位置及其自然状况，如国土面积、地形、气候和自然资源等。这一环境与公共政策紧密相连，对政策的内容和执行产生深远且持久的影响。

3.4.1.2　经济环境

社会经济环境是制定公共政策时的关键考量因素。为了制定合理且有效的政策，政府必须基于当地的社会经济发展水平。经济环境涵盖了多种经济因素，如经济发展水平、生产力的性质与结构、经济制度、经济体制、经济总量等，这些因素共同对公共政策产生决定性影响。经济环境不仅为政策制定提供了出发点，还提供了政策执行所需的工具和资源，并深刻影响着政策目标的设定和政策的调整范围。

3.4.1.3　政治和法治环境

政治和法治环境对政策系统的运行具有重要影响。政治环境涉及政治制度、体制、结构、关系等，而法治环境则包括法律体系、机构、执法情况和社会治安等。这些因素共同影响着政策系统的性质、民主化程度、法治化程度以及政策决策和执行的质量。

3.4.1.4　社会文化环境

社会文化环境主要指的是社会和文化状况，包括民族、宗教、人口结构、伦理道德、风俗习惯以及政治文化等。这一环境对政策的影响是深刻且广泛的。它不仅引导政策制定的方向，还塑造公众对政策的接受度和期望，并影响政策的执行效果。特定的社会价值观念和文化传统能够深刻地影响政策制定者的决策偏好和公众的政策反应。

3.4.1.5　国际环境

在全球化的大背景下，国际环境对政策系统的影响日益显著。这包括全球的政治、经济、文化发展趋势，国际格局和规则，以及国家间和跨国组织间的竞争与合作等。国际环境的变迁能够直接影响政策选择、参照系以及政策的实施方式。以国际贸易政策为例，国际环境的变化能够显著影响贸易政策的制定和调整，进而影响全球的经济合作和增长。

3.4.2　政策系统运行的具体环境

政策系统的具体运作特性、效能及实施，在很大程度上是由其所处的工作环境所决定的。政策系统的工作环境，实际上是由政策系统一般环境中的各个元素在某一具体时点的结合与体现，因此，它具有多元性、动态性、感知性和可操作性等特质。这里所说的"工作环境"，特指在政策制定和执行过程中对政策系统产生直接影响的外部环境。一个国家当前的实际状况，便构成了这样的工作环境，对于科学地制定公共政策，特别是总体政策和基础政策，具有举足轻重的意义及深远的影响。

公共政策制定者需秉持科学态度，以实事求是的精神，深入实地进行调研，全面系统地掌握经济、政治、文化、历史、自然条件以及社会状况和国际环境等各方面的基本信息及特征。特别是需要深刻理解在特定时期政治系统的社会性质、生产力发展水平、社会主要矛盾和次要矛盾等要素,从而能够清晰地识别政策系统的工作环境。

3.5 公共决策体制

公共决策体制是涵盖决策权力配置、决策流程、规定及方法的综合体系。公共决策体制并非自然演进而来,而是经过精心构思与设计的。其设计初衷在于提升决策的规范性、降低决策成本、增强方案的实施性,以及优化决策效果。鉴于决策机制深受人类行为模式的影响,不同的社会政治、经济、文化及历史背景,以及决策主体与组织的多样性,均会导致公共决策机制的差异化。在这些多样化的决策机制中,权力的分配始终围绕维护特定的政治秩序,其决策流程与准则也总是倾向于以最有利于政权稳定为主。从更广泛的角度来看,人类的政治与行政活动,本质上也是一种公共决策行为。正如著名行政学家赫伯特·西蒙所述:"决策是行政的核心。"[1]因此,从某种意义上讲,公共决策体制与政治-行政体制是密不可分的。

3.5.1 公共决策体制的含义

公共决策体制是决策权力分配的制度和决策程序、规则和方式等的总称。决策体制是公共决策工作的组织形态。为了保证一定的决策组织行为有效果,必须按照不同时期的政治经济发展和决策活动的需求,加以规范,形成制度,并建立相应的决策体制。

利益是决策权力竞争的核心,这种利益不仅可能是物质性的,也可能是非物质性的(如意识形态),或者两者兼具。实质上,对权力的追求就是对利益的寻求,因此,我们可以说利益是推动权力的根本动力。利益对公共权力的各个层面都产生影响,并在决策权力中体现在以下几个方面:

首先,公共决策权力的形成和稳固建立在利益关系的基础之上。政治学理论认为,公共权力的产生和存续的目的在于调和社会的多元利益关系,以及解决利益间的冲突。在现实中,公共决策权力与利益之间存在相互作用的关系。利益的保障需要依靠公共决策权力的权威性,而这种权威性又源自公众的认同。因此,公共决策权力必须通过保障公众利益,并服务于公众利益来加强和确认其合法性。

其次,公共决策权力的实施,实质上是多方利益相关者进行博弈的过程。在决策权力实施的过程中,各方利益相关者会进行协商与妥协,这不仅发生在体制外的利益团体与决策者之间、各个利益团体之间,也存在于体制内的各个决策主体之间。这些都可以被看作是个体利益、团体利益和公共利益之间相互博弈的过程。因

---

① 西蒙. 管理行为 [M]. 詹正茂,译. 北京:机械工业出版社,2021:90-91.

此，最终形成的决策，以正式规则的形式出现，并非最优选择，而是在综合了各方利益需求后形成的满意决策。

最后，公共决策权力体系会随着利益关系的变迁而调整。经济、政治、文化等社会环境的变化必然导致社会利益结构的调整，新的矛盾和冲突也会随之出现。这就要求公共决策权力体系作出相应的适应，调整现有的权力配置，通过权力体系的重构和创新，解决新问题可能引发的新冲突，从而维护社会稳定和自身的合法性。当决策权力无法有效协调这些新情况时，改变现有决策体系的需求将带来更大的挑战和压力。

3.5.2　公共决策权及其归属

在构建公共决策体制的过程中，核心影响因素主要包括权力的起源与结构、公职人员的选拔机制及社会地位，以及历史文化的独特性。这些因素以多样化的组合方式，共同塑造了各式各样的公共决策体制。在政治领域与公共政策探讨中，权力始终是一个核心议题。正因为如此，权力的架构和来源成为决定公共决策体制形态的主导因素。权力之所以占据如此关键的地位，根源在于其背后所代表的利益诉求。利益，作为权力的根本驱动力，最终决定了公共决策体制的多样性与特性。

在决策流程中，决策者基于自身目标，通过多样化途径影响他人行为，实现个人意志对他人意志的引导能力。在政策制定的主体框架内，公共决策权的根基不仅源自正式的职位权力和法律赋予的权威，还源自非正式的人格魅力与技术专长所形成的影响力，而更多情况下是这两者的交融。

公共决策权的行使与运作是一个持续变化的过程。最高决策权的组成及其归属，从根本上界定了决策体系的本质与类型。选择何种决策体系，虽然受到历史文化背景的制约，但更多的是人类自主选择的结果，其中权力的根源和构成、公职人员的选拔机制及其地位起到了至关重要的作用。

不同的公共决策体系所遵循的决策准则和方法具有一定的共性，如都强调理性和科学。然而，从整体上看，公共决策体系与政治体系之间存在紧密的联系，这种联系在决策权力的分配机制上表现得尤为突出。一个科学且合理的公共决策体系，能够为公共决策职能的实现提供坚实的组织和制度支撑，规范决策过程，降低决策成本，确保决策方案的科学性和可行性。因此，公共决策体系在公共政策研究领域占据着举足轻重的地位。

3.5.2.1　决策权的分类

在公共决策权力的实际运作中，我们可以将其区分为正式与非正式，或称为权威与非权威的决策权力。诸如立法、行政、司法机构及执政党等政策制定者，他们被赋予制定公共政策的法定权力，并受到国家强制力的支持，有权合法地使用强制手段。因此，他们所持有的这种决策权力被定义为正式的或权威的决策权力。相反，利益团体、公民、大众传媒等，虽然在宪法层面并未被赋予明确的决策权力，但他们在政策活动中却扮演着重要甚至是决定性的角色，对公共决策产生深远影响。从这个角度来看，他们则拥有一种非正式的或非权威的决策权力。随着社会的进步和公众参政意识的提升，无论是在西方国家还是在我国，这种非正式的或非权威的决策权力在公共决策体系中的地位日益凸显，其在决策过程中的作用也愈发重要。

3.5.2.2 决策权的配置

决策权力的分配存在多种类型。依照最高决策权力的归属人数，我们可以区分为首长制与委员会制两种制度；依据决策权力的集中或分散状况，可划分为集权制与分权制；观察上级决策机构对下级的指导与监控方式，则可分类为完整制与分离制；而根据决策体系中各部门的职责权限及其范围，还可分为层级制与职能制。在这四类划分中，前两类主要是基于决策权力的占有情况来界定的，而后两类则主要是从决策权力的运用层面来进行分类的。这里介绍前两类制度。

（1）首长制与委员会制

首长制，亦被称为"一长制"或"独任制"，指的是最高决策权单独由一人掌握，并由其独自承担所有决策责任的组织形式。该制度的显著特点在于，政府的最高领导可以向政府内其他成员咨询政策意见，但最终决策权仍掌握在其手中，并对所作决策负有实际责任。其优势在于能够迅速、果断地作出决策，使政府责任更为明确和具体，进而充分提升政府的行政效率。然而，这种制度也存在潜在的弊端，如可能引发权力的滥用、对民主的压制以及独断专行的行为，这些都不利于公共决策的科学性和民主性。

委员会制，也被称为"合议制"或"会议制"，其特点是将最高决策权赋予由两人或以上成员组成的委员会。政策方案的最终选择是由委员会根据少数服从多数的原则共同决定的。委员会制的优势在于能够汇聚多方意见、吸纳广泛建议，并在协商一致的基础上制定政策，这不仅有利于决策的民主化，还能激发委员们的积极性。但其缺点也显而易见，如决策过程可能较为缓慢，责任分散，可能导致委员间争功诿过，进而增加决策的成本。

（2）集权制与分权制

集权制指的是决策事务与决策权都高度集中于上级决策机构，下级机构必须严格按照上级机构的决策和指示来执行。这种制度的优势在于，它能确保公共决策的整体性和政令的一致性。然而，其劣势也显而易见，即政策的灵活性和适应性较差，难以根据不同地区的实际情况进行调整，同时可能引发上级决策机构的专制行为，以及政策执行中的"一刀切"现象，从而抑制了地方的积极性和创新性。

相对而言，分权制则赋予各级决策机构在其管辖范围内相对独立的决策权，上级机构无权干涉下级机构的决策过程。分权制的优点在于，各级决策机构对当地情况有更深入的了解，能获取更准确的信息，因此能够制定出更符合当地实际情况的政策，增强了政策的针对性和实效性。然而，其缺点也不可忽视，即各级决策机构可能从自身利益出发进行决策，这增加了政策之间协调的难度。

在现实的公共决策中，经常会有集权制与分权制的使用情况。如在某城市面临旧城改造和新城建设的问题上，市政府可以综合考虑集权制和分权制的优缺点来建立决策机制。例如，在旧城改造中，可以允许社区居民和相关部门参与决策过程，充分听取他们的意见和建议，使决策更加符合当地实际情况和居民需求。同时，市政府也需要加强监督和监管机制来确保旧城改造的公正性和合法性。在新城建设中，市政府可以制定总体规划和政策导向，但也需要赋予各个区域或部门相对独立的决策权来推动新城建设的快速发展。

3.6 公共决策的规则

现代政治以程序为核心，而程序实质上是由一系列规则构成的。在公共决策领域，我们不仅需要关注公共决策权的分配问题，还必须确立并恪守特定的决策规范。决策规范，即指决策者在选定最终政策方案时所依据的程序与方法。采用不同的决策规范会对最终的选择产生深远的影响，甚至决策规范的微调也可能引导出截然不同的决策成果。

3.6.1 全体一致规则

全体一致规则，也称为一致同意规则，是一种集体决策机制，指的是任何一项决策或议案必须得到所有参与者的同意才能通过。这种规则要求没有任何一个参与者反对，从而确保了决策过程中的平等性和公正性。全体一致规则要求集体中的每个成员都对决策有平等的发言权和否决权。这意味着任何一个成员的反对都可能导致决策无法通过，从而体现了一种高度的民主参与和保护少数派权益的机制。

全体一致规则的优点在于全体一致规则能够确保决策结果至少没有人受损，从而达到帕累托最优状态，这是一种理想状态，其中任何改变都不可能使某人更好而不使他人更差。另外，在全体一致规则下，由于每个人都对决策有实质性的影响，因此可以减少或避免"搭便车"现象，即个体不承担成本而享受集体行动的收益。

全体一致规则的缺点有以下几个方面：

一是有高昂的决策成本，全体一致规则要求所有成员达成一致，这在成员众多、利益有分歧的情况下可能导致高昂的谈判成本和时间消耗，从而影响决策效率；

二是可能采取不良的策略行为，在全体一致规则下，成员可能采取策略行为，如讨价还价或弃权，以争取更有利的结果，这可能导致决策过程中的不诚实和不透明；

三是可能陷入决策僵局，由于每个成员都有否决权，集体决策可能因为无法达成一致而陷入僵局，导致无法作出有效决策。

全体一致规则在理论上体现了民主决策的最高形式，但在实践中却面临诸多挑战。它要求集体中的每个成员都参与到决策过程中，并且每个人的意见都得到充分的考虑和尊重。这种规则在小规模集体中可能更为可行，但在大规模集体中则可能因为协调成本过高而难以实施。在实际应用中，全体一致规则可能需要与其他决策规则相结合，以提高决策效率。例如，在一些国际组织中，虽然在某些关键决策上采用全体一致规则，但在其他不那么关键的事务上则采用多数决或简单多数决规则。

在我国，全过程人民民主制度体系的发展强调了民主的实践性和实效性。虽然全体一致规则在某些特定场合和层级中得到应用，但更多的是通过各种形式的协商民主来实现人民的广泛参与和利益的综合平衡。

3.6.2　多数规则

全体一致决策因其高昂的成本，在实际操作中往往难以实现，因此，我们通常会寻求一种更为实际且高效的决策方式——多数同意原则，而在政治实践中，过半数规则被广泛应用。过半数规则指的是，任何集体决策只有在获得超过半数的支持时方可实施。

过半数规则的实施带来了两个显著优点。

首先，它显著降低了决策成本。这里的决策成本涵盖了议案阐述、协商、修订及投票等各个环节所消耗的资源和时间，这些成本会随着决策所需支持人数的增多而上升。同时，外在成本，即决策实施过程中对未参与决策者可能产生的不利影响，会随着所需赞成票数的增多而减少。

其次，过半数规则提高了决策效率，只要参与者数量非偶数，任何议案都能得到明确的结果：通过或被否决。

虽然简单多数与过半数在规模上有所不同，但二者在逻辑上是相似的。它们都面临着确定多数规模的问题。每次决策时，所需的多数并非固定，而是根据具体情况来定，其标准是决策成本与外在成本的总和最小化。所需赞成票数过少可能导致外在成本过高，而过多则会使决策成本上升。确定多数的规模受几个关键因素影响：集体的规模、政策的潜在后果，以及议案的信息成本和成员间的偏好差异。

在我国这样一个人口众多、地域广袤的国家，各地区和民族间存在显著差异。因此，在决策过程中，我们必须广泛听取并尊重各方面的意见，确保人民群众的主体地位，实现决策的广泛参与和科学性。同时，考虑到中国共产党在国家治理中的核心作用，民主集中制能够有效平衡各方利益，确保政策的科学、合理和可行。此外，民主集中制倡导集体讨论和民主决策，有效避免了个人或少数派的专制行为，从而确保了决策的科学性和民主性。这一制度要求各级组织和领导严格遵守党的纪律和组织原则，按照规定程序行事，有助于防止腐败，提升党和政府的公信力及执行力。最后，我国的国情赋予了民主集中制在理论和实践上的优势。作为一个发展中的大国，中国需要一种能够适应国内外复杂环境、灵活应对挑战的制度安排。民主集中制不仅能发挥党的领导作用，调动各方的积极性和创造力，推动经济社会的持续发展，还能根据不同领域和层次的需求进行创新和完善。

3.7　公共决策体制的类型

伴随社会的持续演进与发展，当代公共政策决策体系日益显现出其决策事项不断增多、参与人员规模扩大的趋势。此外，决策流程也逐渐强调科学的原则、方法、技术和程序的重要性，借助先进的科技工具来提升决策的精准度与效率。这一变化不仅揭示了决策流程由简至繁的演变，还反映了从依赖经验的决策模式向科学化决策模式的转型。

在探究公共决策体制的多样性时，我们观察到，不同的体制均具备其特有的运作机制和适用场景。纵观人类历史的各个时期，涌现了众多形态的公共决策体制。在现代，全球主要国家所采用的公共决策体制，可概括为以下几类：

3.7.1　总统制

总统制作为一种独特的政府制度，一直是学术研究的重要议题。李帕特（Arend Lijphart）的研究指出，全球主要的发达工业国家多倾向于采用内阁制政府形式，而仅有美国、芬兰等少数发达工业国家选择了总统制。在发展中国家，总统制则多见于拉丁美洲、非洲以及东南亚的某些国家。采用美国式总统制的国家，其立法、行政与司法三大机关的决策职能相互独立、互不统属，同时形成了一种微妙的平衡状态。总统身兼国家元首与政府首脑双重角色，其决策权之大，在"三权分立"的体制中显得尤为突出：他虽无须对议会负责，但有权否决议会通过的法案；他虽不能干涉司法事务，却可任命国家最高法院的大法官；在他的内阁中，实行首长负责制，即最终决策权由他一人掌控。

美国总统既是国家的象征性领导，也是政府实际工作的负责人，被赋予了广泛的决策权。美国的公共决策系统强调权力的平衡与民众的参与。其中，国会和最高法院等机构在决策环节中扮演着关键的监管与平衡角色。同时，鉴于美国社会的高度多元性以及利益集团的活跃，决策过程中常需进行深入的协商与妥协。

3.7.2　议会制

议会制，这一起源于"议会之母"英国的政府体制，相较于君主专制，无疑彰显了历史的进步。深入探究，议会制的组织架构曾展现出多样化形态，包括一院制、两院制、三院制（例如早期法国议会由贵族、教士和平民三个阶层组成）乃至四院制（如早期瑞典议会涵盖贵族、教士、市民和农民四个群体）。在当今世界，采用一院制的国家主要是一些小国，如丹麦、芬兰、冰岛和卢森堡等。这主要是因为在这些国家中，政治权力的平衡问题相对简单，公共决策过程也不如大国那般复杂。

　　议会制的决策过程一般从议会议员对各种议题进行深入的探讨和辩论开始，随后通过投票方式达成共识并形成决策。这些决策内容可能包括法律草案、政府预算等关键议题，且往往需要历经多轮的审议和调整。当议会最终通过某项决策后，通常会将其交由行政机关加以实施，并持续对实施情况进行严密的监督与追踪。这一整套流程充分展现了议会制下立法与行政两大权力机关之间的相互协作与制衡机制。

3.7.3　半总统半议会制

　　半总统半议会制是法国政府制度演变的历史产物，深刻反映了该国政治传统的融合。若将总统视为法国中央集权传统的代表，而议会则代表了民主传统，那么半总统半议会制恰恰体现了集权与民主的结合。同样，如果我们将具有强大权力的总统看作是集权的象征，而由全民直接选举产生的总统则彰显了民主精神，这种制度依旧是法国两种政治传统的融合体现。半总统半议会制在法国的创新性确立，在全球范围内打破了议会制和总统制主导政府制度的格局，崛起为一股不容忽视的"第三势力"。在过去的半个世纪里，这种制度模式得到了迅速发展，截至2024年，全球约有30个国家采用了这一政府制度，如斯里兰卡、埃及、民主刚果和海地等。无疑，半总统半议会制将对全球政治制度的发展走向产生深远的影响。

3.7.4　超级总统制

　　此种公共决策体系在组织架构上与法国的半总统半议会制或美国的总统制有相似之处，然而，在权力分配与相互关系上，却与前两者存在显著差异。俄罗斯被视为实行超级总统制的代表国家。在俄罗斯的政治体系中，议会的实际决策权主要局限于立法层面；总统则负责任命总理并组建政府，即便某一政党在议会中占据多数席位，也无权直接组阁。此外，总统还拥有解散议会、决定议会选举和进行全民公投的权力。因此，相较于法国的双首长制和美国的总统制，俄罗斯总统的决策权更为广泛和强大。

3.7.5　委员会制

　　委员会制乃是民主政治逐步发展的结果。民主政治的核心理念在于人民的统治和权力的实现，它体现了对公正与平等的追求。在民主政治的演进中，为了实践这一理念，逐步构建起了相应的机制。其中，代议制便孕育出了委员会制。由于代表均由人民选举产生，他们各自代表的人民数量相当且权利地位平等，因此代表间并无等级之分。委员会制成为一种能充分发挥讨论与整合作用的民主机制。在委员会的运作过程中，每位委员都享有发表意见的权利，且充分的讨论与协商是其正常运作的基础。在决策之前，委员会内部不存在命令与服从的关系。决策的最高权力归属于整个群体，委员会的领导者主要负责组织与协调工作，而非拥有最终决策权。当进行决策时，每位委员都享有平等的投票权，每票的权重相同，不存在特殊票权的情况。

3.7.6　人民代表大会制

我国采用的人民代表大会制度，是依据民主集中制原则进行决策的，这与西方基于"三权分立"的议会制度有显著差异。该制度的主要特点包括：

其一，各级人民代表大会的代表均通过民主选举产生，他们接受人民的监督并对人民负责；

其二，国家的行政机关和司法机关均由人民代表大会产生，它们受人大的监督并对人大负责；

其三，在少数民族聚居地区以及我国香港、澳门特别行政区实行区域自治制度；

其四，各级人大及其常委会遵循民主集中制的原则来行使权力；

其五，中国共产党在人民代表大会中扮演着领导角色。

3.7.7　军人独裁制

军人独裁制是一种由军队掌握大部分或全部政治权力的政府形式。在这种体制下，军人或军人集团通过政变或其他手段推翻现有的文官政府，进而掌握国家的最高行政决策权。在20世纪后半期，一些刚刚获得独立的亚非国家就曾经实行过军人独裁制。这些国家在政治、经济、社会等方面都面临着巨大的挑战，而军人独裁者试图通过铁腕手段来稳定局势、推动发展。这种决策体制主要有两个类型：第一是军人决策取代政府决策。在政变成功以后的第一个阶段，宪法被废止，议会被解散，政府被夺权，由政变领导人和军人委员会行使国家权力，军人决策成为公共政策。第二是在军人主导下形成的政府决策。进入第二个阶段，军队退回到军营，政变领导人变成正式的国家和政府领导人，如总统、总理、部长、议长等，于是公共决策从形式上看趋于正常化，而实际上仍是军人独裁。[①]

从历史的视角审视，公共决策体制的变化显著且多样，主要受社会、政治、经济和技术等多重因素影响。在不同的国家和政治制度下，公共决策体制展现出其独特性，这些特性不仅映射出各国在政治、经济、文化上的不同，也深刻影响着决策效能和效率。

3.8　国家结构与公共政策

所有公共政策均是在特定政治制度的总体框架内运作的。政治制度明确规定了国家权力的分配方式，特别是涉及国家结构形式的制度，它规范了中央与地方权力

---

① 宁骚. 公共政策学［M］. 3版. 北京：高等教育出版社，2018：172.

机构之间的关系，以及整体与部分之间的权力分配。这种制度对公共政策的制定和实施过程具有深远影响。从国家结构的角度来看，我们主要可以区分为单一制和联邦制两种形式。这两种形式基于地域原则，对国家权力在不同层级进行划分，从而决定了决策权在地理空间上的分布。这种分布模式不仅影响着公共政策的制定，还决定了政策的效力和实施范围。

3.8.1　单一制

单一制国家以地域为基础，划分出不同的行政区域或自治区域，这些区域构成了国家的组成单位。在这种体制下，决策权主要集中于中央层面，而地方政府在中央的指导和监管下运作，其行使的决策权受限于宪法和法律的框架。从法律理论上讲，单一制国家的所有公共决策权归中央所有，地方政府所拥有的决策权是由中央授予的，并且这种权力是可以撤销的。尽管地方政府有时会为了自身利益采取某些灵活策略以延缓政策执行，但单一制国家可利用其权力的统一性和强制性，确保政策在全国范围内得到统一执行。此外，单一制政体还可以细分为"中央集权型""地方分权型"。以法国为例，它代表了中央集权型单一制，地方政府的决策权高度集中，并由地方首长统一行使，这些首长既代表中央执行政策，又负责管理地方事务。相对而言，英国则是地方分权型单一制的典范，地方政府依据法律组织并自主行使决策权，中央政府不干预其具体行政事务。

3.8.2　联邦制

联邦制，作为复合制政府结构的一种主要形式，是由多个联合的邦（或州、省、加盟共和国）共同构建的国家联盟。在这种体制下，国家整体与部分的关系并非传统的中央与地方的关系，而是具有不同决策权限的中央实体之间的关系。从法律角度来看，各联邦单位所持有的决策权并非来自联邦政府的授予，而是直接源于联邦宪法的赋予。这意味着，在联邦宪法规定的框架内，中央和各联邦单位均享有最高决策权，这些权力可以直接对公民行使，且相互间无权干涉。因此，从总体上看，联邦制的决策权力呈现出分散和多元的特点。

这种决策体制对政策运行的推动作用体现在以下几个方面：

首先，通过下放公共决策权和政治权力，联邦制允许地方政府根据实际需求采取差异化政策，从而更好地满足地方发展需求。

其次，它有助于扩大民众的政策参与度。政府层级的增多意味着投票机会的增多，进而为公民提供了更多直接或间接参与政策制定的机会。例如，20世纪五六十年代，美国民权倡导者在南方种族融合反对强烈的州遇到阻碍，但他们的种族平等诉求在联邦政府层面获得了支持。

最后，联邦制也为民众提供了批评和反对联邦政府政策或行动的平台。即使在联邦层面失势的政党或利益集团，仍有可能在州级政府中获得支持。

然而，联邦制在实际运作中可能表现为真实的联邦制或象征性的联邦制，这主要取决于政府决策权在不同层级政府间的分配情况。例如，美国、加拿大和德国等国家体现了真实的联邦制，而巴西和墨西哥等国家则更倾向于象征性的联邦制。

综上所述，国家结构形式对公共政策的影响深远且表现在多方面。它不仅决定了国家权力的配置和运作方式，还深刻影响着公共政策的制定、执行及其效果。不同的国家结构形式会导致中央与地方关系的差异，进而影响公共政策的制定和实施风格。同时，国家结构形式也关乎政策决策的效率和灵活性，以及政策的实施效果和社会接受度。因此，结合本国实际情况，合理选择和完善国家结构形式，对于优化政府决策权的分配和确保公共政策系统的顺畅运行至关重要。

明德园地

党的二十大报告指出："基层民主是全过程人民民主的重要体现。"温岭市的民主恳谈会，自1999年6月在松门镇首次举办"农业农村现代化教育论坛"上萌芽，便以其独特的平等对话和广泛参与形式，成为一种具有原创性的基层民主实践。从2000年8月起，这一形式在温岭市全面推广，覆盖了各乡镇（街道）、村、社区、非公企业和市政府职能部门。经过20多年的持续发展和完善，民主恳谈会已形成了包括镇（街道）民主恳谈、市政府职能部门民主恳谈和村民主恳谈在内的完整体系，并在2003年荣获"中国地方政府创新奖"优胜奖。

在新河镇羊毛衫行业，曾面临企业间用工无序竞争、拖欠和克扣工资等问题，由此引发了一些纠纷，工人、企业主深受困扰。为了平衡劳资双方利益，2003年，新河镇举行了一场由政府主导、工会出面、劳资双方共同参与的民主恳谈会。会上，工人代表们争相举手发言、各抒己见，经过多次协商和恳谈，最终确定了行业普遍认可的最低工资标准。这一决策不仅有效减少了劳动纠纷，还促进了和谐劳动关系的构建。自全面实施行业工资集体协商以来，新河镇羊毛衫行业劳动纠纷争议逐年下降，并且这一做法已逐步推广至全市其他行业。

民主恳谈会作为基层民主实践的创新形式，与决策体制及决策系统紧密相关，对两者均产生了显著的正面影响。它通过将群众直接纳入决策过程，优化了决策体制，增强了决策的合法性和透明度，使得决策更加贴近民意，易于被群众接受和执行。同时，民主恳谈会作为决策系统中的一个关键环节，不仅弥补了现有决策系统的不足，还通过整合来自不同渠道、不同利益群体的信息和意见，为政府提供了更加全面、客观的决策依据。此外，群众在恳谈会中的参与和意见表达，也对政府决策形成了有效的监督，防止了决策过程中的腐败和权力滥用。因此，民主恳谈会在推动基层民主政治建设、促进政府决策的科学化和民主化方面发挥了重要作用。

资料来源：柳文岳. 温岭首创民主恳谈 历经近20年发展 如今全国闻名 [EB/OL].

（2018-09-28）[2024-11-22]. https://baijiahao.baidu.com/s?id=1612818939955821446&wfr=spider&for=pc.

【价值塑造】

通过民主恳谈会这种创新形式，能够有效优化政策系统，增强决策体制的透明度和合法性。温岭恳谈会展现了群众直接参与决策过程的力量，不仅提升了决策的科学性和民主化水平，还促进了社会和谐稳定，这体现了社会主义制度的优越性，也激励着我们更加珍视和践行人民民主权利。

基础训练

❖ 在线测试题

第3章单选题　　　　　　第3章填空题　　　　　　第3章判断题

❖ 简答题

1. 公共权力和决策体制之间的关系是什么？

2. 简述权力与决策的关系。

3. 简述公共政策直接主体的主要类型。

4. 简述影响政策客体系统的因素。

5. 简述政策咨询系统。

6. 政策反馈作用机制包括什么？

7. 试比较人民代表大会制、议会制、独裁制三种决策体制的异同。

❖ 案例分析

商城县"一触即发"政策咨询系统

为深入践行"以人民为中心的发展思想"，以最高效方便企业和群众，持续优化商城县营商环境，解决企业、群众反映较为集中的政策不懂、哪里办、怎么办等难题，切实提升市场主体获得感、满意度，商城县积极创新工作模式，于 2022 年 5 月底，率先正式在全县层面设立"一触即发"政策咨询系统，为高效高质响应群众和企业诉求、解决群众和企业对政策的需求探索出了成功的道路，受到各类市场主体的广泛好评。

为真正实现"最多跑一次"，商城县积极探索、大胆创新，于 2022 年 5 月底，率先正式在全县层面创新设立"一触即发"政策咨询系统，全力保障企业和群众各类政策咨询得到及时回应和解决。

具体操作中，当群众和企业拨打全县所有县直单位对外公布的电话后，都会以短信形式收到关于营商环境宣传和相关业务咨询的办事材料和咨询包，大大减少了企业和群众的跑腿次数，让企业和群众能一次带齐所有资料、合理安排时间，高效便捷地办好所需的手续。

在服务事项上，"一触即发"政务咨询系统共向企业群众提供了3 000余项政务事项咨询导引服务，基本实现了政务服务事项的全覆盖。企业群众可实时在线咨询政务服务事项申报、办理过程中的政策依据、受理条件、所需资料、申报流程等各类问题。同时，该系统按政务服务业务范畴进行模块分类，每个模块根据高频事项窗口常见咨询问题编辑相应的问答层级，对高频办理事项采用"自动语音识别、自动抓取词汇、智能短信回复"的模式进行自动答复，群众和企业可通过短信接收的模式详细了解问题的答案，确保"一个来电、多种支撑、全方位解疑"。

加强政务数字化系统建设，是坚持政务公开、实现政府高效服务的有效途径。政务公开是商城县营商环境优化、群众幸福指数提升的重要组成部分，也是政务数字化、政务服务提升的重要标志。"一触即发"政务咨询系统自上线以来，共发送营商环境宣传及咨询短信63 295条，发送办事指南及惠民政策短信3 560条。

"一触即发"政事务询系统的建立大大解决了企业和群众反映较为集中的政策不懂、哪里办、怎么办等难题，同时得到了县级层面的一致认可，并获得了企业和群众的广泛好评，中国发展网报道了商城县的创新经验做法。

资料来源：杨绪伟. 河南省商城县：全国首个"一触即发"政务服务咨询系统上线［EB/OL］.（2022-06-19）［2024-11-07］. http://www.chinadevelopment.com.cn/news/zj/2022/06/1780647.shtml.

思考：

1. 商城县在"一触即发"系统建设中，是如何体现公众参与、汇聚民智的？这种做法对于拓宽公共决策主体范围、提高决策民主性有何积极作用？

2. 案例反映了政务服务事项办理涉及多个部门，需要打破条块分割、加强协同配合。这对于优化公共决策运行机制、提高政府治理效能有何启示？在推进决策部门协同治理方面，还需要哪些体制机制创新？

3. 为确保"一触即发"系统长期高效运转，必须加强对系统建设和运行情况的监督评估。在你看来，可以从哪些方面入手，构建常态化的决策监督和反馈机制？公众和社会力量在决策监督中应如何发挥作用？

4. 商城县"一触即发"政务咨询系统在提高政策透明度和公众满意度方面发挥了哪些作用？

5. 商城县"一触即发"政务咨询系统在促进政府数字化转型方面有哪些启示？

第4章　政策工具

4.1　政策工具的含义与作用

4.1.1　政策工具的含义

在公共管理领域，政策工具是实现政策目标的关键手段，是政府、公共部门和社会组织用来解决社会问题、推动社会进步的具体方法和策略。

随着政策科学的发展，学者们对政策工具的理解也在不断深化，形成了多种不同的定义和分类。例如，萨拉蒙（L. M. Salamon）认为政策工具是一个行动者能够使用或潜在地加以使用，以便达成一个或更多目的的任何事物。①欧文·E. 休斯（Owen E. Hughes）认为政策工具是指政府采取的行动方式，以及通过特定渠道调整政府行为的机制。②我国学者宁骚认为政策工具是被设定为旨在实现一定政策目标的各种措施、策略、方法、技术、机制、行动、作为以及配置的人力、资金、设备、资源等手段。③麻宝斌教授认为政策工具是指政府及其部门

---

① SALAMON L M. The tools of government: a guide to the new governance [M]. New York: Oxford University Press, 2002: 19.
② 休斯. 公共管理导论 [M]. 张成福, 等译. 5版. 北京: 中国人民大学出版社, 2023: 19.
③ 宁骚. 公共政策学 [M]. 3版. 北京: 高等教育出版社, 2018: 143.

将政策目标转化成具体政策行动并有效达成所使用的多种手段或技术的总称。[①]
陈振明提出政策工具是人们为解决某一社会问题或达成一定的政策目标而采用
的具体手段和方式。[②]

对政策工具的多元理解实际上反映了政策工具本身的复杂性。不同的研究者可
能从不同的侧重点来分析政策工具，从而有不同的理解。然而，在承认人们在政策
工具的理解上具有差异性的同时，也应当注意到，人们对政策工具的理解也具有一
致性。在对政策工具的各种理解中，学者们都承认政策工具是实现政策目标的一种
手段，因此，可以将手段性视为政策工具的一个基本属性。基于这一属性，本教材
将政策工具定义为：政策工具是政府部门和执政党为执行政策方案、解决社会公共
问题、实现预期的政策目标而选择和确定的途径和手段。

公共政策工具的研究在近年来有了蓬勃的发展，原因有两个方面。一方面，它
是理论与实践深度结合的产物。学术界与公共政策工具领域的实际操作者保持密切
的互动关系，如高校的法律学者不局限于理论研究，更积极参与法律的草拟、实
施、效果评估乃至终结等各个环节。这种跨学科、跨领域的紧密协作极大激发了学
术界对于现实社会问题的关注与解决热情，进而推动了公共政策工具研究领域的蓬
勃发展。

另一方面，对政策工具的研究根植于政策执行面临的迫切现实需求中。随着近
现代社会的快速发展，政策实施的挑战性与复杂性显著加剧，加之政府职能的持续
扩展，对高效管理知识的渴求愈发强烈，这就要求必须对政策问题展开更为深入、
科学的实证分析与研究。鉴于公共政策工具研究致力于如何把一个简单但却难以回
答的社会问题解决好，学者们围绕政策目标与实施策略展开深入思考，从而使公共
政策工具为公共管理实践提供了宝贵的理论支撑与实践指导。

4.1.2　政策工具的作用

政策工具的重要性在于通过其运用能够引导并调整政策标的群体的行为模式，使
之更契合政策所设定的意图与期望成果，进而促使政策愿景从构想转化为客观现实。
在政策制定者明确政策的核心价值以及由政策价值规范的目标后，最为关键的步骤便
是甄别并采纳恰当且高效的政策工具，确保政策实施的顺利推进与预期效果的达成。

4.1.2.1　政策工具是实现政策目标的基本途径

"一项法律的通过、一项管理条例的采纳，或者一条裁决令的颁布确立了政策
目标，并规定了必要的手段去实现它们。"[③]为有效治理国家政治事务、经济文化
事务及广泛的社会公共事务，政府需紧密结合政治、经济、文化及社会发展的最新

---

① 麻宝斌，王庆华. 公共政策学 [M]. 北京：高等教育出版社，2016：212.
② 陈振明. 政策科学：公共政策分析导论 [M]. 2版. 北京：中国人民大学出版社，
2003：84.
③ 韦默，维宁. 政策分析——理论与实践 [M]. 戴星翼，董骁，张宏艳，译. 上海：上
海译文出版社，2003：177.

态势，针对凸显的重大公共议题制定并出台一系列有效的公共政策，同时明确界定合理且具体的政策目的与预期目标。被制定的政策在得到有效贯彻与执行后将成功转化为既定目标进而圆满达成。在这一转化过程中，政策工具是确保政策目标得以实现不可或缺的媒介与手段。

4.1.2.2 政策执行本身就是政策工具选择的过程

政策执行过程错综复杂，涵盖一系列基础步骤与功能性任务，而这些任务的圆满完成必须依靠一系列关键的执行机制——政策工具的支持。在特定的政策环境下，不同工具可能展现出差异化效能，某些工具在特定情境下可能更为高效。而当某一工具无法有效发挥作用时，决策者需迅速响应、转而采用其他替代性工具。例如，在经济衰退期，基础设施建设投资作为一种高效工具，能直接创造就业并推动相关产业发展。相比之下，降低企业所得税可能在经济衰退期效果不佳。此时决策者就会采用如加大基础设施建设投资等更为高效的替代性工具，这展示了在不同政策环境下，选择适当政策工具的重要性。因此，政策执行活动本质上是一个灵活多变的动态过程，其核心在于根据具体实际情况持续不断地对各种政策工具进行甄选与优化。

4.1.2.3 工具选择是政策成功与否的关键

政策是主体为达成特定目标而制定并实施的一系列行动集合，其中，政策工具的选择构成了这一系列行动的核心环节。政策工具为政策执行铺设具体的路径，而路径选择的恰当性则直接决定了政策成效的高低。有学者认为，自20世纪70年代以来，西方社会面临的政府治理困境根源在于政策工具层面的失效，即传统政策工具无法有效应对新挑战，出现"失灵"状态。"今天我们政府失败的主要之处，不在目的而在手段。"正是基于这一认识，当代西方国家的政府改革运动聚焦于政策工具的重新选择而取得显著成效。可见，正确且有效地选择政策工具是政策目标成功与否的关键。

4.2 政策工具的类型

在公共政策领域中，关于政策工具的分类问题，其争议程度并不亚于政策工具本身定义的探讨，同样呈现出学术界多元视角与深刻见解并存的局面。

4.2.1 两分法

美国政治学家罗威、达尔及林德布洛姆开创性地将政策工具划分为规制性工具与非规制性工具两类；公共政策学者萨拉蒙（Salamon）与龙德（Lund）则依据服务提供体系的结构特性（传递系统的结构差异）将政策工具分为政府部门直接供给与通过非政府部门（包括私人部门及非营利组织）间接供给两大类别。例如一个城市面临垃圾处理的问题，政府需要制定政策来解决这一公共问题，如果政府部门选择直接供给工具，就可以选择直接负责垃圾处理服务，如建立公共垃圾处理厂，由政府直接管理和运营。在这种方式下，政府是服务的直接提供者，负责垃圾收集、运输和处理的全过程。另一种选择是，政府可以与私人部门或非营利组织合作，通过合同、补贴或其他激励措施，鼓励这些非政府部门提供垃圾处理服务。例如，政府可以与一家私营的垃圾处理公司签订合同，由该公司负责垃圾收集和处理，而政府则负责监管和支付费用。或者，政府可以资助一个非营利组织，开展垃圾分类和回收的宣传教育活动，提高公众的环保意识。在这个例子中，政府部门直接供给和非政府部门间接供给是两种不同的政策工具，它们都可以用来解决垃圾处理的问题，但具体实施方式和效果可能有所不同。政府部门直接供给通常具有更强的控制力和执行力，但也可能面临更高的成本和效率问题。而非政府部门间接供给则可能更加灵活和高效，但也可能需要更多的监管和协调。

4.2.2　三分法

公共政策学者狄龙（Vander Doelen）将政策工具系统细化为法律规制工具、经济激励工具与沟通交流工具三大维度。另一种分类则侧重于管制性工具、财政激励工具及信息传递工具的三分法。在陈振明教授的《政策科学：公共政策分析导论》中，政策工具被进一步归纳为市场化工具、工商管理技术工具以及社会化手段三大类，充分展现政策实施的多元途径。①

本教材着重介绍加拿大学者豪利特（M. Howlett）与拉梅什（M. Ramesh）提出的"政策工具光谱"（Spectrum of Policy Instruments）理论。在该理论中，依据工具强制性的有无及其强度差异，将政策工具划分为自愿型（或非约束性）工具、强制型工具以及混合型（半强制）工具三大类别。

4.2.2.1　自愿型工具

自愿型工具独立于或很少受制于政府干预，由公众自发提供的商品与服务，旨在趋近既定的政策愿景。可进一步细化为3种形式：

（1）家庭和社区

在广泛的社会结构中，家庭、朋友圈及邻里社群直接提供大量物品与服务，政府策略性地采取间接措施，通过减少政府服务以激励家庭和社区填补服务空缺，如残疾人照护、老年人关怀及儿童保育等。家庭和社区提供物品、服务，不仅能紧密贴合实际需求，增强服务的个性化与精准度，还能有效减轻政府的财政负担。然而，其行动相对零散，难以应对复杂多变的经济问题，亦难以实现规模效应。此外，相同水平的服务需求者无法享受均等的服务保障，这在一定程度上限制了其公平性与普及性。

（2）自愿型组织

这类组织超脱于国家的强制管理之外，不以追求经济利润为宗旨，专注于为社

① 陈振明. 政策科学：公共政策分析导论［M］. 3版. 北京：中国人民大学出版社，2012：172.

会提供援助与支持，如志愿者团体、互助联盟及公益性质的社会组织等。自愿型组织具有较高的灵活应变能力和社会响应效率，对于促进社会内部凝聚力、增强社会自我管理能力具有积极作用。然而，志愿服务的供给在诸多情境中常面临不足，而且其解决复杂多变的经济困境与社会问题的能力有限。

（3）私人市场

市场作为最关键且引发广泛争议的自愿型工具，能确保资源得以依据价值最大化原则实现优化配置。市场并非全能，其运作过程中亦伴随着固有的局限与失灵区间。具体而言，市场仅能有效响应那些具备支付能力的消费者的需求，而对于诸如国防等纯粹的公共服务与物品，单纯依赖市场机制则无法充分保障供给。此外，对于收费高速公路等既非完全公共亦非完全私有的俱乐部型产品，市场机制如果缺乏政府政策引导与支持也存在难以独自克服的内在缺陷。

自愿型工具作为一种广泛应用的政策手段，其显著特点在于成本-收益高，可有效激发社会力量调动行动主体的积极性与参与度。在经济社会领域，众多公共问题往往依赖自愿型工具来寻求解决方案。在个人主义与自由主义价值观占据主导地位的国家体系中，政府更倾向于采用自愿型工具以促进政策实施的灵活性与社会接纳度，不仅可以促进个人、家庭与社区之间联系的深化与强化，还可以体现社会自治与协同共治的理念。在现实生活中，政府对某些公共议题常采取策略性退让，有意识地减少直接干预而赋予市场调节、家庭自主决策及自愿组织更大的发挥空间。

4.2.2.2　强制型工具

强制型工具也称"直接工具"，由政府直接介入并作用于特定目标群体，目标群体在此过程中可选择的空间极为有限或近乎于无，从而确保政策执行的高效与直接性。强制型工具包括三种形式：

（1）行政管制

行政管制的规则体系由政府制定，并由特定的政府机构负责监督执行，监管形式涵盖规则制定、标准设立、特许颁发、禁令发布、指导令及行政命令等。例如，国家或政府通过法律或行政命令等强制手段对环境进行治理，如行政处罚、目标责任制（考核制）、环境问责、运用评价、淘汰制等，都是行政管制工具的体现。行政管制广泛渗透于政治、经济、社会、文化及环境等多个社会维度。行政管制相较于其他政策工具具有更高的执行效率，尤其在危机情境下的迅速响应与处置。与补贴政策和税收激励机制相比，行政管制在成本-收益上具备优势，但其亦非毫无瑕疵：可能在一定程度上遏制创新与技术进步，时常导致自发性与私人领域活动的扭曲，进而诱发经济效率的低下。行政管制往往显得较为僵化，缺乏必要的灵活性，从而引发较高的社会服从成本。

（2）公共企业

公共企业也称"国有企业""公营企业"，即通过构建政府主导下的公司架构以达成既定目标，这被视为政府监管手段的一种极端形式。公共企业的公共产权可能是100%或略低于半数，但核心在于政府对其拥有控制权，并能在一定程度上施加决策影响。公共企业的产品或服务面向市场开放，消费者需付费使用，且其销售收入需与生产成本保持基本平衡。在私人企业不愿涉足而社会又有迫切需求的领域，公共企业作为一种高效的政策工具应运而生，其盈利不仅可以用于充实公共财政储备，还能支持更广泛的公共支出需求。然而，公共企业的缺陷之一在于缺乏有效的外部监督机制，即便面临亏损也难以轻易宣告破产。此外，部分企业还可能利用其市场垄断地位将低效运营的成本转嫁给消费者，从而引发社会公平与效率问题。

（3）直接提供

政府直接履行职能，运用公共财政资源，依托政府机构及其工作人员直接向公众供给商品与服务。在国防、外交、消防安全、社会保障、公立教育体系、土地资源管理、地质勘探、公园保育、交通建设及人口普查等诸多关键领域，政府通常直接承担起公共物品与公共服务的供给责任。直接提供方式在降低协商与谈判的复杂性与成本的同时，避免了冗长的议价过程。然而，它同样存在局限性：过度强调程序化与规则遵循，可能导致响应速度与灵活性不足；官僚机构内部的竞争机制缺失，成本意识淡薄，易滋生资源浪费现象。此外，政治干预及机构间职能重叠亦可能削弱物品与服务质量，影响服务效率与公众满意度。

4.2.2.3　混合型工具

混合型工具融合自愿型工具与强制型工具的特点，政府在参与并影响私人部门决策过程的同时，依然赋予其最终决策的权力与自由。根据政府对私人部门的介入程度，可进一步分为4种形式：

（1）信息发布与劝诫

信息发布作为一种非强制性的温和工具，其核心在于通过传递信息与建议，旨在引导个人及组织依据政府提供的数据或指引作出选择。例如，政府可发布健康指南、统计报告及旅游安全提示等，以辅助公众形成准确判断并采取适宜行动。相较之下，劝诫（即说服教育）则侧重于通过沟通与交流促使个体或组织顺应政府的意愿，调整其行为模式。信息发布侧重于信息的供给，而劝诫则致力于影响目标受众的态度与行为偏好。在介入程度上，劝诫相较于信息发布更为深入，但两者均不涉及物质激励或法律强制等直接干预手段。劝诫因其操作简便、资源消耗低而易于实施，但在危急情境下，当需要迅速且有力地应对以遏制事态恶化时，劝诫就显得力有不逮，其温和性限制了其应对紧急状况的有效性。

（2）补贴

在政府主导下，由政府向个人、公司或组织提供某种形式的财产转移。补贴形式具体涵盖赠款、税收优惠及凭单等多种手段。赠款机制表现为以直接的资金援助形式普遍惠及生产者，旨在促进其扩大相关产品及服务的生产规模；税收优惠，则通过如税款缓缴、税额减免、税率下调及部分免税等灵活措施，间接地让渡了政府的税收权益；凭单是一种政府向消费者发放的、标有固定价值的纸质凭证，持证人可凭此兑换指定的商品或服务。补贴因其易于操作、方式灵活而广受青睐,有利于激发创新活力、降低实施成本等。然而,补贴的推行亦存在弊端:补贴需要依赖财政资金且补贴额度的精准设定需耗费高昂的信息收集成本。此外,补贴效果的显现往往存在一定的时间滞后性。

（3）产权拍卖

产权拍卖是在传统市场领域内构建市场机制以激活价格调节功能。拍卖的资源包括水资源、矿产资源、建筑地块、牧场及渔场等,均可通过竞拍流程由出价最高者获得相应产权。此外,多国实践亦表明,通过拍卖方式分配污染物排放权成为控制环境污染的有效手段,政府预先设定污染物排放总量上限,随后通过拍卖排放权配额的方式,实现资源的合理分配。产权拍卖将市场机制引入资源配置过程,不仅促进了资源的有效流通,还开辟了政府财政收入的新渠道。

产权拍卖的缺点是:可能加剧投机活动的滋生,导致部分无力竞购产权的个体或组织因资源获取无门而采取非法手段。此外,产权竞拍基于支付能力分配资源,可能忽视实际需求,使得真正需要支持的群体难以获得必要的资源支持。

（4）税收和使用者付费

税收与使用者付费是政府获取财政收入的主要手段。其中,税收作为政府筹集资金的主要途径,要求个人及法人实体依法向国家缴纳。同时,税收亦扮演政策调控角色,通过经济杠杆作用既激励政府所倡导的行为,抑制不鼓励的活动。例如,政府可借助高额消费税的设置,间接调控如烟草、酒精及博彩等特定商品或服务的消费规模。而使用者付费则是政策规制与市场经济原理深度融合的产物,政府不直接限制特定商品或服务的可及性,但通过制定收费标准,利用市场机制自然调节消费需求。这一机制广泛应用于城市基础设施如机场高速路,同时也常见于公共事业领域,如供水、供电、燃气供应,以及针对负外部性问题如排污、交通拥堵等所征收的费用,有效平衡了公共资源的使用效率与社会成本。

4.2.3　其他划分法

欧文·E.休斯认为政府干预往往倾向于采用经济措施作为其主要手段,并从经济方面将政策工具细化为供应工具、补贴机制、生产激励与监管控制四类。[①]

丘昌泰在广泛回顾英文文献中关于四分法的多种分类后,指出在学术界存在一种普遍共识,即政策工具可大致归结为四个核心类别:[②]

①管制类工具,诸如命令、管制、执照核发等强制性工具。

②财务类工具,诸如财政补贴、奖励等具有经济激励性质的工具。

③沟通类工具,诸如相互交换知识或信息等工具。

④组织类工具,诸如以家庭、社区等自愿性组织为主体的动员性工具。

---

① 休斯. 公共管理导论 [M]. 张成福, 等译. 5 版. 北京: 中国人民大学出版社, 2023: 98.

② 李允杰, 丘昌泰. 政策执行与评估 [M]. 北京: 北京大学出版社, 2008: 377.

美国政治学家达尔与林德布洛姆凭借工具所有权、政府介入程度、政府控制、工具参与者以及工具执行主体的自主决策能力等关键要素的本质特性，将政策工具划分为5种连续体（见表4-1）。

表4-1   政策工具连续体

连续体1	政府机关—半政府机关—政府机关与私人机关联合—私人机关
连续体2	强制—专断—调和—安抚—提供信息
连续体3	国有化—核发执照—课税/补贴—宏观管理
连续体4	联邦—州—强制性的成员组织—私人俱乐部
连续体5	官僚组织—半自主性组织—自主性组织

林德和彼得斯将政策工具划分为七大类型：①命令条款；②财政补助；③管制；④课税；⑤劝告；⑥权威；⑦契约。

英国学者胡德通过运用信息、财政、权威及组织四类基本资源，旨在达到监督社会动态与引导行为变革的双重目标。基于目标导向进行划分，各有两类政策工具属于上述某一基本资源，从而构建了一个包含八种细分类型的政策工具框架。[1]

国内学者张成福等依据政府干预程度的不同将政策工具划分为十类，包括政府部门直接提供财政资金、货物与服务，政府部门委托其他部门提供、签约外包、补助或补贴、抵用券、经营特许权，政府贩售特定服务、自我协助、志愿服务、市场运作。[2]

李允杰和丘昌泰则从政策工具非强制到强制的连续体中归纳出12种类型：①市场经济的诱因（如污染权、抵消政策及贷款等）；②保险计划；③自我管制；④费用征收与税收调节；⑤教育引导、信息公开与媒体运用；⑥定期报告服从情况；⑦执照核发；⑧许可制度实施；⑨标准设定；⑩惩罚机制；⑪检查；⑫裁决。[3]

4.3 政策工具的特征

4.3.1 目标导向性

政策工具的选择和使用都是为了解决特定的问题，实现特定的政策目标。目标导向性是政策工具选择和使用的基本原则之一，它强调政策工具的设计、实施和评估都应紧密围绕特定的政策目标进行。政策工具的选择并非随意或盲目，而是基于对当前政策问题的深入分析，以及对政策目标、政策环境、政策资源和政策执行能力的综合考量。

① HOOD C C. The tools of government [M]. London：The Macmillian Press，1983：95.
② 张成福，党秀云. 公共管理学 [M]. 北京：中国人民大学出版社，2001：26.
③ 李允杰，丘昌泰. 政策执行与评估 [M]. 北京：北京大学出版社，2008：126-132.

具体而言，一方面，政策工具的选择首先需要明确政策目标。政策目标应具体、可衡量、可实现，并与政府的整体施政方向相一致。例如，如果政府的目标是降低失业率，那么政策工具的选择就应聚焦于促进就业、提高劳动力技能、创造就业机会等方面。另一方面，政策工具的设计和实施应针对特定的政策问题。不同的政策问题需要不同的政策工具来应对。例如，对于环境污染问题，政府可能选择实施排污许可制度、环保税等行政管制和经济激励手段；而对于教育不平等问题，政府可能选择增加教育投入、优化教育资源分配等策略。

4.3.2　多样性

政策工具具有多样性，针对不同的问题和目标，政府会选择不同的政策工具。这些政策工具可能包括财政政策、货币政策、行政命令、立法等。例如，政府投资兴建基础设施项目（高速公路、桥梁等），以创造就业机会并推动相关产业的发展；或者降低企业所得税率，以鼓励企业扩大生产和投资，这些都是财政刺激政策；中央银行降低基准利率，以鼓励商业银行降低贷款利率，进而刺激个人和企业的借贷和投资活动；或者实施量化宽松政策，购买政府债券和其他金融资产，以增加市场上的货币供应量，这些都是货币刺激政策；又如政府对清洁能源产业进行补贴和税收优惠，以鼓励其发展并创造就业机会；或者设立创新基金，支持科技企业进行研究和开发活动，这些是产业刺激政策。

4.3.3　强制性

政策工具的强制性是指政府在实施政策过程中，通过法律、行政命令、经济手段等多种方式，对社会行为、经济活动和资源配置进行干预和引导，这些干预往往带有一定的约束力和执行力，有时甚至会对公民的权利和自由进行一定程度的限制。这种强制性是政策工具能够有效执行和达成政策目标的重要保障。政策工具的强制性主要表现在以下方面：

（1）法律手段的强制性

政府通过立法来制定和执行法律，对社会行为进行规范和约束。法律具有最高的权威性和普遍的约束力，任何违反法律的行为都将受到法律的制裁。例如，环境保护法、道路交通安全法等，都通过明确的法律条款来规范社会行为，确保社会秩序和公共利益。

（2）行政命令的强制性

政府通过发布行政命令、规定和条例等方式，对社会行为和资源配置进行直接干预。这些命令通常具有立即生效和强制执行的特点，社会成员必须遵守。例如，在应对突发事件或紧急情况时，政府可能发布临时性的行政命令，如封锁道路、限制人员流动等，以确保公共安全和社会秩序。

（3）经济手段的强制性

政府通过税收、补贴、罚款等经济手段来影响社会行为和资源配置。这些手段虽然不像法律和行政命令那样具有直接的强制力，但通过经济利益的调整来间接地约束和引导社会行为。例如，对污染环境的企业进行罚款，或对节能减排的企业给予补贴，都是政府通过经济手段来引导社会行为的方式。

4.3.4 协调性

政策工具的协调性是指政府在制定和实施政策时，需要确保不同政策工具之间以及不同政府部门之间的行动相互协调、相互配合，以形成政策合力，共同推动政策目标的实现。这种协调性不仅关乎政策工具的有效性，还直接影响到政策实施的效率和效果。具体而言包括以下方面：

（1）政策工具间的协调

政府在选择和使用政策工具时，需要考虑各种工具之间的相互作用和影响。不同的政策工具可能具有不同的作用机制和目标，如果缺乏协调，可能导致政策效果相互抵消或产生负面效应。例如，政府在推动经济增长的同时，也需要关注环境保护和社会公平，这就需要在使用经济激励工具的同时，结合使用法律规定和社会保障工具，以确保政策目标的全面实现。

（2）政府部门间的协调

政策的实施往往需要多个政府部门的参与和配合。不同部门之间可能存在职责重叠、资源竞争或利益冲突等问题，如果缺乏协调，可能导致政策执行不力或产生政策冲突。因此，政府需要建立有效的跨部门协调机制，明确各部门的职责和分工，加强信息共享和沟通协作，以确保政策实施的顺畅和高效。

（3）政策工具与政府部门间的整体协调

政策工具的选择和使用需要与政府部门的行动相协调，形成一个整体的政策实施框架。这要求政府在制定政策时，充分考虑政策工具与政府部门之间的匹配性和适应性，确保政策工具能够有效地嵌入政府部门的行动框架中，共同推动政策目标的实现。

4.3.5 动态性

政策工具的动态性是指在实施政策过程中，政府需要持续关注社会、经济、技术等外部环境因素的变化，并根据这些变化灵活调整政策工具的使用方式和力度。这种动态调整是确保政策工具能够适应复杂多变的政策环境，持续有效地推动政策目标实现的关键。动态调整具体包括：

（1）适应外部环境的变化

政策工具的效果往往受到外部环境因素的深刻影响。社会结构的变化、经济的发展趋势、技术的革新进步等都会直接或间接地影响政策工具的实施效果。因此，政府需要密切关注这些外部环境因素的变化，及时评估政策工具的实施效果，并根据评估结果进行必要的调整。

（2）灵活调整政策工具

当外部环境发生变化时，政府需要根据实际情况灵活调整政策工具的使用方式和力度。这可能包括改变政策工具的类型、调整政策工具的参数、优化政策工具的组合等。通过灵活调整政策工具，政府可以确保政策工具能够持续有效地应对外部环境的变化，推动政策目标的实现。

（3）持续监测与评估

为了确保政策工具的动态调整能够准确反映外部环境的变化，政府需要建立持续监测与评估机制。这包括定期收集和分析相关数据，评估政策工具的实施效果，以及及时发现和解决问题。通过持续监测与评估，政府可以及时发现政策工具存在的问题和不足，为调整政策工具提供科学依据。

4.3.6　价值性

政策工具的价值性是指在选择和使用政策工具时，政府不仅要考虑其技术性和实用性，还要考虑政策制定者的价值观念、政策导向和社会目标。政策工具的选择和使用不仅仅是技术和操作层面的决策，更是政府对于社会公平、正义、可持续发展等价值的体现和追求。

政策工具的选择和使用反映了政府的政策导向和价值观念。政府在制定政策时，通常会明确其政策目标，这些目标往往与政府的整体施政理念和社会发展目标紧密相连。例如，政府在推动经济发展时，可能选择既能促进经济增长又能保护环境的政策工具，这体现了政府对经济可持续发展价值的追求。此外，政府在实施政策时，应关注弱势群体的利益，确保政策工具不会对特定群体产生不公平的影响。例如，政府在制定税收政策时，可能采用累进税制，对高收入者征收更多的税，以缩小贫富差距，这体现了政府对社会公平价值的追求。当前，政策工具的选择还需要考虑其对环境和资源的影响，确保政策的实施不会损害环境和资源的可持续性。政府在推动经济发展时，应优先选择能够保护环境、节约资源的政策工具，以实现经济和环境的协调发展。例如，政府在推动新能源产业发展时，可能提供财政补贴、税收优惠等激励措施，以鼓励企业研发和使用清洁能源，这体现了政府对可持续发展价值的追求。

4.3.7　合法性

政策工具的合法性是指政府在选择和使用政策工具时，必须严格遵守国家法律法规和政策规定，确保政策工具的制定和实施符合法律精神和政策导向。这一原则对于维护政策工具的权威性和公信力，保障公民权益，以及推动政策目标的实现具有重要意义。具体来说：

第一，政策工具的选择和实施必须严格遵循国家法律法规，不得与法律精神相违背。政府在选择政策工具时，应充分考虑其是否符合现行法律法规的规定，确保政策工具的合法性和有效性。

第二，除了法律法规外，政策工具还应符合国家的政策规定和导向。政府在制定和实施政策时，通常会明确其政策目标和原则，政策工具的选择和使用应与之保持一致，以确保政策目标的实现。

第三，政策工具的选择和实施应充分考虑公民权益的保障。政府在选择政策工具时，应确保其对公民权益的影响是积极和正面的，避免对公民权益造成损害。

第四，政策工具的制定和实施过程应公开透明，充分征求公众意见，确保政策工具的合法性和社会认可度。这有助于增强政策工具的公信力和执行力。

4.3.8　灵活性

政策工具的灵活性是指政府在制定和实施政策时，能够根据不同的情况和需要，灵活选择和运用各种政策工具，以达到最佳的政策效果。这种灵活性是政策制定和执行过程中的一个重要特征，它有助于政府应对复杂多变的政策环境，及时调整政策策略，确保政策目标的实现。

政策工具的灵活性体现在其能够适应不同的政策环境和需求。面对复杂多变的社会经济问题，政府可以根据实际情况选择最合适的政策工具，如财政、货币、法律、行政等多种手段，以达到预期的政策效果。并且，政策工具通常不是单一使用的，而是需要根据实际情况进行组合和搭配。政府可以根据政策目标的紧迫性、问题的复杂性和资源的可用性等因素，灵活组合使用不同的政策工具，形成政策合力，提高政策效果。

政策工具的灵活性还体现在其能够根据政策执行过程中的反馈和效果进行动态调整。政府可以通过监测和评估政策执行的效果，及时发现问题和不足，对政策工具进行必要的调整和优化，以确保政策目标的实现。例如，在应对经济危机时，政府通常会组合使用财政政策和货币政策。如通过增加政府支出、减税降费等方式来刺激经济增长，同时配合降低利率、增加货币供应等货币政策手段来保持市场流动性，共同应对经济下滑的压力。政府还可以根据经济危机的具体情况，灵活调整产业政策和就业政策。例如，通过加大对新兴产业的支持力度，促进产业结构优化升级，同时提供就业培训和创业扶持等措施，帮助失业人员重新就业或创业，缓解经济危机带来的就业压力等。

4.4　政策工具选择的影响因素

政策工具选择是指政府在面对特定的政策问题或政策目标时，根据政策环境、政策目标群体的特性、政策资源的可用性等多种因素，理性地、系统地评估和选择一系列可用于实现政策目标的手段、方式、机制或途径的过程。这一过程不仅涉及对政策工具本身特性的深入理解，还包括对政策工具与政策问题之间匹配度的分析，以及对政策工具实施可能产生的社会、经济、政治影响的预测和评估。政策工具选择是政策制定和实施过程中的关键环节，其合理性和有效性直接关系到政策目标的实现程度和社会福祉的增进。

政策工具选择的影响因素是指那些在政策制定过程中，影响决策者选择特定政策工具以实现政策目标的各种条件和要素。这些因素涵盖了多个层面，包括政策环境、政策问题的特性、政策制定者的偏好、政策执行的能力和资源等。

4.4.1 政策主体

无论是政府机构还是领导者个体的选择行为都会受到一系列内在与外在条件的制约。主要包括以下几点：

4.4.1.1 主观偏好

在政策工具选择过程中，政策主体直接或间接地表现出主观偏好，这种偏好源于其独特的价值观体系、政治文化背景（如政党倾向）、意识形态信念（如自由主义者可能更倾向于市场导向的工具）以及利益相关性[1]，促使选择者预先倾向于认为某种特定类型的政策工具是达成政策目标最适宜且最高效的手段。

4.4.1.2 政治体制

党的二十大报告指出："健全总揽全局、协调各方的党的领导制度体系，完善党中央重大决策部署落实机制，确保全党在政治立场、政治方向、政治原则、政治道路上同党中央保持高度一致，确保党的团结统一。"在不同的政治体制下，党的领导制度体系的作用尤为重要，因为它不仅关乎党的内部统一和高效运作，还深刻影响着政策工具的选择和政策目标的实现。在竞争性选举体制中，政策工具的选择往往倾向于迎合公众投票偏好，甚至可能将击败对手、赢得选举视为首要考量因素。而在非竞争性选举体系下，领导层核心成员（如主要领导或一把手）的个人偏好、知识结构、视野广度、能力素质、胆略智慧、经验积累及行事作风等，对政策工具的选择具有决定性的影响力。在权力分立与制衡的体制中，政策（特别是重要政策）工具的选择过程常涉及多个权力机构、主要政党及利益集团间的复杂博弈与妥协。而在民主集中制下，党的领导制度体系与民主协商机制相结合，使得政策工具的选择更加科学、民主，并能够有效应对复杂的社会问题。因此，脱离具体国情对政策工具及其效用进行孤立分析，难以得出全面而准确的结论。

4.4.1.3 国家或政府能力

国家能力或政府能力涵盖其对社会行为主体的影响力、有效管理与调控能力，以及动员与社会资源配置能力。国家或政府能力限定政策工具选择的可能范围与界限。具体而言，政府所具备的资源数量与质量及其投入意愿，是决定政策工具选择的关键因素。当政府解决问题能力不足时，倾向于依赖社会或私人部门采取行动，

---

① 宁骚. 公共政策学 [M]. 3版. 北京：高等教育出版社，2018：148.

承担原本应由政府履行的职责。相反，若政府资源充裕，则更可能直接通过提供资金、物资及服务来实现政策目标。

4.4.1.4　政策工具选择的习惯性

一位长期依赖牛耕的农夫可能不会轻易转而使用手扶拖拉机；同理，一位习惯于用笔写作的知识分子可能不会对计算机写作产生浓厚兴趣。政府机构亦遵循此理，一旦它们习惯于运用某一类政策工具来解决政策问题时便会因熟练掌握而长期不变，因此，即便面临更为高效便捷的新兴政策工具，它们也可能因惯性而不愿轻易改变选择。导致政策工具选择习惯性的原因主要有3个方面：

（1）先前经验

决策者往往基于过去的经验和成功案例来选择政策工具。当某种政策工具在过去取得了显著成效时，决策者可能在未来的政策制定中继续采用这种工具，以期达到类似的效果。

（2）组织文化

组织内部的文化和价值观也会影响政策工具的选择。例如，某些组织可能更倾向于使用命令性和权威性的政策工具，而另一些组织则可能更注重激励性和自愿性的政策工具。这种倾向性往往会在组织内部形成惯例，进而影响未来的政策工具选择。

（3）政策领域的普遍做法

在某些政策领域内，可能存在一些被广泛接受和认可的政策工具。这些工具可能因为其有效性、可行性和可接受性而得到广泛应用。当决策者面临这些领域的政策问题时，他们可能倾向于采用这些普遍接受的政策工具。

4.4.2　政策问题

政策工具的选择旨在依据既定目标有效解决政策问题。政策工具的适用性与有效性紧密关联于具体的政策问题背景。若政策问题聚焦于广袤平原的农田耕作，那么大型拖拉机无疑是恰当之选；然而，若问题涉及崎岖山坡上零星地块的耕作，则牛耕或犁耙会是更为合理的工具选择。至少，政策问题在以下3个关键维度上对政策工具的选择有着极为重要的影响。

（1）政策问题的性质

政策问题的性质限定了政策工具选择的基本范围。敌我矛盾的处理与人民内部矛盾的解决方法不同；刑事犯罪的侦查与审判，与民事纠纷的调解与裁决也遵循不同路径；同样，打击恐怖主义活动的策略显然不适用于偶发的、非暴力性质的群体事件处理。这一系列例证都说明在选择政策工具之前必须深入分析、准确判断问题的性质。

（2）政策问题的严重性和复杂性

诸多政策问题既非紧迫亦非错综复杂，政府往往能通过常规的行政管理手段及政策工具予以妥善处理。然而，部分问题虽紧急却未必复杂，如台风侵袭、洪水泛滥、泥石流肆虐城镇与村落，或是严重的交通事故与矿难等，此类情形要求政府迅速调集人力、物力与财力资源，以紧急响应机制减缓事态恶化的程度，并妥善处置以减少损失。在此类非传统情境下，政策工具的选择要突破常规。另有一些政策问题不仅严峻且具有独特的复杂性，需要确立一系列政策目标并逐一攻克，或需要与其他政策议题协同解决。针对此类复杂问题，政策工具的选择应采取"政策组合拳"的方式，即综合施策。

（3）政策问题的紧迫性

任何政策问题都承载着"时间维度"的考量。那些亟待政府处理的"突发事件"，紧迫性尤其显著，这就要求政府在政策工具的选择上采取独特视角与周密规划，确保所选工具能在限定时间内迅速产生实效。相反，对于某些放宽时间限制反而能更好解决的政策问题，"拖一拖""放一放""看一看"等策略便成为应对此类问题的有效工具。

4.4.3　政策目标

公共政策学者普遍认为在选择政策工具时"必须针对政策目标与政策结果间的因果关系予以衡量"。[①]政策目标不仅为工具选择确立了核心导向与路径，还界定了工具与目标间服务与被服务、指导与被指导的紧密关系，是评估工具效能的基准。因此，明确政策目标是工具选择合理性的前置条件。若目标模糊即仓促选定工具，很可能引发政策失效或成本高昂等问题，类似"南辕北辙"或"小题大做"的谬误便可能发生。在面临多目标决策时，首要任务是清晰界定目标的组成结构及相互间的逻辑关系，从综合施策的角度出发审慎选择、配置政策工具。此外，还应认识到工具与目标间的联系具有动态属性：政策执行期间目标或需调整，工具则需随之灵活变化以适应新目标；即便目标维持不变，工具的有效性评估亦需持续进行，适时调整力度或更换工具，确保政策目标的顺利达成。

4.4.4　目标人群

公共政策学者已经普遍认识到政策工具的选择必须随实施对象而异，必须了解目标人群（target population）的特性。那么，目标人群哪些方面的情况与政策工具的选择存在相关性呢？

（1）目标人群的类型

施耐德（Schneider）与英格拉姆（Ingram）将目标人群划分为四类：优势群体、竞争群体、依赖群体及偏差群体。针对优势群体，可以通过培育与激发其内在潜能并辅以正向激励机制，促使个体实现自我管理与控制；针对竞争群体，则考虑实施包括价格策略在内的负面诱因与更为严格的政策手段；面对依赖群体，不仅可通过设定资格条件运用补贴等资助性或权威性政策工具，还倡导运用劝导、象征性

① 夏洪胜，张世贤. 公共关系管理［M］. 北京：经济管理出版社，2014：302.

活动等（如邀请公众人物进行演讲，激励青少年远离不良诱惑）来激发其自主、自强；至于偏差群体，则倾向于采用更为强硬的强制性与惩罚性政策工具进行干预。

（2）目标人群的社会分裂程度

目标人群因民族、语言、宗教信仰及地域差异而表现出高度社会分化时，政策工具的选择应务必谨慎以避免触及可能加剧冲突的敏感点；反之，若社会融合程度较高，则政策工具的选择可相对少些此类顾虑。以政府公务员的选拔为例，在前者情境下，政策制定需特别关注确保不同背景人群在录用过程中的比例均衡；而在后者较为和谐的社会背景下，在选择政策工具时就只需要考虑择优录用。

（3）目标人群的政策参与程度

在政策制定阶段，若仅有极少数或没有目标人群参与，尚未构成多元化的政策社群，则政策工具的选择相对单一；反之，当众多个体积极参与并形成多元化的政策社群，此时只有采用多样化的政策手段，才能有效推动政策目标的实现，进而使政策工具的选择过程变得更为复杂。

（4）政策工具的可接受性

不同政策工具在目标人群中引发的反应各异，政策工具的选择必须审慎考虑这些反应的强度与广度。目标群体对某一政策工具的接纳程度，无疑是评估政策可行性的一项关键指标。

4.4.5　政策工具的特性

政策工具选择的核心原则在于"对症下药"。在此语境下，"症"指代的是政策问题所在，"治病"即为政策目标，"药"则对应政策工具；而深入了解"药性"，即掌握工具特性，是制定"药方"即选择政策工具的关键步骤。每种政策工具都有其独特的性质或特征。识别并总结政策工具的属性，对于工具选择而言至关重要。那么，在工具选择过程中，我们应当着重关注政策工具的哪些属性呢？林德（Linder）和彼得斯（Peters）认为工具选择必须考虑政策工具的4种基本属性：

①资源耗费，即任何工具都必须有成本投入。

②服务于政策目标。没有目标的工具，也就不能称其为工具；当然，没有工具的目标，目标就成了空话。

③政治风险。任何政策工具都隐含着政治风险，其兴废成败往往取决于政治力量之间的博弈和政治形势的变动。

④行动限制。任何政策工具都受到特定的政治、经济、法律、伦理等条件的约束。

4.4.6　政策工具实施的环境

公共政策学者普遍认为，在选择政策工具时，必须综合考量多样化的社会背景因素，即政策执行所处的特定环境。具体包含以下几方面：

（1）社会经济的发展

经济发展水平对政策工具的选择有着极大的约束性。政府能够调动的人力、物力、财力资源规模及其所掌握的技术水平，并非单纯基于主观策略规划，而是取决于经济发展水平。正如俗语所云"乞丐和龙王比宝"，形象地描绘了政策工具应用在不同经济基础下所表现出的显著差异与局限。

（2）文化、政治制度和法律体系的差异

社会文化、政治制度与法律体系的多样性导致同一政策工具在不同社会环境中发挥截然不同的效能。例如，中国与印度同为人口大国，都曾面临人口快速增长对经济发展的制约，两国政府均均采取计划生育作为应对策略，但政策工具的实际效果因为文化根基、政治体制及法律体系上的显著差异而不同。

（3）利益集团、公民社会和政策社群发达的程度

在利益集团、公民团体及政策社群组织化程度高且活动范畴广泛的社会背景下，公共权力机关在选取政策工具及其执行力度时通常会经历一个多元诉求交织、多方协商与妥协的复杂过程。相反，在那些利益集团、公民团体及政策社群发展滞后、活动范围受限的社会中，公共权力机关在选择政策工具时则更可能占据主导位置。

4.4.7 政策工具选择的国际借鉴

政策工具具有显著的制度特性。即便在共享经济这一普遍框架下，不同国家间文化观念与意识形态的差异也会导致政策工具呈现各异形态，难以超越特定国家的制度背景而具有普遍适用性。因此，对其他国家政策工具的盲目模仿或功利性直接复制、粘贴，往往会产生更多的负面效应。然而，探索如何在各自独特的制度背景下，依据政策工具与社会、政治制度间的内在关联进行科学合理的选择与配置，以使其对政策目标达成的促进效果最大化，这方面的成功案例却可为不同国家提供宝贵的经验交流与借鉴。

4.5 政策工具的配置

4.5.1 政策工具配置的含义

政策工具的配置指的是在实施政策时，政府或组织对不同类型的政策工具进行选择、组合和调整，以便更有效地实现政策目标的过程。这些工具涵盖了法律、经济、行政和社会等多个领域，旨在通过不同的手段来影响和治理社会过程。政策工具的配置是公共政策制定实施过程中的关键环节。它直接关系到政策能否有效达成预设目标，事关国家治理体系和治理能力现代化。

4.5.2　政策工具配置的核心要素

政策工具配置是一个完整的体系，包括政策目标、政策环境、政策资源、政策工具特性几个核心要素。

（1）政策目标

政策目标是政策工具配置的首要依据。政策制定者需要明确政策的具体目标，包括目标的内容、范围、期限等，以便选择合适的政策工具。

（2）政策环境

政策环境包括政治、经济、社会、文化等多个方面，这些因素都会影响政策工具的选择和配置。例如，政治环境的稳定性、经济发展的状况、社会文化的差异等都会影响政策工具的有效性。

（3）政策资源

政策资源包括政策制定者所拥有的权力、资金、人才、信息等资源。这些资源的可用性会限制政策工具的选择和配置。例如，如果资金有限，政策制定者可能更倾向于选择成本较低的政策工具。

（4）政策工具特性

不同类型的政策工具具有不同的特性和适用范围。政策制定者需要了解各种政策工具的特点、优缺点以及适用范围，以便进行选择和配置。

4.5.3　政策工具配置的基本原则

（1）有效性原则

政策工具配置应确保政策工具能够有效地作用于政策对象，推动政策目标的实现。这要求政策制定者根据政策问题的性质和特点，选择合适的政策工具。

（2）效率性原则

政策工具配置应追求政策实施的成本收益，确保政策工具的使用能够以最小的成本实现最大的政策效果。这要求政策制定者在进行政策工具配置时，充分考虑政策工具的成本和效果之间的平衡。

（3）灵活性原则

政策工具配置应具有灵活性，能够适应政策环境的变化和政策目标的调整。这要求政策制定者在进行政策工具配置时，保持一定的灵活性和可调整性，以便在政策实施过程中根据实际情况进行调整和优化。

（4）协同性原则

政策工具配置应注重各种政策工具之间的协同作用，形成政策合力。这要求政策制定者在进行政策工具配置时，充分考虑各种政策工具之间的相互影响和相互作用，确保它们能够相互补充、相互促进，共同推动政策目标的实现。

4.5.4　政策工具配置在我国的实践应用

政策工具的配置要坚持问题导向、目标导向，根据不同领域、不同发展阶段的特点选择工具。既要重视发挥市场在资源配置中的决定性作用，更好地激发市场主体活力；又要切实履行好政府在提供公共产品、维护社会公平正义等方面的责任。在具体运作上，要注重依托现代科技手段提升政策供给的精准性和有效性。

从实践角度看，我国改革开放 40 多年来在运用政策工具方面进行了诸多探索和创新。总的来看，呈现出从单一行政手段向综合治理方式转变，从粗放低效投入向精准高效供给转变，从管控为主向更加注重激励引导转变的特点。

如近年来推行的"放管服"改革，坚持简政放权与有效监管并重，创新事中事后监管方式，推广信用监管、智慧监管等新型监管机制，实现了政府职能从"划桨"到"掌舵"的重大转变。这实际上体现了对传统的"命令-控制"型这一强制型工具弊端的反思，是综合运用自愿型与混合型工具的成功实践。

又如精准扶贫精准脱贫方略的实施。传统扶贫工作在识别、帮扶等方面大多依靠"自上而下"的行政化方式，往往存在"大水漫灌"劳民伤财的弊端。精准扶贫强调因地制宜、因人施策，综合运用产业扶持、就业帮助、教育培养、生态补偿、易地搬迁等多种手段，对症下药、精准滴灌，实现了扶贫资源配置效率的显著提升。

明德园地

"地沟油"华丽转身：政策与市场共驱的绿色能源革命

在中国政策与市场的双重驱动下，"地沟油"这一曾令人闻之色变的废弃物，经历了从"污名化"到"黄金油"的华丽转身。这一华丽转身始于对食品安全与环境保护的双重关注。随着生物技术的进步及全球对可持续能源的迫切需求，"地沟油"被重新定义为餐厨废油（UCO），成为生物柴油和可持续航空燃料（SAF）的重要原料。对此，我国政府通过一系列法律法规的出台，逐步规范了餐厨废油的收集、处置与利用流程。

上海市用补贴政策推动生物柴油的发展，并在全国率先实现了废弃油脂收运、处置和生物柴油调制、应用的完整闭环管理。上海现有 4 万余家餐饮、食品生产企业产出的餐废油脂，经过收集、处置转化成生物柴油，然后调制成 B5 柴油（普通石化柴油掺混 5% 生物柴油调和而成），通过中石化、中石油三百余座加油站，每天销售给两万余辆柴油车加注使用。根据上海市发展改革委 2021 年发布的《上海市支持餐厨废弃油脂制生物柴油推广应用管理办法》，补贴资金都来自上海市节能减排（应对气候变化）专项资金。

同时，欧盟等海外市场对生物燃料的强劲需求，特别是其高掺混比例标准及碳减排效益的认可，为中国UCO出口开辟了广阔空间，中国迅速成长为全球最大的UCO出口国。中国"地沟油"的华丽转身，是政策与市场双重作用的结果，不仅解决了食品安全与环境污染问题，还促进了新能源产业的发展，为全球能源转型与碳减排目标贡献了力量。这一过程充满了挑战与机遇，是中国政策学实践中的一个生动案例，展示了政策创新与市场响应如何协同推动社会经济的绿色转型。

资料来源：施璇. 遭全球疯抢，"地沟油"变"黄金油"［EB/OL］.（2024-11-20）［2024-11-22］. https://www.infzm.com/contents/283032?source=133&source_1=2.

【价值塑造】

从"地沟油"到"黄金油"，不仅让学生见证了政策与市场机制如何协同作用，推动废弃物资源化利用，从而解决了食品安全与环境污染的双重难题，还展示了在可持续发展与新能源产业兴起的背景下，企业的创新力量如何转化为推动社会绿色转型的实际行动。这一过程不仅培养了学生的环保意识与社会责任感，使他们认识到废弃物也能成为宝贵的资源，更激发了他们对政策创新与市场机制结合的深刻理解，以及对未来在公共政策制定与执行中如何促进绿色经济发展的思考。通过这一内容的学习，学生将更加坚定地走向实践，致力于寻找并解决社会与环境问题，为实现可持续发展目标贡献自己的力量。

基础训练

❖ **在线测试题**

第4章单选题　　　　　　　　第4章填空题　　　　　　　　第4章判断题

❖ **简答题**

1.什么是政策工具？政策工具有何作用？

2.政策工具的分类有哪些？

3.什么是政策工具选择？政策工具选择的影响因素是什么？

4.简述政策工具配置的核心要素及基本原则。

❖ **案例分析**

沈阳牡丹社区：打造"完整社区"，幸福生活像花儿一样绽放

习近平总书记于2022年8月17日到牡丹社区视察，在对该社区服务和老旧小区改造给予高度评价的同时，总书记也提出了一系列重要期许。习近平总书记着重强调，老旧小区改造对于提升居民获得感、幸福感和安全感至关重要，是提升人民生活质量的关键任务。在进行老旧小区改造时，不仅要关注居住条件和生活设施的改善，还要注重加强和提升社区服务的质量。

牡丹社区牢记习近平总书记的指示，聚焦老小区新改造，老邻里新生活，深入实施"一拆五改三增加"，不断优化居住环境、强化民生服务。对此，社区副书记姜琳介绍，通过采用观察、听取、询问和专业检查，以及居民满意度调查来识别社区的薄弱环节。将完善"一老一幼"、管网改造、公共空间优化、智能化建设以及社区管理机制的建立作为重点工作内容。始终坚持改造意愿、需求和内容要来源于群众。先后组织了15次议事会议，26次入户走访，并收集超过2 800份调查问卷，精确制定基于居民需求的清单，随后由专业设计团队和居民共同参与设计，最终形成最优改造方案。

牡丹社区引入第三方服务机构，开办专为老年人设计的餐厅并推出一系列适合老年人口味的菜品。牡丹社区还建立居家养老服务中心，内设老年活动室、助浴室、日间照料室等多种功能区域，为老年人提供全面、专业的居家养老服务。此外，社区与242医院建立紧密合作关系，共同推进"大病在三级医院、小病在社区、康复护理治疗在二级医院"的医养结合体系建设。通过牡丹社区智慧养老信息平台为老年人提供普惠性紧急救援服务、重点独居老人关爱服务以及日常生活服务等，进一步提升社区养老服务质效。

自开展完整社区建设试点工作以来，牡丹社区坚持党建引领，充分发挥"与邻为善、以邻为伴"的"两邻"优势，聚焦全龄友好，做实民生工程，全链条协商解决社区问题，形成了完整社区建设的"牡丹经验"。

牡丹社区秉承"民事共商、社区共建、家园共治、成果共享"的工作理念，创新采取"1+6+N"工作模式。这一模式以社区党委作为核心，整合了社区党组织、居委会、"大党委"、社会组织、自治委员会以及"两代表一委员"等六方力量，共同应对和解决居民的多样化需求。

资料来源：叶青.「沿着总书记的足迹」牡丹社区："花"开更胜从前红［EB/OL］.（2023-08-19）［2024-11-14］. https://baijiahao.baidu.com/s?id=1774611412411597075&wfr=spider&for=pc.

思考：

1. 试分析上述案例涉及哪些类型政策工具的选择？
2. 牡丹社区如何通过政策工具的创新使用，提升社区养老服务质量？
3. 牡丹社区"1+6+N"工作模式在政策工具整合中的作用是什么？
4. 牡丹社区在政策工具选择和应用方面如何体现居民参与和民主决策？
5. 牡丹社区在政策工具使用过程中，如何平衡政府、市场和社区的力量？

第5章　政策过程及其理论模型

公共政策过程是政府为解决社会问题、达成既定目标而采取的一系列行动和决策。这一过程是动态的、迭代的，涉及多个连续的阶段，包括问题确认、议程设置、政策制定、政策执行以及政策评估。深入探讨公共政策过程对于揭示政策生成的机制、识别影响政策制定的因素及其制约条件至关重要。通过对政策过程的系统分析，我们能够更好地理解政策是如何形成的，以及在这一过程中存在哪些影响因素和制约条件，有助于我们制定更加科学、合理的政策，以有效应对社会问题和挑战。

5.1　政策过程的含义

5.1.1　政策过程的概念

政策过程也被称为政策周期，是一个多阶段的序列，通过这个序列，政府、利益相关者和公众识别并解决社会问题。这个流程通常始于问题的识别，通过议程的设置，政策的制定和执行，终于政策的评估和终结。政策过程涉及政策制定者（政策主体）、政策受益者或目标（政策客体）以及政策制定和执行所处的外部环境（政策环境）之间的复杂且持续的交互。这一过程不仅包含了政策主体对于政策目标的明确识别和政策手段的选择，也涵盖了其在特定社会、经济、文化和技术环境中的决策和行动。同时，政策客体的需求和反应对政策制定者的选择和策略也会产生重要影响。政策环境——包括法律框架、政治氛围、经济条件和舆论等——对政策形成了制约并提供了可能性，从而影响政策的形成和结果。在这三方因素的影响下，政策过程便成为一个兼顾动态性和连贯性的系统，其中政策的制定、实施、评估和修改不断循环，以适应不断变化的内外条件，确保政策目标的实现和系统的可持续性。

我们认为政策过程是指一个问题被发现后，设定政策议程，继而进行政策的制定和执行，而后对政策实施结果进行评估和反馈，并修正政策这样一个不断循环的全过程。

政策过程的内涵丰富、视角多元，对其中各阶段关系的处理研究是公共政策研究不可或缺的核心范式。作为一个动态发展的循环过程，而非简单的线性发展，政策过程的各个阶段之间存在复杂的相互影响关系，如评估结果会反馈至前置阶段并进行调整和优化，而政策的制定和执行也会受到外部环境和制度条件的影响并作用于后续阶段。

政策过程蕴含了不同主体如政策制定者、利益相关方以及公众等之间的博弈互动，这体现了不同价值理念和利益诉求之间的权衡与平衡。因为政策的制定不仅需要科学证据作支撑，而且也需要通过博弈获得合法性。

政策过程并非一个封闭独立的系统，而是与社会发展、制度环境、文化价值观等高度联系和相互影响。因此只有将政策过程放在一个更加开放和宏观的视野中观察，才能真正把握其内在机理和发展逻辑。

5.1.2　政策过程的研究意义

作为分析和研究政策逻辑的基础理论范式，对政策过程的研究具有重要的理论价值和现实意义。深入研究政策过程的运行规律，不仅能够增进我们对政策生命周期的整体认知，更可为政策制定者把控政策发展全过程、提高治理能力提供理论指导。

5.1.2.1　研究政策过程以提高决策的科学性

党的二十大报告指出："坚持科学决策、民主决策、依法决策，全面落实重大决策程序制度。"通过深入探究政策过程的各个阶段，我们能够针对政策的构建、实施及评价等关键系统实施精准的优化与规范化管理。尤其是在政策的制定环节，这一过程受到的影响尤为显著。细致分析政策制定的参与主体、受影响的对象以及采纳的方法和策略，可以有效减少决策阶段的误差并显著提升决策制定的科学性和准确性。例如，在公共卫生政策制定中，通过广泛收集数据、利用流行病学模型预测疫情走势，并在此基础上设计防控措施，可以确保政策既具有针对性，又能灵活应对流行病的不确定性。此外，鉴于政策所处的外部环境是动态变化的，政策过程的循环迭代不仅允许政策制定者吸取前一周期的教训与经验，而且促使其对问题的认知层次不断加深，这使得政策制定者能够以更加深邃的视角重新评估政策问题，进而制定更新的政策目标和更为切合实际的策略。同时，政策的连续发展过程也体现了哲学中"否定之否定"原理的实际应用。[①]在这一原理的指导下，政策不仅摒弃了先前的消极成分，而且在其本质的"扬弃"中催生出新的积极要素，为政策的进步和社会的发展贡献了新的动力。例如，在教育政策中，过去可能过分强调标准化测试的成绩，而在新一轮的政策迭代中，可能增加对学生创造力和批判性思维能力的培养，从而在"否定"的基础上"扬弃"，推动教育质量的整体提升。通过这样的政策过程循环，不断进行自我完善和创新，政策制定在宏观与微观层面都能维持其活力和有效性，从而确保政策制定不仅回应当前需求，也能预见并准备好面对未来的挑战。

5.1.2.2　研究政策过程以维护政策的持续与稳定

对政策过程的深入研究是确保政策连续性和稳定性的关键。这一过程不仅支撑了政策制定者对政策效力的评估，而且有助于发现执行中的偏差，并在必要时进行及时干预。具体来讲，这样的研究使得政策制定者能够准确判断某项政策是否达到既定目标，或者是否需要在环境变化下作出调整，从而决定是维持、修改还是替换原政策。更重要的是，通过吸取以往政策的成功经验与失败教训，可以为新政策的制定提供指导，使其在新的政策过程中更加有效。例如，在过去中国实施的农业支持政策中，政策过程的研究有助于评估价格支持和补贴措施对增加农民收入和粮食产量的影响。研究发现，尽管短期内农民的经济状况和粮食生产得到了改善，但长期看，这些政策可能导致资源配置效率低下和环境问题。对政策过程深入研究的结果显示，需要对补贴政策进行调整和改进，并在新政策中着重关注该类问题。经历中国政策领域曾出现的失误——如政策不一、矛盾重重、缺乏连贯性，我们认识到，这些问题往往源于对政策过程缺乏必要的研究，才导致这种"撞车"现象层出不穷。如果能够对政策过程给予适当的关注和分析，许多失误是能被预见和避免的。

5.1.2.3　研究政策过程以促进经济改革与社会发展

政策过程理论研究对于引领和推动经济改革、社会变革具有重要意义。我国所进行的全方位深层次的改革，无疑是渐进而曲折的，并且需要不断创新和调整相关政策去准备、蓄势和破局，而政策过程理论正是认识和把控这一复杂过程的理论指南。改革开放之初，我们就采取了"摸着石头过河"的渐进方式，通过一系列审时度势的政策调整来引领和推进经济体制改革。从农村家庭联产承包责任制的创新实践，到建立并不断完善社会主义市场经济体制；从赋予国有企业自主经营权，到培育和规范民营经济发展等，这些翻天覆地的变革都是由一个个突破性的政策所推动的，而这些政策的制定和实施，正是政策过程理论的具体应用和体现。

纵观这一过程，我们对政策过程理论的认识和实践操作均在不断深化，从最初

---

① 北京大学马克思主义学院哲学教研室. 辩证唯物主义和历史唯物主义纲要 [M]. 北京：北京大学出版社，1996：147-152.

对改革问题和方向的模糊探索，到逐步厘清目标任务并拟订具体方案；从最初单纯强调执行和放权，到重视事中监控和事后评估；从最初政策相对单一，到注重政策的统筹协调和制度集成创新，这些进步都凝结着我们在实践中对政策过程逻辑的把握和升华。

5.2　政策过程及中国政策过程的特征

5.2.1　政策过程的特征

5.2.1.1　阶段性

政策过程通常包括多个阶段，如议题识别、政策制定、政策实施、政策评估等。这些阶段相互关联，共同构成了政策过程的完整链条。例如，中国推广电动汽车的政策过程。

首先，政府通过媒体、专家咨询等方式识别电动汽车作为解决环境污染和气候变化问题的有效手段（议题识别）。

其次，政府部门开始制定电动汽车的政策措施，如补贴政策、免收车辆购置税等（政策制定）。

再次，政府开始落实这些政策，如向电动汽车制造商提供补贴、建设充电设施等（政策实施）。

最后，政府会对电动汽车政策的执行情况进行监督和评估，如监测电动汽车的销量、充电设施的使用率等（政策评估）。

5.2.1.2　参与性

政策过程涉及多个参与者的互动和协商，包括政府、企业、社会组织、公众等。这些参与者通过不同的渠道和方式参与政策过程，共同影响政策的制定和实施。例如，在解决中国城市交通拥堵问题的过程中，政府、企业、公众等各方都积极参与。政府通过专家咨询、民意调查等方式收集公众意见，制定缓解城市交通拥堵问题的政策措施。企业则根据政策要求调整生产和服务方式，如提供公共交通服务、优化道路设计等。公众则通过参与公共交通、遵守交通规则等方式配合政策的实施。

5.2.1.3　动态性

政策过程是一个不断变化的动态过程，受到多种因素的影响和制约。这些因素包括政治、经济、社会、文化等方面的变化，以及政策执行过程中的问题和挑战。例如，中国房地产市场调控政策的变化。随着房地产市场的不断发展，政府不断调整房地产市场政策，以适应市场变化。例如，当房价上涨过快时，政府会出台限购、限贷等政策来抑制房价上涨；当房地产市场低迷时，政府则会出台鼓励购房、降低首付等政策来刺激市场。

5.2.1.4   政治性

政策过程与政治紧密相联，政策的制定和实施往往受到政治因素的影响和制约。政策过程不仅体现了统治阶级的意志和利益，也反映了不同政治力量之间的博弈和妥协。在农村扶贫政策的制定和实施过程中，中国政府通过扶贫政策来减少农村贫困人口，提高农民生活水平。这一政策的制定和实施不仅体现了政府对农村贫困问题的关注和重视，也反映了政府在不同政治力量之间的博弈和妥协，如政府、企业、社会组织等各方在扶贫政策中的合作与竞争。

5.2.1.5   策略性

政策过程具有策略性，政策制定者需要根据政策目标、政策环境等因素来选择合适的政策工具和手段，以实现政策效果的最大化。例如，在应对气候变化的政策制定和实施过程中，中国政府采取了多种策略来减少温室气体排放。例如，政府通过推广清洁能源、提高能源利用效率等措施来减少化石能源的使用；同时，政府还通过植树造林、碳汇交易等方式来增加碳吸收量。这些策略的选择和实施都体现了政策制定者的策略性思考。

5.2.2   中国政策过程的特征

5.2.2.1   公共政策环境的不均衡性

作为影响政策形成和执行的关键外部因素，公民社会的参与呈现出明显的不平衡性，这主要在两个方面得到体现：

一方面，公众在政策过程中的参与呈现不均。[①]总体而言，公众在政策制定阶段通常展现出较为主动和积极的姿态，但在政策执行阶段的参与度却显著降低。仅在政府放权或公共服务领域开放的情况下，少数民间组织有机会参与。至于在政策评估与监督方面，其参与度更是极低，几乎不产生实质性影响。这种参与的不平衡不仅妨碍了政策过程中公众全面参与的实现，也阻碍了社会共识的形成。

另一方面，民间组织对政策效果的影响存在显著差距。由于地理位置、合法身份的认可及话语权等因素的差异，城市的公民社会组织在政策过程中的发言权和影响力通常大于农村组织，中央和省级的民间机构的影响力也显著高于市县等基层组织，而在经济较为发达的地区，公民团体的影响力也超过了欠发达地区。这种影响力的不平衡不仅不利于提高政策的包容性，也阻碍了区域间利益的均衡协调。因此，公民社会在政策过程中的参与不对称性需要通过完善制度设计和改进政策环境等措施来加以解决，从而促进政策环境的均衡发展。

---

① 朱水成. 政策执行的中国特征 [J]. 学术界，2013 (6)：15-23；281.

5.2.2.2　公众参与渠道的民主化

在当前网络时代的大背景下，民众通过更加多元的渠道参与公共政策的过程也呈现出了更加民主化的发展趋势。

首先，网络舆论推动了公众参与效能的提升。公众通过媒体等途径，对一些典型事件的内部运作方式进行曝光，揭示其中存在的问题，提高社会各界对事件本身的关注度和影响力，引发更广泛的舆论关注，进而迫使有关政府部门对此类问题予以高度重视并作出相应反应。此外，社交媒体平台为公众提供了一个更加便利、开放的参与平台。公众可以基于网络载体对政策进行评议并表达诉求，对政策的内容、实施效果等形成广泛讨论，并将网上舆情直接转化为对政策的影响和改进需求，最终推动政策及时调整优化。

其次，网上网下的联动效应使公众参与呈现出一种跨区域、跨时空的政策氛围，持续助推着新时期公共政策体系的构建、完善和修正。通过网上的虚拟聚集，公众的呼声被进一步传播并在现实中聚集，助推了公众参与政策全过程。

总的来说，多元参与渠道的民主化发展，不仅拓宽了公众参与的路径和方式，也为政策决策者提供了更直接的民意来源和参考。

5.2.2.3　政策过程的前瞻性与科学性

政策试点的做法是我国政策执行过程中一个非常重要的工作原则，也是我国公共政策运行的一大独特优势所在。其核心内涵就是在全面推行某项具体政策之前，先选择特定的对象和区域进行局部范围内的试验性实施，通过对试点执行情况的观察和评估来检验政策设计的针对性和可行性，实现动态调整和完善。这一做法避免了简单的粗放做法，而是以审慎的态度对政策效果进行前瞻判断。通过整理试点成果和掌握实践经验数据，政策制定者能够更准确地预判政策全面实施后产生的影响效果，并根据分析发现的问题及时对决策方案进行修正和优化。这极大地提升了政策规划和部署的科学性和针对性，能够最大限度地确保政策实现预期目标。比如新高考改革中的"3+X"模式就是经过多年的分区域试点探索，并根据试点结果反复讨论和调整设计方案，最终推向全国范围执行的。这种循序渐进、审慎推进的做法，使政策过程更加理性和前瞻。同时通过广泛听取和采纳各方意见建议的过程，也极大提高了政策过程的民主性和包容性。[①]

5.2.2.4　政策制定过程的民主开放性

与过往更加注重政策目标设定、内容专业性等传统特征不同，新时代的政策制定过程正日益呈现出更加民主开放的发展趋势。

一方面，公众的权利意识不断增强，越来越多的公民开始意识到自己作为政策

---

① 余欢. 新时代公共政策过程的特点呈现及影响分析［C］//河北省公共政策评估研究中心，燕山大学京津冀协同发展管理创新研究中心，燕山大学县域振兴发展政策研究中心. 第十二届公共政策智库论坛暨"新时代、新征程、新发展"国际学术研讨会会议论文集. 燕山大学公共管理学院，河北省公共政策评估研究中心，2022.

过程的利益相关者，不仅应当享有参与政策制定的资格，参与的呼声和意愿也与日俱增。公众期望能够通过自身的方式和渠道，实实在在地影响和推动政策制定过程，让自身的利益诉求得到有效表达，从而实现对生活质量和民生福祉的全面提升。[1]

另一方面，民间组织作为公民社会力量的重要载体，也开始通过自身的独特方式和优势，如组织集中表达、运用舆论导向等手段，积极推动公众广泛参与政策讨论的进程，不断扩大公众对政策制定环节的参与广度和深度，促进更多公众呼声和诉求得到关注，实现决策民主化和决策科学化的统一。可以预见，随着时代发展和公众意识的持续觉醒，政策制定的民主开放化趋势必将愈发明显。

5.2.2.5 政策执行的精准有效性

相较于传统政策执行过程中更加注重政策目标的确定性、政府主导地位的绝对权威性以及务实结果导向性等特征，新时代的政策执行更加突出精准有效性的要求。[2]所谓精准有效性，就是在政策执行层面，坚持对既定方案和标准的严格遵循，防止出现随意修改和自行其是等违背政策原意的情况发生。具体到实践中，就是要精准把握政策内容，对于制定的整体目标进行细致入微的分解，制定出周密细致的分阶段实施计划和操作细节，明确目标任务的时间表、路线图和具体责任人，做到环环相扣、层层把关。总的来说，精准执行就是要求政策执行各个环节高度重视精准性和有效性，真正解决实际问题，不流于形式、不走过场。这种执行理念和要求，有利于确保政策目标如期实现，政策措施落地见效，让人民群众从政策中受益。比如近年来实施的精准扶贫政策，就很好地贯彻了这一理念，通过对贫困户的精准识别、分类施策、同步监控等一系列精准措施，使扶贫政策收效显著，真正让贫困人口从政策中获益。

5.2.2.6 政策评估的客观公正性

政策评估不仅是挖掘问题、指导政策方向的关键手段，同时也是衡量政府及其工作人员绩效的重要依据。[3]因此，确保评估过程的客观公正至关重要，这就要求采用科学的评估技术和方法，以确保政策评估的科学性和准确性。这包括利用数据分析来验证评估结果的真实性，防止评估者的个人偏见影响评估的公正性。此外，评估还应深入理解政策的制定与执行背景，根据实际情况进行，尽量确保评估结果的客观性和公正性，从而为政策的调整和优化提供坚实的依据。

5.2.2.7 政策监督的公开透明性

监督政策是确保政策流程顺利进行的关键因素。它贯穿政策的整个过程，对其他阶段施加制约，发挥着至关重要的作用。在政策制定、实施和评估等各个环节，

① 刘兆鑫. 新时代政策执行的过程变迁及其走向 [J]. 中国行政管理, 2019 (12): 75-79.
② 霍海燕. 中国公民社会参与视角下的政策过程 [J]. 人民论坛, 2011 (24): 20-23.
③ 李保忠, 赵金莎. 新时代与公共政策的创新 [J]. 国防科技, 2018, 39 (6): 88-95.

都可能遇到信息不全、理性有限、既得利益偏向和不可预见事件等问题，这些都可能导致政策缺陷、误用、滥用或实施不当，进而影响政策的质量和效果。因此，非常有必要建立一个全面的监督机制，对政策的每一个阶段进行仔细监督，特别是在政策的制定和实施阶段，确保制定出的政策尽可能完善，并得到有效执行，能及时发现并解决问题，从而达成政策的初衷和目标。[①]

与传统政策监督不同，现代政策监督更加注重透明度。政策过程的民主化意味着社会利益的表达由多元主体共同承担，加之互联网的迅速发展为公民提供了表达利益诉求的新平台，使得信息传播极其迅速。这就要求政府建立一个开放、透明且完善的监督体系，加强与公众的沟通交流，综合考虑不同利益群体的需求。

5.2.2.8 政策终结的强制规范性

政策的终止标志着政策周期的完成。虽然位于政策流程的末端，政策的结束却是不可或缺的环节，它对于淘汰那些已不再有效或已达成既定目标的政策至关重要，有助于优化资源配置和提升政府的运行效率。政策的终结不仅代表了一个政策周期的闭环，也为新的政策措施铺平道路。这一过程并非消极无益，反而通过淘汰过时的政策，为创新和政策的演进提供空间，从而更有效地服务于社会的需求。同时，这也促进了政府机构的功能优化，通过停止效益低下的政策实施，政府可以节约人力和财力资源，更好地集中精力处理其他紧迫的事务。因此，政策的结束实际上是一种积极的管理行为。

在我国新时期的背景下，迅速结束那些不再适宜的政策变得尤为重要，有时甚至需要采取强制措施来确保其终止。继续执行过时的政策不仅无法产生预期效果，还会浪费宝贵的资源，并且可能阻碍国家发展的步伐。因此，政府需要灵活应对，根据实际情况及时作出决策，必要时采取果断措施，确保政策的及时更新和演进，以适应社会发展的需要。[②]

5.3 政策过程模型的含义及作用

5.3.1 模型的含义及作用

5.3.1.1 模型的含义

现实世界错综复杂，对其进行简化成为理解其复杂性的一种必要手段，在此过

① 刘兆鑫. 新时代政策执行的过程变迁及其走向 [J]. 中国行政管理, 2019（12）: 75-79.
② 裴雪晴. 新时代中国政策过程的新特征及其影响分析 [C] //河北省公共政策评估研究中心，燕山大学京津冀协同发展管理创新研究中心，燕山大学县域振兴发展政策研究中心. 第十二届公共政策智库论坛暨"新时代、新征程、新发展"国际学术研讨会会议论文集. 燕山大学公共管理学院，河北省公共政策评估研究中心, 2022.

程中我们构建了模型。模型是对实际问题或客观事物、规律进行抽象化处理后的形式化表达。换言之，模型是对原型进行抽象与仿真的产物，它简化了真实世界的某些方面。

任何模型均由三大核心要素构成：目标、变量及关系。这三者共同构筑了模型的基本架构，赋予其描述、解释及预测现实世界现象与问题的能力。目标，即模型旨在达成或阐释的现象或结果，它界定了模型需解决的核心问题或预期成效；变量，作为模型中描绘现象或问题的特征或属性，可以是定量（如数值）或定性（如类别）的。变量在模型中占据核心地位，因为它们映射了现实世界中影响目标的各种要素与关系，揭示了模型中变量间相互作用或影响的方式，它阐明了变量如何共同作用于目标，以及它们之间的依赖与制约关系。通过阐明变量间的关系，我们能够构建数学表达式或逻辑规则，进而更深刻地洞察现象的本质与规律。在模型构建过程中，这三大要素需相互协调、相辅相成。目标为模型指引方向，变量为模型提供描绘现象的工具，而关系则将这些变量联结成一个完整的解释体系或预测体系。

模型可进一步划分为具体模型与抽象模型两类。具体模型是对原型进行微型化、简化处理的结果，如示意沙盘、汽车模型、建筑模型、规划模型等，这些模型直观展示了真实事物的形态、结构、色彩及空间布局等特征。相比之下，抽象模型主要通过语言、图表、数字等抽象概念与符号来表达，旨在揭示事物的内在联系与本质特征。

5.3.1.2 模型的作用

（1）模型在激发思考和预测行为或事件结果方面发挥着至关重要的作用

通过构建模型，可以将复杂问题简化，帮助我们更清晰地理解其内部机制和规律。这种简化不仅有助于我们深入探究问题的本质，还能激发我们的创新思维，引导我们思考更多的可能性。同时，模型能够基于已知的信息和规律，对未来的发展趋势和可能的结果进行预测。这种预测能力使我们能够提前做好准备，制定出更为科学合理的计划和策略，以应对未来的挑战。

（2）模型是进行科学抽象的重要工具

科学抽象是科学研究的基础，它能够将复杂的现象和问题简化为易于处理的抽象形式，从而揭示其内在的本质和规律。模型作为科学抽象的一种形式，能够将具体的问题转化为数学、物理或逻辑等形式的模型，使我们能够更加深入地研究其内在机制和规律。通过模型的构建和分析，我们可以更好地理解问题的本质和规律。

（3）模型是研究过程中资料收集和经验观察的指南

在进行研究时，我们需要收集大量的资料并进行经验观察，以了解问题的实际情况和特征。而模型则能够为我们提供明确的研究方向和思路，指导我们如何收集资料、如何进行经验观察以及如何分析处理这些数据。通过模型的引导，我们可以更加高效地收集资料、更加准确地观察现象，从而为研究提供更加可靠和有效的支持。

5.3.2 政策模型的含义及作用

5.3.2.1 什么是政策模型

抽象模型的一种具体表现形式为政策模型，它是对政策制定者在制定政策过程中规律性的、重复出现的行为的一种抽象化描述。该模型通过对现实的抽象化与模拟化处理，为公共政策的制定与分析提供了一种便捷的工具。具体而言，政策模型并非实验中所使用的实物模型，而是属于理论研究领域的理论模型，它主要以科学概念、科学假说以及数学模型的形式呈现。理论根植于实践，它源自对客观世界的认知与提炼。提出一个政策理论模型，必须基于事实依据，能够被反复验证，并持续得到实证数据的支持。

政策模型展现出多样化的形态，每种模型均拥有其独特的关注焦点及适用情境。以理性政策模型为例，它着重强调政策的制定应当植根于全面且客观的信息基础，并辅以理性的分析过程；而渐进政策模型则更倾向于采取逐步的、微调的策略，以适应持续变化的环境因素；制度模型则特别指出，政策分析应当聚焦于社会政治制度对政策制定的深远影响；团体模型则主张，公共政策的形成是不同利益集团间博弈所达成的均衡状态；至于精英模型，它则聚焦于政策制定流程中精英阶层及其所发挥的影响力。

5.3.2.2 政策模型的作用

（1）政策模型在预测政策行为或事件结果方面发挥着重要作用

政策模型通过抽象和模拟政策制定过程中的各种因素，为政策制定者提供了一个深入理解和分析政策问题的框架。这个框架不仅有助于政策制定者更全面地把握政策问题的本质和关键所在，还能够启发他们从不同的角度和层面进行思考，从而提出更具创新性和实用性的政策方案。

（2）政策模型是政策制定过程中的重要工具

不同类型的政策模型，如理性政策模型、渐进政策模型、制度模型等，都从不同的角度和侧重点对政策制定过程进行描述和分析。这些模型为政策制定者提供了多种思考框架和分析方法，有助于他们更加全面地把握政策问题的本质和关键所在，从而制定出更加符合实际需要的政策方案。

（3）政策模型能够对政策过程进行监督和评估

对政策执行过程中的多重因素实施建模与深入分析，可以使政策模型揭示执行环节中存在的问题与挑战，为政策的调整与优化提供有力依据。同时，政策模型还可以用于评估政策实施的效果和影响，为政策制定者提供反馈和建议，帮助他们不断改进和完善政策。

（4）政策模型能够促进政策过程中的沟通和协调

政策制定过程中往往涉及多个利益主体和部门之间的协调和沟通。政策模型作为一种共同的语言和工具，能够帮助不同利益主体和部门更好地理解彼此的观点和需求，促进他们之间的沟通和协调。这有助于减少政策制定过程中的摩擦和冲突，提高政策制定的效率和效果。

5.3.2.3 政策模型有效性的条件

政策模型的有效性取决于其是否能够准确反映政策制定的实际情况，以及是否能够为政策制定者提供有价值的指导和建议。有效的政策模型应该满足以下几个条件：

（1）模型构建的科学性

政策模型的有效性首先取决于其构建过程的科学性。这要求模型构建者具备扎实的理论功底和丰富的实践经验，能够准确把握政策问题的实质，洞悉影响因素间的内在联系。同时，模型构建过程应遵循科学的方法论，包括问题界定、变量设置、关系推导、参数校准等环节，确保模型能够客观反映政策系统的运行机理。

（2）数据基础的完备性

完备可靠的数据是政策模型发挥效用的基础。相关数据的精准采集、分类整理和质量控制，是保证模型输入合理、输出可靠的前提。这不仅需要完善的数据管理制度和技术手段，更需要数据提供者的配合与支持。只有数据达到了完备性的要求，模型才能避免"无米之炊"或"数据垃圾"的窘境。

（3）参数设置的合理性

模型参数直接左右着模型反映现实的程度。因此，对参数的识别、量化与设置，需要模型设计者具有敏锐的洞察力和严谨的分析能力。通过理论演绎、经验判断和实证检验等多种手段，合理确定模型参数的取值范围，掌握其变化规律，可以大大提高模型模拟和预测的准确性。参数设置得是否科学，是检验政策模型是否有效的重要标尺。

（4）模型应用的灵活性

理想的政策模型不应是一成不变的，而应具有一定的包容度和灵活性，能够适应政策环境的动态变化。这就要求模型在设计之初，就考虑到可能出现的各种情景，预留足够的调整空间。同时，模型使用者也要掌握必要的技巧，懂得根据实际情况对模型进行修正和优化，使之能够持续地为决策服务。否则，再精良的模型也可能因僵化的运用而失去活力。

（5）跨学科视角的融合

政策问题往往具有高度的复杂性，单一学科的视角难以全面认知。为了使政策模型具备良好的解释力和预测力，就必须吸收和融合不同学科的理论与方法。跨学科视角的引入，可以极大拓展模型的视野，捕捉更多的影响变量，揭示更深层次的作用机制，从而增强模型对复杂政策系统的解释力和预测力。

（6）实践检验的反馈修正

政策模型的生命力在于实践。再精心设计的模型，如果不能经受住现实的检验，也只能是一纸空谈。因此，政策模型必须经过实践的反复锤炼和改进，才能真正彰显其价值。通过将模型运用于实际决策，并对其预测效果进行客观评估，可以发现模型存在的不足，并据此进行反馈修正。久而久之，政策模型的成熟度和可靠性就会大大提升。

5.4　西方经典政策过程理论模型

5.4.1　理性主义模型

理性决策模型是研究政策决策的基本模型，原因在于如果将政策视为一个问题解决的活动，那么政策活动就不可避免地要依赖人类的理智能力。这种理智能力以及由其决定的行为特征，决定着政策决策的基本特征。在政策研究的理论中，从理性角度把握政策决策过程的模型主要有完全理性决策模型、有限理性决策模型和公共选择决策模型等。

5.4.1.1　完全理性决策模型

完全理性决策模型植根于亚当·斯密（Adam Smith）的古典经济学理论，经过边沁、密尔等功利主义者的进一步发展，以及现代管理科学的系统概括，逐步演化成为一种管理决策理论。在古利克和厄威克尝试构建组织行为与公共管理科学的过程中，该模型被进一步提炼为"最优决策模型"。此模型的理论基石在于假定决策者具备完全理性，能够全面收集决策所需信息，获取所有必要资源，经过深思熟虑，罗列出所有潜在行动方案，并从中选择出最佳方案。理性决策模型的选择标准是最优，认为政策实施的结果应致力于实现社会效益的最大化，符合理性的政策是那种能够赢得社会效益最大化的政策。政府在进行政策决策时应放弃成本大于收益的政策选择。

完全理性决策模型之所以是"完全理性"的，在于它规定了决策的过程，这一过程将有利于选择达成目的的最有效方法。它相信理性的决策者能够发现最优的问题解决办法。完全理性决策模型植根于启蒙运动时期的理性主义和实证主义，试图发展孤立的、科学的知识以及改善人类状况的思想流派。这些思想流派基于这样一个理念，即世界上的万事万物存在客观唯一的真相，只要收集到所需的各种信息并运用理性加以处理，人类的理性就可以发现这个真相。在这个过程中，政策分析家将各种知识提供给决策者，而决策者就像一个精明的专家或管理者那样，他们发现亟须解决的社会问题，然后采取最有效的方法解决它。从解决问题的方向看，这种方法也被称为"科学的"、"工程的"或"管理的"。[①]因此，完全理性决策模型为政治角度的精英决策模型提供了一种支持，即应当由那些掌握权力具备能力的人进行决策，它推崇一种自上而下的政策制定过程。

在完全理性决策模型的框架下，政策决策者想要实现最优政策选择，必须满足以下条件：

第一，需充分了解社会的价值偏好及民众的价值取向，确立最优目标与标准；

第二，需全面掌握所有可行的政策备选方案；

第三，明确每一政策备选方案可能产生的后果；

第四，还需具备计算每项备选方案收益与成本的能力；

第五，基于全面比较，选择出最具效率的政策备选方案。

通过上述分析可见，完全理性决策模型的适用条件相当严苛。它要求决策过程将决策行为视为一个具备一致价值判断的整体行为，而非个体或群体行为的简单集合，即假定社会价值偏好之间不存在冲突；同时，决策者需具有绝对理性，拥有完备的知识与信息，能够穷尽所有备选方案并准确预测所有可能结果。此外，决策目标需单一、明确且绝对。在决策过程中，决策者需保持一贯的价值偏好，且决策过程不考虑时间及其他政策资源的消耗。这些近乎苛刻的条件，是导致完全理性决策模型在实践中几乎难以应用的主要原因。

5.4.1.2 有限理性决策模型

有限理性决策模型实际上是对完全理性决策模型的一种修改，它通过放宽后者的理性条件来增强理性模型的实际解释力和应用性。完全理性决策模型追求的是以最小的代价解决最大的问题。这种模型因缺乏实际运用价值而受到了以西蒙为代表的管理决策学派的批评。西蒙指出，完全理性决策模型的假设在现实中难以实现，或存在过多的苛刻约束条件，实际决策行为往往以各种方式偏离该模型。因此，以西蒙为代表的管理决策学派提出了更具实用性的有限理性决策模型。所谓"有限理性决策模型"，是指在有限的资源和信息条件下，通过持续搜索，得出满意政策方案的决策方法或程序。这一模型对完全理性决策模型的修正，主要体现在对决策者理性假设的调整上。

有限理性决策模型认为，对决策者的上述假定在现实中是不存在的。决策者既非全知，更非全能。一方面，决策者实际上能够掌握的信息非常有限。他不仅不能知道人们的偏好，而且对问题和方案的了解程度也非常有限。另一方面，决策者也无法穷尽所有可能的政策方案，即使能够穷尽也无法准确估计各种方案之间的优劣，因为不确定的环境使决策者无法预测每种方案会产生什么样的后果。面对信息和计算能力均受限的实际情况，决策者在决策过程中需依据有限的信息进行策略搜索，逐一比较各种搜索出的策略方案，直至找到满意的策略方案后停止搜索，并输出该满意策略。若无法找到满意策略，决策者会降低满意标准，重新进行策略搜

① 缪勒. 公共选择理论 [M]. 韩旭, 杨春学, 等译. 北京: 中国社会科学出版社, 2010: 281.

索，直至形成满意策略为止。因此，有限理性决策模型主张，决策选择应以"满意"为准则，替代传统的"最优化"准则。

基于决策者的有限理性视角，该决策模型对完全理性决策模型的修正主要体现在以下 4 个方面：

①调整决策期望或标准，从追求价值最大化的决策方案转变为寻找一个令人满意的或足够好的方案。

②在决策方案上，不再穷尽所有可能方案，而是找到一个"满意"方案后即停止搜索。

③在决策理性方面，该模型批判了完全理性的假设，转而追求更符合现实情况的有限理性。

④在决策方法上，更多地采用经验决策，但这也可能导致重要的备选方案及其潜在后果被忽视。

公共政策规划和决策是人们的利益和目标经常发生冲突的互动过程，需要不同利益相关者之间的协商和合作。然而，有限理性决策模型往往将决策过程简化为单一的个体决策过程，忽视了不同利益相关者之间的相互影响和博弈，倾向于仅仅为决策者提供决策规则，这可能导致决策结果无法充分反映各方的利益诉求，甚至引发冲突和矛盾。另外，有限理性决策模型忽略了决策环境的动态性和不确定性。现实世界中的决策环境是复杂多变的，政策规划和决策过程中充满了各种不确定性和风险。有限理性决策模型往往假设决策环境是稳定可预测的，从而忽视了这些不确定性因素对决策结果的影响。这种忽略可能导致决策者在面对突发情况或变化时无法及时作出有效的调整。

5.4.1.3　公共选择决策模型

该模型又称为模拟市场决策模型，标志着理性决策理论有了新进展，其植根于公共选择理论。该理论起源于 20 世纪六七十年代，由詹姆斯·布坎南和丹尼斯·缪勒等人所提出，它代表着一种"新政治经济学"或"政治的经济学"视角，旨在运用经济学的观点和方法来分析政治决策过程中的传统问题。自 20 世纪 80 年代起，这一理论在公共管理和公共政策领域得到了广泛的应用。公共选择的主题包括国家理论、投票规则、投票者行为、党派政治学、官僚体制等。

该理论基于 3 个基本假设：

（1）经济人假设

每个人都是理性的，是追求利益最大化的，都以成本收益分析作为自己行动的基础。在此视角下，"政治人"与"经济人"并无本质差异，选民与政治家的行为，与消费者在市场上的行为一样，均遵循自利原则。[①]

（2）交易政治学假设

在政治领域的基本活动表现为个体与团体间基于自利动机而展开的一系列交易

---

① 徐大同. 当代西方政治思潮：20 世纪 70 年代以来 [M]. 天津：天津人民出版社，2004：47.

过程。与政治交换不同的是，经济交换主要形成的是商品和服务的交换。政治交换具有3个独有的特征：一是通过交易形成的是协定、契约、规章、条例等公共物品；二是政治交换主要发生在集团之间；三是政治交换本质上涉及服从与统治的关系。

（3）方法论的个人主义假设

个人主义假设可从以下3个方面进行阐述：个人构成了政治决策的基本单位；政府并非一个抽象的实体，而是个人活动的集合体；个人主义被视为评价所有行为的根本出发点。

公共选择决策模型主要包括以下4个方面：

第一，决策分析的核心假设。在政治行为者中，无论是决策者还是投票者，他们的行动都受到自利动机的引导，倾向于选择对自身最为有利的行动方案。

第二，决策活动中的角色。投票者的行为模式更接近于消费者；压力集团可以被视为政治领域的消费者协会，或者在一定程度上扮演着合作者的角色；政党则如同企业家，所提出的竞选方案旨在与选民进行选票的交换；政治宣传与商业广告具有相似的性质；而政府机构则类似于公关公司，它们依赖动员和获取充分的政治支持来掩盖成本。

第三，交易性决策活动的后果。由于政府的政策制定者（包括政治家、政府官员等）和公民都被视为理性的"经济人"，他们在决策过程中都追求个人利益的最大化。因此，这种政治交易过程，即政府的决策行为，容易导致"政府失败"的现象，包括政府公共决策的失误、政府机构工作的低效率、政府的扩张以及政府的寻租活动。为了应对"政府失败"，需要进行宪制改革，减少福利国家的浪费。

第四，决策方式的更新。决策者与选民之间的信息不对称问题，往往导致行政决策被某一特殊利益团体所操纵，成为其谋利的工具。为了改变选民需求显示不充分的状况，采取新的决策方式是必要的，如全体一致规则、最优过半数规则、过半数规则、互投赞成票、投否决票等。这些新的决策方式有助于使政治家和官员的决策与选民的理性偏好更加接近。

5.4.2　渐进主义模型

美国著名政治经济学家林德布洛姆是渐进主义的核心代表人物，在批判理性主义模型的过程中，构建了渐进主义模型。他主张，尽管理性化应成为公共政策所追求的目标，但基于"完全理性"的理性主义模型在实践中却面临不可行的困境。在现实政治环境中，仅有极少数方案是经过了决策者的深思熟虑，而这些方案与现有状况相比，仅存在微小的差异，无法进行大幅度的革新。因此，渐进主义决策的本质在于对现行决策进行有限的调整或扩展。

渐进主义模型蕴含了两组核心命题：

第一，公共政策在本质上是对过去政府活动的延续，它仅仅依据过往经验对现行政策进行局部性、边缘性的调整。这种调整的成功与否，关键在于相关政策的社会趋同程度，即是否能在演变过程中逐步探寻并达成对既定政策的共识。

第二，决策者将决策视为一个典型的持续不断、永无止境的过程，这一过程要求不断地对政策和目标进行修正。对于采纳此种决策方式并将决策视为一个连续或序列过程的任何政治体系而言，建立高度的灵活性、恢复力和持久性至关重要，有助于提升其为复杂问题制定有效政策的能力。

这样，尽管或许没有一个政策举措是壮举，但接连不断的小进步却可能使社会发生迅速的变化。

渐进主义模型具备以下6项基本特征：

第一，目的或者目标的选择与相关行动的经验分析是紧密联系在一起的，而不是彼此分离的；

第二，决策者只考虑与现行政策稍有不同的备选方案，不求大幅度改变现状；

第三，对每一个方案只考虑少数几种后果，不作全面的考虑；

第四，决策者面对的问题不断被重新界定，从而使问题更易于把握，而不是一经决定后就不再改变；

第五，对于政策方案而言，没有所谓的最佳方案，只有符合实际需要，并为参与者所同意的，才是可行的方案；

第六，渐进决策实际上是对社会问题的补救和社会现状的改善，而非执着于理想社会目标的达成。

林德布洛姆认为渐进主义在多元社会中具有较好的适用性，决定与政策是在决策过程中众多参与者共同讨论并达成妥协的结果。渐进主义在政治上属于权宜之计，因为不同团体如果仅是对现行政策进行有限修改，而不是对涉及众多内容和重大得失的政策问题进行争论的话，会更容易达成一致。同时，渐进主义承认决策者并不具备充足的时间、能力及其他资源，只是对现有问题的全部备选方案进行综合分析，更注重实效，而不是追求最优方案，是利用有限的分析得出有限的、实用的决定。因此，相较于理性决策，渐进决策模型展现出以下优势：它简化了决策活动的复杂性，仅聚焦于那些与现行政策存在微小差异的决策方案。同时，它降低了决策过程中的成本耗费。在面对具有具体目标的政策决策时，渐进决策模型表现出更高的可行性。此外，渐进的政策变迁方式有助于避免重大的政策失误。

渐进主义模型所对应的原型，显然是西方国家特别是美国。实际上，林德布洛姆在构建此模型时，所依据的经验事实完全来源于美国。相较于基于完全理性的理性主义模型，该模型在美国展现出更高的可行性；同时，在探究西方国家，尤其是美国的公共政策时，它也表现出更强的解释力。对渐进主义模型的批评主要集中在其显而易见的保守性上：该模型倾向于从保守的角度来解释人的主观能动性和有限理性，过分关注看似微不足道的政策目标的制定与实现，从而抑制了政策创新和社会根本变革的可能性。

中国的延迟退休政策是渐进主义决策模型在实际政策制定中的一次典型应用。

面对人均预期寿命延长、劳动力市场供需变化等经济社会发展的新情况，政府开始酝酿并逐步实施延迟退休政策。从2025年起，中国将采取渐进式的方式，男性职工的法定退休年龄将逐步推迟至63周岁，女性职工则根据原法定退休年龄的不同分别调整至55周岁或58周岁。同时，政策还引入了弹性退休制度，允许劳动者在达到法定的最低养老金缴费年限后根据自身意愿选择是否提前或延迟退休。这一政策的逐步推进和灵活实施，旨在更好地适应经济社会发展和人口结构的变化，确保政策的稳定性和可持续性，同时充分利用人力资源、缓解养老金支付压力，并促进社会的可持续发展。整个政策调整过程体现了渐进主义决策模型的特点，即在保持政策连续性的基础上，通过不断修改和调整来适应新情况，实现政策的优化和完善。

5.4.3 规范最优模型

规范最优模型，也称为规范最佳模型，是由德罗尔提出的一种用于解决复杂决策问题的框架。规范最优模型的核心思想是，通过将复杂问题分解为多个子问题，然后对每个子问题进行优化，最后将这些优化结果综合起来，得到整个问题的最优解。这种分解与综合的方法有助于决策者更好地理解和处理复杂问题，从而作出更加科学和理性的决策。

规范最优模型主要由目标函数、约束条件和决策变量3个部分组成：目标函数描述了决策者希望达到的目标或期望的结果。在规范最优模型中，目标函数通常是量化的，以便于进行比较和优化。约束条件限制了决策者可以达到目标的方式或条件。这些约束条件可能来自资源限制、法律法规、道德伦理等方面。决策变量是决策者可以控制的因素，通过调整这些变量，决策者可以优化目标函数并满足约束条件。

以我国的西部大开发战略为例，决策者们可以将这个复杂问题分解为多个子问题，如基础设施建设、产业升级、人才培养等，并针对每个子问题制定相应的政策措施。然后，通过综合这些子问题的解决方案，形成了一个全面的区域发展策略，以实现整个西部地区的最优发展。目标函数是西部大开发战略，即促进中国西部地区的经济发展，减少地区发展不平衡，提高当地居民的生活水平，这个目标是量化的，可以通过经济增长率、人均收入、基础设施建设等指标来衡量；约束条件是这个战略的实施财政预算限制、环境保护法规、社会稳定要求等多方面约束，如开发过程中必须遵守生态保护的红线，不能以牺牲环境为代价来追求经济增长等；决策变量包括投资分配、产业政策、人才引进政策等，通过调整这些变量，政策制定者可以优化目标函数并满足约束条件，如通过加大对基础设施的投资，可以改善西部地区的交通条件，吸引更多的企业和人才。

5.4.4 混合扫描模型

该模型又称为综视决策模型，最先由美国社会学家阿米泰·埃泽奥尼（Amitai

Etzioni）提出。通过对大量社会管理活动的深入研究，埃泽奥尼发现，理性决策的理论模型存在固有的局限性，渐进决策的理论模型也并非尽善尽美。比如，渐进主义决策可能忽视政治上处于弱势地位群体的利益，政策更多体现的是有权势群体的利益，并且像那些重大的或基础性的决策，比如对外宣战，就不适用渐进主义。尽管这两种决策方法都存在一定的不足，但它们同样具有各自的合理性。问题的关键并非在于这两种决策方法的有效性，而是在于何种情境下使用它们。在渐进决策的具体环节或方面，也可能需要运用理性决策的方法。事实上，相当部分的决策问题无法单纯通过理性决策或渐进决策的方法得到解决，唯有将两者相结合，才能顺利地作出决策。为了对人类决策活动的规律性进行更为全面的理论概括，埃泽奥尼提出了一种具有独特见解的混合扫描理论模型。

埃泽奥尼主张，决策过程应视为理性决策与渐进决策的结合体，在决策过程中，既需运用理性决策的方法，也应采纳渐进决策的方法。他将理性主义与渐进主义分别比喻为两种不同类型的摄像机：前者如同一种能够穷尽所有细节进行细微观察的摄像机，但其使用成本高昂；后者则类似于一种仅进行大致观察的摄像机，虽准确度有所欠缺，但使用成本较低。而混合扫描决策模型则要求同时使用这两种摄像机，既要进行多角度的广泛观察，又要进行深入的细微观察。这种混合扫描的方式既注重全面性，又突出重点，有助于综合考量以作出科学的决策。

假设我们要利用气象卫星来建立一个全球气象观察系统的话，理性方法会利用一个先进的卫星探测镜头尽可能经常地、反复地观察整个天空，这是一项耗费巨资的气象调查，将会导致细节信息堆积如山，分析成本加大，并且很可能超出行动的能力限度。渐进主义则集中关注那些最近发生相似情况的地区或其周围区域。当然，如果这些信息产生于意料之外的地区，那么许多值得关注的信息就会被遗漏。

混合扫描理论汲取二者的优点，运用两个卫星探测镜头：一个广角镜头全方位覆盖天空中的各个部分，但不要求细节。另外一个镜头锁住那些需要细致观察的地区。尽管混合扫描可能漏掉某些只有运用细致观测才能发现问题的地区，但是相比渐进理论，它不会忽略在不熟悉的地区存在的明显问题。

对于规范最优模型与混合扫描模型的批评，主要集中于它们试图调和理性主义模型与渐进主义模型在思维方式和操作方法上的矛盾，导致它们在价值取向上模糊不清。

5.4.5　机构–制度模型

机构–制度模型是公共政策分析中应用最为广泛但同时也最为缺乏理论深度的一个决策框架。人们往往习惯于将政策的存在与否、优劣程度与特定的政府机构–制度相联系，自觉或不自觉地在二者间构建某种因果关联或相关性。这一模型正是基于这种习惯性的思维模式而构建的分析工具。它假定在任何政策体系中，政府权力机构，包括立法机构、行政机构、司法机构以及执政党的领导机构等，均扮演着公共政策的制定者与执行者的角色。这些机构在制定和执行政策时，不仅受到其内部运作规则和程序的制约，同时也受到外部环境和利益相关者的影响。而那些规范公共权力机构组织与个人行为的各类制度，无一不深刻地影响着公共政策的制定与执行方式，进一步影响着政策的选择、内容及其结果。美国政治学家戴伊指出，公共权力机构赋予了公共政策3个核心特性：合法性、普遍性和强制性。

机构-制度模型的核心观点在于凸显制度因素在政策制定过程中的关键作用。这些制度不仅涵盖了正式的法律、规章和程序，还包括了非正式的惯例、规范和文化。它们共同规范着公共权力机构组织与个人的行为，对公共政策的制定与执行方式产生了深远影响。具体而言，这些制度界定了政策制定者可以做什么、不能做什么，以及应当如何行动，从而进一步影响着政策的选择、内容和结果。

在这个模型中，政策制定者被视为在特定制度框架内行动的个体。他们的决策和行为受到制度的引导和约束，同时也受到他们对制度的理解和解释的影响。因此，制度因素不仅影响政策制定的过程和结果，还影响政策制定者的认知和行为。

然而，机构-制度模型也存在一些局限性：

第一，机构-制度模型虽然强调政府权力机构（如立法机构、行政机构、司法机构、执政党领导机构等）在公共政策制定和执行中的核心地位，以及各种制度对公共政策制定方式、执行方式以及政策选择、政策内容和政策结果的影响，但它往往过于简化决策过程的复杂性。在现实世界中，政策制定和执行受到多种因素的影响，包括政治、经济、社会和文化等多个方面，而机构-制度模型往往只关注其中一部分因素，忽视了其他重要因素的作用。

第二，该模型可能过于强调制度的规范性作用，而忽视了人的主观能动性和创造性。在决策实际执行过程中，决策者往往需要根据具体情况灵活应对，而不仅仅是按照既定的制度规范行事。此外，人的价值观、信仰和利益诉求等也会对政策制定和执行产生重要影响，而机构-制度模型在这些方面的考虑可能不足。

第三，机构-制度模型可能忽视了政策制定和执行过程中的权力关系和利益博弈。在政策执行过程中，不同的利益相关者往往会为了自身的利益而展开博弈，这种博弈关系对于政策结果具有重要影响。然而，机构-制度模型往往只是从制度层面对政策过程进行描述，而没有深入揭示这种权力关系和利益博弈对政策结果的影响。

5.4.6 集团决策模型

集团决策模型由戴维·B.杜鲁门在其著作《政治过程——政治利益与公共舆论》中首次提出，其核心理念在于：所有重大的政治活动均可视为利益集团与政治组织间相互竞争的过程。政策制定被视为一种应对各方利益集团压力的活动，而政策本身则是这些利益集团间相互斗争、相互作用以及协商、约定和妥协的结果。

集团决策模型包含多个关键要素：

第一，利益集团，指具有共同态度的团体，它们向社会中的其他团体提出主张，旨在建立、维护和增进共同体的利益。

第二，利益要求，即具有共同利益的个人会正式或非正式地集结成团体，以便向政府提出各自的需求。

第三，政治性集团，当利益共同体向政府的任何机构提出利益主张时，它们便转化为政治性的团体。

第四，集团的地位及影响力，个人若想在政治上拥有重要地位，就必须代表集团利益行事，因此集团成为个人与政府之间的关键桥梁。集团影响力的大小取决于多种因素，包括成员数量、财富状况、组织能力、领导能力、与决策者的关系以及团体内部的凝聚力等。

第五，政府决策，政治被视为意在影响公共政策的集团间的斗争，而公共决策过程实际上是各集团争取影响政策的过程。为了减少集团冲突，政治系统的主要任务包括建立集团竞争规则、进行妥协与利益平衡、以制定公共政策的形式规定妥协方式，以及执行妥协以解决团体间的冲突。

第六，决策体系的平衡，整个利益集团系统即政治系统本身，它通过3个方面的力量保持平衡：大量潜在的集团、阻止集团成员过多偏离集团主导价值，以及团体间的制衡。这些力量的相互作用使得基于冲突但能实现妥协折中的公共决策得以产生。

第七，政策的实质，政策主要反映占支配地位的集团利益，是各种集团竞争后所形成的均衡，这种均衡取决于各利益集团的相互影响力，并随着影响力格局的变化而变化，但总是倾向于强势利益集团的利益。

集团模型为我们提供了一个独特的视角，使我们能够洞察在多元政治体制中，如何在集团竞争中使相互对立的利益得以聚合、整合和综合为统一的公共利益，并据此制定公共政策。这个模型也受到了几点批评：

首先，它在关注政策形成过程中重要的能动因素的同时，似乎过分夸大了集团的重要性，而低估了公共权力机构自身所起的独立且富有创造性的作用；

其次，集团在政府与政治过程中的许多问题无法由该模型解释，因为它忽略了政治生活中其他许多重要因素对公共政策产生的影响；

最后，对于多元主义政治体制以外的政治体制内的决策过程，该模型缺乏解释力。

5.4.7 博弈决策模型

博弈决策模型又称为对策决策模型，主要探讨决策主体在特定信息结构下如何作出决策以最大化其效用，并分析不同决策主体间决策的均衡状态。其理论基础植根于博弈论（Game Theory）。博弈论的起源可追溯至20世纪初。1994年，冯·诺依曼与摩根斯坦恩合作出版的《博弈论和经济行为》一书，为博弈论奠定了坚实的理论基础。随后，纳什等人的贡献使得博弈论得以完善并走向实际应用。博弈论的核心包含3个基本要素：

第一，决策主体，即参与者或局中人；

第二，给定的信息结构，它定义了参与者可选择的策略与行动空间，也被称为策略集；

第三，效用，这是可以定义或量化的参与者利益，也是所有参与者真正关注的核心，有时也被称为偏好或支付函数。

参与者、策略集以及效用共同构成了一个基本的博弈框架。

博弈论可划分为合作博弈与非合作博弈两大类别，其核心差异在于参与者在博弈进程中是否能达成一个具备约束力的协议。若无法达成，则该博弈被视为非合作博弈。在选择行动时，参与者的首要考量因素是如何维护自身利益。合作博弈侧重于集体主义与集体理性，追求效率、公平与公正；相反，非合作博弈则强调个人理性与个人最优决策，其结果可能时而高效，时而不然。博弈论着重指出，时间与信息是影响博弈均衡的关键因素。参与者行动的顺序、对其他参与者特征的了解、对战略空间与支付函数的知识掌握，以及信息的透明度，均对博弈结果产生深远影响。作为分析人与人策略互动过程及结果的有效工具，博弈论凭借其独特的冲突与合作的分析与解决能力，在管理科学、国际政治、生态学等众多领域得到了广泛应用。借助博弈论，我们可以解释现实生活中诸多有趣的现象，如多劳者未必多得、公共资源的过度开发、非合作者在特定时段内选择合作，以及坏人作出善行等。尽管这些结论均基于一个强有力的假设，即参与者是理性的，并倾向于最大化自身效用，但其结论蕴含着深刻的哲学意蕴。诸如囚徒困境、两性战争与斗鸡游戏等经典博弈案例，为人们决策提供了深刻的启示与思考。

研究博弈决策模型，有以下方面值得注意：

第一，博弈决策模型本质上是一种抽象且演绎性的政策模型，其核心不在于描绘人们实际制定政策的过程，而在于阐述在竞争状态下，若人们的行动完全出于理性，他们将如何作出决策。

第二，博弈决策的根本特点在于参与者必须制定自身的策略，并根据对手的策略来调整自身的行动方案。在政策制定的实际活动中，并不存在某一参与者能够单方面作出"最优"决策的情况，"最优"结果的形成依赖其他参与者的行为选择。换言之，人们无法预先判断一个决定是否为最佳选择，而必须结合对方的行动才能确定，因此决策者之间存在相互依赖关系。在决策过程中，纳入考量的不仅包括自身的偏好和能力，还必须充分考虑其他决策者的可能战略和策略方案。

第三，博弈决策的适用范围极为广泛，几乎覆盖了所有涉及多方利益冲突和策略选择的场景。在涉及两个或更多博弈问题的情境中，如战争与和平的决策、核武器的使用、国际外交政策、国会或联合国中的讨价还价以及联盟的建立等各种政治情境下，都会运用到博弈决策。

第四，要想作出具有较强可行性的政策选择，决策者必须全面考虑其他参与者可能采取的各种对策。这是因为，在资源有限的环境中，每个人都会努力追求自身利益的最大化，人们有权平等地参与利益的竞争，利益冲突无处不在，政策博弈也无处不在。进行决策时只有"知己知彼"才能作出合理决策。

拓展阅读5-1

5.5 中国的政策过程模型

在学术源头上，公共管理学科确实带有鲜明的西方印记，其内在预设涵盖了民主共和思想、社会稳定状态及高效运作的市场经济体制。这些预设不仅引领了公共管理学科的发展轨迹，同时也为其他环境下的政策过程研究设置了障碍。因此，我们需要更加深入地探索与中国实际相结合的政策过程理论，以更好地指导实践。

近年来，国内政策学者扎根中国土壤，观察中国制度环境下的政策过程，构建了一系列本土化的中国政策过程解释模型，其中比较有代表性的是共识决策模型、"上下来去"政策过程模型。

5.5.1 共识决策模型

薛澜、陈玲等对中国公共政策制定过程进行研究，分析了政策共同体、思想库和利益相关者的行为和作用，提出了共识决策模型。[①]该模型认为，在中国政治体制下，政策参与者之间以达成共识为目标诉求，共识决策包含有限理性决策和渐进决策的内容。比如，提出的政策方案是有限的，各种备选方案的取长补短也以折中、协商和渐进为基本特征。

中国政策过程理论中的共识决策模型，将中国经济体制改革和政府间的互动关系抽象化为共识目标、共识机制与共识体系之间上下互动的过程（如图5-1所示）。在此模型中，共识目标、共识机制和共识体系分别与决策层、酝酿层以及影响层的行动主体相对应。

---

① 陈玲，赵静，薛澜. 择优还是折衷？——转型期中国政策过程的一个解释框架和共识决策模型 [J]. 管理世界，2010（8）：59-72；187.

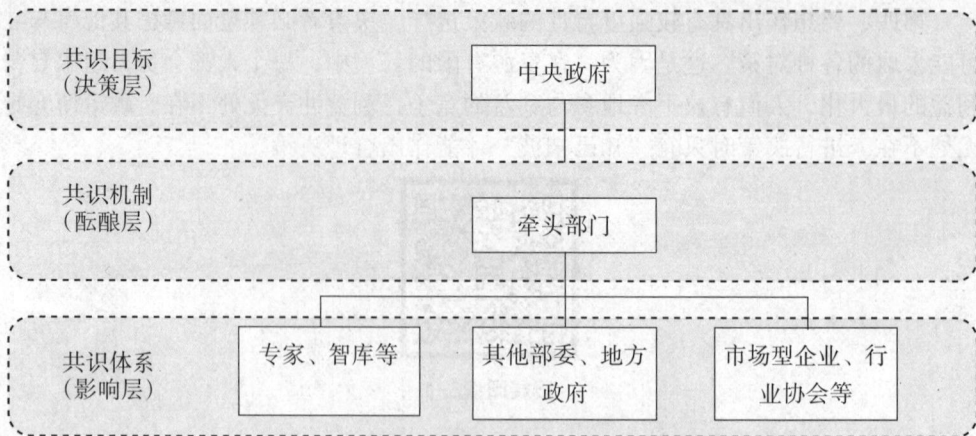

图5-1　中国政策过程理论中的共识决策模型

在共识决策模型看来，中国的政治制度环境是形成共识决策的重要变量。一方面，民主集中制原则强调民主和集中的辩证统一关系，在实践中体现为充分尊重集体讨论的首长决策机制；另一方面，中国的政府体制也强化了"共识"目标，中国共产党采取委员会制的集体领导制度，从中央到地方，党的各级委员会实行集体领导和个人分工负责相结合的制度，各级党委负责重大政策制定，自然地，政策决策就会以凝聚共识为目标。

在政府间规范秩序理论中，共识决策模型扩展为共识治理模型（如图5-2所示）。①从"决策"到"治理"，模型在共识目标、共识机制以及共识体系这三个核心层面上的行为主体都得到了相应的扩展。该模型还融入了国际与国内多主体的治理机制，形成了专家智库、公共部门、经济社会等三大场域。这三大场域分别致力于制度建设规范的构建、国家治理规范的制定以及社会治理规范的建立。而这一系列规范体系的总和，构成了政府间规范秩序。在不同场域中，多元的行为主体共同参与规范体系的建构，并就该规范体系寻求共识、构建复合治理机制，这一过程便是共识治理模型的核心内涵。

与共识决策模型相比，共识治理模型的3个层次具有如下新的内涵：

第一，共识目标的演进路径已从国内改革的攻坚阶段，拓展至统筹全球治理与本国治理的双重维度。这一过程主要体现在中央政府与国际组织之间的互动：一方面，中央政府通过与本国政府部门、核心智库及行业主体的纵向协作，塑造并确立了国家层面的治理共识目标；另一方面，国际组织则通过与各国中央政府、全球专家、国际智库、跨国企业以及国际协会等的横向联系，共同形成了全球治理的共识目标。在此背景下，中央政府不仅需对国内治理的共识目标负责，还需同时考虑全球层面的治理目标，必须在国际与国内目标之间进行协同与筹划。随着中国经济的持续快速增长及其政策在全球影响力的不断扩大，中国的政策过程开始受到国际社

---

① 陈玲，孙晋. 政府间规范秩序：一个扩展的政策过程理论［J］. 公共行政评论，2023（1）：144-160；199-200.

政策过程理论	共识目标（决策层）	全球专家、国际智库	中央政府、国际组织	跨国公司、国际协会
	共识机制（酝酿层）	意见领袖、公共智库等	牵头部门	市场领先、垄断企业等
	共识体系（影响层）	地方或领域专家智库等	其他部委、地方政府	市场型企业、行业协会等
		制度建设规范（专家智库场域）	国家治理规范（公共部门场域）	社会治理规范（经济社会场域）
			政府间规范秩序理论	

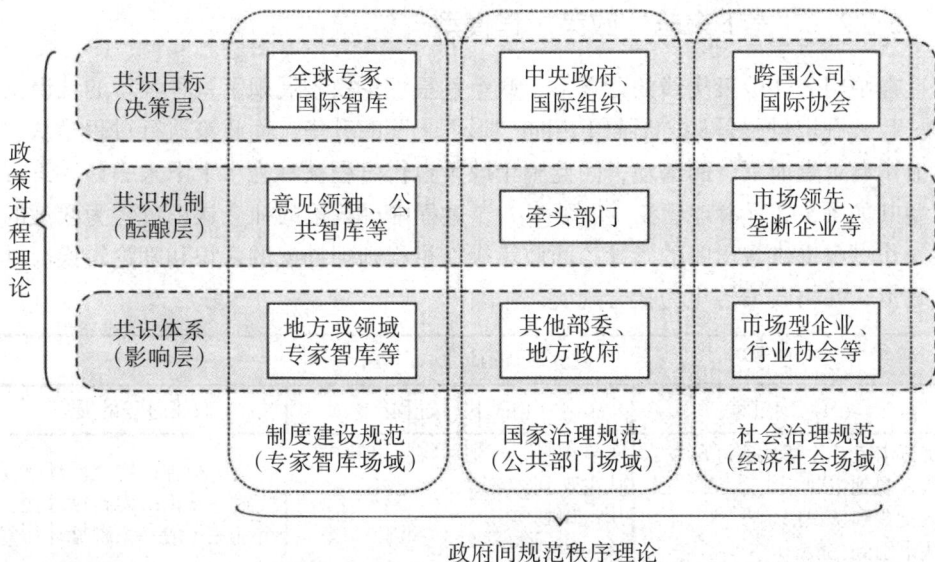

图5-2　政府间规范秩序理论中的共识治理模型

会的广泛关注。同时，诸如可持续发展目标等全球治理目标的实现，也愈发依赖中国政府、智库及市场主体的积极参与。因此，中国政策目标的共识过程发生了显著变化，从以往以国内为主的共识目标，逐步迈向了兼顾国内外治理的新共识目标。

第二，共识机制在政策的酝酿与部门间的协调基础上，进一步演化出动员赋权、试验反馈、推广扩散等一系列政策创新机制。以集成电路产业政策的制定过程为例，其中会议、圈阅、领导小组、部际协调、动员模式等元素，共同体现了共识决策的形成机制。而政策创新机制则促成了多种共识方案并存的治理格局，且创新机制的类型多样，如动员型、试验型、赋权型、扩散型以及学习型政策创新等。这一系列过程发生在中央部委与地方政府之间的纵向互动之中，并有效调动了公共智库、资深专家、领先企业等多方主体积极参与，从而激发了公共政策问题解决方案的创新活力。

第三，共识体系经历了从平衡各地方、部门、智库及利益相关者政策结果，到构建一套协同制度建设、国家治理与社会治理的规范性秩序体系的转变。具体而言，该体系通过制度建设层面的规范性秩序，来容纳政策方案的多样性；通过国家治理层面的规范性秩序，来调和政策目标的多元性；通过社会治理层面的规范性秩序，来吸纳政策结果对市场造成的不确定性。政策过程的理论视角（如图 5-1 所示）向政府间规范性秩序的理论视角（如图 5-2 所示）的转化，有助于我们探寻政策问题与方案的多重最优解，即复合治理机制。规范性秩序体系的建立，标志着制度化水平的提升，从而确保具有广泛公共利益的良策善政能够尽量减少部门利益和行为因素或市场外部性的影响，并获得各类政府主体和市场主体的积极响应与认真执行。

5.5.2　"上下来去"政策过程模型

在中国公共政策实践的背景下，政策过程理论模型展现了一种独特的认识论转变。政策制定过程是从"形而下"向"形而上"的升华，而政策执行过程是从"形而上"向"形而下"的落地，因此整个政策运作过程被称为"上下来去"政策过程模型（如图5-3所示）。[①]在"上下来去"过程中，政策的社会认识过程为政策的社会操作过程提供观念上的指导，而政策操作过程则把抽象的认识和理论转换成具体的政策，并将政策转化为社会现实。

政策的社会认识过程		
政策制定过程	政策执行过程	政策过程的循环
实事求是，一切从实际出发： 从客观到主观 从实践到认识 从个别到一般	实事求是，一切从实际出发： 从主观到客观 从认识到实践 从一般到个别	物质—精神—物质循环往复 实践—认识—实践循环往复 个别——一般—个别循环往复

政策的社会操作过程		
政策制定过程	政策执行过程	政策过程的循环
从群众中来： 从群众到领导 从民主到集中 从点到面:"解剖麻雀",引出一般; 调查—研究—决策	到群众中去： 从领导到群众 从集中到民主 从面到点:一般号召与个别指导相合; 试点—总结—推广	群众—领导—群众循环往复 民主—集中—民主循环往复 点—面—点循环往复

图5-3　"上下来去"政策过程模型

政策过程本质上是政策主体认识并改造世界的过程。"上下来去"政策过程模型首先要解决的问题是：政策主体应遵循何种认识路线去认识与改造世界，以及应以何种原则来指导和规范其公共决策行为。该模型的哲学基石是辩证唯物论与历史唯物论，从根本上为解决上述问题提供了答案。就我国的公共决策者而言，辩证唯物论所倡导的认识路线即为"实事求是，一切从实际出发"。而历史唯物论则构成了"上下来去"政策过程模型的重要哲学基础。

与传统公共参与模式相异，中国政策过程展现了一种独特的逆向参与模式，决策者主动走出，深入民众，而非静待群众前来参与。依据此理论，政策主体在公共政策制定与执行过程中，应秉持以人为本的原则：尊重人民的主体地位与首创精神；从人民的实践中汲取智慧，从人民的发展需求中汲取动力；将最广大人民的根本利益作为公共决策的出发点与落脚点，在制定与执行政策时切实做到集思广益、凝聚共识，充分反映人民群众的共同意愿。在政策的社会操作层面，"上下来去"

---

① 宁骚. 中国公共政策为什么成功？——基于中国经验的政策过程模型构建与阐释［J］. 新视野，2012（1）：17-23.

政策过程模型将上述理论精髓概括为两句话：从群众中来，到群众中去。这一基于"人民至上"理念的"群众路线"，是中国共产党将马克思主义与中国实际相结合的产物，构成了党的根本工作路线。随着时代的发展与形势的变迁，群众路线的时代内涵也在不断地丰富与发展。

"上下来去"政策过程模型在理论和实践两个层面具有强大的解释力。在理论上从以下四方面与西方理论展开对话：第一，弥补了政策阶段理论中完全理性人的缺陷，政策在上下层级的循环往复过程中，促进了政策制定者逐渐形成对现实问题的趋近真理的认识；第二，坚持"摸着石头过河"的原则与渐进主义模型所要求的一致性，促进了政策边际性变革的改进与调整；第三，强调了"群众-领导""民主-集中"的关系，突破了精英主义模型过分强调精英在政策过程中的绝对主导力量，以及政治精英不能与社会精英建立联盟的假定；第四，注重将公共政策制定放在环境中进行考察和解释，与政治系统模型能够相互解释，并相得益彰。

在实践层面，"上下来去"政策过程模型有效协调了政策稳定性与政策变通性的关系，在确保中央政策精神统一性的基础上，探讨地方政府如何在自由裁量权限内，依据地方实际情况和特殊性，对中央政策进行具体化的解读与再创造，形成适应地方需求的政策文本。"上下来去"的央地互动机制在此过程中显得尤为重要，这要求中央政府在特定治理情境下制定明确的政策目标，并决定政策执行的优先级，同时为地方政府提供充足的试验空间，鼓励其进行政策创新试验。通过将政策的"正确性"评判融入执行过程，构建"上下来去"的政策动态调整机制，从而确保公共政策具备创新性、灵活性和实效性。

构建"上下来去"政策过程模型的初衷十分明确，目的是向观察者提供一个理论框架，从公共决策的视角出发，深入分析和理解中国崛起的内在逻辑。该模型的功能定位并非作为分析其他国家或地区公共政策过程的通用工具，而是专注于作为解读和阐释当代中国重大公共决策过程的指南或路线图，其示范意义严格限定于当代中国的公共决策机构之内。需要强调的是，即便在当代中国，这一模型亦非万能，它并不适用于解释所有的公共政策现象。对于日常性、操作性以及即时性、应急性的决策过程，很少会遵循该模型所描绘的路线图进行。实际上，该模型主要适用于解析当代中国重大政策的制定与实施过程。

拓展阅读5-2

明德园地

爱启婚姻路，礼归本真心

彩礼，承载着深厚的社会文化意义，象征着尊重、认同与喜庆。然而，近年来，彩礼数额的不断攀升，不仅背离了其初衷，还给许多家庭带来了沉重的经济负担，甚至影响了婚姻的稳定和社会的文明风尚。针对这一问题，自2019年中央一号文件首次点名"天价彩礼"以来，治理高价彩礼便成为各地工作的重点。2023年，中央一号文件再次强调，要扎实开展高价彩礼等重点领域突出问题的专项治理。在此背景下，宁夏海原县积极响应国家号召，聚焦农村高额彩礼问题，开展了一系列专项治理行动。

海原县以基层党组织为核心，建立了县级领导包村、乡镇干部和村"两委"成员包户的工作机制，为高额彩礼专项治理提供了坚强的组织保障。通过摸排整治，确定了重点村和重点人，因地制宜制定"一村一案"，实施精准治理。同时，将大操大办红白喜事等不文明行为纳入村党组织书记后备力量人选负面清单，从源头上把好农村干部队伍的"选人关"和"入口关"。

在转变群众观念方面，海原县充分利用全媒体矩阵优势，通过转载推送相关稿件、制作发布微视频、开展文艺巡演等多种形式，深入宣传移风易俗的重要性。结合乡村大集等新时代文明实践"微阵地"，发放宣传彩页，大力倡导文明新风。此外，还通过举办集体婚礼、广场舞大赛等活动，让群众在参与中感受文明新风的魅力，不断提升群众的获得感、幸福感和安全感。

为明确"高彩礼"的界定标准，海原县根据农村居民可支配收入情况，设立了"彩礼"上限，并指导各乡镇、行政村修订完善村规民约，建立健全奖惩机制。同时，设立村民议事会、道德评议会等组织，积极开展议事协商、道德评议等活动，引导群众自觉践行文明新风。通过认定"零彩礼"和"低彩礼"典型，颁发荣誉证书，树立正面激励导向。

在法律宣传和矛盾纠纷化解方面，组织普法讲师团、法律明白人和普法志愿者队伍，开展多种形式的宣传活动，将抵制高额彩礼的知识送至村民身边。同时，建立红、黄、蓝、绿"四色"分类分级预警处置工作机制，对婚姻家庭矛盾纠纷进行分类分级预警处置。

为从源头上解决高额彩礼问题，海原县还制定了一系列惠民增收政策，支持"零彩礼""低彩礼"新婚夫妇及女方父母发展种植养殖业，优先聘用"低彩礼"女方父母就职乡村公岗，并提供小额信贷等金融保险支持。同时，充分发挥妇联、共青团等组织的桥梁纽带作用，组建宣讲劝导队伍，开展文明新风宣传和婚嫁劝导工作，引导广大群众及家庭树立正确的爱情观、婚嫁观。

资料来源：[1] 黄玉玲. 最高法：破解"天价彩礼"治理难题 让彩礼回归"礼"而非"财"[EB/OL]. (2023-12-12) [2024-11-23]. https://baijiahao.baidu.com/s?id=1785041702106341282&wfr=spider&for=pc. [2] 海原县委宣传部. 宁夏海原县推进农村高额彩礼专项治理取得实效 [EB/OL]. (2024-11-09) [2024-11-23]. http://nx.people.com.cn/n2/2024/1109/c408323-41036360.html.

【价值塑造】

这部分内容展示了地方政府在面对高额彩礼这一社会问题时，如何综合运用多种政策性和地方治理措施，形成全方位、多层次的治理体系。学生可以通过分析海原县的治理措施，深刻理解公共政策在解决实际问题中的复杂性和多样性，以及地方政府在政策制定和执行中的策略选择和调整能力。此外，这段内容还体现了公共政策在塑造社会价值观、推动社会文明进步方面的重要作用。海原县通过治理高额彩礼，不仅减轻了群众的经济负担，还促进了乡村治理水平的提升和文明新风尚的形成。学生可以通过学习这一案例，认识到公共政策在引导社会风尚、弘扬社会主义核心价值观方面的独特作用，从而在未来的公共决策和实践中更加注重社会价值和公共利益。

基础训练

❖ 在线测试题

第5章单选题　　　　　　第5章填空题　　　　　　第5章判断题

❖ 简答题

1. 什么是政策过程？其特征都包括什么？

2. 简述中国政策过程的特征。

3. 阐述政策模型的含义与作用。

4. 规范最优模型的核心思想是什么？该模型由哪些部分组成？

5. 解释"上下来去"政策过程模型的核心思想，并分析其在当代政策制定与执行中是如何体现的。

❖ 案例分析

骑行之序：共享单车管理政策的制定与实施

随着共享单车的快速普及，城市交通管理部门面临着如何规范管理和促进共享单车健康有序发展的挑战。为了应对这一挑战，某城市政府决定制定共享单车管理政策。

在政策制定初期，政府部门首先进行了深入的调研和数据分析，了解市场上各品牌共享单车的运营情况、市民的使用习惯以及存在的问题。同时，政府部门还通过问卷调查、座谈会等方式广泛征求市民、共享单车企业、专家学者等各方的意见和建议。

在收集到足够的信息和反馈后，政府部门开始着手制订初步的政策方案。这一过程中，政府部门充分借鉴了国内外先进经验和做法，并结合本地实际情况进行了调整和优化。政策方案包括了共享单车投放数量限制、停放区域规划、违规处罚措施等多个方面的内容。

政策方案制订完成后，政府部门将其下发至各相关部门和地区进行试点实施。在试点过程中，各部门和地区根据实际情况对政策进行了进一步的细化和完善，并及时反馈遇到的问题和困难。

经过一段时间的试点运行后，政府部门对政策效果进行了评估和总结，发现通过实施共享单车管理政策，城市的交通秩序得到了有效改善，共享单车的使用也更加规范和安全。同时，政府部门也发现了一些需要进一步完善和优化的地方。根据试点经验和市民反馈，对政策内容进行了调整和优化，使其更加符合实际需求和市民利益。

最终，经过多次上下互动和反复调整，共享单车管理政策得以正式出台并实施。

资料来源：《池州市共享单车管理实施方案》。

思考：

1. 在政策制定初期，政府部门采取了哪些措施来深入了解共享单车市场及市民需求？有什么好处？

2. 该案例体现了哪种决策模型？阐述一下这个模型的基本内涵。

3. 在案例中，各层级在决策过程中分别发挥了哪些作用？

4. 在共享单车管理政策的试点实施阶段，政府部门可以采取哪些具体措施来确保政策的有效执行？

5. 在共享单车管理政策的推广和执行过程中，如何利用现代科技手段提高政策的有效性和执行效率？请结合案例提出至少两种具体的科技应用方案，并分析其潜在效益。

第6章 政策议程

在公共政策的研究与实践中，政策议程的设置是整个政策过程的起点，决定了哪些问题能进入政策制定者的视野，并最终可能转化为具体的政策行动。政策问题作为政策议程的前提和基础，是触发政策议程设置的原材料。没有被识别和定义的政策问题，不会有后续的议程设置。政策议程的形成是对政府迫切需要解决的政策问题的集中响应和系统规划。因此，对问题进行清晰、系统的理解和阐释，是探寻问题解决方案的有效途径。深入剖析问题，发现问题的本质和根源，为解决问题提供有效的思路和方法，是政策分析中不可或缺的一环。因此，政策议程的形成不仅涉及对社会问题的识别和界定，更是将公共问题转化为政策问题的关键环节。本章将深入探讨政策议程的形成机制，揭示政策议程设置的复杂性和动态性，并探讨如何通过有效的策略和方法，推动重要问题进入政策议程，以实现政策的有效制定和实施。

6.1 个人问题、社会问题与政策问题

问题普遍存在于日常生活当中，问题是实际情况与目标期望之间的差异。如果按照这些问题涉及的领域及与政府的关系来划分，可以分为个人问题、社会问题、公共问题与政策问题。个人问题是指个体在日常生活中遇到的各种困难和烦恼，其根源在于个人，如生活压力、情绪困扰、人际关系不和谐等。社会问题是指社会系

统运行过程中出现的种种矛盾和困境，对社会秩序和发展构成负面影响，如贫富分化、环境污染、犯罪高发等。政策问题源于社会问题，但并非所有社会问题都会转化为政策问题，如教育公平、养老保障等重大民生问题，已成为各国政府亟须应对的重要政策问题。

6.1.1　个人问题与社会问题

一般来说，仅仅涉及某一个人的期望与实际情况之间的差距，问题无疑具有个人属性。这类问题发生后，只影响某个人或少数个人，往往与私人接触的他人或社会有直接的关系，不属于政府机关要管辖和解决的范围，应当由当事人个人自己解决，这类问题属于个人问题。例如，个人失业，无论这种失业出于何种原因，都是私人的问题。然而，由于个人面临的挑战和问题在性质和程度上可能各不相同，当某一问题不仅限于个别案例，而是影响到广泛的社会群体，对全体或部分社会成员的生活质量和日常活动产生共同影响时，这个问题才可能上升为社会问题。

6.1.2　社会问题与公共问题

社会问题可以被理解为被广泛认同的、偏离社会规范的状态或情况，它表现为社会结构或功能的失调。各种社会问题在一定时期内会导致社会秩序的混乱和利益的不平衡，对社会整体或其部分成员以及社会的持续健康发展造成直接或间接的负面影响。只有不属于个人领域的问题在社会上普遍存在时，才有可能成为公共问题。公共问题包含于社会问题当中，是与私人问题相对应的特殊范畴，是影响到社会大多人的利益、期望、价值的问题，与公众日常生活紧密相连，具有较大影响力。

6.1.3　公共问题与政策问题

并非所有的公共问题都被视为政策问题，需要通过社会各界的关注和讨论。只有那些被政府认定为是公共问题，并且在政府的职能范围内、政府决定解决、能够解决即纳入政策议程的问题才能成为政策问题。

可见，个人问题通常局限在小范围内，主要通过个体的努力，依靠自身及身边亲朋好友的力量就可以得到缓解和解决；社会问题具有普遍性，单靠个人难以应对，需要通过社会力量，包括政府、市场、社会组织等共同应对，政府需运用公共政策手段加以干预和治理；只有引起决策者广泛关注，被纳入议事日程的社会问题，才能上升为政策问题。

拓展阅读6-1

6.1.4　政策问题的含义

政策问题是指基于特定的社会问题，被统治集团或社会大多数人感知到与他们的利益、期望、价值和规范存在相当严重的矛盾和冲突，进而通过团体或组织活动要求有关社会组织和政府采取行动加以解决，并被后者列入政策议程的社会或公共问题。

对于这个概念，我们可以从以下几个方面进行理解：

第一，客观的事实或问题情境是政策问题产生的现实基础。这种情势或情况通常表现为社会、经济、环境或政治等方面的具体问题（如环境污染、贫富差距扩大、公共卫生危机等），它们具有可观察、可测量和可验证的特性。其解决需要政策制定者基于现实情况进行深入的分析和研究，以确定问题的性质、范围和影响。

第二，问题的察觉是指某种客观情势或情况被大多数人所感知（通过媒体宣传、社会舆论、个人经验等方式），形成对问题的共同认识。此时，这个问题就可能成为一个政策问题。这种共同认识的形成有助于推动社会对问题的关注和解决，也为政策制定者提供制定政策的基础和依据。

第三，人们感知到的问题与他们的价值、利益、要求产生了冲突，这是政策问题产生的重要原因之一。这种冲突性可能表现为个人与个人之间的冲突，也可能表现为个人与团体、团体与团体之间的冲突。政策制定者需要关注这些冲突，理解各方的利益和需求，以便制定出符合大多数人利益的政策。

第四，为了解决问题，人们会形成团体或组织，通过集体行动（如组织活动、发表声明、游说政府等）来推动问题的解决。这些团体或组织可能包括非政府组织、行业协会、社区组织、利益集团等。其活动有助于增强社会对问题的关注和认识，也为政策制定者提供了更多的信息和建议。政策制定者需要关注这些团体或组织的活动，与他们进行沟通和协商，以便制定出更符合社会需求的政策。

第五，当政府或社会公共组织认为有必要采取行动加以解决某个问题时，这个问题就可能被列入政策议程。政府或社会公共组织需要基于问题的性质、影响以及社会各方的需求和利益，制定出相应的政策措施，如法律法规、规章制度、财政补贴、税收优惠等。政策制定者需要确保政策的有效性和可操作性，也要关注政策的实施效果和社会反馈，以便及时调整和优化政策。

6.2　政策问题的特征和类型

6.2.1　政策问题的特征

6.2.1.1　关联性

政策问题并非孤立存在，而是相互关联、相互交织的复杂政策问题网络中的一部分，会与其他领域、地区或部门的政策问题有不同程度的相关性，彼此相互作用、相互影响。例如，能源问题不仅关乎经济发展，还直接影响到环境保护、公共卫生和就业等多个方面。这种关联性特征使得政策问题的解决变得更为复杂和困难。因此，在制定政策和解决问题时，必须具备整体协调的观念，全面考虑各方面因素，将某一政策问题视为整体问题体系中不可分割的重要组成部分，以实现政策目标的最大化和社会利益的最大化。

6.2.1.2 客观性

政策问题根源于社会现实中的客观矛盾和问题，而非主观臆断或个人偏好。这些问题通常与社会的基本结构、运行机制、利益分配、价值观念等密切相关，它们的存在和发展不受个人意志的影响，而是由社会经济、政治、文化等因素共同决定的，这些事实与情境都来自于客观存在的现实情况，不以人的意志为转移。例如环境污染问题，随着工业化进程的加速，大量废水、废气、固体废弃物等被排放到环境中，导致水质恶化、空气质量下降、土壤污染等环境问题。这些问题的存在和发展不受个人意志的影响，而是由工业生产、能源消耗等社会经济活动共同决定的。

6.2.1.3 人为性

政策问题源于对现状的不满和对未来的期望，它反映了各方利益相关者的诉求和期望。政策问题是在满足或重塑社会需求的过程中形成和演进的。政策问题的人为性使得我们必须重视公共政策对利害关系人的重要影响。例如教育公平问题，家长和社会各界对教育资源的分配和质量不满意，期望通过政策调整实现更公平的教育机会。这一问题反映了各方利益相关者的诉求和期望，是在满足或重塑社会需求的过程中形成和演进的。

6.2.1.4 动态性

政策问题的动态性包括问题所处环境的动态性及问题自身变化发展的动态性两方面。每一个政策问题都有其产生发展的过程，会经历一个由轻微到严重、由模糊到清晰的过程。同时，政策问题的内容及解决方案也会随着时间、环境和社会条件的变化而不断演化，在不断发展和变化中呈现出新的特点和挑战。随着社会的发展，新的问题不断涌现，旧的问题可能得到解决或者转化为新的形式。因此，面对政策问题时，需要具备前瞻性和适应性，能够预见和应对政策问题的变化。同时，要建立有效的信息收集和分析机制，以及灵活的政策调整机制，以确保政策能够及时应对社会的变化，有效解决政策问题。例如，随着互联网的普及和技术的快速发展，网络安全问题日益突出，从最初的简单病毒攻击到现在的勒索软件、高级持续性威胁等复杂攻击手段，网络安全问题不断增多和变化，呈现出新的特点和挑战。

6.2.1.5 组织性

社会问题或公共问题的转化通常不是个体行为的直接结果，而是需要通过集体行动或组织力量来推动。无论是普通公众还是权威人士，任何单一的个体或小团体都很难独立解决问题，都需要借助组织的渠道和机制来实现其政策意图。例如公共卫生问题，在面对疫情等公共卫生危机时，政府、医疗机构、社会组织等多方力量需要共同行动，通过集体努力来防控疫情、保障公众健康。这些问题的解决需要借助组织的渠道和机制，单一个体或小团体很难独立应对。

6.2.2 政策问题的类型

面对众多且多样的政策问题，政府需要运用科学的方法进行细致分类，遵循不同的划分标准，为具有相同特征的问题提供统一的分析框架和类似的解决方法。下面是几种在公共政策学领域比较有影响力的划分方式。

6.2.2.1 罗威的政策问题划分类型

罗威根据受到问题影响的人数及其相互间的关系，将政策问题分为分配型（distributive）、管制型（regulative）和再分配型（redistributive）。[①]分配型问题是把物品和服务、成本和义务分配给社会中特定群体而引发的政策问题。几乎所有提供社会福利的项目都是分配型问题，如中国为逐步实现基本公共服务均等化所推行的政策。管制型问题是指政府等监管机构为规范特定团体的行为，确保社会公平和秩序，而设定明确的规则和标准，对特定团体从事某种活动或处理不同利益的行为加以限制所引发的政策问题，如污染物排放管制、食品安全管制、外汇管制等政策。再分配型问题是指政府通过政策手段调整不同团体之间的利益关系，将资源或负担从一个团体转移到另一个团体所引发的问题，如各种收入或财产性税收、保障公民当前或未来社会福利的失业保险、医疗保险等社会缴款以及社会保险福利金和社会救济金政策。

6.2.2.2 邓恩的政策问题划分类型

邓恩从政策问题所包含的结构要素，如问题性质、资源投入、决策参与者、调试人数、方案数量、价值认识、概率测算、后果预测几个方面将社会问题分为结构优良（well-structured problems）、结构适度（moderately-structured problems）、结构不良（ill-structured problems）3种质量状态，并在每一个测度下具体化一些标准，这样就可以根据结构要素的特点归纳出社会问题的类别（见表6-1）。[②]

表6-1 邓恩的政策问题划分类型

质量状态 结构要素	结构优良	结构适度	结构不良
问题性质	清晰可辨	清晰可辨	模糊或有争议
资源投入	少量可计算	大量可计算	不可计算

① LOWI T J. American business, public policy, case studies, and political theory [J]. World Politics, 1964, 16（4）: 677-715.
② 邓恩. 公共政策分析导论 [M]. 谢明，伏燕，朱雪宁，译. 4版. 北京：中国人民大学出版社，2011: 56.

质量状态 结构要素	结构优良	结构适度	结构不良
决策参与者	少量	少量	大量
调试人数	少量	大量	大量
方案数量	有限	有限	无限
价值认识	共识	共识	冲突
概率测算	可把握	不宜把握	无法把握
后果预测	可确定	不易确定	无法确定

邓恩的这种问题划分方法具体直接、简洁明了，便于政策分析者对政策问题的分类把握，因此在理论界得到较高的认可。

6.2.2.3　国内学者的政策问题划分类型

张金马依据引发政策问题的原因将政策问题分为过失性社会问题和结构性社会问题。[①]过失性社会问题主要是指偏离社会正常生活和规范的一些行为，如偷窃、吸毒、赌博等。其中，某些社会问题由于尚在人们可以容忍的范围内，或者说其危害性不是很大，因此会给予其一定的宽容，如机动车的违规停车和超速行驶。另一种情况是政策问题要考察具体的如文化、历史阶段等环境，因为在某些社会文化环境下可能是被鞭挞的行为，但在其他的社会文化背景下又被视为正常情况，如一夫多妻、同性恋等问题。结构性社会问题则是指由社会自身结构不合理所导致的一些社会问题。引发此类问题的不是某个人的行为或选择，而是社会整体在运转中由于多重系统的网络状关联而形成和引发的一系列问题。从问题归因的角度看，很难对结构性社会问题进行简单的划分归属，正是因为多重因素的作用才使这类问题解决起来有较大难度。例如，当前我国农村的"空巢老人"以及城市的"失独老人"问题，必须用历史的、发展的、系统的眼光看待此类问题，并选择多种类型的政策工具加以解决。

6.3　政策问题的认定

6.3.1　政策问题认定的过程

政策问题的认定是一个从实际情况到主观认知的过程，将复杂多变的社会现象转化为可供政策讨论和决策的具体问题。在整个政策链条中，定义政策问题是最基本的环节，精准地洞察问题并给予清晰、准确的辨识和描述是问题进入政策议程的

---

①　张金马. 公共政策分析：概念·过程·方法 [M]. 北京：人民出版社，2004：319-320.

前提条件。正如托马斯·R.戴伊所言，"决定哪些问题将成为政策问题甚至比决定哪些将成为解决方案还要重要"[①]，因此，只有精确认定问题才有助于填补潜在的政策空白，全面覆盖相关领域的政策问题。

在执行公共政策过程中，政策问题认定程序通常由问题觉察、问题搜索、问题界定和问题陈述四个相互依存的过程组成；政策问题构建包括问题情境、元问题、实质问题和正式问题4种实质内涵。[②]由此，得到了如图6-1所示的政策问题认定的程序。

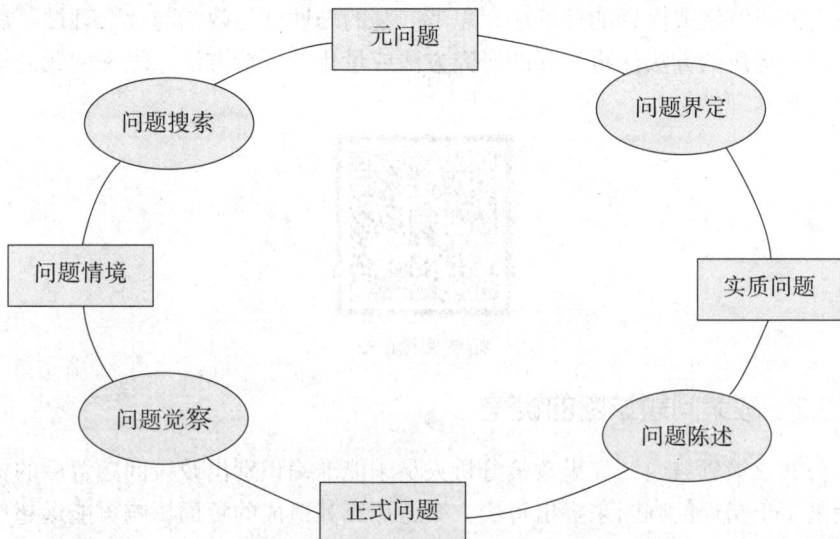

图6-1　政策问题认定的程序

第一阶段：以"问题觉察"体悟"问题情境"。政策问题构建的整个过程有一个前提条件，即认识或"觉察"到问题情境的存在。在此阶段中，某一社会现象或问题被不同社会主体发觉，进而反映到政府有关部门并引起关注。

第二阶段：以"问题搜索"认定"元问题"。在这一阶段当中，需将公共政策概念化，以识别出核心的"元问题"，面对复杂多变的问题网络，需梳理各方意见，提炼出贯穿整个政策过程的关键问题。由于不同利益相关者对问题的看法各异，形成结构不良的元问题，分析家需运用科学理论，深入剖析问题本质，明确关键所在。所以，此阶段的中心任务是要针对前一个阶段描述的问题和相关政策进行诊断，依托科学的理论找出结构不良的政策问题，抓住问题的本质和关键，以形成政策分析家感兴趣的元问题。

第三阶段：以"问题界定"发现"实质问题"。在这一阶段需要通过专业知识来深入分析，确定问题所属政策领域。若属于经济学的范畴，则从供需法则的角度加以分析；若属于政治学的范畴，则要按各利益集团、精英人士或其他社会等级中权力和影响的分布情况加以分析。

① 戴伊. 理解公共政策［M］. 彭勃，译. 北京：华夏出版社，2004：32.
② 邓恩. 公共政策分析导论［M］. 谢明，伏燕，朱雪宁，译. 4版. 北京：中国人民大学出版社，2011：58.

第四阶段：以"问题陈述"建立"正式问题"。当实质问题得以明确，即可构建详细且具体的正式问题。这一过程称为"问题陈述"，旨在将实质问题转化为数学表达模型。对于结构不良的问题来说，此阶段的主要任务不在于得到正确的数学解决方法，而在于界定问题本身的性质。

在政策问题认定的各阶段，分析方法和理论基础必然有所不同。每个阶段都有其特定的任务和要求，需要相应的工具和技术来支持。前两个阶段所运用的方法着重于主观的研究法或诠释的理解法，思考问题的理性则是政治与社会理性；后面的两个阶段所运用的方法注重客观的研究方法或量化的分析方法，思考问题的理性则是经济与技术理性。[①]

拓展阅读6-2

6.3.2　政策问题诊断的误差

在公共政策领域内，如果政策分析人员未能准确识别出政策问题背后的根本原因，而是基于错误的判断来提出解决方案，那么其造成的负面影响可能远超单纯的执行失误。若政府政策分析人员未能揭示政策问题的根源，而只是找出了一个"错误"的原因，再根据这个"错误"的原因拟定解决这个"错误"原因的"正确"政策，那么，这就是"以正确的方法解决错误的问题"。

导致政策问题诊断误差的原因基本上可以归纳如下：

第一，组织结构：由于受到官僚体系的层级节制体系、专业分工、集权管理等影响，造成了信息的扭曲与错漏；而且因为本位主义造成信息无法彼此分享，难以有效地认定问题。

第二，意识形态：意识形态就像信息的过滤机制，政策分析人员会因为自己在意识形态上的信仰而形成认知偏差，妨碍真正的信息传递，如过度信仰科学而忽视民意，造成认知失调。

第三，无知：政策分析人员缺乏对某种问题的专业知识而不自知，因而具有错误的认知，比如某些新闻记者缺乏报道题材的专业知识，还硬是写下一篇专题报道，其中自然是错误百出。

第四，超载：分析人员或决策者因一时处理的信息过多，反而遗漏了某项真正重要的信息。

第五，干扰：干扰是指在信息传送的过程中所出现的其他噪声，在问题认定时如果受到其他事件的介入或与其他信息混合，则容易造成分析人员的混淆。

---

① 王洛忠. 公共政策学 [M]. 北京：北京大学出版社，2022：121.

第六，时间落差：当分析人员接收到相关信息时，问题的状况可能已经改变。换句话说，就是从决策者接收到信息到开始反应中间所需要的时间越长，落差越大，问题就越严重。

第七，回避：决策者或政策分析人员往往不愿意面对结构性的争议，以免引起政治或社会方面更严重的冲突，因此只能从技术层面来认定问题。

第八，隐藏问题：提出某些大家已经知道的问题，来隐藏事实上的重要问题。

第九，虚假问题：解决错误的问题，不会对真正要解决的问题产生实质影响。

6.4　政策议程与议程设置

6.4.1　政策议程与议程设置的含义

政策议程作为公共政策学的核心概念，是理解公共政策过程的基础，是政策过程的首要环节，是政策问题进入政府决策流程的关键步骤，它决定了哪些问题将得到优先处理，以及如何安排资源和时间来应对这些问题。政策议程涵盖了需要各级政府和政府部门采取行动、作出回应的各种事项，包括立法、行政、经济、社会等诸多领域的问题。通过政策议程，政府可以有效地管理和协调各种政策问题，确保政策制定的顺利进行。

6.4.1.1　政策议程的含义

政策议程是指将政策问题纳入政治或政策机构实施行动计划的过程，即提上政府议事日程，纳入决策领域的过程。它提供了一条政策问题进入政策过程的渠道，并确定了一些需要考虑的事项。

公共政策议程之所以是政治决策中的焦点问题，其原因有以下两方面：

一方面，政策议程是政策过程的首要环节。无论是针对新兴问题的提出还是对现有问题的进一步探讨，只有当问题被纳入政策议程，其才具备了实质性进展的可能。从理论上讲，确立政策议程是推动政策问题深入分析、构建备选解决方案、进行决策抉择、实施执行策略以及进行政策效果评估等一系列后续工作得以启动的前提条件。从实际来看，尽管某些社会问题可能已经历了长时间的公众讨论，但若未能被纳入执政党派及政府的正式议事日程之中，其解决进程便难以取得实质性突破。例如，环境保护中的塑料污染问题，尽管已经在公众中引起了广泛的讨论和关注，许多人通过社交媒体、环保组织等多种渠道呼吁减少塑料使用、加强塑料回收和处理。然而，如果这个问题没有被执政党派及政府正式纳入议事日程，比如没有制定具体的减少塑料使用的政策、没有增加对环保技术的投资、没有加强对塑料生产企业的监管等，那么塑料污染问题的解决进程就会受到阻碍，难以取得实质性的突破。只有当政府将这个问题正式纳入政策议程，并采取实际行动时，才能有效推动问题的解决。

另一方面，政策议程是政府对社会价值进行权威性配置的基础。伊斯顿认为："公共政策是社会价值的权威性分配。"①在公共政策领域，政策议程设置是一个关键步骤，它关乎社会价值如何被分配以及这种分配的合法性。政策议程的核心任务在于明确哪些问题需要被优先考虑，以及这些问题应如何被解决。政策议程设定不仅是政策制定的起点，更是整个政策过程的关键一环。一个公共问题从提出到成为政府行动目标，需经历一系列复杂步骤，涉及多方因素。因此，政策制定者需深入理解并妥善管理政策议程，以确保政策流程顺畅，有效响应社会需求。对于公民来说，了解政策议程的形成过程也有助于他们更好地参与到公共政策的制定和实施中去。

在政策制定过程中，政策制定者需要从众多的政策相关要求和意见中进行筛选，并非所有的要求和意见都能被采纳。只有经过提案讨论和合法化程序，被正式确定为公共政策的议题，才能被纳入政策议程。因此，政策议程是一个将政策问题纳入公共部门议事日程的过程，它涉及在有限空间内筛选并确定优先议题，并最终决定对其采取行动加以解决。议题的提出、建构、陈述，以及公众的关注度和支持度，都是影响议题能否成功进入议程的重要因素。

政策议程的核心内容在于问题、渠道和可能性。

首先，政策议程的起点在于识别与解读需要政府介入的政策问题，问题的确认是政策议程的基础，决定了政策的主题与范围。

其次，渠道是政策议程的桥梁，问题一旦被识别就需要通过合适渠道进入政策议程，包括媒体报道、专家建议、公众参与等形式，渠道的有效性直接影响到问题能否被政策制定者关注。

最后，可能性是政策议程的焦点，政策议程设置还涉及对问题解决可能性的评估，政策制定者需要在资源有限的前提下，针对问题的紧迫性、重要性、可行性进行考量，衡量不同问题的优先层级，按照优先顺序有效利用决策资源。

6.4.1.2 政策议程设置的含义

政策议程设置是一个多维度的概念，不同的学者对此有不同的理解，可分为狭义和广义两类。其中，狭义的议程设置以金登（Kingdon）的观点为代表。议程设置指的是筛选并确定政府关注的问题清单，这一过程涉及政府官员及利益相关者，共同决定哪些问题在特定时期内成为关注重点。因此，政策议程设置实质上就是将所有问题中真正成为关注焦点的问题筛选到列表中的过程。②

广义上的议程设置以科布等人的观点为代表。科布和埃尔德（Cobb and Elder，1971）将政策议程视为一系列具有政治争议性的议题，这些问题是属于政体合法权

---

① 伊斯顿. 政治生活的系统分析 [M]. 王浦劬，等译. 北京：华夏出版社，1998：25-26.
② 金登. 议程、备选方案与公共政策 [M]. 丁煌，方兴，译. 2版. 北京：中国人民大学出版社，2004：249-250.

限管辖范围内，并受到政策主体关注的问题，需要采取某种行动来纠正，议程设定本质上是政府对问题的认知过程。①

综上，本教材认为政策议程设置是社会多元主体与政治系统的有机互动，将社会关切与民众诉求转化为政府行动的催化剂，将复杂的社会问题通过筛选、聚焦、提升，最终嵌入国家治理体系内部，成为政策制定的关键步骤。它体现了自下而上的民意向上传导与自上而下的政策反馈相结合使得政策议程能够更全面地反映社会的多元需求和利益，并在实际的政治运作中考虑到各种利益的博弈和平衡。

6.4.2 政策议程的分类

根据社会问题在政策过程中的发展路径和主导力量，政策议程可以分为公众议程和政府议程；根据议程形成过程的公开程度，政府议程可以分为公开议程和隐蔽议程；根据政府对政策问题的处理态度和策略，政府议程还可以分为实质性议程和象征性议程。

6.4.2.1 公众议程和政府议程

公众议程（public agenda）也称系统议程（systematic agenda），是指某个社会问题已引发公众广泛关注并要求政府采取措施解决。它是一个众人参与讨论的过程，因此也可以将其界定为讨论议程，其本质是众人参与讨论的过程。某个问题要想成为公众议程，必须具备三个条件：一是该问题在社会上被广泛注意或感知；二是多数人认为有采取行动的必要；三是公众普遍认为这个问题是政府部门职能之内的事务，应当给予关注。

政府议程（governmental agenda）也称制度议程（institutional agenda），是指某些公共问题已经引起决策者的关注并被认为有必要采取一定行动加以解决的政策议程。相对于公众议程而言，进入政府议程的问题往往是在对客观事实进行系统认定的基础上形成的明确的、具体的、影响范围广且意义重大的问题。

拓展阅读6-3

公众议程和政府议程既有联系又有区别。一方面，公众议程是政策议程的前置程序和初始环节，一个政策问题首先经过公众议程的认知和发酵之后才会进入政府议程当中。公众议程会在舆论、利益导向等方面对政府议程产生较大影响，甚至会影响该问题进入政府议程后的发展方向。另一方面，政府议程是公众议程发展的归

---

① COBB R W，ELDER C D. The politics of agenda building: an alternative perspective for modern democratic theory [J]. The Journal of Politics，1971，33（4）：892-915.

宿。政策问题经过公众议程的充分讨论，然后进入政府议程，经过政府的筛选和比较才有可能制定出相应的政策。当然，有时也会由于问题的突发性或非常规性使公众来不及关注或者没有洞察出问题，或者决策部门主动出击寻找和发现问题，从而使问题不经过公众议程而直接进入政府议程。

6.4.2.2　公开议程和隐蔽议程

公开议程和隐蔽议程涉及议程的透明度问题。公开议程探讨的是广受公众关注，涉及公共利益，或受到政府关注并被纳入政治聚光灯之下的社会公共问题。相对于公众议程的公开、透明、开放、流动等特征，政府议程的透明度则会弱很多。这既是由行政工作的庞杂性、专业性等客观因素决定的，也是行政系统自身主观设定上的封闭、神秘性特点使然的。隐蔽议程是指未被政府部门察觉或未获足够重视的问题，未进入正式决策议程，从而成为被忽视的议程。隐蔽议程分为客观隐蔽议程和主观隐蔽议程。客观隐蔽议程是那些尽管存在问题事实，但却未能进入政府议事日程的问题。例如，经常见诸报端和民生媒体头条的广场舞音乐扰民问题，尽管广场舞作为一种健身娱乐活动在城市中广泛流行，但随之产生的音乐噪声却常常干扰到周边居民的日常生活，尤其是夜间休息时。这一问题虽然在实际生活中普遍存在，但由于其影响范围相对局限（通常局限于特定社区或街区），且不同群体间（广场舞爱好者与受影响的居民）意见分歧较大，因此并未引起政府部门的广泛重视，也未被正式纳入决策议程。此外，由于广场舞作为一种社区文化活动，往往承载着一定的社会功能和情感价值，部分地方政府或社区管理者在处理此类问题时可能存在一定的顾虑，担心过度干预会引发不必要的社会矛盾。这在一定程度上加剧了该问题的隐蔽性，使其成为一个典型的隐蔽议程案例。

产生隐蔽议程的原因主要有三方面：一是该问题并没有引起广泛的关注；二是关注该问题的人并没有强烈要求政府采取行动加以解决的动机；三是政府本身也没有对该问题予以重视并试图解决。这样，它就成为一个旁落于政府议程之外的隐蔽性问题。主观隐蔽的原因则较为复杂，既可能是由于权力精英的选择性执行造成的选择性忽略，也可能是由于其他既得利益主体的干预和阻挠使某些议题不能进入正式议程的清单中。

6.4.2.3　实质性议程和象征性议程

美国学者拉雷·N.格斯顿教授按照政策问题的重要程度将政策议程分为实质性议程（substantive agenda）和象征性议程（symbolic agenda）。实质性议程是指那些涉及重大政策问题，具有深远影响，引起人们综合性关注和回应的议程。很多实质性政策议程中涉及的问题具有高度的复杂性和分歧性，如果处理不当可能引发重大冲突。实质性议程通常具有三个重要特征：一是涉及大量的公共资源分配，对许多群体和团体来说，是利害攸关的；二是议题会引起或已经引起公民和公共政策制定者的密切且严肃的关注；三是议题包含着重大变化的可能性。

象征性议程主要从价值层面考虑政策的意义，指的是一些政策问题虽然引起社会公众和政策决策者的关注，但其影响有限，多集中于价值领域，而非实质性的资源分配领域，符号性意义大于实质意义的议程。在象征性议程中，"最重要的不是发生了什么，而是它有什么意义"。象征性议程充当社会政策领域中的"安全阀"角色，它承认问题的存在并提出一些表面上的调整措施，尽管这只是一些微小的变化，不足以实现深层次的结构性变革，但却足以暂时缓解公众对变革的渴望，提供了一种表面的补偿。

6.4.3 社会问题进入政府议程的障碍

社会问题要转化为现实的政策问题，进入决策者的视野和政策议程，存在诸多障碍。这些障碍既有社会问题本身的特点，也有政治系统运行的特性。具体而言，主要障碍有以下几点：

（1）社会问题的复杂性

许多社会问题如贫困、犯罪等，成因错综复杂，涉及经济、文化、教育等诸多领域。各因素相互交织，盘根错节。政策制定者难以厘清因果逻辑，形成系统性解决方案。

（2）社会问题的隐蔽性

有些社会问题表面不显山露水，但危害很大，如腐败问题、生态破坏等。这类问题隐藏在经济社会运行过程中，不易察觉和度量，容易被忽视。

（3）不同利益集团的博弈

现代社会利益主体多元，围绕某个社会问题常常存在截然不同的利益诉求。利益集团为了自身利益，试图主导社会问题的界定，左右政策议程设置。他们进行恶性竞争，争夺利益，客观上抬高了社会问题进入政策议程的门槛。

（4）政治系统的选择性

政治系统对纷繁多样的社会问题具有选择性，并非所有问题都能得到同等对待。对执政者有利的问题容易进入视野，不利的则常常被忽略。政治系统自身的路径依赖和惯性也会使某些问题长期被边缘化。

（5）政策议程空间的有限性

政策议程空间总是有限的，不可能囊括所有问题。决策者的注意力和精力有限，每一时期能够重点关注和着力解决的问题数量也有限。许多社会问题相互竞争致使后来者难以"挤进"议程空间。

（6）民众参与的不足

现实政治生活中，民众对社会问题的表达诉求不充分，参与政策议程设置的程度不高。民意"上传下达"的渠道不够通畅，导致许多重要社会问题未能引起足够关注。

6.4.4 政策议程设立的触发机制

6.4.4.1 触发机制的含义和类型

社会问题层出不穷，只有一小部分社会问题能够转化为政策问题，能够促使这类问题进入政策议程的导火索就是政策议程的触发机制。

拉雷·格斯顿对政策议程设立的触发机制作了较为贴切的界定，在他看来，在一定的政治形势下，"一种触发机制就是一个重要的事件（或整个事件），该事件把例行的日常问题转化成一种普遍共有的、消极的公众反应。公众反应反过来成为政策问题的基础，而政策问题随之引起触发事件。当一个事件把一种消极状况催化为要求变化的政治压力时，就会因触发机制的持久性而发生性质改变"。①研究政策触发机制对于理解风险社会背景下政策议程的形成和演变具有重要意义。

公共政策议程的形成是一个复杂的过程，它建立在一系列行为和因素的基础之上。这一过程受到多种要素的交织影响，包括但不限于个人或集体的需求和利益、对问题的认识、文化背景、现行的规则和制度框架、不同参与者的影响力和权力结构，以及外部环境和情境条件。其中，重大事件，如危机、灾难或社会运动，常常作为催化剂，显著加速政策议程的形成和发展。这些事件通过改变公众意识、重塑政治议程和激发政策创新，对政策制定过程产生深远影响。因此，对政策触发机制的研究需要综合考虑这些多元因素，以全面理解政策议程的动态演化情况。琼斯和马瑟斯在《政策形成》一文中将这些观点进行了概括，如表6-2所示。

表6-2　　　　　　　　　公共政策议程触发机制分类表

安德森《公共决策》	科布和爱尔德《美国政治中的参与：确定议程的动因》		琼斯《公共政策研究导论》
1.政治领导人 2.危机/引人注目事件 3.抗议活动 4.大众传媒	内部： 1.自然大灾难 2.人为事件 3.技术变革 4.民权抗议 5.工会罢工 6.生态变化	外部： 1.战争行为 2.武器技术革新 3.国际冲突 4.世界联盟变化	1.政治运动 2.对大量人员造成威胁的事件 3.大规模的宣传 4.个人的努力 5.先前政策的应用

资料来源：陈振明.公共政策分析[M].北京：中国人民大学出版社，2003：185.

根据触发机制发生的范围，将其分为内在触发机制和外在触发机制两种类型。内在触发机制包括自然灾害、经济灾害、危机事件、技术进步、环境变化、社会演进等；外在触发机制则包括战争行动、间接冲突、经济对抗等。

6.4.4.2　触发机制建构的影响因素

与经济人假设相比，社会关系人已经不是一种抽象的自足的人性，而是一种现实的、在各种社会关系中存活、从事生产和创造的实践者。从政策行动者的角度来思考政策议程设立的触发机制，可以发掘出如下5种对政策议程设定形成触发效应

①　格斯顿.公共政策的制定：程序和原理[M].朱子文，译.重庆：重庆出版社，2001：23.

的影响因素：①

（1）需要或利益

人类行为的根源在于内在需求的驱动，而这些需求在社会互动中转化为具体的利益诉求。因此，研究政策中主体的需要与利益就可以找到政策问题向政策议程转化的动力。

（2）认识或文化

人与动物之所以不同，就在于人有意识，人的行为都是由意识引导和控制的。尽管这种引导和控制有时是自觉的，有时是受外界影响的，但不可否认的是，认识是人的行为的先导，这种认识从宏观角度看就是社会文化。因此，政策议程的发展，必然既受政策行动主体的认识所引导，又受到社会文化、传统和习俗的影响。这种认识或文化的因素，可以帮助政策行动主体发现政策问题中包含的新利益，引导他们提出新的利益诉求，引导他们对政策议程设立中的守门人施加压力。

（3）规则或制度

在稳定的社会秩序中，个体和集体的行为受到一系列规则或制度的制约，这些规则或制度可以是明确写出的法律法规，也可以是基于传统和习俗的非正式规则，它们共同构成了社会制度的框架，对社会成员的行为产生指导和约束作用。在面对社会公共问题并决定哪些问题应成为公共政策议题时，现有的规则或制度体系起到了双重作用。一方面，它为政策制定者提供了一个参考框架，帮助他们识别和评估问题的重要性和紧迫性；另一方面，这些规则或制度也可能成为障碍，限制了政策创新和变革的可能性。

（4）影响力或权力

在一个社会结构分化的背景下，个体和群体之间存在明显的地位和资源差异，这直接影响到他们解决问题的能力和参与政策议程设置的机会。资源丰富的个体或组织往往拥有更多的话语权和影响力，能够更有效地推动自己关心的议题成为政策议程的一部分。随着不同利益相关者围绕政策议程的争夺和互动，政策议程相关的过程逐渐展开，这种竞争和合作的动态过程是政策议程发展的核心动力，它决定了哪些问题能够被提上日程。

（5）情境或环境

人类作为社会的主体，其行为和决策受到多重因素的影响。内在的需求和利益诉求是行动的原动力，而认识和文化则为行为提供了方向和框架。同时，外在的社会制度和社会关系构成了行为的背景，为行动提供了可能的路径和限制。所有这些都通过人的行为场域统一起来，这种场域包括直接的情境以及作为背景的一般环境，它们提供了政策议程发展的地点。

上述 5 种影响因素相互作用，推动了政策主体的行为变化，也产生了政策议程

---

① 严强. 公共政策学基础［M］. 北京：高等教育出版社，2016：96-97.

的设立与变迁。

6.5 议程设置的过程模型

模型的作用在于对纷繁复杂的客观现象进行高度的概括和抽象，通过提炼出最核心、最本质的要素形成分析维度和分析框架，实现对现实情境的阐释和说明。政策议程的建构模型就是通过对议程设置中关键要素的提炼，形成对议程设置过程的描述和概括。

6.5.1 科布的议程设置模型

美国学者罗杰·W.科布在《比较政治过程的议程制定》中指出，在社会问题从公众议程进入政府议程的过程中，根据政策问题的提出者在议程中的不同作用以及扩散其影响力的范围、方向和程序，提出建立政策议程的3种模式。[1]

（1）外部建议模式

在外部建议模式（outside initiation model）中，政策诉求由个人或社会团体提出，经阐释（对政策诉求进行解释和说明）和传播（通过一定的方式把政策诉求传递给相关群体）进入公众议程，在这个进程中有共同利益的相关群体会积极寻求更广泛的支持，可能导致不满情绪在更广阔的群体中传播。这些利益团体会运用自身的政治资源和策略，努力将自身关切提升至政策层面。然而，议题被政府接纳并列入议程，并不自动转化为政府的决策行动或实际政策执行，仅表示该议题已获得政府层面的注意和初步考量。

（2）政治动员模式

在政治动员模式（mobilization model）中，政治领袖凭借权威主动提出其政策意向，并使其进入政府议程。政治领袖的政策理念通常主导着政府的决策方向，直接将议案置于公共议程之中，可不必获得公众的普遍认同和关注，但由于政策的成功实施有赖于社会公众的积极配合，要吸引社会团体和个人参与到政策议程设置过程中，增进社会公众对政策目标的理解和认同，从而为政策的顺利实施营造良好的社会氛围。

（3）内部建议模式

在内部建议模式（inside initiation model）中，政府内部的人员或部门拥有决策的专门通道，由其提出政策意见并扩散到体制内的相关团体和个人，不需要在公共领域寻求支持。在这种模式下，问题的提出与阐述、政府机构识别问题并提出解决方案是同步进行的，议案的扩展范围仅限于特定的了解相关信息或相关利益的团

① COBB R, ROSS J, ROSS M H. Agenda building as a comparative political process [J]. American Political Science Review, 1976, 70 (1): 126-138.

体。政策诉求源于政府机构内部的人员或部门,扩散范围仅限于体制内的相关团体和个人,客观上不涉及社会一般公众,不需要在公众领域寻求广泛支持,也不必与其他提案进行公开竞争,扩散的目的是积累体制内的支持和关注,寻求核心的利益相关者的加入,以增强政策问题的重要性程度,形成足够的压力以使决策者将问题列入政府议程。

政策议程设置的过程模式见表6-3。

表6-3　　　　　　　　　　　政策议程设置的过程模式

过程模式	议案初始化	解决方案描述	问题展开	进入阶段	制度特性
外部建议模式	政府外部的社会团体与个人提出	社会团体或个人将政策问题转化为具体的政策要求	将政策问题扩散至利益相关群体,提高社会关注,以引起决策者的重视与注意	政策问题进入机构议程,成为政策制定者的考虑对象	自由民主制度
政治动员模式	由政府内部的组织机构或个人提出,尤其是组织领导或者接近领导位置的关键人物	将政策问题具体化为公众需要完成的要求,如物质和精神支持、行为方式改变等	将问题扩散至相关社会团体,吸引这些团体和个人参与到政策议程设置过程中,获得他们的支持	政策议程进入公共议程,使社会民众了解政府解决问题的必要性与重要性	极权主义制度
内部建议模式	由政府内部的组织机构或个人提出,尤其是组织领导或者接近领导位置的关键人物	政策问题提出者制定详细的政策提案与计划书,具体化政策要求	寻求核心的利益相关者的加入,以增强政策问题的重要性程度	进入机构议程,成为政策制定者的考虑对象	独裁的官僚制

资料来源:[1] COBB R, ROSS J, ROSS M H. Agenda building as a comparative political process [J]. American Political Science Review, 1976, 70 (1): 126-138. [2] HOWLETT M, RAMESH M. Studying public policy: policy cycles and policy subsystems [M]. Toronto: Oxford University Press, 1995: 110-115.

这三种类型并不是各自完全独立的,在公共政策议程的实践中往往是交叠使用的,而且实践中的运用要远比模型中的具体、复杂得多。科布的政策设置模型从不同政策行动者的视角出发,根据不同的政策情境和环境形成不同的社会关联;但同时行动者视角下的政策设置都仅聚焦于议程设置这一后阶段的时刻,缺乏对政策问题进入、识别、解释等议程设置的"周期"分析,可能无法充分解释政策议程的动态变化。

6.5.2 约翰·W.金登的多源流模型

多源流理论是由美国著名政策学家约翰·W.金登（John W. Kingdon）基于科恩（Cohen）、马齐（March）、奥尔森（Olsen）的垃圾桶模型，借鉴了有限理性和组织理论方面的研究成果，于1984年出版的《议程、备选方案与公共政策》一书中首次提出的理论模型。它以研究模糊状态下的公共政策的制定过程为目标，旨在解释政策议程设置和政策变迁的过程，主要回答在公共政策领域的问题是如何引起政府官员关注的、政府官员的决策备选方案是怎样产生的、政府议程是如何建立的等一些被人们长期忽视的问题。在这种问题导向下，金登提出了一个用以理解和分析政策议程设置和政策变迁的复杂性的框架，即政策议程的3种源流（stream）：问题源流、政策源流与政治源流。

（1）问题源流主要是对社会问题进行识别

问题源流（problem stream）是指围绕引起决策者关注的问题所进行的活动过程，这主要取决于官员的认知方式，包括问题是如何被认知的及客观条件是如何定义为问题的。官员们了解实际情况的方法主要包括系统指标的变化、焦点事件（危机和灾难）、现行政策的评估与反馈、预算限制、问题界定、价值观念等。

（2）政策源流主要是问题解决方案的产生过程

政策源流（policy stream）是政策制定过程中的关键环节，其主要特征就是政策制定群体对政策问题的解读和回应，这一过程充满了互动和博弈，各种提案在讨论和评估中相互碰撞，有的可能因为缺乏可行性或支持而逐渐淡出，有的则可能经过修正和完善，最终成为实际的政策建议。在这个过程中，官僚、国会委员会成员、学者和思想库中的研究人员等组成了一个"政策共同体"，他们会在盛满"政策原汤"（policy primeval soup）的容器中筛选备选方案。"在这个共同体中，备选方案和政策建议的产生过程类似于一种生物自然选择的过程。正如生命诞生之前分子在生物学家所谓的'原汤'中四处漂浮一样，思想也在这些共同体中四处飘浮。"[1]官员、专家们会通过提出议案、演讲、证言、论文以及会谈等方式不断阐述自己的思想并与不同思想交互碰撞，经过一个"软化"——说服他人接受某一主张的过程后，那些符合技术可行性、主导价值观、国民情绪、预算可操作性等标准的思想就会被留存下来。

（3）政治源流主要是对政治因素的考量过程

政治源流（political stream）是指在政策制定过程中，对政策问题、方案及其议程所涉及的一系列政治因素的考量过程，对整个议程状态有促进或抵制作用。这些政治因素包括国民情绪、选举政治、利益集团活动等多个层面的考虑。潜在的议程项目如果与目前的国民情绪相一致，能够得到利益集团的支持，符合立法机构或行政机构的取向，那么就更容易获得议程上的优势地位。国民情绪是指在某一既定

① 金登. 议程、备选方案与公共政策［M］. 丁煌，方兴，译. 2版. 中文修订版. 北京：中国人民大学出版社，2017：148.

国家中的相当数目的个体都倾向于沿着共同的方向思考，并且这种情绪会随着时间的变化而改变。意识到国民情绪变化的政府官员们，通常会在议程上增加某些事项或淡化其他人的希望。同时，政治家们经常需要对利益集团的支持或反对态度进行判断：如果这些力量之间存在广泛的一致性，那么政府官员可能会试图附和，或者明确如何应对；如果这些力量之间存在冲突，那么政府就要判断并维持不同利益集团之间的力量平衡情况。

（4）三源流汇聚产生政策窗口

在政策制定过程中，问题源流、政策源流和政治源流各自按照其内在的逻辑和动态独立发展，当这三个源流交汇的时刻即是决策系统的关键处，形成了"政策窗口"。"政策窗口是政策建议的倡导者提出其最得意的解决办法的机会，或者是他们促使其特殊问题受到关注的机会。"①政策窗口的出现为政策制定者提供了提出和实施新政策的契机，它可能是由于社会问题的紧迫性、新政策方案的提出，或是政治源流中的事件变化而产生。这个窗口期为政策制定者提供了一个平台，吸引公众和决策者的注意，并推动政策的采纳。但由于政策窗口的短暂性，政策制定者需要迅速行动，促使问题、政治与他们所倡导的政策这三股源流相结合，以确保政策能够上升到政策议程并形成特定的政策结果（如图6-2所示）。

同时，政策窗口的开启和关闭可能由多种因素引起。以下是政策窗口关闭的几个可能原因：

①当涉及某个问题的利益相关者感觉到他们关心的问题已经得到了决策或立法机构的足够重视时，政策窗口可能关闭。即便问题本身没有得到彻底解决，只要政策上有所行动，相关政策窗口就可能关闭。

②如果相关参与者未能促使政府采取行动，政策窗口也可能随之关闭。

③有时，原本引起政策窗口开启的事件可能从政策议程中消失，导致窗口关闭。

④人事变动有时可以成为政策窗口开启的契机，但在某些情况下，它也可能成为政策窗口关闭的原因。

⑤在某些情况下，如果缺乏针对某个问题的可行解决方案，政策窗口也可能因此而关闭。

6.5.3 中国学者的政策议程设置模型

政策议程设置会受到不同的社会制度、文化、国情的影响，学者王绍光根据议程提出者的身份和民众参与程度将政策议程分为：关门模式、动员模式、内参模式、借力模式、上书模式、外压模式。②

---

① 金登. 议程、备选方案与公共政策 [M]. 丁煌，方兴，译. 2版. 中文修订版. 北京：中国人民大学出版社，2017：209.
② 王绍光. 中国公共政策议程设置的模式 [J]. 开放时代，2008（2）：5-22.

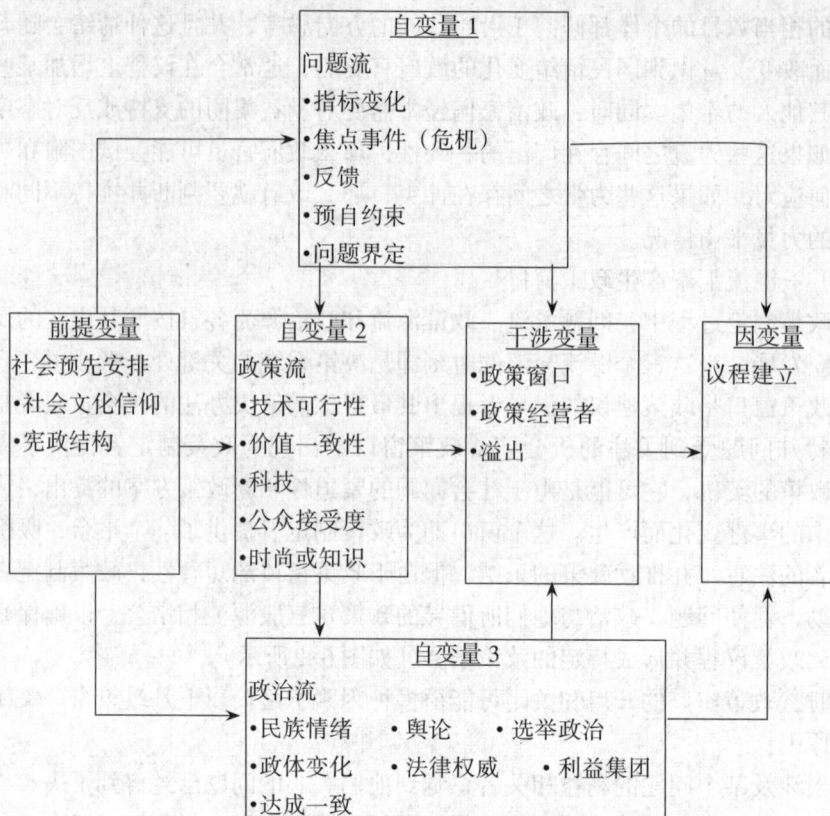

图6-2 金登的议程确立过程模型

```
                        ┌─────────────────────┐
                        │     自变量 1          │
                        │  问题流              │
                        │  •指标变化           │
                        │  •焦点事件（危机）    │
                        │  •反馈               │
                        │  •预自约束           │
                        │  •问题界定           │
                        └─────────────────────┘

┌──────────────┐  ┌─────────────────┐  ┌─────────────┐  ┌─────────────┐
│  前提变量     │  │   自变量 2       │  │  干涉变量    │  │  因变量      │
│ 社会预先安排  │  │  政策流         │  │ •政策窗口    │  │ 议程建立     │
│ •社会文化信仰 │  │ •技术可行性     │  │ •政策经营者  │  │             │
│ •宪政结构     │  │ •价值一致性     │  │ •溢出        │  │             │
│              │  │ •科技           │  │             │  │             │
│              │  │ •公众接受度     │  │             │  │             │
│              │  │ •时尚或知识     │  │             │  │             │
└──────────────┘  └─────────────────┘  └─────────────┘  └─────────────┘

        ┌────────────────────────────────────────────┐
        │            自变量 3                          │
        │  政治流                                      │
        │  •民族情绪    •舆论      •选举政治            │
        │  •政体变化    •法律权威  •利益集团            │
        │  •达成一致                                   │
        └────────────────────────────────────────────┘
```

图6-2 金登的议程确立过程模型

资料来源：宁骚. 公共政策学［M］. 2版. 北京：高等教育出版社，2011：296.

关门模式是最传统的政策议程设置模式，没有公共议程的设置，决策者自己提出议程，在决定议事日程时不争取或认为不需要大众的支持。这种模式在传统社会中较为常见，政治参与意识淡漠，在当代中国，这种模式仍然存在，但已经逐渐减少。

同关门模式一样，动员模式的议程都是由决策者提出；但不同的是，在动员模式中确定一项政策后，会竭尽所能地激发民众对该议题的热情，以获取广泛的社会支持，也就是先有政策议程，后有公共议程。

内参模式中的议程不是由决策者提出，靠近权力中心的政府智囊团成员扮演着倡议发起的关键角色，这些高级顾问通过多维路径向决策主体输送观点与分析，其首要战略目标并非拓展公众基础，而是获得决策层面的认可与接纳。此种情景下，智囊团倾向于规避议题公众化，根源在于担心潜在的民间抵制情绪，恐因广泛建议曝光后遭到民众的负面反馈，继而动摇决策者的立场。

与内参模式相区别，在借力模式中，政府智囊团选择公开披露其政策主张，希望通过舆论的力量间接施压给决策者，促使决策者接受议案，一般而言，政府智囊们都希望直接影响决策者，而不是采取迂回的方式。通常情况下，政府智囊们不希望因诉诸舆论而得罪当权者。因此，智囊们需要运用强大的民意支撑来应对政府内部的反对声音，从而最终实现自身的政策目标。

上书模式与内参模式十分相似，但不同的是上书模式中建言人的身份不是专职的政府智囊团成员，往往是具有知识或地位、掌握话语权的人，但不包括为个人或小群体进行利益申述之类的行为。

外压模式同上书模式相同的是推动政策演进的力量来自政府体系之外，然而，在上书模式中，倡议者侧重于理性论述，力求以证据和逻辑说服决策者采纳议程；相较之下，外压模式的推动者更加重视发动舆论、凝聚社会共识，以构筑广泛的群众基础作为推进议程的重要驱动力，迫使他们改变旧议程、接受新议程。

6.6 公共政策议程设置的中国模式

中国的政策议程设置是基于中国的国体、政体、政党制度以及行政体制等实践因素的综合考虑，并始终围绕为人民服务的根本宗旨来展开。

6.6.1 中国政策议程设置的特点

中国的政策议程设置经过长期探索，形成了一套独特的模式，具有鲜明的集中性特征。政策议程设置是坚持党的领导、人民当家作主、依法治国有机统一的基础性环节，通过政策议程设置的民主化运行，实现人民利益表达与政府决策回应之间的有效互动，进而将人民的根本利益和对美好生活的向往及时吸纳进国家治理的决策议程，保障人民在国家治理中的主体地位。与西方多元化的议程设置模式不同，中国的集中性议程设置强调党的领导核心地位，保证了政策议程的一致性、权威性和执行力，有利于快速决策、高效执行。同时，这种模式对党的意识形态提出了很高要求，必须始终坚持正确的政治方向，牢牢把握社会主义初级阶段的基本国情，真正代表最广大人民的根本利益。这一模式深深植根于中国的政治体制和治理结构之中，体现了中国特色社会主义的本质要求，彰显了中国共产党执政理念和执政方式的时代特征。

6.6.1.1 政治制度是政策议程的创设情境

中国的政策议程设置体制是在体制内外主体的共同参与下形成的，体制内的主要议程创设者包括中共中央和地方各级党组织、全国人民代表大会及其常务委员会、国务院及其下属部门以及地方各级政府和人民政协。公众、媒体和社会组织等体制外主体通过各种渠道和方式参与到政策议程的设定中来对政策议程产生影响。

我国的根本政治制度是人民代表大会制度，在政策议程的设置和决策过程中发挥着核心作用。全国人民代表大会及其常务委员会行使立法权，是最高国家权力机关。

在政策议程的形成过程中，人大代表和人民团体通过议案、提案等形式，将社会关切的问题带入立法和政策讨论的议程。代表们根据选民的意愿和社会发展的需要，提出政策建议和立法议案。这些提案和议案经过审议，如果获得通过，就成为国家的法律法规，或者成为政府工作的指导方针和政策措施。此外，国务院和其他中央国家机关在制定行政法规、政策措施时，也需要向人民代表大会报告并征求意见，确保政策的合法性和正当性。

公共政策过程实质上是一个反映和实现人民利益诉求的动态过程，其中政策议程设置阶段扮演着至关重要的角色，它是政策制定链条中最贴近民意、最直接响应社会需求的初始环节。坚持以人民为中心的政策议程情境，听取社会上不同的利益需求与政策需求，将政策议程设置的过程作为多元利益博弈和整合的平台，也是民主决策和科学决策的起点，推动特定政策议题的提出和优先处理。

6.6.1.2 中国共产党是政策议程的重要主体

中国共产党作为执政党，在政策议程设置中起着主导作用。如党的十九大报告指出的"党政军民学，东西南北中，党是领导一切的"[①]。党通过一系列制度化安排，如全国人大每年听取"一府两院"工作报告，中央政治局定期听取国务院工作汇报等，将党的意志转化为国家意志。这种高度的议程控制力有利于凝聚共识、统一行动，是我国政治稳定和集中力量办大事的重要保证。

中国共产党在政策议程中的主体地位源于其在国家建立中的历史作用，中国共产党作为执政党和中国特色社会主义事业的领导核心，掌握了立法、行政、司法、军队等国家权力，并通过政治领导、组织领导和思想领导的形式来实现，其决策和指导对政策议程的设置和调整起到了决定性作用。作为全国各族人民利益的忠实代表，党负责明确国家的发展方向和目标，并据此制定相应的政策框架；通过其广泛的组织网络和政治影响力，确保政策议程在反映党的意志的同时顾及社会各阶层的利益诉求。

在党的集中统一领导下，政策议程设置权高度集中于各级党委，尤其是党的最高决策层。党的意志和主张在议程设置中起决定性作用。这是因为党委制是中国共产党内部的重要领导和决策机制，在中央层面，其核心决策机构是中共中央政治局及其常务委员会，即党的最高权力机构，负责制定和审议重大政策议题。政治局的各类会议是确定政策议程的关键途径，任何重要的问题都需经过这些会议的审议才能进入中央层面的政策议程。在政治局及其常委会形成统一意见之前，不同的观点和意见都可以自由表达，但一旦最高层作出决定，所有成员都必须严格遵守，即便存在异议，也只能暂时保留。经过中央政治局审议通过的议

---

① 习近平. 决胜全面建成小康社会 夺取新时代中国特色社会主义伟大胜利——在中国共产党第十九次全国代表大会上的报告 [M]. 北京：人民出版社，2017.

题，随后会提交给中央党代会和中央全会进行进一步的政策合法化程序，最终形成党的政策和决策。

中国共产党通过党的代表大会、中央委员会以及其他党内机构，对政策议题进行深入讨论和审议，从而确定政策优先级和执行路径。此外，党还通过与立法、行政、司法等国家机关的密切合作，推动政策议程的落实，党的主张只有通过人大的法定程序才能上升为国家意志，"党委创议—人大审议"是我国民主政治发展道路的重要决策模式，确保政策决策与国家治理体系和治理能力现代化的要求相一致。

6.6.1.3　各级政府是政策议程的主要推动力

政府作为政策的主要执行者，在公共政策的形成过程中扮演着至关重要的角色。在中央和地方两级政府体系中，国务院及其所属机构负责制定和执行国家层面的政策，而地方政府则负责将中央政策落地实施，并在必要时提出地方性的政策建议。

政府的政策议程设置过程通常包括问题的识别、政策选项的提出、优先排序以及最终的决策制定。在这个过程中，政府需要考虑到社会经济发展的需求、公众利益的平衡以及国家战略的长远规划。国务院及其部委在立法活动中起到关键的推动作用，它们不仅负责起草和修订法律，还可以在法律制定前，通过调研和咨询，收集和分析与政策相关的数据和信息。

此外，政府还拥有一支专业的公务员队伍，他们在日常的行政管理和服务提供中积累了宝贵的经验，这些经验对于政策的制定和实施至关重要。政府还可以设立专门的政策研究机构，如发展研究中心、政策研究室等，这些机构为政府提供政策分析和建议，帮助政府更好地理解和应对复杂的社会经济问题。

在政策议程的最终形成阶段，政府需要通过法定程序，如国务院常务会议、全国人民代表大会及其常务委员会的审议，确保政策议程的合法性和正当性。政府还可以利用临时规定或条例来应对紧急情况或填补立法空白，但这些措施通常需要在后续的立法过程中得到正式确认和完善。通过这样的机制，政府确保了政策议程的科学性和民主性，同时也提高了政策执行的效率和效果。

6.6.2　中国政策议程设置的模式

6.6.2.1　国家战略引领型议程设置模式

党和国家高度重视从全局高度进行战略谋划，引领政策议程朝着正确方向发展。例如，党的十八大提出"五位一体"总体布局和"四个全面"战略布局，将议程设置置于国家发展战略的框架中统筹考虑。又如，《中华人民共和国国民经济和社会发展第十四个五年规划和 2035 年远景目标纲要》明确了"十四五"期间国家战略性议程。这种战略引领可以有效克服议程碎片化倾向，提升议程的整体性、计划性。

6.6.2.2　民生为本回应型议程设置模式

随着国家综合国力增强，党和政府更加注重从人民群众关心的现实利益问题出发设置政策议程。党的二十大报告指出："我们要站稳人民立场、把握人民愿望、尊重人民创造、集中人民智慧，形成为人民所喜爱、所认同、所拥有的理论，使之成为指导人民认识世界和改造世界的强大思想武器。"因此，党和国家不断致力于解决好人民群众急难愁盼问题，推进基本公共服务均等化。例如，近年来教育公平、养老服务等议题频繁出现在政府工作报告中，彰显以人民为中心的执政理念。这种议程回应机制使政策议程紧扣人民群众急难愁盼问题，增强了人民群众的获得感。

6.6.2.3　多元互动博弈型议程设置模式

在坚持党的领导这一根本前提下，中国的政策议程设置也在一定程度上呈现多元化态势。各方利益主体通过人民政协、多党合作等制度化渠道表达利益诉求，形成"体制内互动"。改革开放以来，市场主体、社会组织、舆论等"体制外力量"对议程设置的影响力也在上升。例如，近年来通过互联网表达的人们对环保、食品安全等议题的关注，倒逼政府将相关议题纳入政策议程。可以预见，随着利益主体分化，政策议程必将在党的领导下呈现出更加丰富的互动博弈局面。

6.6.2.4　依法科学民主型议程设置模式

中国的政策议程设置越来越强调运用法治思维和法治方式，把科学民主作为重要价值追求。例如，2019年出台的《重大行政决策程序暂行条例》对政策议程设置的启动、论证、决策等环节作出明确规定，有利于提高议程设置的规范性。公众参与、专家论证、风险评估、合法性审查等也成为政策议程设置的"标准配置"，以提升议程的科学化民主化水平。

6.6.3　我国政策议程设置新动态与实现机制

党的二十大报告提出了以中国式现代化全面推进中华民族伟大复兴的使命任务。必须坚持以人民为中心的发展思想，维护人民根本利益，增进民生福祉，不断实现发展为了人民、发展依靠人民、发展成果由人民共享，让现代化建设成果更多更公平惠及全体人民。

随着中国迈向全面建成社会主义现代化强国和实现第二个百年奋斗目标的新征程，人民日益增长的美好生活需要将对党和国家决策的科学性、民主性和法治化产生更高的期望。在这种背景下，亟须在以人民为中心的发展思想指引下，探寻我国政策议程设置的新动态和实现机制。

6.6.3.1　政策议程设置的新动态

公共政策被视为中国共产党领导人民管理国家的重要工具，坚持以人民利益为核心目标，有效回应及解决与人民密切相关的社会公共问题。从公共政策过程的周期性角度来看，国家治理的实践首先依赖以人民利益为核心的政策问题识别和议程设定。这个环节对于国家治理是否能够真实反映民意、保护人民权益、激发人民创造力具有至关重要的前置性作用。

（1）由"为人民服务"到"以人民为中心"

人民群众是历史的创造者，也是历史发展的主体，发展的成果也应由人民群众共享。党的十八大以来，以习近平同志为核心的党中央进一步提出了以人民为中心的发展思想。"人民是历史的创造者，是决定党和国家前途命运的根本力量。必须坚持人民主体地位，坚持立党为公、执政为民，践行全心全意为人民服务的根本宗旨，把党的群众路线贯彻到治国理政全部活动之中，把人民对美好生活的向往作为奋斗目标，依靠人民创造历史伟业。"①可见，在历代中国共产党人的持续探索中，"人民"始终是党执政理念的核心构成要素，我国实现了从"为人民服务"到"以人民为中心"的内涵式升华，成为新时代国家治理的核心理念和根本价值遵循。

（2）由"人民同意"到"人民满意"

政策议程既是国家机构治理社会公共问题的过程，又是人民当家作主的重要实现领域。政策议程设置的合法性首先来自人民的"同意"，即所有进入政府决策议程的事项都应当得到人民的同意。"人民同意"是近现代以来以社会契约论为基调的代议制民主必须遵循的一个基本原则，人民群众与政策决策者之间的"委托—代理"关系正是建立在人民同意的基础之上的。②在古典民主体系中，公民直接参与公共事务决策是核心特征。然而，随着政治发展，这种直接民主逐渐演变为通过选举产生代表来行使权力的代议民主模式。在代议民主中，选举成为民主的主要表现形式，但选举后的政治过程可能出现民主实践的"真空期"，导致民主形式化，缺乏实质内容。选举期间民众的积极参与和"人民同意"的原则可能在选举后变得形式化，缺乏实际的影响力和执行力。

随着国家治理能力的提升以及民主政治的进一步发展，仅仅停留在"人民同意"的周期性民主参与形式已经不能满足政府政策议程合法性的要求，因此"人民满意"便成为政策议程设置合理性及合法性的一项新要求。"满意论"要求将"人民"作为政府决策行为的判断主体，以"人民满意"作为政府决策行为的判断标准。③

作为公共政策的直接受益者，人民的满意度是判断政策优劣的关键标准。这意味着，政策议程确定后，在后续的决策和执行过程中，应建立以"人民满意"为核心的评价体系和问责机制。近年来，随着政府推动"开门决策"、深化"放管服"改革、创新政务服务，以及实施全过程人民民主，以人民满意度为评价政府决策和行政体制改革成效的重要原则和标准已得到广泛认同。这体现了以人民为中心的发

① 习近平. 决胜全面建成小康社会　夺取新时代中国特色社会主义伟大胜利：在中国共产党第十九次全国代表大会上的报告［M］. 北京：人民出版社，2017：21.
② 汪家焰. 以人民为中心的政策议程设置：理论阐释、生成逻辑与实现机制［J］. 学习论坛，2023（6）：69-78.
③ 谢新水. 对"人民满意的服务型政府"行动特征的考察：以行动主义为视角［J］. 学习论坛，2018（10）：73-80.

展思想，凸显了其在实践中的重要地位和深远影响。

拓展阅读6-4

（3）由"局部人民民主"到"全过程人民民主"

人民作为国家治理和决策的核心要素，其不应只是被动接受公共服务和政策，而是应当积极参与，成为决定政府提供何种类型及质量公共服务和政策的主动决策者。换言之，人民不仅应该作为服务的接受者，而且应该是公共政策制定过程中的积极参与者和主导力量。在政策议程设定阶段，民众通过积极参与表达自己的利益和政策偏好，这不仅直接激发政府决策层对民意的响应，而且可以通过参与对政府决策过程实施监督，确保决策者在行使公共权力时能够正确地反映和维护人民的意志与利益。简而言之，民众的参与既是推动政府决策顺应民意的关键力量，也是保障决策公正性和合理性的重要机制。

我国政策议程中的人民民主地位的确认是一个渐进式的发展过程，改革开放之初，随着村民自治在中国农村的兴起，人民参与基层公共事务治理在局部范围内得以展开，并初步彰显出人民在基层政治生活中的主体地位。进入20世纪90年代，随着市场经济改革的深入，人民对利益表达和渠道的需求与现实间的矛盾日益加剧，政府决策面临的回应能力挑战也愈发严峻。在这种背景下，政府决策过程中被动回应式的议程设置模式逐渐凸显出来。随着时代的发展与进步，人民作为主体全过程、全方位参与国家治理和政府决策的需求越来越强劲，并成为党和国家决策体制机制变革的重要动力。党的十八大以来，党中央提出了推进国家治理体系和治理能力现代化的改革总目标，在这一总目标下，社会主义协商民主制度的广泛、多层、制度化发展成为中国特色社会主义民主政治发展的一大制度优势，弥补了选举民主在民主链条中的阶段式缺陷和周期性不足，为人民主体地位的全过程确立提供了坚实的制度保障。党的十九大以来，全过程人民民主作为中国特色社会主义民主的新形态被正式提出，为人民当家作主的实践行动提供了更加全面的制度体系支撑，使人民主体地位可以在国家治理和政府决策的全过程中得到保障。①

从公共政策角度看，以人民为中心的政策议程设置具备了作为国家治理现代化浓缩式表达的制度正当性。在这个过程中，不仅通过基于"人民需要"的政策议程设置来确保人民主体地位的实现，还可以通过"人民参与"和"人民满意"的政策制定、执行和评估来保证人民主体地位的"全过程性"和"连续性"。

---

① 汪家焰. 以人民为中心的政策议程设置：理论阐释、生成逻辑与实现机制 [J]. 学习论坛，2023（6）：69-78.

6.6.3.2 政策议程设置的实现机制

（1）构建科学的政策问题识别机制

在当前复杂的国家治理环境中，决策科学化成为提高政府决策效率和质量的必要条件。改革开放以来，中国政府决策理念逐步向科学化转变，强调决策的理性化和科学性，以应对不断增长的复杂性和不确定性。

科学决策遵循理性主义原则，要求决策者对决策问题有清晰的理解和准确的认识，而政策问题的根本来源于人民的需求，在这个过程中，以人民为中心的理念尤为重要。因此，决策者需要在以人民为中心的理念指导下，精准地识别和解决基于人民需求的政策问题。

构建科学的政策问题识别机制是政策议程设置的基础。为了能够最大可能地反映人民的真实需求，首先需要建立制度化的调查研究机制，这个机制需要建立在深入群众的调查研究之上，只有深入了解人民群众的实际需求，才能准确识别政策议程设置的核心任务。政策决策者必须主动接近人民群众，倾听他们的声音，了解他们的需求，这样才能明确政府决策的目标和重点。习近平总书记提出了"不调研不决策，先调研后决策"的决策原则，"为了防止和克服决策中的随意性及其造成的失误，提高决策的科学化水平，必须把调查研究贯穿于决策的全过程，真正成为决策的必经程序"。①

走访、视察、调研是领导干部深入群众、了解民情、解决实际问题的重要工作方式，也是与人民群众建立密切联系、增进感情、赢得信任的重要途径。通过这些活动，领导干部可以更好地了解人民的需求和期望，更准确地把握社会发展动态，从而作出更加科学、民主、符合人民利益的决策。

基于新兴科学技术优势建立政策问题智能识别机制是必然手段，随着社会复杂性和不确定性的加剧，人民的需求呈现出前所未有的多元性和复杂性，这对政策问题的识别带来了前所未有的挑战。在大数据、人工智能、区块链等前沿技术飞速发展的今天，人们的日常生活和工作方式发生了革命性的变化，人民需求的表达和政府决策的回应越来越多地以信息交流的形式展现出来，使得决策信息的收集和处理效率得到了前所未有的提升，决策者对政策问题的识别也变得更加精确和高效。这些技术的应用，使得国家治理和公共决策在面对复杂多变的社会需求时，能够更加迅速、准确地作出反应，从而更好地服务于人民的需求。

（2）构建民主的政策共识达成机制

确保人民在政策议程设置中占据主导地位是民主政治的根本原则。要实现人民真正控制国家，关键在于让人民能够参与到国家政治生活的各个环节中，确保国家政治活动始终聚焦于满足人民的利益需求。在民主决策过程中，将人民的需求作为政府决策议程的基础是实现民主的第一个基本步骤。换言之，政府决策应当始终以满足人民的需求为目标，确保政策议程的制定、实施和评估都充分考虑到人民的意见和建议，以此来保障人民在国家治理中的主体地位。在复杂的社会环境中，人民

---

① 习近平. 谈谈调查研究 [N]. 学习时报，2011-11-21（1）.

的需求是社会目标的核心因素，国家通过公共政策来实现这些目标。然而，由于人民需求的多样性和复杂性，人民的需求不能直接转化为社会目标，并成为政府决策议程的直接来源。它需要经历一个从个体需求到整体需求的转化过程，即从多个个体的需求中形成共同的政策共识。

在政策议程设置的过程中，将众多民众的多元需求整合为广泛代表大多数人利益的共识性议题至关重要，这是确保政策议程设置有效性的关键所在。为了实现这一目标，必须建立一套以协商民主为依托的、规范化的协商沟通机制，确保所有受政策变动影响的人群都能够被纳入到讨论和决策的过程之中，保障每个人都拥有平等的发言权利和机会，以便充分表达自己的利益诉求。在协商民主框架下，可以为各种不同利益背景下的政策参与者提供一个政策共识达成机制，通过协商和讨论，促进不同政策偏好之间的相互理解和融合，最终实现政策偏好的转化和共识的形成，从而实现公共利益的最大化。

（3）构建系统的政策责任追责机制

现代政府的形成基于"委托-代理"关系模型，其中政府作为民众的代表受托管理公共事务和生产公共物品，并有义务向公民报告其行为及背后的理由。一旦政府未能妥善履行职责，就应接受来自民众的问责。在中国的特定政治体系中，这一原则不仅是社会主义民主政治演进的必然趋势，更是党的领导、人民当家作主以及依法治国有机统一的生动体现。从政府以往从事的行政活动来看，问责机制往往主要关注执行阶段和结果评价，而对政策议程设定环节中可能出现的失职行为关注不够。当前中国政治体系中决策主体多元化、权力结构复杂，加强决策问责已成为提升政治透明度和责任性的关键所在。

构建系统的政策责任追责机制，需要全面覆盖政策责任主体的责任维度、问责权与范围、责任理念等方面。首先，要明确各类决策主体在政治、法律、行政、道德等方面的具体责任范畴，并根据其在权力结构中的位置界定其责任边界。其次，要明确哪些主体有权进行问责及问责的具体范围，确保这些规定有法律法规的支撑。最后，要通过制度化教育和宣传，培养决策者的责任感和民众的问责意识，形成全社会共同维护政策责任的良好氛围。

明德园地

"村咖"：乡村里的咖啡梦与振兴路

南京佘村坐落于山水之间，因村内保留着较为完整的明清时期古建筑群，被誉为"金陵古风第一村"，如今更是以"村咖"而闻名。

松弛感的满足和对乡野的向往，是不少人喜爱"村咖"的理由，喝咖啡的如此，开咖啡店的也如此。大多数乡村咖啡馆的经营者是来自外地的创业者。小小"村咖"也承载着创业者的生活理念和人生梦想。

当诗和远方变得亲近时，咖啡这个"万物跨界"的好搭子，不断与本土元素结合，碰撞出更多新场景。在南京浦口区的不老村，"村咖"还和手工制作、非遗传承混搭到了一起。此外，"村咖"与更多业态擦出火花，露营+咖啡、农场+咖啡、文创+咖啡、老字号+咖啡等，各类融合下的新味道为文旅融合、乡村振兴创造新机遇。

近年来"村咖"的亮眼表现，是乡村发展变化的一个生动缩影。一方面，咖啡馆成为乡村与外界沟通的"会客厅"。咖啡和当地文化不断融合，让游客在惬意品尝咖啡的同时，感受村落风貌的迷人。另一方面，乡村咖啡馆为村里带来了客流、增加了人气，带动了餐饮、住宿等旅游相关产业的发展，为年轻人提供"种植梦想"的土壤，为乡村地区注入了新的活力。

"村咖"很像是一把魔法钥匙，打开了乡村发展的更多可能。浮生偷得半日闲，闲云野鹤在乡间。一杯"村咖"，带着浓浓乡野味，裹着醇郁的咖啡香，不仅会带来"诗和远方"，还会带去城乡融合的广阔未来，真的值得我们好好地品尝。

资料来源：央视新闻. 众多游客慕名而来 一杯"村咖"开启乡村振兴新潮流［EB/OL］.（2024-07-02）［2024-11-22］. https://baijiahao.baidu.com/s?id=1803401682149169141&wfr=spider&for=pc.

【价值塑造】

这一内容展示了"村咖"这种创新模式如何在乡村振兴的浪潮中应运而生，不仅满足了人们对松弛感与乡野生活的向往，还成为乡村发展的新亮点。通过创业者的努力，乡村咖啡馆不仅融入了当地的自然风光与文化元素，还带动了餐饮、住宿等旅游相关产业的发展，为乡村地区注入了新的活力与机遇。这一过程深刻体现了公共政策在推动地方经济社会发展中的重要作用，同时也展示了创新与社会参与在公共政策执行与效果提升中的不可或缺性，不仅丰富了学生的知识体系，还激发了他们对于公共政策实践与创新的兴趣与思考，有助于培养他们成为具有社会责任感、创新精神和实践能力的公共管理类专业人才。

基础训练

❖ 在线测试题

第6章单选题　　　　　第6章填空题　　　　　第6章判断题

❖ 简答题

1. 试论述个人问题、社会问题、公共问题与政策问题的区别和联系。

2. 政策问题的特征有哪些?

3. 试论述政策问题的认定过程。

4. 简述公众议程和政府议程之间的关系。

5. 社会问题进入公共政策议程的障碍有哪些?

❖ 案例分析

《我不是药神》——医药改革的现实博弈

2018 年, 一部口碑爆棚的国产影片刷爆了朋友圈, 故事讲的是: 白血病人吕受益只能靠一种叫"格列卫"的药续命。但在国内该药市价约 40 000 元一瓶, 他买不起, 而印度生产的药效相同的药只要 2 000 元。老板程勇在其中发现商机, 从印度代购, 卖给国内的白血病人, 被病人封为"药神"。

影片改编自当年热议的"陆勇案"。陆勇被检出患有慢粒白血病, 医生推荐他服用瑞士诺华公司生产的"格列卫", 高昂的药费加治疗费用几乎掏空了他的家底。他偶然得知印度生产的仿制"格列卫"一盒仅售 4 000 元, 且药性相似度99.9%, 便开始服用仿制"格列卫", 并在病友群里分享了这一消息。随后, 数千位病友让其帮忙购买此药。湖南省沅江市检察院对陆勇提起公诉。但陆勇的数名白血病病友联名写信, 请求司法机关对他免予刑事处罚, 网友近乎"一边倒"地支持陆勇。最后, 沅江市检察院向法院请求撤回起诉, 法院当天就作出准许裁定, 陆勇被无罪释放。

"看病贵""仿制药"等话题再度进入人们的视野, "以药养医"是中国医疗体制改革的一道硬坎。"天价"抗癌药, 是一个需要高度重视的社会问题, 也是导致众多患者一病致贫、一人生病、拖垮全家的主要原因。

政府制定政策需要考虑多方利益, 一方面, 如果我国效法印度也开放仿制药, 那么我国自主药品研发企业会遭受重创; 另一方面, 高昂的药品价格让病人难以负担, 在生死线上挣扎。不过, 在影片播出前后, 我国的医疗政策措施都在逐步推进: 2014 年国家发改委下发《推进药品价格改革方案 (征求意见稿)》, 对药品价格形成机制进行改革。2015 年 5 月, 国家发改委等七部委制定了《推进药品价格改革意见》。2016 年、2017 年, 我国启动两次医保谈判定价, 十几种抗癌靶点药物通过谈判实现大幅降价并进入医保目录, 一些药品价格甚至被"腰斩"。2018年, 中国已有 19 个省市相继将"格列卫"纳入医保, 开始对进口抗癌药实施零关税。2019 年, 财政部、海关总署、国家税务总局和药监局四部门联合下发《关于罕见病药品增值税政策的通知》。2020 年, 国务院明确要求"探索罕见病用药保障机制", 对部分价格比较昂贵的罕见病用药, 通过国家谈判的方式进行筛选并纳入基本医保目录。

诸上政策的出台对我国医疗改革之路起到积极助力作用。直至今日, 很多特效药正逐渐被纳入医保药品目录, 为罕见病的治疗带来希望, 作为人口第一大国、发展中国家，我们期待出台更多适应当下、顺应民生的公平医药制度，加大医疗改革进程，让百姓就医吃药不再两难。

资料来源：李红梅. 申论热点：从《我不是药神》看医疗改革［EB/OL］.（2018-07-15）［2024-11-24］. https://mp.weixin.qq.com/s?__biz=MzI3ODA0MzM5OQ==&mid=2649835986&idx=1&sn=2cdf329edf25c212a8267abb46336623&chksm=f358e7bac42f6eac092f59a223a951976b828c1fb1cc0cd11ccb8e86d5872b3c29ddc8c68a06&scene=27.

思考：

1. "特效药费用高"问题是如何纳入公共政策议程的？

2. 为何"陆勇案"会引发社会广泛关注并促使政府关注医疗改革？

3. 政府在制定医疗改革政策时需要考虑哪些利益群体？

4. 如何通过政策手段降低抗癌药品价格？

5. 特效药纳入政策议程的触发机制有哪些？

第7章　政策方案的规划与抉择

学习目标

1. 理解政策规划的含义。
2. 理解政策规划的特征、类型及原则。
3. 掌握政策规划者的行动组合。
4. 掌握政策方案规划的过程。
5. 理解政策方案的抉择与合法化。

一旦某个社会问题进入公众视野成为公共问题，并被列入政府的议事日程，公共政策就进入了政策规划阶段。在这一阶段，要制定若干备选方案，接下来的任务就是找到解决问题的正确方法和适当步骤。政策规划作为政策过程的重要组成部分，是政策制定合理化和科学化的必要步骤。在这一过程中，政策分析人员和行动者要全面考虑围绕所确定的政策问题的各种因素，包括要实现的政策目标、政策所涉及的利益相关者、各种需求、可能的政策趋势、可用的政策资源、可能的时间限制和可行性限制等，然后再制定一个或多个政策方案，根据决策者面临的具体情况和制约因素以及各种因素的重要性，抉择出一个相对最优的政策方案，这便是政策规划的全过程。

7.1　政策规划概述

7.1.1　政策规划的含义

规划是指个人或组织制订的全面且长期的发展计划，是对未来整体性、长期性和基本性问题的思考，是设计未来行动方案的过程。政策规划也称为政策形成或方案规划。当前学界对政策规划内涵的理解，可分为广义和狭义两种。

从广义上讲，政策规划是对政策目标和政策方案的规定和计划，其特点是存在多方参与、形成系统性方案。政策规划通常需要综合、整体的战略思维，包括目标、政策、程序、任务分配、应采取的步骤、应使用的资源以及实现既定步骤所需的其他要素。如果将"规划"视为一个宏观过程，那么它不仅是一个时间过程，还包括目标的确定、方案的制定、可能结果的预测以及方案的最终选择等。

从狭义上讲，政策规划是指单一的政策分析过程。政策制定者和政策分析人员等政策参与者发挥核心作用，这一过程包括相应的分析和决策活动，目的是根据既定原则优化方案。

综合以上观点，本教材认为政策规划是一个动态的、系统的过程，涉及多方参与，旨在通过科学的方法设定政策目标、设计与论证政策方案，并根据既定目标和原则选择最优方案。这个过程包括从政策问题的识别、目标的确定、方案的设计与预测，到最终方案的选择与实施。它既强调战略性和综合性，也注重具体的分析与决策活动。

7.1.2　政策规划的特征

根据公共政策专家罗伯特·梅叶的看法，政策规划有以下特征：[①]

（1）目标导向

政策规划，即"达成未来事务现状"，因此，它具有一定的目标导向，主要表现为任何一项政策规划必须有前瞻性和指导性。要实现政策规划所设计的"未来状态"，就必须有相关人力、物力、财力的支持和大家的共同努力。

（2）变革取向

要实现未来状态，就必须逐步改变现状，才可能最终达到预期状态，因此，政策规划必须有"变动性"与"创造性"。

（3）选择取向

政策规划重在"选择与设计"，包含一系列大大小小的抉择活动，其表现在选择上要有广度、深度、连续性和相关性。也就是在进行规划时，要设法扩大选择的机会，在有限的资源约束下，做有效的选择，只有这样，才能激发创新，发掘智慧。

（4）理性取向

政策规划的基本精髓就在于重视理性。其真正的意义在于通过环境、目标、手段之间的有效搭配，产生政策规划的可行性情形，如果政策规划超越了环境的限制，便缺乏可行性。

（5）群体取向

现代政策问题的复杂性，使政策规划必须由相关部门和人员进行相互协作与配合，只有人人参与、群策群力、彼此配合、相互补充，才能共同达成公共利益，才能真正为大众服务，取得大众的支持和拥护。

① 张红凤．公共政策导论［M］．上海：上海财经大学出版社，2013：112-113．

7.1.3 政策规划的类型

政策规划活动的范围广泛、形式多样，在不同的政策领域，有不同的政策规划，如经济政策规划、科技政策规划、文化政策规划、军事政策规划、环境政策规划等。根据不同的标准，可以将政策规划分为不同类型。

（1）短期规划、中期规划、长期规划

依据政策规划在未来发挥作用的时间要求，可以将规划分为短期、中期和长期规划。

一般来说，3年以下（含3年）的政策规划属短期规划。短期规划是现实中数量最多、最具体的政策规划。3年以上5年以下（含5年）的政策规划属中期规划。中国每5年制定一次的"经济与社会发展五年计划"就是典型的中期规划。5年以上的政策规划属长期规划。例如，《中华人民共和国国民经济和社会发展第十四个五年规划和2035年远景目标纲要》就是一个典型的长期规划，它不仅针对5年的发展，还对更长远的2035年远景目标提出战略方向。

（2）中央政策规划、地方政策规划与部门政策规划

根据规划主体的不同，可以将政策规划分为中央政策规划、地方政策规划和部门政策规划。其中，中央政策规划是由中央有关部门展开的规划。在我国，中央政府是最具权威的政策规划主体，特别是对社会发展带有全局性、重大性、宏观性的战略规划更是如此。中央政府所规划的政策有综合性的，比如《中华人民共和国国民经济和社会发展第十二个五年规划纲要》；有涉及区域性的，比如《西部大开发"十二五"规划》；也有涉及具体问题或某一特定领域的，比如《2002—2005年全国人才队伍建设规划纲要》。

地方政策规划是由地方有关部门负责制定的政策规划。如2018年1月1日起执行的《北京市推广应用新能源汽车管理办法》就属于地方政策规划。地方政府在政策规划体系中具有执行中央或上级机关政策和制定本辖区经济社会发展规划的双重职能。因此，地方政府一方面要在落实中央政策的同时根据地方实际情况进行调整，另一方面在制定地区政策时要与中央精神保持协调一致。

部门政策规划是中央或地方职能部门根据自己所辖的领域进行的专业性规划。如2015年10月24日，国务院印发《统筹推进世界一流大学和一流学科建设总体方案》。与其他形式的政策规划相比，职能部门规划中的专业性政策数量最多，技术性也最强，因此，在这类规划过程中，往往会广泛吸取专家学者的意见，发挥其在政策分析、专门知识领域中的才华。

（3）常规式规划与类比式规划

根据政策问题的不同，可以将政策规划分为常规式规划和类比式规划。其中，常规式规划是针对已列入政府工作议程，需要定期加以处理的政策问题，进行一种例行公事式的重复政策规划。常规式规划的对象与解决问题的工具都是既定的，将要实施的政策方案一般也是政府部门和公众所熟知的，具有周期性、普遍性，且有

先例和程序可供遵循。例如，各级政府每年都会根据上一年度的财政收支情况、经济社会发展目标以及中央或上级的财政政策要求，制定下一年度的财政预算规划。这一规划过程通常是例行公事式的，遵循既定的程序和规则，包括预算编制、审议、批准和执行等环节。由于财政预算规划具有周期性、普遍性和先例可循，因此属于常规式规划。

与常规式规划不同，类比式规划要处理的政策问题是新的，政策行动主体可以参照以往对类似的政策问题处理的方法与经验进行相应调整。例如，当政府面临新能源汽车市场发展的新情况、新问题时，如市场规模迅速扩大、技术迭代加速等，可能参照以往对类似产业（如传统汽车、家电等）补贴政策调整的经验和方法，制定相应的新能源汽车补贴政策调整方案。这一过程中，政府会考虑历史经验的有效性，并根据新能源汽车市场的实际情况进行适当调整，以确保政策的有效性和适应性。由于新能源汽车补贴政策调整方案面对的是新的问题，且需要参照以往类似的处理经验，因此属于类比式规划。对规划者来说，类比式规划所产生的政策反应往往是可以预见的。

（4）渐进式规划、延伸式规划与创新式规划

根据政策方案的不同，可以将政策规划分为渐进式规划、延伸式规划和创新式规划。其中，渐进式规划是针对既有政策问题，基于原有政策方案进行的分步骤、连续性调整规划。在进行此类规划时，以当时的社会共有价值取向为基础，调整因时间改变所产生的各种变化，围绕政策目标对实施方案中的计划时间、资源配置、工具手段作出符合实际情况的改动、协调和补充。例如，近年来，我国政府针对个人所得税起征点进行了多次渐进式调整。每次调整都是基于当时经济社会发展状况、居民收入水平及税收负担能力等因素，对原有政策方案进行分步骤、连续性的调整。例如，2011年和2018年，中国分别将个人所得税起征点从2 000元提高至3 500元和5 000元，并优化了税率结构，以适应居民收入增长和消费升级的趋势。这种调整既体现了政策的连续性，又体现了对实际情况的灵活应对。

延伸式规划处理的是延续下来的政策问题，通过对已有政策的内涵或外延予以扩展和顺延而进行的规划。政策规划者主要通过类推、引申和细分的办法，对已有政策的资源配置、方法手段、时间计划和预期效果进行扩展和延伸。政策延伸有两种情况：一是延伸的政策方案与以前的方案是母政策与子政策的关系，比如社会福利政策中延伸出来的老年人福利政策和残疾人福利政策；二是延伸的政策方案与以前的方案是传统方案与革新方案的关系，如新的农村医疗保障政策和计划经济时期的农村合作医疗政策。

创新式规划是一种为解决全新的政策问题而作的带有突破性、原创性的政策规划。这类政策规划所涉及方案与过去的方案少有联系，既不是对原方案的修正，也不是对原方案的延伸，而是新创造的方案。例如，我国政府为应对气候变化和推动绿色低碳发展，创新性地建立了碳排放权交易市场。这一政策规划完全不同于以往的环保政策手段，而是利用市场机制，通过设定碳排放总量上限，允许企业在市场

上买卖碳排放配额，从而激励企业减少碳排放。碳排放权交易市场的建立与推广，不仅有助于推动绿色低碳技术的研发和应用，还能促进产业结构调整和转型升级。同时，这一政策规划也体现了中国政府在国际气候治理中的积极态度和负责任的大国形象。该政策规划的实施过程中，政府需要制定详细的交易规则、监管机制和惩罚措施，以确保市场的公平、公正和透明。此外，还需要加强与国际碳排放权交易市场的合作与交流，推动全球碳市场的形成和发展。这一创新式规划的例子充分展示了中国政府在应对全球性挑战时的创新精神和领导力，也为全球应对气候变化提供了有益的借鉴和参考。

（5）积极方案规划、应变方案规划和临时方案规划①

依据政策规划的不同作用，也可以将其分为积极方案规划、应变方案规划和临时方案规划。

积极方案规划是指从正面保障决策目标和各项指标实现的政策规划。它既规定了政策目标和各项指标，也规定了达到目标、完成指标的各项积极措施。例如，我国在推进生态文明建设方面，积极推动绿色发展战略，制定了《生态文明体制改革总体方案》。该方案明确了政策目标，即构建人与自然和谐共生的现代化建设新格局，并提出了具体的指标和积极措施，如推动能源结构优化、加强生态保护红线划定等。

应变方案规划是积极方案规划的辅助方案，是针对积极方案推行中可能出现的情况变化而制定的应变预备方案。例如，在乡村振兴战略实施过程中，可能遇到各种预料之外的挑战，如自然灾害、市场波动等，为此，中国政府制定了《关于全面加强自然灾害防治能力建设的意见》等文件，作为应变方案规划。这些规划旨在应对突发事件对乡村振兴战略的影响，确保战略目标的实现。

临时方案规划是一种过渡性的权宜之计，是问题发生后，政策目标没有确立，积极方案没有规划出来之前所制定的临时性措施。这种临时方案可以用来暂时控制问题的发展变化，以便使决策者赢得时间和获取现实经验去确立政策目标和规划积极方案。例如，在2018年非洲猪瘟疫情暴发时，中国政府迅速实施了一系列临时措施，包括限制疫区生猪调运、加强疫情监测和防控、补贴受影响的养殖户等，以控制疫情的扩散，减少对农业和农民的影响。

7.1.4 政策规划的原则

为确保政策规划的有效性，在选择和确定政策目标时，需要着重考虑以下几个方面的原则：

（1）信息完备原则

信息是政策规划的基础材料，从某种意义上讲，政策规划的过程就是信息的收集、整理、加工和利用的过程，政策规划的成效很大程度上依赖信息的全面、具

---

① 刘悦伦，李江涛，廖为建. 决策思维学 [M]. 沈阳：辽宁人民出版社，1986：77-79.

体、准确、及时。如果没有充分的信息保障，政策规划也就只能是"巧妇难为无米之炊"。

（2）系统协调原则

系统性是社会问题的重要特征之一。任何政策问题都不是孤立存在的。在社会大系统内，不同范围、领域、层次的社会问题存在相互联系、相互制约的辩证统一关系。这就要求政策规划工作的参与者必须牢固树立系统观念，在决策活动中要根据客观事物所具有的系统特征，正确处理整体与局部、战略与战术、当前利益与长远利益、主要目标与次要目标的关系。考虑问题以大局为着眼点，从事物的整体出发，去认识、分析和处理局部性问题。

（3）科学预测原则

政策规划是对未来事物所作的行为设计和方案抉择，是一种面向未来的活动。凡事预则立，不预则废。科学预测是保证政策规划成功的必要前提。只有建立在可靠预测基础上的政策方案，才是具有现实可行性的政策方案。

（4）客观求是原则

该原则要求政策制定者在规划和执行政策时，必须基于客观实际，尊重事实，避免主观臆断。正如马克思主义所强调的，真理的力量源于其对客观现实的深刻洞察和科学分析。这就要求决策者要深入研究和分析政策问题的本质，以及问题产生的社会、经济、文化等多重因素，并且需要政策制定者具备扎实的理论功底和深厚的学术积淀，能够运用科学的研究方法，如实证分析、比较研究等，确保政策方案建立在客观数据和事实基础之上。

（5）专家辅助原则

借助外脑，发挥智囊团的作用，让专家参与，形成智力共振，这是现代政策规划不可缺少的外部条件。所谓智囊团又称头脑企业或思想库，是指专门从事开发性研究的政策咨询研究机构。它将各学科的专家学者聚集起来，运用他们的智慧和才能，为社会经济等领域的发展提供政策备选方案，是现代决策体制中一个不可缺少的重要组成部分。

（6）方案优化原则

方案优化原则强调在政策规划过程中，需要不断比较、评估和选择最佳的政策方案。这一原则体现了公共政策学的学科价值，要求政策制定者在多个可行方案中选择最优解，以实现政策目标的最大化。方案优化不仅要求政策制定者具备开阔的视野，通古今、贯中外，还需要具备深刻的洞察力和严谨的逻辑思维能力。在实际操作中，这通常涉及成本效益分析、风险评估、利益相关者分析等，以确保政策方案在实现既定目标的同时，能够以最小的成本获得最大的社会效益。

（7）抉择兼听原则

在政策方案的论证过程中应注意听取不同的意见。"意见完全一致时不轻易作出选择"，这是一条非常重要的规划思想，体现了事物在矛盾中运动的规律。"完全一致"往往掩盖了事物的本质，特别是那种轻易形成的"一致"很可能并不是真正意义上的一致，英明的判断和正确的抉择往往都是在不同意见的激烈争辩和交锋中取得的。见解的冲突被认为是通往正确之路的一种有力工具，因为它可以使人们注意到问题的各个方面。从这种角度来看，没有交锋就没有正确，只有冲突基础上的一致才是真正意义上的一致。"兼听则明"应该成为决策者时刻牢记的重要信条。

（8）把握时效原则

因为政策环境和社会条件是不断变化的，所以政策的时效性是其成功的关键。把握时效原则要求政策制定者能够及时识别和评估政策问题的变化趋势，快速作出决策，并有效实施政策措施。在某些情况下，这意味着需要采取临时方案规划，以控制问题的发展变化，为决策者赢得时间和获取现实经验去确立政策目标和规划积极方案。

7.2　政策规划者及其行动组合

政策规划从根本上讲是政策行动者互动的结果。行动者个体的有限理性及其相互之间的立场差异都要求通过集思广益、充分协调加以消弭。一方面，通过共同讨论，将多方面的政策知识、经验和手段集合起来，以集体理性规避个人的有限理性，形成较为完善的政策设计；另一方面，通过平等协商，使不同行动者的利益在充分表达的基础上加以协调，保持不同利益的相对平衡。但是，只有当政策行动者对政策问题、政策目标、政策工具等形成共识时，各种政策预案才能被设计出来。这就必然使具有相同或相似利益要求、价值取向的相关组织机构及其政策代理人联合起来，以保证某一政策预案的竞争优势。因此，政策规划既是不同行动者个体的行动结果，也是不同行动者组合的行动结果。

7.2.1　政策规划者

政策规划者是指参与政策方案的设计、研究、审议等活动的各种机构和人员，他们可分为政府系统内部的规划者和政府系统外部的规划者。

7.2.1.1　政府系统内部的规划者

在当今社会，政府系统内部的规划者是政策规划的主要承担主体，这是由其自身的特点及国家的制度安排所决定的。政策规划通常会涉及比较复杂的综合性的政策问题，其中既有政治学、社会学的价值判断问题，又有数据的调查和收集、政策分析模型及相关的专业技术问题。因此，需要各类专业人员的专业智慧和技术判断力，而在所有的公共权力机构中唯有政府可以调动广泛的政策资源和大批的专业人员。另外，政府还拥有行政立法权，可以依据立法机关的授权自行制定行政法规，并通过立法创议权在很大程度上左右立法机关的立法方向。有统计表明，各国立法议案的大部分和最重要的议案往往都是由政府提出来的。

政府系统内部有专门的政策规划机构和人员，政策规划作为一项政府活动相对独立出来，这是政策科学化的一个重要标志。具体而言，政府系统内部的规划者主要承担以下职能：

第一，应决策者的直接要求就重大问题进行调查研究，集中和协调各方意见，提供政策的备选方案；

第二，在广泛调查研究的基础上，对特定领域的问题进行分析和预测，并主动向决策者提出意见；

第三，对其他部门或政府组织以外的政策研究机构所提供的政策方案进行研究、论证和选择，确保政策的整体性、协调性；

第四，为政策方案设计可供选择的、具有操作性的实施计划。

7.2.1.2　政府系统外部的规划者

政府系统外部的规划者主要是指各种智囊团、思想库和研究机构，由于它们都集中了大批高级专家和专业技术人员，因而在政策规划过程中也常常发挥重要作用，尤其是在其接受政府委托从事某项课题研究时更是如此。这些规划者提供给决策者考虑的意见往往是互不相同甚至是彼此对立的，他们各抒己见，表达自己的观点。各种方案都摆出来供决策者比较、衡量、选择，这样可以提高政策的科学性，减少失误。另外，各种方案各有优缺点，在政府最终制定政策时，可以兼收并蓄，取长补短，提高规划工作的质量。虽然政府系统外部的规划者在获取信息方面不如政府系统内部的规划者那么便利，但是，通过广泛而深入的访谈、系统而科学的调查，他们同样能够提出有价值的政策建议。正因为如此，一些人员构成合理、研究方法科学的政策规划组织能够在关键性领域取得丰硕的成果，并通过与政府的紧密联系得以将研究报告转化为实际政策。另一些规划组织虽只对某些特别的政策问题进行研究和规划，如美国的人口学会、未来资源研究所、城市研究所，但其研究的精深度亦使其结论为有关部门所重视。

政府系统外部的规划者大多为独立的科学工作者，既不需要接受政府领导，也不依附于政府，这使他们可以尽量避免决策者主观意志的干扰，进行科学的政策规划工作。但是，这些外部规划者中有很多人也需要接受来自公司、基金会的赞助，因此，把他们看作完全客观和价值中立也不正确，毕竟对于在智囊团和大学中工作的知识分子而言，他们的首要任务是按照基金会设定的政策导向而工作，因而最终是他们将金钱变成各种政策选择。

7.2.2　政策规划者的行动组合

在公共政策学的广阔领域中，政策规划者的行动组合呈现出多样化的形态。随着科层制决策模式向网络化决策模式的转变，政策行动者之间的关系与互动变得更加依赖协商和劝服，而非单纯的权威或强制。这种转变催生了政策网络的形成，其中行动者通过协商和资源交换来达成共同目标或满足各自的政策偏好。政策网络的类型多样，根据利益导向、成员性质、独立性以及资源分配等特征进行划分，可以分为议题网络、生产者网络、府际网络、专业网络、政策社群和地域网络等。

7.2.2.1　政策网络的含义及内容

在现代政策制定过程中，科层制的决策模式已经被网络化的决策模式所替代，行动者之间的关系与互动不再仅仅依靠权威或强制，而更多地采用协商或劝服的方式达成一致，并以此限定行动者的边界和位置，这就形成了以政策网络为特征的行动组合。一般来讲，政策网络是一系列非等级、交互性的和具有一定稳定性的关系网络，网络成员对政策过程存在较为一致的利益诉求或是共同目标。政策行动者以横向、纵向或横纵向结合的方式形成人数不等的网络组合，网络成员就关心的议题进行沟通和协商，使得参与者的政策偏好被满足或是政策诉求获得重视，以增加彼此的利益，并通过交换各自资源以获取利益报酬或达成共同目标。通常，政策网络内的行动者包括行政官员、国会议员、专家学者、利益集团以及与政策有利害关系的个人或团体，这些个别行动者或团体因为法定权威、资金、信息、专业技术与知识等资源的相互依赖，而结合成行动联盟或是利益共同体。

7.2.2.2　议题网络

议题网络是指在政策预案提议的最初阶段，解决政策问题的各种方案才刚刚起步，没有形成界限分明的政策主张时出现的一种政策行动主体组合。由于此时的各种政策主张还远未定型，人们只有一些模糊的见解，或对某些可能的解决途径感兴趣。因此，参与规划的行动主体并未组成一个稳定的组合来专门应用某一特定的备案方案，参与者不断进入，又不断退出。这种政策行动主体组合就是议题网络。

政策议题网络实质上是人们围绕同一政策议题互动而形成的社会关系结构，其运行是网络成员围绕议题积极双向互动（发言、劝告、旁听、争论）的过程，它再现了多元的公共政策生态系统。在政策规划初期，不同集团会从多层面参与政策议题，以不同方式相互作用、共同影响政策进程，其关系构成了松散的网络。政策网络结构的松散性，表现为政策行动主体在政策预案设计过程中的随意进出。一些政策行动主体可能较早进入某种政策预案的讨论，而另一些政策行动主体则是在讨论后期进入，有些政策行动主体可能因为政策主张的改变而退出先前的政策规划讨论。在这一阶段，生产者网络、府际网络和专业网络的成员都可能渗透到议题网络中，根据各自的立场和主张参与政策预案的讨论，试图使自身利益尽可能多地被纳入政策设计当中。

由于捕捉到了政策参与者身份的广泛性、协作关系的不稳定性、决策资源权力分配的不平等性，以及利益冲突整合的多态性等特征，议题网络对开放的政策规划体系及其决策机制表现出了良好的解释力，打破了精英主义有关政策联合体局限于官僚机构和利益集团或称压力集团的界定，展示了现代公共政策系统中开放多元的利益代表关系。但是，对于政策规划而言，广泛讨论并不能导致政策设计的形成，而只能促成一些原则上和方向上的大致共识，这就需要政策社群进行进一步的推动和完善。

7.2.2.3 政策社群

当政策规划进行到一定阶段，政策行动主体就开始较为集中地围绕某种或某几种预案展开焦点较为集中的论辩，这时，原先松散的政策网络就会紧缩，逐步形成若干个观点鲜明的、相互有竞争性的政策社群。政策社群是指在政策中以共同的信息、价值、利益为基础联系在一起的政策行动主体组合。政策网络成员之间不仅有共同的价值因素，而且有共同的特定利益作为支撑。

相对于一般政策网络，政策社群的成员更加稳定。由于政策网络成员之间不仅有共同的价值因素，而且有共同的特定利益作为支撑，因此，政策社群组合中规划者随意进出的现象就会减少，一些对某个政策方案持有坚定立场的主体会相互鼓励，他们充分利用每一次集中论辩的机会，不断补充信息、完善方案的措施，并努力收集其他政策预案的政策措施以及政策工具的设计、安排，以便与自己的预案进行比较。

与一般的政策网络相比，政策社群行动者的论辩焦点也发生了变化。虽然政策网络也关注如何解决政策问题，但是其重心还是在于哪些解决途径会被当局考虑，而政策社群则更加关注采用何种具体方案来解决问题。由于不同的解决方案会让不同主体、群体、团体和组织得到更多利益，或者推动利益的重新分配，因此，只有利益要求相同或相近的政府部门的政策代理人、利益群体、团体和组织的政策代理人、对利益分配持相同立场的政策研究者才会组合在一起。但是，在政策规划环节中，各种政策备选方案在论辩中发生修正，具有不同利益的政策行动主体和政策研究者会相机而动，根据情势改变利益要求，从而导致政策社群发生变化。

政策社群与议题网络在成员组成、整合程度及资源分配上展现出显著差异。

首先，在成员方面，政策社群的参与者数量有限，通常集中在特定的政府机构或部门，以及与之相关的经济或专业利益团体。这些参与者以共同的经济或专业利益为基础，形成了较为紧密的合作关系。议题网络则包含更多的参与者，他们可能来自社会各界，涉及的利益范围更为广泛。

其次，在整合程度上，政策社群的成员之间互动频繁，持续性强，且对政策目标有高度的共识。这种高度的整合使得政策社群在价值观和政策后果上展现出较强的稳定性和持续性。相比之下，议题网络的成员互动不稳定，价值观差异大，难以形成共识，导致成员间冲突不断。

最后，在资源方面，政策社群的参与者拥有丰富的资源，如信息、合法性和执行能力，这些资源可以在团体间进行交换，形成资源互换关系。政策社群的权力结构是正和的，即成员间不必牺牲自己的权力来满足其他成员。而议题网络的资源有限，成员间的关系更多是基于协商，权力分配不均，往往呈现出零和博弈的特征。政策社群的层级结构允许领导者分配资源，并确保成员接受达成的协议。相比之下，议题网络的成员变异性大，领导的分配与管制能力各异。

当政策网络从广泛的议题网络收缩为政策社群时，参与政策规划的人员数量减少，大众媒体代表、分散的研究人员和社会公众可能退出。在这一阶段，政策规划的主要预案已经明确，但要精细化这些预案，需要更多的策略手段、信息收集和评价论证。此时，仅依靠政策社群的资源和能力是不够的，需要其他网络形式的补充和支持。

7.2.2.4　倡议联盟

在规划论证阶段，在政策社群中会形成最为紧密的政策行动主体组合，即政策倡议联盟。倡议联盟是指在政策规划环节中，将维护、坚持和追求不同利益的政策代理人、组织机构汇集到一起，形成各种基于利益和政策价值选择的稳固联盟。政策倡议联盟为争取提出的政策方案被吸纳而展开论辩和竞争。加入联盟的可能是单独的个体，也可能是群体、集团和组织机构的政策代理人，其中包括政治领袖、行政长官、利益集团代表、政策专家和公众代表等。

与政策社群相比，政策倡议联盟的紧密程度更强。与政策社群不同的是，加入支持联盟的行动者通常是不同层次的，有执政党代表、政府官员、社团代表以及政策研究机构代表，组成人员形成纵向和横向的交叉。但是，由于进入倡议联盟的人员还具有相同的政策信仰，正是这一稳定的信仰系统使得不同成员能够进行长期的深度协调与合作，成为一个政策共同体。

拓展阅读7-1

7.3　政策方案规划的过程

在政策科学的发展中，国内外学者对于公共政策规划的过程有不同的理解和认识。不仅划分阶段的数量不同，而且内容方面也存在差异。西蒙认为政策规划包括三个步骤：确定政策目标、拟订备择方案、抉择最佳方案。奎德提出的政策规划步骤有些烦琐、细致，包括问题的澄清、标准与目的的确定、方案的搜寻与设计、资料与资讯的收集、模式的建立与考验、方案可行性的检查、成本与效果的评估、结果的解释、假设的质疑、方案的开展。帕顿和沙维奇把主要过程确认为六个步骤：认定和细化问题、建立评估标准、确认备选方案、评估备选方案、比较与选择备选方案以及评估政策结果。①总体来说，在政策规划的过程中，有两个必不可少的基本要素：一是政策目标；二是方案拟订和选择。其中，政策目标是规划的基础，方案拟订是规划的手段，选择是规划的关键。因此，公共政策规划过程应主要有四个步骤：目标的确定、方案的设计、方案的评估和方案选择。

7.3.1 确定政策目标

7.3.1.1 政策目标的含义与特征

政策目标的内涵有广义与狭义之分。从广义的角度来说，政策目标是政策执行预期可以达到的目的、要求和结果，不仅是政策的基本条件，还是政策执行的前提。在这里我们主要研究政策目标的狭义内涵，所谓政策目标（policy goals）就是有关公共组织特别是政府为了解决有关公共政策问题而采取的行动所要达到的目的、指标和效果。

政策目标一般具有以下特征：

（1）问题的针对性

任何政策目标都不是凭空产生的，而是公共组织建立在对一定的社会问题的聚焦基础上的，缺乏对有关社会问题的针对性、瞄准性，任何政策目标都难以形成。公共政策目标不仅仅针对过去或现实已经存在的重大问题，实际上更多的政策目标还要关注未来可能出现的重大社会问题。

（2）未来的前瞻性

在确定政策目标时，应该用发展的眼光来看待未来出现的问题，政策目标的出发点是针对有关社会问题，最终的落脚点也是要通过一系列的政策行动在未来解决有关问题，因而必然存在对未来的预期性，这种预期性往往涉及对未来社会环境变化、人们价值观念变化等问题的把握。比如，我国制定了2035年基本实现社会主义现代化的远景目标。

（3）目标的多元性

政策目标的多元性是公共政策学中的核心特征之一，它体现了政策在回应社会需求、平衡利益冲突和促进公共利益方面的复杂性。在学术研究中，政策目标的多元性得到了广泛的认可和探讨。在政策制定过程中，决策者必须考虑经济、社会、环境和政治等多个维度。政策目标的多元性要求决策者在制定政策时进行综合考量，这需要高度的政治智慧和专业能力。政策制定者必须识别和平衡各种目标之间的潜在冲突，确保政策的全面性和协调性。此外，政策目标的多元性也要求政策制定者在政策实施过程中进行持续的评估和调整，以适应不断变化的社会环境和公众需求。

（4）过程的可考核性

一个组织或团体完成任务的统一工作标准是必须先设立公共政策目标。若要让

---

① 陈庆云. 公共政策分析 [M]. 2版. 北京：北京大学出版社，2011：136-138.

目标可以考核，就要将目标量化，通常可以对公共政策的制定、实施、评估反馈进行准确的工作绩效考核和评价，并且应防患于未然，一旦出现紧急意外情况可以尽早察觉，剖析其原因，从而找出解决问题的方法。

7.3.1.2 政策目标确定的原则及作用

政策目标的确定，是政策制定与执行过程中不可或缺的重要过程。在政策目标的设定上，我们需遵循一系列原则，以确保目标的科学性、合理性和可行性。只有遵循科学的原则，充分发挥政策目标的作用，我们才能制定出符合实际、具有前瞻性和可操作性的政策，为社会的持续发展和进步提供有力保障。

（1）政策目标确定的原则

①实事求是，面向未来。设定目标时必须从实际出发，充分考虑主客观条件，符合国情和国力。例如，在设定目标时应该充分考虑实现目标所需要的资源、环境状况以及这些状况未来的发展趋势，具有一定的弹性，留有余地，使政策目标符合未来的发展需要，以免在偶然情况和突发事件时陷于被动。

②系统协调，具有针对性。要从政策问题的实际出发，针对政策问题的实质和产生的根本原因提出与设定目标。由于政策问题的复杂性，以及社会群体的利益、要求和价值取向的不同，政策目标要在这些不同的群体利益和价值取向之间寻求协调。这需要在政策目标的确定阶段力求让同一政策的多项目标相互协调。在制定政策目标时应该明确各目标的重要程度，理清目标间的关系，抓住主要目标。

③具体明确，具有合理性。对于目标中的有关概念、时间要求、目标内容、相关条件等都要进行清晰界定和说明，最好做到表达准确、含义清楚、单一，各项要求详细具体，尽量能量化。政策目标应该符合国家的法律和社会公德的约束；应该充分体现政策决策者所代表的社会利益；尽可能增大政策实施带来的正效益而减少负效益；政策目标的标准应适当，既高于现实，通过努力又能实现。

④注重伦理考量，保持相对稳定性。任何公共政策目标都会涉及一些伦理价值问题。对于这些问题，不同的社会主体会有不同的立场和观点。一项公共政策既要考虑统治阶级的价值观念，也要考虑社会大众的利益需求，同时还要顾及弱势群体的利益和要求。同时，目标一经确定，除极特殊的情况外，一般情况下不要频繁改动，更不能轻易取消。

（2）确定政策目标的作用

在政策制定过程中，制定者往往因外部环境和自身理性能力的局限性而难以迅速把握有关政策目标，特别是那些事关长远战略和战略全局或者涉及一些细节的具体政策目标，从而使得制定者们只能逐步地明确有关目标，但这一事实也并不能完全否定在政策制定过程中有关政策目标的确定对政策制定过程的意义及作用。就一般意义而言，明确政策目标的重要作用主要体现在如下三点：

①公共政策目标是政策方案设计和选择的基础依据。政策制定是对政策方案的选择，选择的前提是有可供选择的方案，设计出来可供选择的方案或项目为政策预

案，它是围绕一定的政策目标来创设和拟订的。政策问题规定着政策目标，政策目标又规定着政策方案。因此，拟订和选择政策方案的基础是依据政策问题确定合理的公共政策目标。

②公共政策目标是政策方案执行的指导方针。政策目标就是政策方案所要遵循的方向，更是方案规划执行的指导方针。如果目标不明确，政策方案就迷失了前进的方向，这不仅不利于政策方案的抉择与规划，更不利于政策方案的贯彻与执行，最终导致有关公共政策问题得不到有效解决。

③公共政策目标是政策绩效评估的参照标准。虽然政策绩效评估的标准和方法有很多，但最核心的标准仍然是把方案实施后可能产生的实际后果与原先制定的政策目标进行对比，看两者之间是否有较大差距，差距到底有多大，以及产生这种差距的原因，从而决定是修改政策方案和完善实施手段与步骤，还是适当调整政策目标，甚至是终止有关政策。正因为明确政策目标对于政策制定、执行和评估具有重大意义，因此我们在政策制定的过程中就必须尽一切可能去弄清有关公共政策问题的实质和各种成因，考量各种因素及其未来走向，明确制定切实有效而又具体的政策目标，为政策制定奠定良好的基础。有些政策目标可能一时不能被明确，但也仍需要我们不断地探究并尽可能快地予以明确。

7.3.1.3　政策目标确立的影响因素

公共政策目标并不是事先就规定好了的，也不是一蹴而就的，而是通过政策制定主体根据产生的社会问题发挥能动性创设或确立起来的。在政策问题进入政策议程时，政策问题的目标就必须被人们纳入考虑范围内。在拟订预案阶段，政策制定主体必须尽可能细致地、全面地思考政策内外部环境中与政策目标可能发生关联的一系列因素。政策目标正是这一系列影响因素相互作用的产物，由此总结出影响政策目标确立的主要因素有：

（1）前期政策实施的情况

先行政策或先前政策实施的结果是确定后续政策实施的一个基本依据，如果前期的政策实施结果没有达到理想的预期结果，则有可能影响后续政策的实施。

（2）可利用资源情况

整个政策过程周期中可能得到的人力、物力、财力及权威方面的支持是政策目标选择的基础。

（3）政策制定主体的观念

政策制定主体的价值观念、创新意识以及风险意识决定了是选择稳健的目标还是有风险的目标，政策制定主体要审时度势，依据内外部环境的变化及时作出相应的调整。

（4）政策任务的一致性

许多政策目标直接来源于上级政府的指令，即便如此，上级政府下达的具体政策目标仍须与政策主体所处的实际情况相一致。

（5）政策运行时的政治因素

从某种程度来说，政策目标可以看作是政治过程的产物。任何政策目标的确立，必须具有政治可行性，政策目标必须与现实政治制度和政治目标相吻合。

7.3.2 设计政策方案

政策设计（policy design）旨在了解政府面临的问题的性质、可用于处理问题的资源以及解决问题的不同政策工具的能力、必备条件或特征。政策设计的主要内容是有意识地将政策目标与相应的政策工具联系起来，收集关于政策工具的使用对政策目标的影响的知识，比如不同政策工具影响政策结果的能力、支持它们正常运作所需的资源、限制政策工具使用的因素，包括信息、知识、政治制度等，并将这些知识应用于政策制定和政策执行。因此，政策设计的过程是系统的，以知识为基础，从已知的工具和结果的关系出发，遵循逻辑推理过程，选择实现政策目标的手段。政策设计与一般政策制定的最根本区别在于它有意识地创建一个模板，以用于指导政策干预措施，改进政策实践。

7.3.2.1 政策方案的设计原则

政策方案的设计是政策制定过程中十分关键的一个步骤，要确保方案的质量，必须注意贯彻以下几个原则：

（1）紧扣政策目标

设计政策方案是达成政策目标的一个重要规划步骤，因此它首先必须紧紧围绕针对某一或某些问题的政策目标，科学地设计实现有关政策目标的具体政策行动方案。也就是说，政策方案的设计必须时刻以有关政策目标为核心，与目标保持一致，真正全面贯彻目标的要求。在此需要强调的是，设计方案所要紧扣的并非只是那些暂时的、直接的政策目标，而且还要注意符合这些目标背后或超越于这些目标之上的一些长期的、间接的或更重要的目标。当然，在实际进行政策方案设计时，特别是针对有些新出现的问题或一些紧急问题进行政策方案设计时，我们很可能遇到目标并不明确的问题。这时就需要我们采取渐进式决策模式，首先大致明确眼前的目标，根据眼前的目标进行初步的方案设计；然后根据事态的发展，不断调整和明晰有关问题进一步的目标和解决方案。

（2）规划多重方案

所设计方案的数量一般至少两个，可以让人们利用自己的理性能力去尽可能充分地考虑一切可能的解决方案，从而在尽可能多的备选方案中进行优中选优；同时，多重方案也能为此后修正、调整和更新政策方案提供便利条件。需要说明的是，在现实方案设计中，并非方案越多越好。这是因为方案越多，设计和评估的成本也会越大，更何况人们的理性能力是有限的，也不能在一定的时间内对所有政策方案都作穷尽性的设计。一般而言，五个左右的政策方案通常就已基本满足多重方案的原则要求。

（3）方案彼此独立

所设计的多重方案彼此要相对独立，互不隶属，当然彼此可以同属某一大类。如果相互隶属，即某一方案可能属于另一种方案的一部分，这两种方案实际上仅仅是一种方案。这样，设计就不合理，就不能达到真正的方案多重化要求。如果方案彼此独立，就容易产生多种方案供评估和选择。

（4）方案要有创新

尽管有些政策问题具有重复性、雷同性，方案的设计从内容到思路依靠已有的经验和模式也可以进行，但我们还是应该看到每一个问题的特殊性及其未来的变化性，应该力求通过不同程度的创新性方案更好地解决问题。我们重视方案的创新性，并不意味着放弃任何已有的成功经验和办法，或者是单纯为创新而创新。

（5）方案切实可行

目标要可行，实现目标的方案也要可行。要充分考量现有和将来的条件，去设计实现目标的主体、手段、技术、步骤等，力争使它们都具有可行性和可操作性。

7.3.2.2　政策方案的设计步骤

根据政策目标进行政策方案设计，是政策过程的关键步骤，就像医生根据治疗目标，给患者设计治疗方案。

设计政策方案的思路一般有四种：

一是保持当前的政策，什么都不做；

二是使用通常的、已实施过的解决方案，比如参考其他国家或地区的实践、历史经验等；

三是参考政策设计报告、学术理论、专家意见等，对通用的解决方案进行修改，从而生成新的政策方案；

四是根据特定政策问题生成新的解决方案，引入新的设计元素，发明新的政策工具。

政策方案的设计可以分为两步：第一步是政策方案的轮廓设想；第二步是细化政策方案。

政策方案的轮廓设想即政策分析师运用创造性思维，初步生成大量备选方案，方案内容包括行动原则、指导方针、发展阶段等方面。在此阶段，要注意备选方案的全面性与多样性，既考虑维持现状的方案，也考虑激进变革的方案。

在政策方案轮廓设想阶段，尚未进行细节设计，获得的往往只是政策方案雏形。要创建具体可行的方案，还需要加入丰富的细节，包括因果理论、政策受众、政策工具、政策执行细节等因素，使方案饱满起来。在进行政策方案的细化时，要做好两方面的工作：一是对在轮廓设想阶段提出的方案进行初步筛选，将它们减少到可管理的数量；二是对筛选出的方案进行加工，填充细节。

针对第一方面，对在轮廓设想阶段提出的方案进行初步筛选时，应当使选中的方案尽量具有以下特征：

①合理的成本（reasonable cost），成本要在预算范围内。

②稳定性（stability），如果环境条件改变，方案仍然有效。

③可靠性（reliability），方案以前成功过，一贯有效。

④牢固性（invulnerability），如果方案的某个组成部分出现故障，它能继续发挥作用。

⑤灵活性（flexibility），方案能完成不止一件事。

⑥低风险性（low-risk），方案失败的可能性较小。

⑦可沟通性（communicability），方案容易理解。

⑧功效性（merit），方案能有效达成目标。

⑨简单性（simplicity），方案容易执行。

⑩相容性（compatibility），方案与现行的法律法规和程序相兼容，不冲突。

⑪可逆性（reversibility），如果方案失败，能够回到方案执行之前的状态。

⑫稳健性（robustness），方案能在未来不同的环境和条件下成功。

这些可以帮助初步过滤掉一些弱点非常明显的政策方案，节省时间和资源。政策轮廓设想阶段可以产出大量方案，但优秀的政策方案应该具备效率高、稳定、可靠、牢固、灵活等特点。不过，过于严格运用这一步骤可能导致过早弃用一些本来行之有效或适用于环境变化之后的方案。

针对第二方面，对筛选出的方案进行加工并填充细节时，应遵循以下原则：

（1）实用性

政策方案的细节需要对实现政策目标有实际的价值。

（2）可操作性

保留下来的方案需要进一步具体化，包括对实施细节、涉及的机构、实施人员的素质、政策执行的资源保障等方面作出详细说明。具体可行的方案对于政策执行也有帮助，因为如果方案缺乏细节，政策执行全靠执行者自主操作，那么政策执行可能偏离方案的设计初衷，达不到政策目标。

（3）细致性

保留下来的方案需要经过精心设计、反复计算、斟酌、严格论证。不同政策制定者之间会进行辩论，支持或反对某一方案，那么方案的细节必须经得起推敲。此外，细致的描述对下一阶段的事前评估来说至关重要，有助于政策制定主体全面评估方案的成本和效益，以及其满足其他评估标准的程度。

7.3.3　评估政策方案

在政策规划的过程中，评估是不可缺少的环节。政策方案的评估，就是围绕政策目标，运用定性和定量相结合的分析方法，对政策方案实际上是否可行的问题进行系统的分析和研究。政策方案的评估是政策规划分析的关键性环节，因为它是一个分析比较的过程，为最终的方案选择提供了技术性的支持。政策规划者需要利用掌握的信息，对每种方案的收益、成本和可能遇到的问题进行预测，并且说明每种方案的优缺点，为方案选择打下坚实的基础。

政策方案的评估包括价值评估、效果评估、风险评估及可行性评估四个方面，其中，可行性评估可以说是政策方案评估的重中之重。

7.3.3.1 价值评估

政策方案价值评估所要回答的问题是为什么设计这一方案，与政策目标是否一致，为了谁的利益，期望达到什么结果，优先考虑的问题是什么，值不值得为这些目标去奋斗。要对这些问题进行分析评估，就必须对政策目标所产生的背景和现状进行分析，从而确定其价值所在。

7.3.3.2 效果评估

效果评估是对一个政策方案将产生的效果进行预测和分析，从而决定该政策方案的取舍。效果既包括正面效果，也包括负面效果；既有社会效果，也有自然生态效果；既有物质方面的效果，也有精神方面的效果。要对产生的各种效果进行综合评估、权衡利弊，以选择那些能产生积极、正面和预期效果的政策方案。

7.3.3.3 风险评估

这是对方案不确定性的评估，不同政策方案有着不同的风险程度，必须对各个备选方案风险的强弱程度、防范性措施的准备程度进行预测评估，以选出那些在相似条件下风险相对较小的方案。

7.3.3.4 可行性评估

可行性评估是政策方案评估中最重要、最主要的任务，其基本目标是明确这个方案在现实中能否实施。一般包括以下方面：

（1）技术可行性

从技术角度衡量政策是否能实现预期目标，这一标准涵盖两个层面：首先，它关乎是否拥有执行某项政策方案所需的技术资源，以使得政策目标的实现成为可能；其次，它评估在现有技术条件或方法论框架下，实现政策目标的可能性及其实现程度的高低。

（2）经济可行性

由于政府资源的有限性，决定了政策对经济资源的竞争性。经济资源的配置是否充分，是否足以实现备选方案，都是其可行性的基本标准。经济可行性包括三方面内容：

一是备选方案占有和使用经济资源的可能性，进而实现政策目标的可能性；

二是对实施某一政策方案所花费的成本和取得的收益进行比较，即成本效益分析；

三是对涉及无法量化或货币化的无形成本与利益的政策方案，可进行成本效能分析，重视目标的价值。

（3）政治可行性

政策形成于政治舞台，如果得不到决策者、政府官员、利益团体或公众的支持，其采纳的可能性就很小；即便被采纳，其成功执行的可能性也很小。政策方案的政治可行性通常会受到政治约束、分配约束和体制约束等因素的影响。

（4）行政或法律可行性

作为对行政管理的可行性的评估，政策方案需要得到行政管理层面的贯彻执行，行政可行性的具体标准包括权威、制度约定、能力和组织支持。同时，法律作为行政的重要一个环节，需要对备选方案的合法性进行分析，必须进行政策合法化的程序。

（5）社会或环境可行性

备选方案是否可以得到民众的接受和支持，包括对民众意见与态度的分析，评估备选方案是否能够符合社会文化、民众的价值观念等。环境可行性则是指有形的自然环境是否构成备选方案的限制因素，例如，进行环境影响评估。

7.3.4　选择政策方案

经过方案设计并加以评估论证的多个备选方案并非都能被决策者选中并加以执行，因此需要通过系统分析与评价，决策系统只能选择或综合出一个最理想的方案作为正式的政策，并选定相应的政策工具予以执行。

选择政策方案时有效益、效率、充分性、公平性、回应性和适当性六个标准。其中，效益是指某一特定方案的政策产出给社会公众带来的正面的、积极的福利程度，它包含优质的概念；效率是指某一特定政策方案投入与产出的比率，它主要是一个量的概念；充分性是指某一特定政策效益满足引起政策问题的需要、价值或机会的有效程度，它明确了对政策方案和有价值的结果之间关系强度的期望；公平性是指政策效果在社会中不同群体间被公平或公正地分配，它与法律和社会理性密切相关；回应性是指政策满足特定群体的需要、偏好或价值观的程度，如对妇女、老年人、残疾人等特定政策利益相关群体的需要作出回应；适当性是指一项政策目标的价值和支持这些目标的前提是否可靠，它与实质理性密切相关，因此在逻辑上应该先于选择政策方案的其他标准。

在选择政策方案的过程中，只有决策系统对方案选择形成共识，政策才会最终被制定出来。在此过程中，决策者一般通过交换、说服和强制三种途径来形成共识。

政策规划过程并非一个单向过程，在现实中是一个双向多阶段的反馈系统。当其中某一步骤出现问题时，系统就会跳回前一步骤，或直接返回到程序的起点继续进行循环分析。通过不断地反馈、调整和总结，最终形成可供选择的一系列政策预案，政策过程就进入决策阶段。只有当政策方案抉择后确定出最优或满意方案，才标志着政策规划的结束。

7.4　政策学习、政策移植与政策扩散

在政策规划中，政策制定者常常要参考借鉴不同国家、地区或者其他部门相关的政策方案，学习其中的知识、技术或者是政策观念，并从其中汲取灵感和受到启发。这个过程被称为政策学习（policy learning）。与政策学习相近的概念还包括政策移植（policy transfer）、政策扩散（policy diffusion）及经验汲取（lesson drawing）等。

7.4.1　政策学习及其类型

政策学习也称"政策导向的学习"（policy-oriented learning），是一种根据过去政策的结果和新的信息调整政策目标和工具的努力，以更好地实现政府的使命。政策学习具有以下特点：

①政策学习的目的具有导向性，它是针对政策问题开展的学习行动；

②政策学习的对象（学习源）具有跨时空性，包括过去与当今、中央与地方、国内与国外的治理实践；

③政策学习的动力来自一种不满足于现状的追求，学习者认为现行政策的结果与期望的效果之间存在差距；

④政策学习的结果是增进认知，可能是吸取经验和教训、调整政策方案，也可能是模仿或借鉴某些政策手段。

在政策制定过程中，很多议题领域是先有社会学习，然后才促进了政府学习。换言之，很多政策议题的学习过程实际上是外部学习传导给政策制定者的结果。对于一个复杂、不确定的政策问题，政策制定者至少要从纵向和横向两个方面来考虑应当采取什么样的政策方案。从纵向来看，需要思考以往是如何解决这种问题的，或者现在的政策对于该问题是否有效；从横向来看，政策制定者需要考虑其他国家、地区、省份或者其他城市是如何解决这些问题的。政策制定者能够从传统政策、现行政策或者其他地方政府的政策中获得可以利用的各种知识，包括政策理念、政策内容、政策工具等。同时，政策学习也可能获得新的价值、目标以及对于问题的建构等方面的知识。

政策学习是集体学习（collective learning）的一种形式，因为政策制定者和执行者都是通过组织来实现政策学习的。从这个角度来看，组织学习是较为复杂的学习形式，它涉及的不是一个组织，而是多个组织之间的关系。我国各级政府都较为重视政策学习，其中重要的形式是各地政府相互之间的经验交流、经验学习及树立学习榜样等。地方同级政府之间具有一定的竞争关系，在地区生产总值发展水平、招商引资、政府创新等各个方面相互比较，直接的结果是地方同级政府之间在政策

上相互学习和借鉴。

一个政府组织的学习能力和可以学习到的知识取决于多方面的因素。

首先，是政府面临问题的性质。如果政策问题具有较高的相似性，即很多地区和组织面临着相同或类似的问题，那么决策者就能够从其他地区、其他组织中获得处理类似问题的各种信息。而对于有些特殊的问题，政策学习的作用或许不够明显。

其次，政策学习也与一个组织的内部文化、组织价值和利益等相关。有些政府组织较为开放，具有较强的学习意愿，因此在政策制定过程中有意识地向其他地区、兄弟城市等学习经验。组织价值观念的差别可能成为阻碍政策学习的因素。政府组织或决策者会选择那些符合本组织价值观念的信息或者有利于本组织的信息，并将这些有意向的信息加入到决策之中。

最后，政策学习也受到外部环境的影响。政府组织处于社会和复杂的政治体系之中，社会的价值观念、文化习俗及政治体系的意识形态等都可能影响到政策学习。

从学习的内容和程度方面，可将政策学习分为工具学习（instrumental learning）、概念学习或问题学习（conceptual learning or problem learning）和社会学习（social learning）三种类型。

工具学习是指学习的内容主要是技术、政策制定、过程及政策工具等。政策水平和质量与政策所采用的具体技术、政策过程及工具等有关。为了提升决策水平，决策者会从其他相关组织中学习这些技术和工具，并应用到决策之中。从这个角度来看，工具学习不考虑政策的根本设计、目标、价值等，仅仅关注通过什么样的技术手段来提高政策效果和效率，以实现政策目标。例如，在推动新能源汽车发展过程中，在政策工具方面，政府不断探索和创新。除了传统的财政补贴外，还引入了碳交易、积分交易等市场化机制，通过经济手段激励企业加大新能源汽车研发投入和市场推广力度。同时，政府还加强了对新能源汽车技术的研发支持，推动技术创新和产业升级。

概念学习或问题学习是指在政策制定中从一个不同的评价角度来看待事物。人们在日常生活中常常形成一些既定的看待某些事物的角度，在公共政策领域也是如此。如果以既定的角度来看待政策问题，那么解决办法也常常采用传统办法。而如果以一种新观念看待问题，将会产生全新的解决办法。例如，我国有些地方政府认为经济发展和环境保护之间是冲突的，严格的环境保护可能影响到经济发展。但换一个角度来看，环境保护能够激励企业进行技术创新以达到环保标准，同时降低资源消耗，那么环境保护政策就能起到促进经济发展、调整经济结构的作用。例如，关于垃圾处理政策，决策者可以将垃圾视为一种资源，而不仅仅是需要处理掉的废物。从资源角度看，垃圾的回收和利用成了一个理所当然的政策选择方案。例如，在新能源汽车政策的制定过程中，政府逐渐认识到单纯依靠补贴政策难以从根本上解决新能源汽车产业面临的问题。因此，政府开始从更宏观的角度审视新能源汽车产业的发展，将其纳入国家能源战略和生态文明建设的大局中考虑。通过转变观念，政府更加注重新能源汽车产业与能源、交通、环保等领域的协同发展，推动形成绿色、低碳、循环的发展模式。

社会学习是指决策者学习有关政策价值以及规范、目标、责任等其他深层次的特质。社会学习是广泛的、深层次的学习形式，不是关注技术层面的，而涉及价值、规范等层面，涉及社会政策问题的建构、决策者的根本观念和信仰等。社会学习能够使决策者反思政策制定所依据的根本价值、原则和过程，从而导致决策理论上的重大变迁。显然，社会学习是更加困难的，一般的决策者都不可能轻易地改变自身的价值观念。例如，在新能源汽车政策中，政府积极与社会各界沟通互动，了解公众对新能源汽车政策的看法和需求。通过举办听证会、征求意见等方式，政府广泛听取社会各界的意见和建议，不断完善政策体系。同时，政府还加强了对新能源汽车政策的宣传和推广，提高公众对新能源汽车的认知度和接受度。

在现代的决策过程中，完全封闭的决策越来越少。政策制定一般都需要参考其他地方类似的政策，从其中学习某些技术、方法和决策理念。政策学习在一定程度上促进了政策变迁和政策的创新。

7.4.2 政策移植及其类型

政策移植是将一国或组织在特定领域内的成功经验、技术和知识，通过某种方式传递到另一国或组织，并使其在新的环境中得到应用和推广的过程。其核心理念是"知识转移"，即通过学习和借鉴他国的成功经验，快速有效地解决本国或本地区面临的问题，避免重复劳动和资源浪费。政策移植作为一种经验借鉴和知识转移的手段，对于解决全球各种社会问题和促进可持续发展具有重要意义。通过深入研究和有效利用成功案例，政策移植可以为各国政府提供宝贵的经验和教训，从而更好地应对发展挑战，实现可持续的社会和经济进步。

政策移植的增多存在很多原因：

首先，在全球化的时代，没有哪个国家能够脱离全球的经济体系及摆脱全球的经济压力，尤其随着经济全球化的发展，各个国家在经济方面越来越具有同质性，它们接受同样的经济规则，处于统一的经济生产和贸易体系中。同时，也由于全球化的发展，使得各国面临许多类似的政策问题，有些问题甚至是共同的，如环境污染、能源短缺、人口膨胀等问题。相似的问题可以由相似的政策来加以解决，这是政策移植能够产生的一个基础。

另外，通信技术的发展，使得各国间在知识、观念等方面的交流变得更通畅快捷。政策移植对于政策制定的明显优势在于政策方案规划的快速、便捷，又能节约成本。这方面的特征使得政策移植得到了政策制定者的青睐。

一个国家向另一个国家学习和借鉴包括很多方面。在公共政策方面，政策目标、政策内容及政策工具等，都能够成为移植的对象。在政策规划阶段，政策内容方面的政策转移，对于政策方案的规划起到了重要的作用。一个国家对其他政治体系的政策借鉴，不可能是完全照搬或者是完全拒绝这两种形式，而是存在不同的程度：一是复制（copying），即指政策文本直接、完全转移；二是效法（emulation），即借鉴他国公共政策背后的思想观念；三是混合（combinations），即针对同样的政策问题混合有关国家的公共政策；四是启发（inspiration），即其他国家的政策可能引发本国的政策变化。在政策规划阶段，出现更多的是政策复制和混合。国家层次的政策可以借鉴其他国家层次或者地方层次的政策，同样，本国地方层次的政策可以借鉴他国国家层次或地方层次的政策。

从政策制定者的意愿角度，可以简单地将政策移植分为自愿的政策移植（voluntary transfer）和被迫的政策移植（coercive transfer）。但这种分类过于简化，更好的办法是将政策转移视为从自愿地学习到被迫接受他国政策的一个政策转移连续体（policy transfer continuum）。虽然政策移植在政策规划和执行中具有重要的作用，但很明显，并不是所有的政策移植都能够获得成功，这就涉及政策移植过程中出现的政策失败（policy failure）。

有研究显示，至少三方面的因素导致了政策失败：

①信息不全的政策移植（uniformed transfer），是指政策借用国对于该政策的信息了解不充分，不清楚它在原国家是如何运行的。

②不完全的政策移植（incomplete transfer），是指虽然发生政策移植，但是使得该政策在原国家获得成功的某些重要因素却没有被采纳。

③不当的政策移植（inappropriate transfer），是指没有充分注意到政策借用国与政策输出国之间在经济、社会、政治和意识形态背景方面的不同。

拓展阅读7-2

7.4.3　政策扩散

政策扩散指的是某一政策从一个地区或部门传播到另一个地区或部门，并被新的公共政策主体采纳和实施的过程。这一过程不仅涉及政策的物理性转移，更蕴含了政策理念、制度设计、实施策略等多方面的交流与融合。

对于这个概念，我们可以有以下四方面的理解：

第一，公共政策扩散不仅包括有意识、有计划和有组织的政策转移和学习行为，还包括自发、自然传播和扩散的政策流行现象。

第二，扩散的路径不仅涉及政策的单向传播，还涵盖了政策主体对政策的采纳和执行。

第三，公共政策扩散不仅关注微观层面的政策过程和各阶段，也涉及宏观层面的整体政策结构和空间维度。

第四，公共政策扩散与政策系统内部的整体结构密切相关，而政策转移则主要集中于政策系统中的特定机构或主体。

政策扩散具有时序性、空间性和交流性三个基本特征。时序性指的是先采纳的政策对后来的政策选择有影响；空间性指某个地区的政策选择会对其他地区的政策选择产生影响；交流性强调政策选择的影响通过交流的方式来完成。

拓展阅读7-3

7.5　政策方案的抉择与合法化

公共政策的抉择，就是由公共政策的制定者根据政策规划建议和要考量的相关事项，按照一定的决策制度和程序规定，对解决有关政策问题的行动方案作出决定性选择的过程。这一过程是公共政策制定过程中最具实质性意义的阶段。正是因为这一阶段十分重要，任何一个国家都会对自己的公共政策抉择问题作出一定的程序化和法治化的规定。

7.5.1　政策方案的抉择

政策方案的抉择是指在若干经过评估而具有可行性的备选方案中选出一个最优的或相对满意的方案。很显然，如果备选的各种方案优劣明确，择优就比较容易进行，但是，由于政策问题的复杂性，实践中往往不存在只有利而无弊的政策方案，因此，政策方案择优的结果不可能是理想化的最优，只能是现实可能的最优。在有些时候，择优还表现为一种综合过程，即以较好的方案为蓝本，吸收其他方案的长处，综合出一个新的较为满意的政策方案。

7.5.1.1　政策方案的抉择主体

政策方案的抉择主体在政策制定过程中起着至关重要的作用，它们负责评估、选择和确定最终的政策方案。尽管在不同的决策体制下，抉择主体会有不同，但就国家层面而言，我们可以将公共政策抉择的主体（这里指主要的直接决策者）大致分为如下几类：

（1）国家元首、政府首脑和他们率领的行政领导团队

在不同的政治体制里，国家行政系统的最高决策者有：

①一个人，即国家元首兼政府首脑；

②两个人分享，即国家元首和政府首脑都行使一定的行政决策权（双首长制）；

③政府首脑与内阁成员一起集体决策；

④行政委员会集体决策。

无论哪种类别，由最高决策者率领的行政领导团队，如国家各部、委、局、办的行政首长，和最高决策者一起，直接参与国家政策的抉择，成为公共政策抉择的主体。在实行③和④类别的决策体制的情况下，国家元首只能行使礼仪上或形式上的国家政策抉择权力，不具体参与国家政策的实际抉择过程，但抉择的最终结果经过国家元首的批准、签署和发布后才能生效。

（2）由民意代表组成的立法机关

一些公共政策，特别是那些要上升到国家法律高度的公共政策以及那些需要立法机关审议的公共政策，往往必须经过民意代表的赞同和批准才能得以制定。可见，民意代表掌握着重要的国家政策的抉择权。应当指出，民意代表没有脱离立法机关单独对公共政策进行抉择的权力。立法机关本身是一个合议机构，所以民意代表们必须按照一定的投票规则集体行使有关公共政策的抉择权。这些具体规则往往取决于所处的政治体制、所表决的公共政策类型等因素。当然，在民意代表中，对立法机构的决策权影响较大的人物往往是那些专门委员会的成员、主席及立法机构的领导集体。

（3）国家最高法院及其法官

在流行判例法和习惯法的国家或存在违宪司法审查权的国家，如英美法系国家，国家最高法院的法官的判案在一定程度上就是一种立法行为，因而法官对公共政策也就有一定的抉择权。只不过他们行使公共决策权的方式很特殊，并不像立法机关和行政机关那样可以主动地就有关政策问题直接作出政策抉择，而往往是被动地通过对有关司法性案件的审理和判决来间接地对有关公共政策问题及解决方案作出抉择。在中国，国家最高司法机关发布的司法解释，虽然只是对如何具体应用法律问题所作的解释，但也属于公共政策的一种形式，在如何解释方面也有政策抉择的问题。

（4）执政党和军界的高层领导

在一些执政党特别强大或党政一元化的国家，执政党在国家政策的实际抉择中往往起着相当直接和极为重要的作用。在实行西式民主的国家里，执政党的领导成员大都是内阁成员和国家各重要行政机构的行政首长，党的首脑大多是国家元首或政府首脑、议会议长，这些人在国家的政策抉择中起着核心作用。同时，一些国家的军事机关及其首脑在国家政策的抉择中也会发挥重要的甚至根本的作用。

7.5.1.2　政策方案的抉择原则

作为政策方案的最终决定者，应考虑哪些关键因素，才能更好地进行决策呢？我们认为，根据决策的科学化、民主化和法治化的要求，决策者应该注意：

（1）尊重科学分析的价值

公共政策抉择的科学化对于最终的抉择者来说，就是要求抉择者充分尊重依据科学程序、运用科学方法和技术而提出的政策规划建议。之所以要充分重视科学分析的价值，是因为这种尊重实际上在一定程度上体现了理性决策模型的运用。要解决世界迅速发展中层出不穷的新问题，任何一位领导者和决策者单凭个人的知识和经验都是力不从心的，而必须借助各方专家和顾问的大脑，尽量发挥科学分析的作用，走科学决策之路。也就是说，领导者或最终的抉择者在作决策时，除了特别紧急和保密性较高的决策外，一般都要充分听取各方专家、学者、内行人士的意见，对于他们提出的蕴涵真知灼见的决策建议要给予足够的重视，切实做到不单凭个人经验进行决策，不轻率地任意作决定，乱拍脑袋，乱拍板，而要真正下功夫，尽力地进行科学决策。当然，强调决策者要尊重科学分析的价值，并不是要决策者机械地依从科学分析的结论和建议，或单纯追求在科学分析基础上来作决策。对此，我们后面再作进一步论述。

（2）考虑各方利益的平衡

决策者还要看到，在现实中科学分析并不是万能的，许多问题的解决单单利用纯科学分析是根本不可能的；而对于有些问题，利用纯科学的手段和技术去进行决策即便是可能的，往往也是成本高昂和代价巨大的。再加上公共政策本身往往总会触及相互冲突的各方利益，单纯利用科学分析常常会陷入对各种政策方案难以抉择的困境。因此，决策者不能单纯依赖科学分析，而应该一方面利用民主决策机制，引导冲突各方通过互动实现信息对称、达成谅解、妥协和一致等，另一方面要在不易利用民主机制时充分了解各方利益需求、全面权衡各方的利害关系，尽量避免出现零和博弈，让各方都能在一定程度上从决策中得利，从而最大限度地实现双赢或多赢的结局。

就一次决策来说，通常很难完全实现双赢或多赢的结局。但是可以从长远出发，在政策的不断修改和完善中渐进地加以实现，甚至可以在不同问题的决策中对有关各方的利益作出调节和均衡，例如可以让在某一政策抉择中损失利益较多的一方能够在另一政策抉择中得到一定的利益补偿。不过，决策者还应该注意的是，不能仅仅为利益的均衡而无原则、无底线地作妥协性的决策，而应准确把握社会发展的大局。

（3）发挥决策者的决断作用

前两点无疑都是要求决策者要充分尊重别人的立场、利益、观点和意见，这些都很有必要，但仍然是不够的。作为决策者，还应该有能力、有担当进行独立决断。无论身处什么样的决策体制和环境，决策者适时决断都是很重要的。这是因为：

第一，现行决策制度，特别是行政决策制度，强调决策者必须对自己的决策行为负责。决策者行使独立的决断权，这符合决策权责一致的原则。

第二，在集体决策条件下，每一位决策参与者的独立决断正是决策民主化和科学化的体现和要求，它与决策民主化和科学化是一致的。

第三，正确决策与抓住时机往往具有极其密切的联系。很多问题的解决都存在最佳时间点，错过时机就会造成重大损失，也就是常说的"当断不断，反受其乱"。对决策者来说，要真正能独立行使决断权，最关键的还是要不断地提高自身各方面的素质和修养水平，自觉培养和锻炼独立决断的能力。

7.5.1.3 政策方案抉择的过程

政策方案抉择过程通常涉及如下几个方面的具体工作：

第一，综合比较成本与收益，力争挑选出能最大限度实现政策目标，经济社会效益最好且消耗的政策资源、实施风险及副作用尽可能少的政策方案。

一般来说，政策方案的收益不仅包括物质收益，还包括精神收益，而方案的实施成本除了经济费用，还有社会代价等。在这种情况下，有时要对所消耗的各种费用和付出的代价换成统一的具有可比性的计量方法来进行比较；有时必须对评估因素加权，选择加权平均数比较大的政策方案。然而，无论如何，此类计算都非常困难，特别是当涉及人的生命和尊严时，伦理的考量也会在其中起着重要作用。

第二，广泛听取群众、专家和各方面的意见，集思广益，博采众长，逐渐形成决策者对抉择标准的共识，以提高方案择优的科学性。

任何方案的抉择都必须有统一的标准，这里主要强调的是价值标准。并且，抉择标准的统一是要以充分的协商和良好的沟通为基础的，没有之前各方观点的充分表达，共识就很难形成，也就不能说明何者为更优。自党的十一届三中全会以来，党和国家机关已经形成了一种制度，即在每个政策制定之前，都要认真听取和考虑民主党派和无党派人士的意见，并取得了很好的效果。例如，为了应对人口老龄化带来的挑战，政府通过组织座谈会、问卷调查和专家研讨等方式，深入了解民众对于生育政策的期望和担忧，同时邀请人口学、经济学、社会学等领域的专家进行深入研究，提出了一系列科学合理的政策建议。在此过程中，民主党派和无党派人士也积极建言献策，强调政策应兼顾家庭福利与社会发展，确保生育激励措施的可持续性和公平性。经过充分的协商和沟通，政府逐渐形成了以提高生育意愿和减轻家庭负担为核心的抉择标准，并据此制定了一系列生育激励政策，如延长产假、提供育儿津贴、优化教育资源分配等，以期在保障人口增长的同时，促进社会的和谐与可持续发展。

第三，提出最佳的政策方案建议，并对其进行最后的修改与完善，以增强可操作性，然后按照特定的规则、程序和方法来实现最终的方案抉择。

政策规划的最后一步是提出最佳政策方案建议，这是非常关键的一步，必须精心组织。政策建议报告应当写得条理清楚，重点突出。一份政策建议报告一般包括下列内容：对政策目标的阐述，政策方案的必要性、可行性和预期效果，在实施过程中可能产生的其他影响及其解决办法，对其他政策方案的阐述和比较，替代方案的形式和内容，等等。在必要时，还应该请有关方面的权威人士签署审核意见。

7.5.2 政策方案的合法化

公共政策的最终抉择在整个政策过程中处于至关重要的地位，因此，许多国家都会就各自公共政策的抉择问题规定相关的制度和程序。决策者无论是个人决策者还是集体决策者，都必须在制度、规则和程序允许的范围内行使决策权。只是因为法治化水平和具体制度不同，各国才在政策合法化的具体内容上存在一些差异。

7.5.2.1 政策合法化的含义与特征

合法化是政策制定过程的最后一个环节，经政策规划所产生的政策方案仅仅是一个草案，最佳的政策方案只有通过一定的行政程序或法律程序使之合法化，即权威部门审核批准公布后，得到社会成员的认可和接受，才具有强制性和权威性并付诸实施。因此，公共政策的合法化是政策执行的前提条件，是政策制定过程必不可少的一个环节，是保证政策目标得以实现的基础。

政策合法化是指经政策规划得到的政策方案上升为法律或获得合法地位的过程。它是政策制定过程的重要阶段，也是政策执行的前提和基础。在现代民主与法治社会里，政策的制定必须时时体现民主与法治精神，政策合法化因此成为政策制定过程的关键环节。

具体而言，政策合法化主要包括以下三个方面的内容：

第一，政策内容的合法化。决策者择定的政策在内容上不能与既定宪法和法律相抵触，必须合乎有关法律的原则甚至具体规定。这意味着政策方案的内容必须符合国家的法律体系，不得违反宪法、法律、行政法规等规范性文件的规定。

第二，决策过程的合法化。政策抉择过程应合乎法定的程序要求。这包括政策制定过程中的公众参与、专家咨询、听证会、论证会等程序的履行，以及政策方案经过审议、通过、批准、签署和颁布等法定程序的确认。

第三，政策的法律化。政策的法律化指有立法权的国家机关将一些成熟、稳定的政策上升为法律的过程。这体现了政策与法律之间的紧密联系，也是政策合法化的重要表现形式。通过法律化，政策获得了更高的权威性和稳定性，有利于政策的执行和效果的实现。

政策合法化的本质是具有法定地位的国家机关为了使政策方案获得合法地位，而依据法定的权限和程序所实施的一系列审查、通过、批准、签署和颁布政策的行为过程。这一过程的行为主体是具有法定地位的国家机关，既包括国家立法机关即权力机关，也包括其他国家行政机关或半官方机构，每个层级的政策合法化主体必须在各自的法定权限内，依照法定依据，在充分考虑事项、地域、措施和手段等各方面所存在的限制因素前提下，使相应的政策方案合法化。

政策合法化有以下三个特征：

（1）所有政策有其合法化过程

没有经过价值认可或公众认可的所谓的政策均难以成为政策，这不仅包括中央政策，也包括地方政策。政策合法化的目的就是使政策方案获得合法地位，转为合法有效的政策，从而获得公众认可、接受和执行，最终实现政策目标，解决政策问题。

（2）政策合法化的主体具有广泛性和特定性

政策合法化的主体是依法有权使政策方案获得合法地位的国家机关。这里的国家机关，既包括国家立法机关，也包括其他国家机关，既可以是中央国家机关，也可以是地方各级国家机关。但政策合法化的主体也具有特定性，仅指具有法定权限、特定职权的国家机关，如依照《中华人民共和国宪法》的规定，国务院只有各部委有权发布规章，而国务院直属机关不具有这项权力。不具有法定的公共政策制定权力或超越法定权限的主体，都不能使政策合法化。

（3）政策合法化的程序具有相对性

政策的内容、形式和效力范围不同，政策合法化的程序也不一样。立法机关或权力机关的政策合法化过程基本包括提出议案、审议议案、表决和通过议案、公布政策，其政策合法化过程更强调公平与民主。相对而言，行政机关的合法化过程强调效率，如国务院制定的重大政策，由国务院常务会议或全体会议讨论决定后由国务院总理签发，对于一般性政策，国务院总理有权直接签署发布。

拓展阅读7-4

7.5.2.2　政策合法化的基本原则

（1）程序简易规范

任何政治活动都需要一系列的程序进行规范，公共政策合法化过程也不例外，而且程序设计得好坏将直接影响合法化过程的效率高低。由于合法化涉及提案、审议、表决等多项连续的行政程序，甚至要启动立法程序，因此合法化的程序往往是极其复杂的，比如已经实践多年的政府流程再造改革，就涉及许多国家和政府的多种政治活动和政府行为。通过简化程序，不仅减少了政府职能部门的工作量，也方便了服务对象，这正是简化程序的意义所在。必须强调的是，将合法化的程序简化不等于降低合法化的重要程度，更不是让合法化流于形式。除合法化程序的简化以外，程序的规范性同样重要，尤其是对于探索性的合法化程序来说。

（2）过程公开透明

在政策过程的各个环节中，合法化过程的公开透明很容易被忽视，因为多数情况下，合法化在职能机构内部进行，如果增加公开机制就会增加流程和工作的难度。即使在合法化过程中引入社会公众的参与，也是在职能机构规定的参与方式下进行，是否将参与过程公开、多大程度上公开仍然由职能机构决定。也就是说，合法化过程中职能机构始终处于主导地位，合法化过程的公开透明主要依靠职能机构的观念转变，要认识到过程公开透明的重要性，同时引入公开机制，增加公开流程，以便于社会公众和政策对象充分了解和认识政策方案，充分表达对政策方案的诉求和建议，进而认同和支持最终的政策方案。

（3）结果体现民意

公共政策合法化过程的公开透明原则，要求将多元主体的参与引入合法化程序中。这些参与是真正发挥作用还是流于形式，关键取决于合法化的结果是否真正体现民意。结果体现民意，是政策方案合法化最根本的来源。

做到合法化的结果真正体现民意，可以借助多种参与方式，如听证会、网络民意调查、电话访谈、一对一调查问卷等。这些参与方式为结果真正体现民意提供了技术上的可行性，是作为基本条件存在的。更重要的是，职能部门能否及时有效地发布信息，社会公众对政策问题是否有足够的兴趣以及对政策方案是否有正确的认识，职能部门提供的参与方式是否公正、便捷等，这些问题在更大程度上会影响合法化结果是否真正体现民意。

7.5.2.3　政策合法化的影响因素

公共政策合法化是使政策方案具备合法性的过程，实践过程中诸多因素会影响公共政策合法化的实现。这些影响可能导致两种结果：一是不合理的政策方案完成合法化；二是合理的政策方案无法完成合法化。

（1）政策方案的合理性

政策方案的合理性是影响政策合法化的重要因素，它涉及政策方案是否基于科学证据、是否符合法律和道德标准、是否能够有效解决问题，以及是否考虑到了不同利益相关者的需求。例如，中国在推进生态文明建设中制定的《生态文明体制改革总体方案》基于科学研究和对环境问题的深刻理解，提出了一系列改革措施，包括自然资源资产产权制度、资源有偿使用和生态补偿制度等。这些措施旨在解决中国快速工业化和城市化过程中出现的环境问题，同时考虑到了社会经济发展的需要和公众对良好生态环境的期待。通过广泛的公众参与和专家咨询，该政策方案体现了科学性、合法性、有效性和透明度，从而增强了其合法化的基础。

（2）参与主体的能力

不论是在公共政策学理论研究中，还是在政策过程的实践中，参与主体多元化问题日益受到重视。多元的参与主体能够确保获取多方面的意见或建议，准确地认定政策问题、确定政策目标以及拟订政策方案。因此，参与主体多元化不仅是政策过程中推动政策协商的关键因素，也是民主政治体制改革的迫切要求。当然，参与主体多元化只是解决了其中的门槛问题，并不能保证多元参与者一定能够最大限度地发挥正面效应。因此，关键的问题是多元主体的参与能力，包括对政策问题是否具有客观的了解和认知，对政策方案的内容能否准确地认识和理解，对政策方案的实施效果是否具有一定的预判能力等，这都将对主体的参与效果产生最直接的影响，甚至对该项政策的合法化造成深远的影响。

（3）合法化程序的完备性

公共政策的合法化程序可以分为两大类：既有程序和探索性程序。既有程序往往已经实践多年，流程明确并且操作熟练，正因为如此，合法化主体通常是墨守成规，不积极主动改变现状，以避免因改变而带来的风险。既有程序的存在导致许多问题沉积下来，实现程序的变革只有具备更强劲的推动力才能完成。探索性程序是一种不断尝试和创新举措，发现问题、解决问题，使程序成为更加完善的程序。

7.5.2.4 政策合法化的程序

政策合法化的一个重要方面就是政策抉择过程应合乎法定的程序要求。这就是说，法定的决策程序在政策合法化中占有极其重要的地位。在法学中，人们历来强调程序的正义，在决策上我们同样要重视程序正义原则。政策的抉择过程通常是非常复杂的，这不仅表现在它本身的具体过程繁多，而且不同机构不同主体的合法化决策程序也是各有不同的。下面我们主要介绍行政系统和立法系统的决策程序。

（1）行政系统的决策程序

行政系统的决策特点往往要求快捷、高效，与此相适应的行政决策体制，无论是委员会制还是首长制，实际上决策的集中化程度都会较立法机关要高，这突出地表现在，决策者的数量往往较少，通常流行行政首长集权现象。即便在委员会制下，决策委员的数量也不会太多，连内阁制下的阁员一般也都不会超过20人，在战争或其他紧急时刻实际参与决策的阁员数量还会更少。在当代中国，行政决策一般实行的是行政首长负责制，这项制度把决策权主要赋予行政首长，但同时又要求行政首长应在行政领导会议集体讨论决定的基础上行使决策权，具体的行政决策程序如下：

①法制部门的审查。中国县以上各级行政机关及其职能部门都设有专门的法制机构，它们的主要职责之一就是审查各项政策方案的合法性。有的行政机关还专门规定"规范性文件非经法制工作机构的法律审核把关，领导不予签发"的制度。

②领导会议的讨论决定。据有关法律规定，县以上各级人民政府工作中的重大问题，需要经政府常务会议或全体会议讨论决定，行政首长召集和主持这两种会议，对会议所讨论的结果和应作出的决定拥有最终的决定权。这两种会议都不实行委员会制下的一人一票和少数服从多数的原则，而是以集体讨论的方法来收集信息，最终由行政首长拍板定案。行政领导会议的形式除了上述两种以外，还有行政首长办公会议。该会议是行政首长处理日常决策事务的一种会议形式，可以由行政首长根据工作需要随时召集，有些政策特别是政府职能部门制定的许多政策就是由

首长办公会议讨论决定的。

③行政首长的签署发布。行政首长在整个行政决策中处于核心地位，拥有最高决策权和领导权，其最主要的表现就是行政首长对有关决策有最后的决定权、签署权和发布权。当然，在中国行政实践中还存在"分管决策制度"，即在行政首长之下的各副职领导人对自己分管的日常事务有决策权，这是对行政首长决策制度的一种有效的补充。

需要说明的是，有些政策，如政府工作报告、行政性立法等，经过行政首长的决策后还不能完成整个决策程序，还要进入人大或其他权力机关的决策程序。

（2）立法系统的决策程序

立法系统的决策涉及的事务对于国家来说有重大意义，再加上合议制的特点，其决策程序往往较行政系统决策程序复杂得多。虽然各国在立法机关抉择程序的复杂性程度方面存在很大的差异，但是，它们都会包括提出议案、审议议案、通过议案和公布政策这四个阶段：

①提出议案。政策议案的提出主体既可以是立法机关的民意代表、有关委员会及领导机构等，也可以是其他国家机关，如行政机关、司法机关、军事机关等。在现代立法机关的决策实践中，提出政策议案的主要主体总是政府，各国概莫能外。这一方面说明行政权的扩张程度，另一方面说明许多涉及社会公共管理的决策一般也只有直接负责这些事务的行政机关能及时感知和提出。

②审议议案。立法机关对有关政策议案的审议程序总是立法机关决策程序中最复杂的一种程序。西方国家的审议程序有一读、二读和三读。其中，英国等国的三读审议程序最复杂，一项政策议案要在民意代表、专门委员会之间接受多次反复的审议、辩论和修改。

③通过议案。规则一般是过半数通过，一些特别重要的议案，如宪法修正案等，则要求更高比例的通过率，甚至有些议案还会要求最终进行全民公决。

④公布政策。政策通过后还必须经过法定的公布程序，才能生效。立法系统通过的法律、政策通常都要经过国家元首的签署和发布。在中国，国家主席根据全国人大和人大常委会的决定签署主席令，公布法律和政策。

明德园地

"博物馆热"席卷全国，文化之光璀璨夺目

近年来，博物馆的热度持续攀升。从陕西历史博物馆的摩肩接踵，到北京大运河博物馆三星堆文物展览的人山人海，再到各地博物馆预约的火爆场景，无不彰显

了公众对历史文化的浓厚兴趣。携程、美团等平台的数据也显示，博物馆门票的预订量实现了显著增长，甚至超过了主题乐园，成为最受欢迎的景区类型。这一"博物馆热"现象并非偶然，而是多种因素共同作用的结果。

党的二十大报告指出："坚持把社会效益放在首位、社会效益和经济效益相统一，深化文化体制改革，完善文化经济政策。实施国家文化数字化战略，健全现代公共文化服务体系，创新实施文化惠民工程。"这一理念在当前的"博物馆热"中得到了充分体现。博物馆作为展示祖先灿烂文化、影响现代生活的重要载体，得到了政府部门的大力支持，建设数量和质量均有所提升。同时，博物馆通过"文化+科技"等手段，不断提升观赏品质，既有内容深度，也有形式创新。这些创新举措，如数字化升级改造、虚拟现实技术应用等，增强了观众的观展体验，吸引了更多年轻观众。此外，博物馆还通过社交媒体等线上渠道进行广泛传播，提高了公众的参与度和认知度。这些因素共同促成了"博物馆热"现象，使其成为文化消费和社会参与的重要领域。

"博物馆热"不仅提升了公众对本土文化和历史的认知与理解，还促进了我国文旅行业的发展。博物馆已成为各大旅游目的地城市的"打卡地"，带动了酒店、餐饮、交通等相关行业的增长。同时，"博物馆热"还推动了城市更新和环境改善，提升了城市形象和吸引力。此外，"博物馆热"还增强了消费者的归属感和文化自信，促进了文化创意产业的发展，如文创商品、艺术品市场等。这些影响不仅体现在国内，还促进了国际的文化交流与合作，践行了"国之交在于民相亲"的理念。

对于"博物馆热"的发展预期，业内人士认为，随着科技的发展，博物馆将更多地应用虚拟现实、增强现实和大数据等技术，提升观展体验。同时，博物馆将继续拓展展览主题和形式，结合当代社会热点、生态环保等议题，举办更具互动性和参与感的活动。此外，博物馆还将通过线上渠道和线下活动形式，进一步增强与公众的互动和影响力。随着全球化进程的加快，博物馆之间的国际交流与合作也将不断增强。可以说，"博物馆热"不仅是对文化和历史的关注，更代表了社会发展的趋势。未来，博物馆将在文化传承、教育普及、经济发展和国际交流等方面继续发挥不可替代的独特作用。

资料来源：赵姗. 探寻"博物馆热"背后的文化密码［N］. 中国经济时报，2024-09-03（2）.

【价值塑造】

这段内容展示了"博物馆热"现象背后文化认同、科技创新、文旅融合及社会参与等多维度的价值塑造，为政策规划提供了生动的实践案例。它强调了文化传承与创新在提升国民文化自信、促进经济社会发展中的重要作用，启示政策制定者需重视文化软实力的培育，通过科技赋能、政策引导等手段，推动博物馆等文化设施成为连接过去与未来、国内与国际的桥梁，进一步促进文化繁荣与社会进步。

基础训练

❖ 在线测试题

第7章单选题　　　　　第7章填空题　　　　　第7章判断题

❖ 简单题

1. 简述政策规划的五个基本取向及其具体含义。

2. 试论述政策规划中应遵循的八项基本原则及其重要性。

3. 政策方案规划的过程具体有哪些？

4. 如何理解政策学习的内涵？

5. 政策方案的抉择主体分为哪些？

❖ 案例分析

中国"双碳"战略下的公共政策构建与推进实践

2020年9月22日，国家主席习近平在第七十五届联合国大会一般性辩论上作出庄严承诺："中国将提高国家自主贡献力度，采取更加有力的政策和措施，二氧化碳排放力争于2030年前达到峰值，努力争取2060年前实现碳中和。"

"双碳"目标提出3年来，我国把双碳工作纳入生态文明建设整体布局和经济社会发展全局，加快构建碳达峰碳中和"1+N"政策体系，有序开展"碳达峰十大行动"，坚定实施积极应对气候变化国家战略，扎实推动产业结构、能源结构、交通运输结构等调整优化，协同推进降碳、减污、扩绿、增长，建成全球规模最大的碳市场和清洁发电体系，使"双碳"目标日益成为我国经济高质量发展的绿色引擎，以负责任的大国担当赢得国际社会普遍赞誉。

一、国家战略规划

《质量强国建设纲要》——旨在统筹推进质量强国建设，全面提高我国质量总体水平；在推动经济质量效益型发展方面提出树立质量发展绿色导向，包括开展重点行业和重点产品资源效率对标提升行动、加快低碳零碳负碳关键核心技术攻关、推动高耗能行业低碳转型等。

《中共中央 国务院关于做好2023年全面推进乡村振兴重点工作的意见》——旨在加快建设农业强国，建设宜居宜业和美乡村；提出加快发展现代乡村服务业，鼓励有条件的地区开展新能源汽车和绿色智能家电下乡；提出推进农业绿色发展，包括加快农业投入品减量增效技术推广应用、推进农业绿色发展先行区和观测试验基地建设等。

二、政策制度体系

《绿色低碳先进技术示范工程实施方案》——提出到2025年一批示范项目落地实施,到2030年绿色低碳技术和产业国际竞争优势进一步加强等目标;明确了源头减碳类、过程降碳类、末端固碳类3个重点方向的12类示范项目为申报范围,要求各地区有关部门做好示范项目组织和申报工作。

《碳达峰碳中和标准体系建设指南》——旨在加快构建结构合理、层次分明、适应经济社会高质量发展的碳达峰碳中和标准体系;提出到2025年制定和修订不少于1 000项国家标准和行业标准(包括外文版本)等主要目标,明确碳达峰碳中和标准体系包含4个一级子体系、15个二级子体系和63个三级子体系,并规定了各子体系下各标准重点建设内容。

三、社会共建行动

《公民生态环境行为规范十条》——旨在引领公民践行生态环境保护义务和责任。本次是在2018年版本上修订发布,包括关爱生态环境、节约能源资源、选择低碳出行等十条行为规范,推动全社会形成绿色低碳的生产方式和生活方式。相较修订前,突出了习近平生态文明思想引领,进一步明确了具体行为规范,并新增应对气候变化等内容。

资料来源:新华社. 习近平在第七十五届联合国大会一般性辩论上发表重要讲话[EB/OL].(2020-09-22)[2024-11-24]. https://www.gov.cn/xinwen/2020-09/22/content_5546168.htm.

思考:

1. 在制定"双碳"目标的政策规划时,如何平衡长期目标与短期经济发展的需求?

2. 在政策实施过程中,如何有效应对地方政府与中央政府在目标设定上的不同诉求?

3. 政策制定中如何在资源分配上合理抉择,以支持各地区的可持续发展?

4. 中国的政策规划中存在什么问题?

5. 中国公共政策规划的优化路径是什么?

第8章 政策执行

政策执行是政策过程的重要环节之一，是将政策内容贯彻落实以实现政策目标的必经阶段。对政策执行过程的考察也是评估、调整与终结政策的基本依据。因此，政策执行在政策活动与政策生命周期中居于重要的位置，发挥着重要的作用。然而，对政策执行的研究并不是伴随着政策科学的兴起而同步形成的，因为在公共政策研究初期，研究人员普遍认为，政策一旦制定出来，只要资源和人员配备得当，就会自然而然地付诸实施，其目标也会顺理成章地实现。于是，大多数研究人员都把重点放在公共政策的制定上，而政策执行过程则相对被忽视。直到20世纪70年代，以美国为代表的西方理论界关注到这一"缺失环节"（Hargrove，1975），并且以普雷斯曼（Pressman）、威尔达夫斯基（Wildavsky）以1973年出版的《执行》一书为标志，才掀起了政策执行研究的热潮，形成了一场持续20年的"执行运动"。本章将探讨政策执行的相关概述、理论模型、影响因素、程序以及偏差与矫正等内容。

8.1 政策执行概述

政策的生命力在于执行。政策执行不仅是政策过程的延续和深化，更是政策效果的检验和反馈。通过政策执行，我们可以观察到政策在实际操作中的效果，了解政策是否达到了预期目标，是否存在需要调整和完善的地方。政策执行过程中的反馈机制为政策制定者提供了宝贵的参考，有助于他们修正现有政策、制定新政策，以适应不断变化的社会环境和民众需求。

8.1.1 政策执行的含义与特征

8.1.1.1 政策执行的含义

政策执行是政策执行者利用各类政治经济资源，构建组织机构，通过解释、实施、服务、宣传等多种行动，将政策由观念形态转化为实际效果，最终实现既定政策目标的过程。简而言之，政策执行是将观念形态的合法化方案转化为现实形态的有组织活动，即将政策付诸实施的过程。

对于这一概念，我们可以有如下几个方面的理解：

（1）政策执行是科层制的控制过程

政策执行是一个涉及目标设定、行动规划以及目标与行动间互动实现过程的复杂活动，因而呈现出相互独立且上下层级从属的关系。这意味着政策首先在高层形成，负责政策设计与规划决策，并详细颁布执行的细节与计划，而具体地实现政策既定的目标并贯彻执行的任务则由下层机构来承担，由此构成了一个自上级至下级的执行模式。政策执行的成功与否，完全取决于执行者对目标设定的清晰度、执行计划的切实可行性，以及能否有效管理和控制执行过程中的各种诱因与纪律要求。这一模式本质上是一种计划与控制相结合的模式，其核心立足点是政策内容本身。

（2）政策执行是上下层的互动过程

政策执行过程包括形成共识、达成妥协及运用政治策略。这意味着政策目标与执行细节并非单纯由上层领导者通过理性控制所塑造，上级确立并要求下属遵循的政策标准，实际上并不具备固有的规范性与强制影响力，基层执行者也会在政策目标实现过程中发挥影响作用，因而政策是执行者之间相互作用与妥协的结果，这种强调基层作用、相对忽视上级控制的模式，通常被称为由下至上的模式。该模式主张政策执行本身与政策的最终成败并无直接关联，而是将政策执行过程视为目的。

（3）政策执行是政策与行动相互演进的过程

政策执行本质上是一个针对既有政策进行再创造，并对实际行动作出响应的过程。一方面，上层通过规定执行细节，期望能够实现既定的政策目标；另一方面，基层执行者依据其专业知识和实践经验，选择性地执行政策的内涵与意图，从而形成具有自身特色的政策实践。这一过程充满了权力、权威、资源以及组织之间的复杂交互作用。因此，政策执行可以被视为一个试错的过程，或者更准确地说，是一个学习与适应的过程。

8.1.1.2 政策执行的特征

（1）目标导向性

政策执行的首要步骤是明确政策目标，而政策目标的清晰与否直接关联到政策执行的成效。政策执行以公共政策目标为行动导向，政策目标是政策执行的起始与归宿。若政策目标缺乏明确性，执行人员将难以准确把握政策制定者的意图，就容易导致行动上的偏差，进而损害政策的权威性和实效性。例如，近年来，我国政府推出的"蓝天保卫战"政策，其目标导向性十分明确，即减少空气污染，改善空气质量。各级政府和相关部门在执行过程中，始终以这一目标为核心，通过实施一系列减排、限产、绿化等措施，确保政策目标的实现。如果目标不明确，执行者可能陷入盲目行动，无法有效减少污染。

（2）手段权威性

公共政策不同于一般的道德规范，在执行中必须忠实于政策的基本精神和意图，遵守执行过程规范，确保政策目标的实现，因此，政策执行需要借助权威手段来保障实施。这些权威手段包括法律法规、行政命令等，它们具有强制性和约束力。当有人违反政策或拒不执行时，执行者可以依法依规进行制裁或采取其他必要措施。这种权威性确保了政策执行的严肃性和有效性，维护了政策的公信力和社会秩序。例如，近年来，多地网信部门依据相关法律法规，对编造、散布涉疫谣言的网民进行了依法查处，有效遏制了网络谣言的蔓延，充分展示了政府在打击网络谣言方面的权威性，通过立法和执法来维护网络空间的秩序和公信力。

（3）行为能动性

政策执行作为衔接公共政策与现实生活的桥梁，聚焦于现实社会问题的具体解决。政策执行不是简单的机械操作，而是需要执行者主动思考、积极应对。面对复杂的外部环境和多变的实际情况，执行者需要灵活调整策略和方法，主动寻求解决问题的途径。这种能动性不仅展现了执行者的专业素养和责任心，也确保了政策执行的顺利进行和预期目标的达成。如在乡村振兴政策的执行过程中，面对农村地区的复杂情况和多样需求，各级政府和相关部门主动思考、积极应对。他们结合当地实际，灵活调整策略和方法，如发展特色产业、改善基础设施、提升公共服务等，以更好地推动乡村振兴。

（4）执行时效性

时效性要求政策执行必须在规定的时间内迅速、有效地展开，以确保政策目标能够及时实现。这要求执行者具备高效的工作机制和快速的反应能力，以便在有限的时间内完成政策任务。同时，政策执行的时效性为政策参与者提供了统一化、标准化的时间标准，克服了行为的个别化和非规范化，以清除可能发生的执行阻碍。例如，在应对新冠肺炎疫情的过程中，中国政府迅速出台了一系列防控政策，包括封锁措施、大规模检测、疫苗接种等。这些政策在短时间内得到了迅速有效的执行，确保了疫情的快速控制和稳定。这种时效性不仅为疫情防控提供了有力保障，也为政策参与者提供统一化、标准化的时间标准，推动了疫情防控工作的顺利进行。

8.1.2　政策执行的作用与原则

8.1.2.1　政策执行的作用

政策执行是政策过程中的核心环节，公共政策的成功与否，关键在于其是否得以彻底贯彻执行。具体来说，政策执行在公共政策过程中的作用主要体现在以下几方面：

（1）促进政策既定目标的实现

政策的起点与归宿在于应对社会公共问题，并实现既定的预期目标。虽然制定政策涉及对问题的研究及目标的设定，但公共政策的本质目的不在于单纯地研究问题，而在于切实地解决问题。政策执行作为直接、实际且具体的行动环节，才是解决问题并实现目标的关键过程。它不仅关乎政策方案能否得以实施，还决定了实施的程度与广度。若政策执行得当，不仅能圆满达成政策所设定的任务，还可能通过执行者的创造性实践，弥补政策规划的不足，进而提升政策效益；反之，若政策执行不力，则可能导致政策试图解决的问题进一步恶化，甚至与政策目标背道而驰。

（2）检验政策方案和工具选择的正确性与科学性

政策执行是政策从理论转向实践、从主观构想落实到客观现实的过程。此过程能够验证政策的正确性、科学性与可行性。这是因为在政策制定阶段，鉴于认识存在的局限性和实际情况的复杂性，制定者难以对所有可变因素与情况进行精确预测，而执行活动则往往能揭示政策方案的不足或政策工具选择中存在的不适配等问题。借助政策执行，不仅能检验政策方案，还能对政策方案进行完善与补充，以增强政策的可行性和有效性，进而全面提升政策的质量。

（3）完善后继政策制定的依据

政策执行活动及其所产生的后果，构成了后继政策修补与制定的关键依据。"后继政策"这一概念蕴含双重意蕴：其一，它指的是对既有政策的修正与增补，这通常被视作追踪决策的过程；其二，它是指全新政策的制定。就前者而言，任何政策在初制时都难以达到尽善尽美的境地，政策本身需要在其贯彻执行的过程中不断地进行修正、增补、完善与发展。就后者而言，任何精确的政策都仅能在特定的时空范畴内发挥效用，这便是政策的"生命周期"理念。一旦超越了特定的时空范畴，或政策所欲达成的目标已经实现，该政策的使命便告终结，其效用亦随之消逝，终将被新的政策所取代。无论是对既有政策的调整与增补，还是新政策的制定与规划，都必须以前一项政策执行所获得的经验、教训以及所反馈的信息为基石，在前一项政策执行结果的基础上进行新的思考与规划。

8.1.2.2 政策执行的原则

政策执行的原则是执行行为的基本准则，体现了执行过程的内在规律，并对政策执行发挥着导向与规范的重要作用。为确保政策得以有效执行，必须在执行过程的每一个环节中严格遵循相应的原则，减少政策实施过程中的偏差与失误，提升政策执行效率，最终实现政策目标的圆满达成。

（1）目标统一原则

政策目标是贯穿公共政策过程始终的指针。每项具体的公共政策在制定时都有着涵盖整个公共政策过程的总体目标，但政策执行过程又会有自己具体的执行目标，执行目标属于子目标，需要服从于总体目标，而所有的政策目标都要与公共利益这一根本目标相吻合。公共政策执行过程一经运行，公共政策的根本目标和总体目标就成为政策执行的起点，也是政策执行的归宿，为了使政策执行目标与之一致，就要保证坚持政策目标一致性原则，将执行子目标、总体目标与根本目标统一起来。

（2）适度变通原则

适度变通原则的核心在于将政策执行的灵活性与原则性相融合。在执行政策时必须坚守高度的原则性，执行者需严格遵循政策所明确的特定调控对象及作用范围，否则可能损害政策的严肃性和权威性。强调政策执行的原则性并不意味着排斥灵活性，换言之，在原则允许的框架内，应结合具体环境特点，根据地区、事项、形势的差异，灵活采用多种执行方法与手段，以使政策执行更加贴近实际，进而提升政策执行的有效性。

（3）上下一致原则

政策执行中的上下一致原则就是指对上一级负责与对下一级负责统一原则。政策执行中的对上负责，要求全面、准确理解政策内容，坚决执行上级政令，并积极支持与配合上级工作，这体现了民主集中制中"下级服从上级"的核心要求；对下负责，则意味着政策执行机构或执行者需对政策目标群体及其他利益相关方承担责任。在执行政策时，必须深入了解目标群体及利益相关方的实际情况，结合具体情境设计与选择执行策略，以确保群众相信政策执行旨在切实为其谋福祉，并将政策执行的落脚点置于更好地实现人民群众利益上，从而赢得群众的信任与支持。

（4）整体协调原则

公共政策执行是一个由多个执行机构与执行人员等关键要素共同构成的整体系统。在此系统内，各个执行机构与执行人员之间存在相互依赖与相互制约的紧密关系。任一要素要发挥其功能，均离不开其他要素的协同配合。同时，任何要素的不合理或不协调状态，都可能引发矛盾，进而对执行系统整体功能的发挥产生不利影响。因此，实施公共政策必须注意协调沟通，交换意见，减少矛盾和冲突，增进彼此之间的了解合作，以达成一致，使整个执行活动井然有序地进行。

（5）成本效益原则

政策执行效益是政策执行效果和效率的统一，是政策执行充足性、公平性、回应性和适宜性的统一。政策执行必须进行成本效益分析，最大限度地减少政策执行成本，提高公共服务水平和公共产品供给的质量及效率，从而提高政策执行效益。政策执行坚持成本效益原则，要求政策执行解决政策问题和达成政策目标，成本和效益在不同利益主体之间均衡分配，并能符合大多数目标群体和执行主体的需要、偏好和价值观念。

拓展阅读8-1

（6）信息反馈原则

在现代管理中，管理系统就是信息系统，信息反馈是政策控制的出发点。在政策实施中，一旦出现了偏离，就要求政策执行部门加强跟踪检查，及时反馈信息，以便及时纠正偏差。坚持信息反馈原则的主要目的在于两个方面：第一，及时察觉执行过程中偏离政策价值与目标的行为，以便能够采取具有针对性的措施，确保政策价值与目标的实现。第二，通过实际检验政策的实施效果，为政策的进一步完善及追踪决策提供客观的依据。

（7）时效控制原则

每项政策均附带时间要求，这要求我们在执行政策时必须具有强烈的时间观念，行动需雷厉风行、迅速果断。行动迟缓、拖拉不仅会错失良机，更可能会贻误时机，导致政策失去执行的意义与价值。相较于政策规划与决策，政策执行更强调权力的集中与行动的迅捷。在政策制定的过程中，应遵循科学的决策规律，按照既定的程序步步为营，宁慢勿错，切不可片面追求效率。然而，一旦政策方案获得批准实施，则应转而注重执行速度，力求在最短时间内以最小成本实现政策目标，凸显政策执行的时效性。这并不意味着政策执行可以盲目求快，过快的速度可能带来不良后果，操之过急往往欲速则不达。因此，在追求速度的同时应兼顾稳妥，有效控制政策时效，确保执行既迅速又稳健。

8.1.3　政策执行主体与政策执行力

8.1.3.1　政策执行主体

政策执行主体指的是负责组织并实施公共政策目标及措施的个体与机构，这一主体构成复杂且多样，主要涵盖了国家及地方层面的行政机关、司法机关、其他被授予执行权力的公共权力机关，以及在这些机关中任职的公职人员。在我国行政体系中，除了上述机构的人员，党的各级领导机关、领导者及其他享有执行权力的干部，大多属于政策执行主体的范畴。

具体来说，行政机关是政策执行主体的核心组成部分。它们负责将国家层面的政策转化为具体的地方性或区域性执行方案，并确保这些方案得到贯彻执行。这包括各级政府（如中央政府、省级政府、市级政府、县级政府等）及其所属的各职能机构（如教育部门、卫生部门、环保部门等）。这些行政机关通过制订详细的政策执行计划、调配资源、监督执行进度等手段，确保政策目标得以实现。

司法机关在政策执行中也扮演着重要角色。虽然它们的主要职责是司法审判和裁决，但在某些情况下，司法机关也会参与到政策的执行过程中。例如在执行涉及法律问题的政策时，司法机关需要对相关争议进行裁决，以确保政策的合法性和公正性。此外，司法机关还可以通过司法审查等方式，对行政机关的政策执行行为进行监督。

除了行政机关和司法机关外，还有一些其他公共权力机关也被授予了执行政策的权力。这些机关包括一些具有特定职能的政府机构（如央行、证监会等金融监管机构），以及负责特定领域政策执行的专门机构（如环保局、税务局等）。这些机关在政策执行中发挥着独特的作用，通过制定和执行具体的政策规定，推动相关领域的改革和发展。

此外，在上述各类机关中任职的公职人员，是政策执行主体的具体执行者。他们负责将政策转化为具体的行动和措施，确保政策得以有效实施。公职人员的素质、能力和工作态度等都会直接影响政策执行的效果。因此，加强公职人员的培训和管理，提高他们的政策执行能力和水平，是确保政策执行成功的关键。

8.1.3.2 政策执行力

2006年，国务院政府工作报告中明确提出"建立健全行政问责制，提高政府执行力和公信力"，这是"政策执行力"这一概念首次被纳入政府工作报告之中。政策执行力的强弱直接关联着政策目标实现的程度。

"执行力"（executive ability）这一概念最初起源于行政法学领域，它描述的是具体行政行为所具备的强制执行的法律效力。随着各学科研究的不断深入，"执行力"这一概念逐渐被引入工商管理研究，成为其中的一个重要组成部分，它指的是企业通过高效利用资源以实现预定目标的能力。具体到"政策执行力"这一概念，其起源可追溯至1973年普雷斯曼和威尔达夫斯基出版的《执行》一书。以此为开端，西方国家掀起了一场声势浩大的政策执行研究运动，众多学者纷纷提出各种政策执行理论，从而形成了与企业执行力有所区别的公共政策执行力的概念。

政策执行力是一个既有大小又有方向的向量，不能简单地将政策执行力定义为"能力"或"效力"。能力只能代表大小不能代表方向，公共政策执行力的核心其实是方向，执行能力强未必政策执行力一定就高，因为执行能力强并不代表会充分执行，着力点把握不好能力再高其执行力也会很低。因此，政策执行力既包括能力大小，也包括是否按照政策目标规定的方向正确执行。

因此，本教材对公共政策执行力的界定是：公共政策执行力是指政策执行者通过准确把握政策目标及其方向，设计执行方案，有效调度和配置相关资源，并运用政策工具，以实现政策目标并最终解决社会问题的能力及其成效。简而言之，它代表了公共政策得以有效实施的能力。

高效的政策执行力需具备两个核心要素：其一，需拥有高水平的政策执行能力，即能准确理解政策内容和精神，并能迅速有力地调度、使用和配置政策执行所需的资源和工具；其二，必须取得显著的成效，即政策执行必须产生良好的实际效果。这两个要素相辅相成，缺一不可。

8.1.4 政策执行的资源与手段

8.1.4.1 政策执行的资源

政策执行资源指政策执行主体在实施既定政策过程中所必须具备的客观与主观条件，是确保公共政策得以有效执行的基础性要求。公共政策执行的过程，本质上是一个社会公共资源的流通与运用过程，这一过程必然伴随着一部分公共资源的消耗，以完成公共政策的执行任务。因此，公共资源消耗与流转的数量及质量，便成为衡量公共政策执行可行性及其执行效果优劣的关键因素。对公共政策执行资源进行深入分析，不仅有助于进行公共政策执行成本收益分析，还有助于加强公共政策执行的准备与实施工作。

具体而言，公共政策执行资源主要包含以下几个方面：

（1）财物资源

公共政策的有效执行离不开必要的财物资源投入。经费的充裕与物资设备的完善，是公共政策执行任务得以圆满完成的重要基石。公共政策执行的经费直接源自国库拨付与国家预算，充足的经费与优质的物质设备供给，构成了公共政策执行的必要投资与重要条件。然而，财物资源的调配与供给并非无限制，必须在国民经济发展水平和国库供给能力的基础上，注重"节流"，加强成本效益分析，严格控制公共政策执行的经费开支，实现廉洁高效的公共政策执行。

（2）人力资源

人力资源在公共政策执行中扮演着双重角色，既是执行的主体，也是执行的对象。公共政策执行所需的人力资源供给应依据具体政策执行的情况来定制，首先，公共政策执行的专业技术程度应符合要求。对于高度专业化的公共政策执行，应当选拔那些专业对口且符合技术层次要求的人才，若专业不匹配或技术层次不配套，则无法充分发挥人才潜力，反而会造成资源浪费，并挫伤人员的积极性。其次，公共政策执行组织的结构要求也是一个重要考量。这主要体现为应建立具有团队精神的组织，要求组织在年龄、性别、专业、能力、性格、气质等方面实现优化配置，从而打造出一支能够取长补短、相得益彰、团结和睦且功能强大的执行队伍。最后，公共政策执行人员的一般素质要求同样不容忽视。除了专业技术这一特殊要求外，执行人员还需在政治态度、知识、能力、心理等方面具备一般素质。这些素质共同构成了公共政策执行人员综合素质的重要组成部分。

（3）信息资源

公共政策的有效执行离不开充足的信息资源、准确的信息加工、畅通的传播渠道及全面的信息产出。具体而言，充足的信息资源指的是公共政策执行主体所获取的公共政策信息及相关信息的丰富程度。若信息不充足，执行主体便难以准确理解公共政策的基本内涵，也无法根据实际情况科学制订执行计划。准确的信息加工则要求公共政策执行主体对公共政策有准确的认知。畅通的传播渠道指公共政策的宣传方式、手段、路径等的畅通与有效性。全面的信息产出则是指公共政策执行主体向目标群体提供的政策信息需具备真实性与完整性。

（4）权威资源

从本质上说，公共政策执行是对公共资源的权威性分配过程。缺乏权威即意味着失去了进行公共资源分配的权力与资格。权威之所以能成为重要的政策资源，是因为其具备以下功能：①权威是下属表示顺服、诚心接受并执行某项指令的影响力；②享有权威的人或机构通常具备某方面的专长，能在政策执行上提供丰富的经验与专业知识指导；③权威是工作指派、工作指示及工作控制的基础，而这三者正是实现有效执行的前提条件。公共官员凭借政府权力能够进行核心指导与控制，意味着其有能力动员有效的惩罚措施来阻止拒不合作的行为，并执行管理规划以开发共同财产资源或生产公益物品。德国社会学家马克斯·韦伯指出，权威存在三种类型：传统型权威、魅力型权威及法理型权威。在民主法治社会背景下，公共政策执行的权威属于法理型权威，即权力的法定性。公共政策执行主体必须依法定权力执行政策，不得越权或侵权。同时，执行主体也应以身作则，率先垂范，通过增强个人的领导魅力，树立良好的政府形象，提高自身的知名度，以获得公众的信任与拥护，从而确立实际权威。

（5）制度资源

制度作为一套完整且系统的办事准则与程序，准确反映并体现了公共政策执行的内在规律，公共政策执行制度主要由组织制度、领导制度、人事制度、办公制度、检查监督制度及岗位责任制度等核心要素构成。这些制度是确保公共政策得以依法贯彻执行，以及政策执行过程保持相对稳定和程序化的基本保障，也是对公共政策执行主体的权利进行法律保护，并对其行为责任进行法律约束与监督的基本要求。

拓展阅读8-2

8.1.4.2 政策执行的手段

政策执行手段是指政策执行机关及其执行者为完成一定政策任务，达到特定政策目标，而采取的各种措施和方法。政策执行手段的恰当与否直接关系到政策目标能否顺利实现，政策执行活动的复杂性决定了政策执行手段的多样性。概括说来，政策执行手段主要有以下几类：

（1）行政手段

行政手段主要依托行政组织的权威，通过行政命令、指示、规定及规章制度等行政方式，遵循行政系统、行政层次和行政区划的框架来实施。

行政手段具备以下显著特性：

①权威性。行政手段的实施主体为上级政府机关或上级领导，其作用对象则是下级政府机关或工作人员。这种手段强调的是垂直领导与下级服从上级的关系，依靠强制性的权威来确保国家的各项方针、政策得以准确无误、坚决有力地推行和落实。

②强制性。这种强制性体现在行政组织体系在思想上、纪律上要服从集中统一的意志。行政主体所发布的命令、规定、条例等都必须得到执行，有时甚至是无须

考虑价值补偿问题的无偿性服从，更有甚者要求绝对服从。这种强制性与法律所具有的普遍约束力有所不同，它允许在特定情况下的灵活处理。在政策执行中使用行政手段有助于实现协调统一、令行禁止，尤其适用于解决一些特殊的、紧迫的、突发性的问题，有助于扭转政策执行中的不利局势，确保政策的顺利运行。

（2）法律手段

法律手段是指通过各种法律、法令、法规、司法、仲裁工作，特别是通过行政立法和司法方式来调整政策执行活动中各种关系的方法。法律手段所依靠的不仅仅是国家正式颁布的法律，同时也包括国家各类管理机构制定和实施的各种类似于法律、具有法律效力的规范。法律手段除了与行政手段一样具有权威性和强制性外，它还具有稳定性和规范性的特点。稳定性是指法律法规一经国家立法和行政机关颁布，就将在一定时期内生效，不会经常变动，更不允许任何机关、社会团体和个人随意更改。法律法规的修订必须根据客观形势发展的要求，由国家立法和行政机关遵循立法程序进行。规范性是指法律法规对一般人普遍适用，对其效力范围内的所有组织和个人具有同等的约束力。

法律手段是政策执行活动得以顺利进行的根本保障。依法行政、依法管理不仅彰显了权威性，还体现了科学性和客观性。唯有运用法律手段，方能消除阻碍政策目标实现的各种干扰，确保政策执行活动有法可依、有章可循，从而有利于政策的顺利实施。法律手段的应用范围广泛，尤其适合解决那些共性问题，在处理特殊的、个别的问题时，还需与行政手段等其他手段相互补充，以达到最佳效果。

（3）经济手段

经济手段是指根据客观经济规律和物质利益原则，利用各种经济杠杆，调节政策执行过程中的各种不同经济利益之间的关系，以促进政策顺利实施的方法。经济手段运用价格、工资、利润、利息、税收、资金、罚款以及经济责任、经济合同等来组织、调节和影响政策执行者和政策对象的活动。

经济手段有如下三个特性：

①间接性。它不像行政手段那样是直接干预，而是利用经济杠杆作用对各个方面的经济利益进行调节来实行间接控制。

②有偿性。与行政手段下的无偿服从不同，经济手段的核心在于贯彻物质利益原则，注重等价交换原则，"有偿交换、互相计价"是其主要规则。有关各方在获取自己经济利益的权益上是平等的。

③关联性。一种经济手段的变化不仅会引起社会多方面经济关系的连锁反应，而且会导致其他各种经济手段的相应调整，它不仅影响当前，而且会波及今后。

实践表明，政策执行的过程中，唯有准确贯彻物质利益原则，遵循客观经济规律，并运用经济手段来协调各方面的经济利益，将政策实施的任务与物质利益紧密相连，且以责、权、利相统一的形式加以固定，才能间接地规范个体行为，赋予其内在的驱动力，充分调动人们执行政策的积极性与主动性，强化政策的效力，确保政策目标得以顺利实现。值得注意的是，各种经济手段的功能各具特色。在实际应用中，应根据具体情况灵活选择适当的经济手段，切不可一概而论，更不能盲目套用。同时，在政策执行的过程中，还应注重将经济手段与行政手段、法律手段相结合，以实现更佳的执行效果。

（4）说服引导手段

相较于行政手段、法律手段和经济手段，说服引导手段展现出较低的强制性特征，因此更容易被政策对象所接受，成为一种有效的执行方式。在政策执行中，耐心说服与正确引导是有效的方法之一。官员向公众解释和证实特定计划，这一行为恰恰体现了政府试图说服公众遵守这些计划的意图。它们对于提升政策目标群体的政策认知、增强政策认同感具有显著作用；相反，简单粗暴、独断专行的执行方式则往往会导致政策对象的反抗。针对政策目标群体的思想问题，政策执行人员应遵循其思想发展规律，采取循序渐进、耐心说服的引导方法，特别是要向他们深入阐明道理，全面分析利弊，权衡得失，使他们真正认识到所推行政策蕴含的价值与他们自身的利益息息相关。这样，可以加深政策目标群体对政策的认识和理解，引导他们自觉、主动地执行公共政策。

（5）技术手段

技术手段是改进政策执行方式与提升执行效率的重要途径，主要依托于网络技术、信息技术等现代化科学技术来实现。当前，政策执行领域所采用的技术手段丰富多样，其核心目的在于增强执行的效率、准确性与透明度。大数据分析在政策执行中发挥着越来越重要的作用。政策制定者可以利用大数据分析工具从社会经济、人口、环境等多个方面收集、整理和分析相关数据，从而制定出更贴近实际需求的政策。它还可以帮助政策执行者实时监测政策执行的效果，及时发现问题并进行调整。区块链技术为政策执行提供了安全保障，政策制定者可以使用区块链技术加强政策的透明度和公正性，确保政策的实施过程不被干扰或篡改。此外，物联网技术也为政策执行提供了便利。通过物联网技术，政策执行者可以实现对政策执行过程的实时监控和调控。例如，利用物联网技术监测交通拥堵情况，政府可以及时发布相关政策以缓解交通压力；通过安装传感器监测空气质量、水质等环境指标，政府可以实时了解环境状况，并根据数据进行有针对性的治理；政府可以通过数字化平台和移动应用发布政策信息、收集公众意见、提供在线服务等，提高政策传播的效率和公众参与度。

8.1.5 政策执行研究的路径演进

8.1.5.1 自上而下的研究途径：上层决策者主导

自上而下模式的核心假设在于，政策决策源自中央政府，它凸显了政策制定者的卓越地位，并要求政策执行者严格遵循上级指示，忠实执行政策制定者的意图，以达成预定的政策目标。此模式一方面着重于命令的连贯性和上级的掌控能力，另一方面则主张政策制定者应理性地设计政策执行的框架与规范。正因如此，该模式又常被称作理性执行模式。在此模式下，政策执行被视为一个自上而下的线性流程，其中政策指令需尽可能无偏差地转化为具体项目活动，并主要聚焦于政策执行失败的两个主要根源：一是政策内容本身存在问题；二是执行机构及其人员无法准确有效地执行政策。

自上而下模式有局限性，其研究焦点主要集中于公共政策制定者，侧重于考察他们的行为表现，并分析他们如何有效地将公共政策转化为实际行动。持批评态度的学者认为，这种模式背后隐藏着科学管理理论，即泰勒主义的影响。这种所谓的规范性执行理论仅仅将政策执行者视为机械的执行者，认为他们只是盲目服从命令，缺乏独立思考和反抗意识。然而，根据组织行为理论，工作人员的动机、意愿和态度都是影响执行效率的关键因素。因此，这一阶段政策执行研究忽视执行者的内心世界和价值观的做法无疑是一种重大的失误。

8.1.5.2　自下而上的研究途径：基层实施者优先

第二代政策执行研究是在对第一代政策执行研究进行批判与发展的基础上逐步建立起来的，并将关注点聚焦于执行层面，从针对特定问题进行互动的多元行动者角度切入，深入分析他们如何对政策目标产生影响，如何实现政策的调整并重新塑造公共政策。这一模式强调政策制定与政策执行之间的功能互动性，主张政策执行者与政策制定者应通过协商达成共识，以实现最终的政策目标，二者之间形成平行且互动的合作关系。该模式还主张应赋予基层实施者或地方执行机构必要的自由裁量权，使其能够在特定的政策背景下灵活应对复杂问题。上层政策制定者的核心任务并非设定政策执行的框架，而是为基层实施者或地方执行机构提供一个充分的自主空间，使其能够采取适当的权宜措施，重新构建一个更加适应执行环境的政策执行过程。

自下而上模式对自上而下模式的焦点偏差进行了纠正，开始将研究重点转向政策过程中的利害关系人。然而，有批评者指出，尽管自上而下模式确实存在过分关注中心而忽视边陲的问题，但自下而上模式却走向了另一个极端，即过分强调边陲而忽视了中心，表现出一种矫枉过正的倾向。同时，自下而上模式对基层实施者在政策执行过程中所扮演的角色给予了过高的肯定，强调了他们的影响力。然而，基层实施者的行为对政策目标的贡献并不一定是"积极的"。与自上而下模式相比，自下而上模式过于强调或高估了地方和基层的目标、策略与行动能力，却忽略了民主政治系统中的政策指导与政治责任的归属问题。

8.1.5.3　两种途径的整合：多层面复杂互动

自上而下与自下而上这两种研究途径均各有其优势与不足。它们在某种程度上之所以显得针锋相对，主要是因为各方为了论证自身观点，人为地将对方视为假想敌，从而忽视了两者间相辅相成的潜在关系。这种状况导致双方的研究均难以摆脱狭隘的视角，进而难以取得实质性的进展。自20世纪80年代中期起，部分学者开始以理性的态度分析和审视先前的研究，致力于将这两种不同的研究取向进行整合，期望在政策执行研究领域取得新的突破。至此，政策执行研究迈入了整合型研究的新阶段。

持整合型研究取向的学者们已经清醒地认识到影响政策执行的变量在因果关系上的复杂性和政策执行的动态性，以及政策执行结果的多样性，为此他们引入了更系统、科学的研究方法来说明政策执行，具体包括以下方面：

（1）重视跨学科的合作与综合

政策执行研究不再局限于政治学或行政学的单一视角，而是广泛吸纳社会学、经济学、心理学、管理学等多学科的知识和方法，形成了跨学科的研究框架。这种综合视角有助于深入剖析政策执行过程中的复杂机制，揭示不同因素之间的相互作用。

（2）强调实证研究与案例分析的结合

为了更准确地理解政策执行的实际过程，学者们不再满足于纯粹的理论推演，而是更加注重通过实地调查、访谈、观察等实证研究方法收集一手资料。同时，结合具体政策案例的深入分析，使得研究结论更具说服力和实践指导意义。

（3）关注政策执行的情境性与本土化

整合型研究强调政策执行不仅是一个技术过程，更是一个深受社会、文化、历史等情境因素影响的过程。研究者们开始重视不同国家和地区政策执行环境的独特性，探索符合本土实际的政策执行模式和策略。

（4）倡导政策执行的学习与适应机制

在认识到政策执行过程的动态性和不确定性后，整合型研究鼓励建立灵活的政策调整和学习机制，强调政策执行者应根据执行反馈和效果评估不断调整策略，以实现政策目标的优化。这不仅提高了政策执行者的学习能力和适应性，也促进了政策执行理论与实践之间的持续互动与创新。

8.2 国外政策执行的理论模型

自20世纪70年代起，政策执行运动逐渐兴起，这一领域也成为政策科学研究中的一个重要议题。中西方学者们从不同角度对执行过程进行了深入探讨，并提出了相关理论。他们系统地研究了影响公共政策有效执行的多种因素及其相互关系，构建了相应的政策执行理论模型，提出了研究政策执行的主要途径，极大地丰富了政策科学的研究范畴，并为我们深入理解政策执行的过程、影响因素及优化策略提供了重要的理论基础。

8.2.1 政策执行过程模型

美国学者托马斯·史密斯在其1973年发表的《政策执行过程》一文中，较早地提出了政策执行的过程模型,该模型也被称作"史密斯模型"。史密斯指出,政策执行的核心过程涉及四个主要因素:理想化的政策构想、目标群体、执行机构以及环境因素(如图8-1所示)。公共政策作为政府有意识的行为,其本质在于改变既有的问题处理方式或创立新的处理方式,这势必对受政策执行影响的个体或群体原本相对平衡的关系造成冲击,进而可能在他们之间引发紧张态势、争议乃至冲突。因此,政策执行必须持续考量其所面临的种种限制、压力及紧张状况,实质上,政策执行也是一个对这些限制、压力及紧张状况作出回应的动态过程。

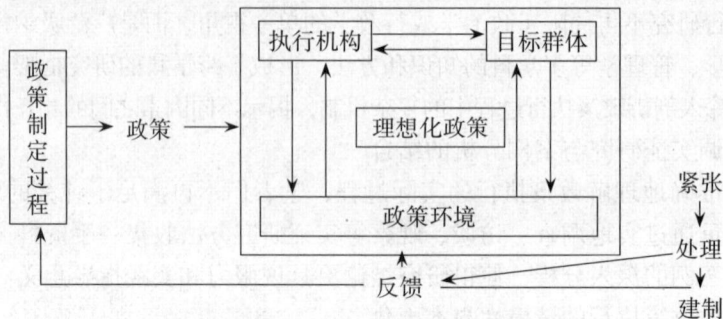

图8-1　史密斯的政策执行过程模型

第一,理想化的政策,即指那些被认为合理且正确的政策。政策制定者在设计政策时,力求使各种执行要素能够相互作用,以达到一种理想化的状态。这包括政策的具体形式、类型、渊源、适用范围,以及社会对该政策的认知与理解。

第二,目标群体,即政策对象、政策的直接影响者,指由于某项政策实施而调整自身行为的群体。

第三,执行机构,指负责政策执行的政府行政机构和组织。

第四,政策环境,包括政治、经济、文化、社会等多方面影响政策执行的因素,构成了政策执行的约束性通道。[①]

史密斯所建构的过程模型一方面确定了影响政策执行的因素,指出政策执行是一种涉及众多变量且内容极其复杂的活动过程;另一方面,为政策执行过程提供了理论解释。该模型提出,反馈是政策执行过程的重要组成部分,它表明政策执行是一个连续过程,存在持续的互动和调适。史密斯模型中政策执行的过程就是从紧张状态经过处理而达到协调缓和状态。处理时,如果发生问题,那么立即"反馈";如果没有问题出现,则进行"建制",然后再间接予以"反馈"。该模型认识到反馈对于政策执行具有重要影响,但它仅着眼于认知和解释,没有就如何运用反馈机制改进政策执行做进一步探索。

8.2.2　政策执行综合模型

该模型由美国政策学者萨巴蒂尔(P. Sabatier)和马兹曼尼安(D. Mazmanian)

---

① SMITH T B. The policy implementation process [J]. Policy Sciences, 1973, 4 (2): 197-209.

提出，他们是较早对政策执行过程中的变量进行系统研究的学者。他们认为，在政策执行过程中起主要作用的变量可以归纳为政策问题的可处理性、政策本身的规制能力、政策外部因素。

政策问题的可处理性是指政策问题本身是否具备可解决的特性，主要包括项目的技术复杂度、目标群体行为的多样性、目标群体规模以及目标群体行为需要调整的程度。

政策本身的规制能力是指政策在执行过程中能够有效规范的能力，主要涵盖了政策本身具备充分的因果逻辑、明确的政策指令、充足的财政资源、执行机构间及机构内部的层级整合程度、执行机关的决策规范、政策执行者对政策指令的认同度以及外界人士参与的机会与途径。

政策外部因素是指那些存在于政策之外，但足以影响政策执行的因素，主要包括经济与技术环境、媒体对问题的持续关注、公众的支持度、赞助团体的态度与资源投入、监督机关的支持程度以及执行者的热情与领导能力等。

在萨巴蒂尔和马兹曼尼安构建的研究框架中，自变量被分为三大类，共计17项（如图8-2所示）。因变量则是政策执行过程中的各个阶段。若将政策执行过程分阶段描述，则主要包括执行机构的政策产出、目标群体对政策产出的服从程度、政策产出的实际影响、政策产出的认知影响以及政策的调整与修正。无疑，自变量会对因变量产生影响，而政策执行综合模型的核心目的就是要分析自变量对因变量的影响程度。①

基于上述分析，萨巴蒂尔和马兹曼尼安归纳了确保公共政策得以有效执行的六大条件：

第一，立法机构或其他决策部门需制定明确且一致的政策，并为解决目标冲突提供切实可行的准则。

第二，立法机构应构建一种合理的理论框架，该框架能够识别主要的影响因素及其与政策目标之间的因果联系，并赋予执行官员充分的权力以实现这些目标。

第三，立法机构所设计的执行程序应尽可能促使执行官员和目标群体按照既定方式行事，这包括为相关机构分配任务、提供辅助性的决策规则、充足的财政资源以及畅通的沟通渠道。

第四，执行机构的领导者应具备充分的管理和政治技能，并能忠实执行法定的政策目标。

第五，在执行过程中，该项目应获得一些利益集团和关键议员的支持，而法院至少应保持中立态度。

第六，随着时间的推移，政策目标不应因相冲突的政策目标出现而降低其重要性，也不应因社会经济、技术的变化而削弱其因果理论的效力。

① SABATIER P，MAZMANIAN D D．The implementation of public policy：a framework of analysis［J］．Policy Studies Journal，1980，8（4）：538-560．

政策问题的可处理性

1. 项目的技术复杂度
2. 目标群体行为的多样性
3. 目标群体规模
4. 目标群体行为需要调整的程度

政策本身的规制能力

1. 政策本身具备充分的因果逻辑
2. 明确的政策指令
3. 充足的财政资源
4. 执行机构间与机构内部的层级整合程度
5. 建构执行机关的决策规范
6. 政策执行者对政策指令的认同度
7. 安排外界人士参与的机会与途径

政策外部因素

1. 经济与技术环境
2. 媒体对问题的持续关注
3. 公众的支持度
4. 赞助团体的态度与资源投入
5. 监督机关的支持程度
6. 执行者的热情与领导能力

执行过程的各阶段

执行机构的政策产出 → 目标群体对政策产出的服从程度 → 政策产出的实际影响 → 政策产出的认知影响 → 政策的调整与修正

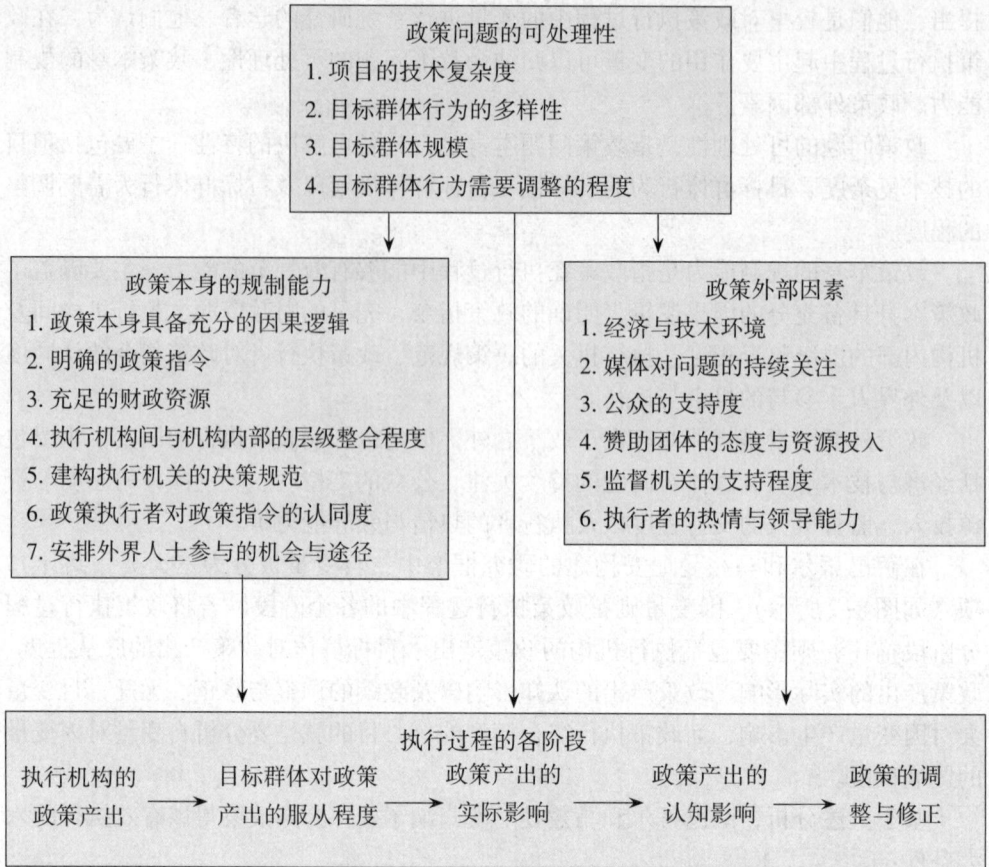

图8-2　萨巴蒂尔-马兹曼尼安的政策执行综合模型

8.2.3　政策执行府际沟通模型

1990年，高金在其著作《政策执行理论与实务：迈向第三代政策执行模型》中首次提出了"政策执行府际沟通模型"。高金指出，政策执行是一个极为复杂的过程，它涉及一系列在不同时间与空间发生的政治与行政决策及行动。因此，高金主张，政策执行的研究不应忽视对各层次执行动态层面的探讨。其提出的"政策执行府际沟通模型"正是聚焦于政策执行的动态过程。

该模型的构建基于以下假设：第一，中央政府与地方政府之间存在冲突或合作的关系；第二，州政府拥有自主裁量权，能够对联邦计划的内容进行解释，或充分理解地方政府亟须解决的问题；第三，在不同的时间或不同的管辖权下，政策执行的模式会有所不同。

"政策执行府际沟通模型"实现了"自上而下"与"自下而上"两种研究路径的有效整合（如图8-3所示）。实际上，大多数政策的执行均需借助不同层级政府和各类机构的共同努力方能得以实施。在此模型中，"中间层"的执行过程不仅受到来自"上级"的诱因与制约因素的影响，还受到来自"下级"以及本级自身的诱因与制约因素的共同作用。该模型深入分析了跨多级政府的政策执行过程，有效弥补了政策执行研究领域的不足。①

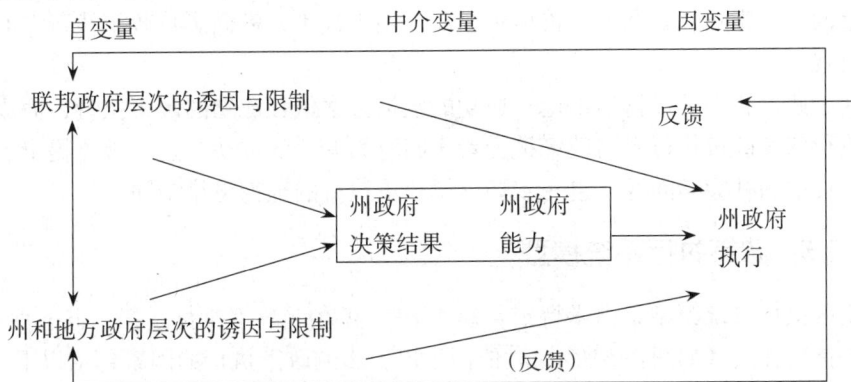

图8-3 政策执行府际沟通模型

8.2.4 政策执行互动理论模型

自下而上模式的另一位具有代表性的人物是美国政策学家麦克拉夫林（M. McLaughlin），他在1976年发表的《互相调适的政策实施》一文中提出，政策执行过程本质上是一个互动过程，涉及执行组织与受影响者之间在目标与手段上的相互调整和适应。其有效性在很大程度上取决于这两者间相互调适的程度。图8-4展示了一定环境下两者的互适过程及与政策的关系。

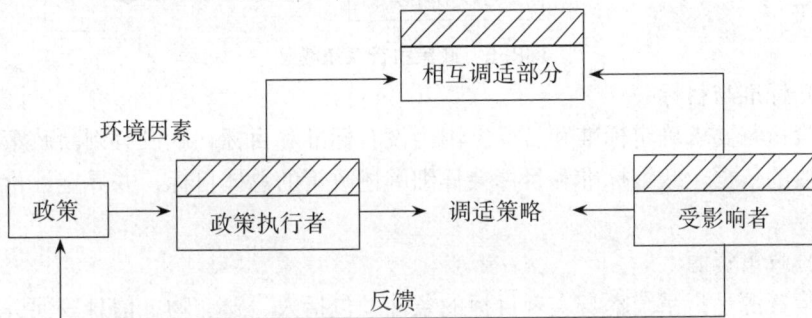

图8-4 政策执行互动理论模型

麦克拉夫林的政策执行互动理论模型主要包含以下四个方面：

第一，政策执行者与受影响者之间的利益需求和观念往往存在差异。基于各自在政策上的利益考量，双方必须妥协，放弃或调整自身立场，以寻求一种双方均可接受的政策执行方式。

第二，政策执行者的目标与手段具有一定的灵活性，可以根据环境或受影响者

① GOGGIN M L，BOWMAN A O，LESTER J P，et al. Implementation theory and practice：toward a third generation ［M］. Chicago：Scott，Foresman/Little，Brown，1990：32.

的需求和观念的变化而调整。

第三，这一互动过程是一个平等的双向沟通过程，而非第一代政策执行理论研究者所认为的那种"上级命令、下级执行"的单向流程。

第四，受影响者的利益和价值观会反作用于政策，进而影响政策执行者的利益和价值观。

基于此，我们可以得出结论：成功的政策方案依赖成功的政策执行，而成功的政策执行依赖政策执行者与政策接受者之间行为调适的成功。这一观点提出了政策执行过程中的社会学问题，进一步拓展了政策执行的理论思维空间。①

8.2.5　政策执行系统模型

政策执行系统模型是由米特与霍恩于1975年在《政策执行过程：概念性框架》一文中首次提出（如图8-5所示）。他们指出，影响政策执行的因素包括以下方面：

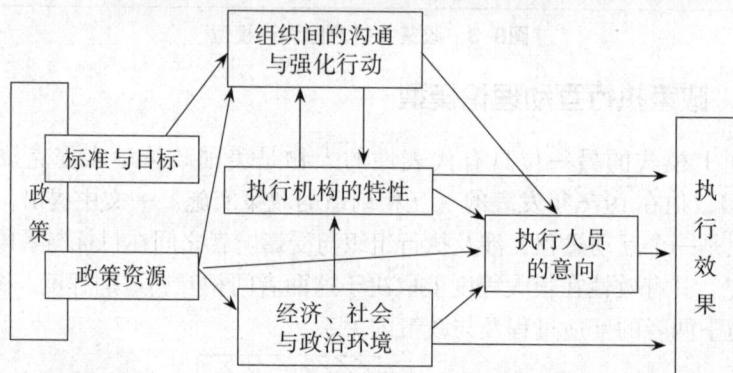

图8-5　政策执行系统模型

（1）标准与目标

政策执行要求确定标准和目标，因为没有标准和目标，就没有判断政策执行成功或失败的依据。政策标准和目标会详细阐述政策的总体目标，并界定评价政策绩效的标准。

（2）政策资源

政策资源是指系统本身实现目标的条件，包括人、财、物、信息等促进政策有效执行的资源。如果政策执行时缺少相应的资源，那么政策执行就无法顺利开展。

（3）组织间的沟通与强化行动

至关重要的是要关注标准和目标的明确性、与执行者沟通的准确性以及它们之间行动的一致性。成功的执行往往需要制度化的机制和程序，上级和下属通过各种信息来源进行交流。强化行动体现为上级有比较标准的人事权力，如招聘和选拔、分配和调动、晋升以及解雇。

---

① 桑玉成，刘百鸣. 公共政策学导论［M］. 上海：复旦大学出版社，1991：241.

（4）执行机构的特性

这包括组织的正式结构特征、人员的非正式属性以及执行机构与其他参与者联系的政策传递系统。

（5）经济、社会与政治环境

这主要包括：

① 执行机构内是否有可用的经济资源。

② 政策执行在多大程度上（以及如何）影响占主导地位的经济和社会环境。

③ 舆论的性质是什么，与政策问题的相关性有多显著，精英们赞成还是反对政策的实施。

④ 执行管辖区（或组织）的党派性质是什么，是否有党派反对或支持政策。

⑤ 私人利益团体在多大程度上支持或反对该政策。

（6）执行人员的意向

实施者反应的三个要素可能影响他们执行政策的能力和意愿：他们对政策的认知（理解、不理解）、他们对政策的反应方向（接受、中立、拒绝）以及反应的强度。执行人员对标准和目标的处置方向也是至关重要的，同时，执行人员的处置强度可能影响政策的执行。

（7）模型组件之间的假设联系

虽然模型以静态的方式呈现，但要认识到执行过程的动态特征是至关重要的。政策的标准和目标对执行效果的影响是间接的，它对因变量的影响是以其他变量为中间变量的。显然，公共服务的提供将受到向执行人员传达标准和目标的方式以及在何种程度上标准和目标有助于监督和执行的影响。执行机构（或组织）的经济、社会和政治环境将影响执行机构的性质、执行者的态度和执行本身，执行机构的若干特点会影响其人员的部署，沟通网络的性质、层级控制的程度和领导风格都会影响个体对组织标准和目标的认同，根据实施机构的定位，会促进或阻碍政策的有效执行。①

8.2.6　政策执行循环模型

1978 年，美国政策学家马丁·雷恩与佛朗西·F.拉比诺维茨共同提出了政策执行循环模型（如图 8-6 所示）。在该模型中，他们将政策执行过程划分为三个核心阶段：纲领发展阶段、资源分配阶段及监督阶段。

纲领发展是指将立法机关的意图转化为行政机关执行政策的具体规范和行动纲领的过程；资源分配则是指将政策执行所需的资源合理地分配给执行者的环节；监督阶段则涉及对政策执行过程与成果进行评估，以确定执行者应承担的行政责任，具体包括监督、审计和评估等多种形式。雷恩和拉比诺维茨的政策执行循环模型旨在阐述：政策执行是一个包含纲领拟定、资源分配和监督三阶段不断循环的过程；这三个阶段并非单向流动，而是相互作用、形成双向循环的复杂动态过程；这种循

① VAN METER D S, VAN HORN C E. The policy implementation process: a conceptual framework [J]. Administration & Society, 1975, 6 (4): 445-486.

环不仅具有周期性，而且政策执行的循环过程也必然受到环境条件的影响和冲击。这些环境条件主要包括三类因素：目标的显著性、程序的复杂性，以及可利用资源的性质与层次等。[①]

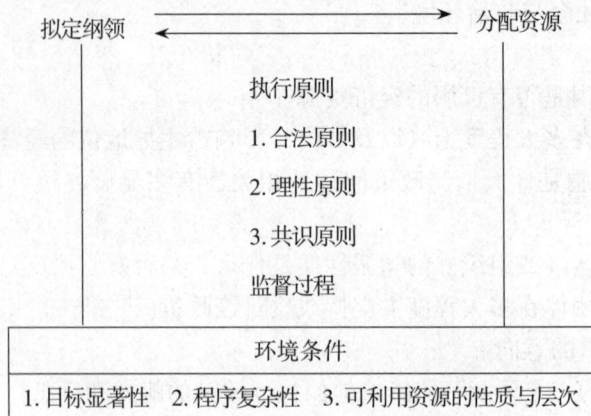

图8-6　政策执行循环模型

8.2.7　迈克尔·李普斯基的基层官僚理论

迈克尔·李普斯基（Michael Lipsky）在1969年发表了一篇题为《建立一种街头官僚理论》的文章，首次提出了街头官僚的概念，全面介绍了街头官僚理论。他的观点在政策执行研究领域产生了重要影响，他也因此被视为自下而上模式的主要代表人物之一。

传统公共政策理论模型假定，政策是上级选择下级执行的，李普斯基不同意这种观点，他主张街头官僚在政策执行中扮演着决定性的角色。通过对政策制定与执行过程的深入考察，他进一步强调了街头官僚的关键性作用。在执行政策的过程中，街头官僚实际上拥有广泛的"自由裁量权"，因此，他们不仅仅是执行政策选择，更是在实际操作中作出了政策选择。

所谓街头官僚，主要指那些在执行公务时直接与公众互动，并拥有实质性裁量权的公职人员。当一公共服务机构中，此类街头官僚占据较大比例时，我们可将其称为"街头官僚机构"（street-level bureaucracies）。典型的街头官僚包括教师、警察及其他执法人员、社会工作者、法官、公共律师及法院其他工作人员、卫生工作者以及在政府项目中提供服务的其他公职人员。与高级别的领导干部相比，街头官僚面临着相似的工作环境，他们位于金字塔式科层体系的最底层，权力有限，地位较低，甚至薪资待遇也相对偏低，且职业晋升渠道十分有限。

街头官僚工作的一个核心特征是直接与公民打交道，运用一定的自由裁量权对公民进行赏罚决断，其工作通常直接构成政府机关的产出，可被公民服务对象看

---

① 桑玉成，刘百鸣.公共政策学导论［M］.上海：复旦大学出版社，1991：242.

到、接触到和体验到。街头官僚提供奖励和进行惩罚的方式，建构和设定了公众的生活和机遇。这些方式规定了人们行动的社会（和政治）环境。因此，每当公众的福利增加时，国家的影响力和控制力也会得到相应的扩张。作为公共利益的供给者和公共秩序的维护者，街头官僚是政治论争的焦点。他们常常在两种诉求中被撕扯：一边是服务对象对提高服务有效性和回应性的诉求；一边是公民团体对提高政府服务效能和效率的诉求。

政策执行的基层官僚常是造成政策是否能有效传达或能否取得效果的关键因素之一。李普斯基认为，影响基层官僚政策执行质量的因素是多方面的，主要包括自由裁量权的大小、抵制的资源、预算的资源、机构的目标、个人的目标、评估的标准、与顾客的关系、当前的政治气候、顾客的服务需求、顾客的政治权力、顾客从服务中受益的概率估计。李普斯基指出，如欲使政策执行发生效果，最关键性的工作在于充分掌握基层官僚的意向、态度与行为，也就是说，基层官僚只有兼具质与量才能使政策的推动更贴近政策目标。[1]

8.3　中国政策执行理论模型

不同国家的政治、经济、文化和社会背景存在差异，国外政策执行理论模型难以完全贴合中国的实际情况，从而限制了其在中国政策执行过程中的适用性和有效性。鉴于此，中国学者在借鉴国外理论成果的基础上，结合中国国情和政策执行实践，进行了深入的理论探索和创新。

8.3.1　政治势能模型

在中国政策执行过程中，政治权威的高位推动发挥了重要作用。贺东航和孔繁斌提出政策执行的政治势能模型，认为政治势能是影响政策执行的一个关键变量。[2]他们区分了执政党和政府系统，用以刻画执政党在推进政策执行中的独特功能。研究发现，在中国治理领域中，不同层级的公共政策发文单位展现出了差异化的"政治势能"。地方政府有能力识别出一项政策所蕴含的"政治势能"，并根据其势能的高低，相应地调整执行策略。

政治势能推动公共政策执行的理论框架如图8-7所示。政治势能主要通过"党的领导""构建权势""借势成事"发挥作用。在各级政权中党组织发挥总揽全局、协调各方的作用，政策执行需要通过党的领导来产生凝聚力，推进跨部门协同。党

① LIPSKY M. Toward a theory of street-level bureaucracy [C]. Annual Meeting of the American Political Science Association, 1969: 48-69.

② 贺东航，孔繁斌. 中国公共政策执行中的政治势能——基于近20年农村林改政策的分析 [J]. 中国社会科学，2019 (4): 4-25; 204.

政联合发文的方式有助于将公共政策提升至党的议题层面，成立专门的领导小组，构建相应的权势结构，以提升公共政策的重要程度。这一过程会释放明确的政策信号，并以任务为导向进行具体的工作分工与资源整合。当党中央发出明确的政策信号时，地方官员能够迅速察觉并作出响应，从而有效推动政策的实施与落地。

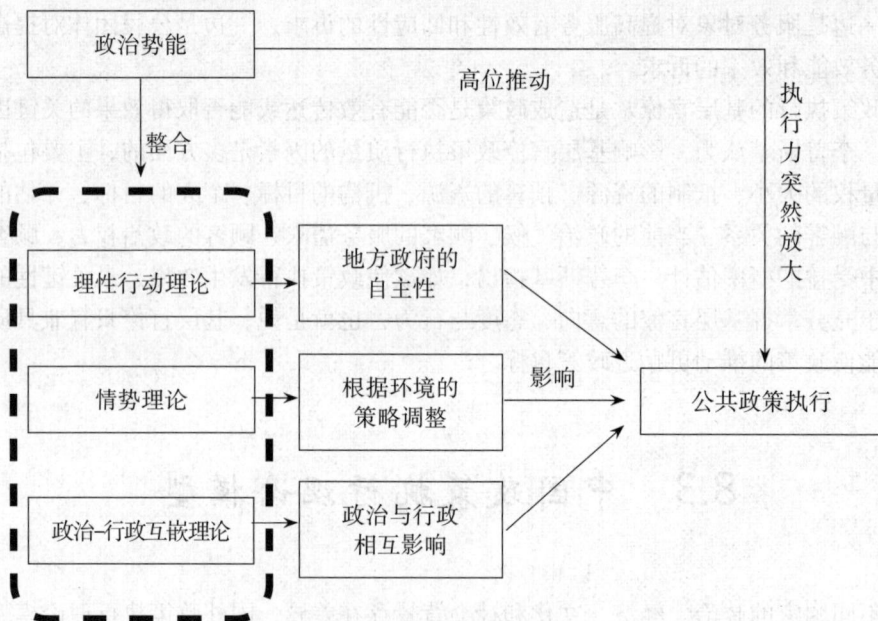

图8-7 政治势能推动公共政策执行的理论框架

政治势能模型揭示了中央政府的重视程度对政策执行效果的显著影响。当中央重视程度不足，弱政治势能与弱激励机制模式占据主导地位时，政策变现能力低下，表现出中央不重视、地方难以突破的局面。而当政治势能增强时，强政治势能与弱激励机制模式形成，政策变现能力显著提升，呈现出中央重视、地方执行但配套激励不足的情况。随着强政治势能与强激励机制模式的凸显，政策变现能力高涨并达到预期效果，展现出中央全面重视、地方积极执行的良好局面。随着主体任务的完成，政治势能随之减弱，但由于强激励机制的持续作用，转变为弱政治势能与强激励机制并存的模式，政策变现回归常态水平。

政治势能并非一种抽象、模糊的主观认知，它在组织结构、正式文件的内容以及仪式性象征中均有所体现。具有政治势能的公共政策，通常超越了一般部门或层级的利益，能够通过党的层面的操作实现政策执行各主体的整合与协调。在中国公共政策领域中，党政联合发文、组建领导小组进行高位推动的政策执行模式是一种常见的现象。

8.3.2 "路径-激励"模型

基于中国政府运行的制度环境，杨宏山分析了单一制与联邦制的环境差异性，根据政策路径的明晰度、激励的强度两个自变量，构建了政策执行的"路径-激

"励"模型（见表8-1）。①

表8-1 政策执行的"路径-激励"分析框架

项目		对地方政府的激励性	
		强	弱
政策路径的明晰性	强	行政性执行	变通性执行
	弱	实验性执行	象征性执行

在政策制定过程中，政策路径涵盖了决策者所设定的政策目标、所采用的政策工具以及用于评估的政策标准，构成了实现预期结果的行动蓝图。公共政策可被划分为两个主要模块：政策价值与政策路径。

政策价值反映了决策者的价值取向，正式的政策文本通常会明确阐述指导原则和基本方向，以此向执行者传达决策者的价值偏好。

对政策路径的阐述则可能有所不同，一项政策可能明确界定其路径，也可能采取模糊处理的方式。当对政策问题的认知及应对策略存在广泛共识时，政策文本会清晰地提出政策目标、政策工具及评价标准。相反，当政策环境充满不确定性、政策执行面临风险时，决策者更倾向于对政策路径进行模糊化处理，为执行者提供更大的自主行动空间。这种处理方式通常被形象地描述为"摸着石头过河"，意味着政策目标、政策工具和评价标准的不明确性。

激励机制是中央政府为促使地方政府执行政策而采用的一系列激励手段，它将地方政府及其官员的预期收益与政策执行及其成效紧密关联。从激励的方向来看，激励机制主要包含正向激励与负向激励两个维度。正向激励旨在通过提升预期收益来奖赏地方政府的遵从行为，具体形式包括财政奖励、就业机会的增加以及政治晋升等。负向激励则通过责任追究机制对地方政府及其官员的不执行行为进行惩处，具体表现为部门问责、官员诫勉谈话、行政处分乃至追究刑事责任等措施。从激励的具体内容来看，激励机制又可划分为政治激励与经济激励两大类。政治激励主要通过行政分权、政治晋升以及问责机制来激发地方政府及其官员的积极性；经济激励则通过财政分权、转移支付优惠政策等手段，使地方政府特别是先行先试的地区获得更多的经济利益。

根据政策路径的明晰性和自上而下的激励强度，政策执行方式被分为四种类型：

第一，行政性执行。当政策路径的明晰性较强，对地方政府的激励性也很强时，地方政府就会采取行政性执行方式，即依托专门机构，全面落实公共政策。

第二，变通性执行。当政策路径较为明晰，执行政策的预期收益较低，即对地方政府的激励性较弱时，地方政府会采取变通性执行方式，对政策进行变通性

① 杨宏山. 政策执行的路径-激励分析框架：以住房保障政策为例 [J]. 政治学研究，2014（1）：78-92.

处理。

第三，实验性执行。当政策路径的明晰性较弱，自上而下的激励力度却很大时，地方政府会采取实验性执行方式。

第四，象征性执行。当政策路径不明晰，并且政策实施的收益很低，即对地方政府的激励性较弱时，地方政府可能做表面文章，采取象征性执行方式。

"路径—激励"模型对于中国地方政府多样化的执行模式具有一定的解释力，并为预测特定政策实施结果提供了独特的分析视角。当政策路径不明确且政策实施的预期收益较低时，地方政府倾向于采取象征性的执行策略。然而，这一理论模型也存在其局限性。即便在相同的激励强度下，针对同一项政策，地方政府的执行结果仍可能呈现出差异性。这种差异性可归因于地方政府内在动机和学习能力的不同，这些因素会影响对政策意图的理解、政策工具的开发与应用，并最终影响政策执行的结果。

8.3.3　"决策删简—执行协商"模型①

决策者面临这样一个政策情景：众多复杂的政策问题、高度受关注的政策议题、必须快速回应和解决问题的压力。在全面推进改革的背景下，大量问题涌入政策议程，但中国政策决策系统并未出现明显的拖沓、停滞、无法达成共识的问题；相反，在众多领域推进改革，展现了快速解决问题的决策优势，地方政府在执行中也是快速响应。

薛澜和赵静注意到中国决策过程中存在缩短决策程序的现象，而执行过程中充满了妥协和权衡，因此提出了"决策删简—执行协商"分析框架。他们认为，这主要依赖决策删简机制重大改革的决策过程非常短暂、迅速，甚至仓促，缺乏方案权衡和分析的过程，并很快进入执行与实施阶段；然后，依赖执行协商机制，在不同部门之间、政府与社会之间增进沟通对话，权衡各方利益诉求，不断细化政策方案，尽可能化解激烈冲突。

"决策删简"是对中国政策制定过程的经验观察和归纳，在面临非常规性政策问题时，行政系统具有迅速决策、迅速部署的特点。在强大的外部压力和有限的时间约束下，在有限的资源条件下，政府系统只能凝练出一个应急性质的政策理念，提出新的政策方向，政策安排非常综合但缺乏细节，决策者将剩余决策权转移给执行系统。政策决策完整过程包括问题界定、议程设置、方案评估、方案抉择、政策执行、政策评估等环节。当面对强大的外部压力时，包括政党以及上级政府的政治压力、公众和媒体的社会压力，政府系统会减少决策环节。决策删简形成的不完备政策方案，需要执行机构承担更多的决策任务，于是政策执行成了权衡利弊的过程。

"执行协商"是指由于决策过程删简，新政策涉及的多方行动主体只能在执行

① 薛澜，赵静. 转型期公共政策过程的适应性改革及局限 [J]. 中国社会科学，2017（9）：45-67；206.

中表达利益诉求，执行机构需要平衡各方利益诉求，制订更为具体的行动方案。这样，政策执行就变成了利弊权衡、方案协商和讨价还价的过程，政策执行过程被逐渐拉长，包含了对决策部分缺失环节的补充。环节可被视为一种修正机制，有助于缓解快速决策可能带来的不利后果。

"决策精简-执行协商"模式不仅能够迅速回应上级政府和公众的关切，还为利益相关者提供了参与协商的空间。尽管决策精简可能导致决策上的偏差，但执行协商作为一种妥协和平衡的机制，使得在复杂情境下的政策执行结果具有不确定性。它既可能缓解快速决策带来的负面影响，也可能削弱其正面效果。尽管决策精简的结果具有不确定性，但它能够带来一定的政策成效，迅速满足政治需求，并形成表面上令人满意的决策安排。同时，执行协商为利益相关者提供了参与的机会。依赖这种"决策删简-执行协商"机制，我国政府既推进了激进改革，也保持了社会稳定。

8.3.4 "学习-适应"模型[①]

政府治理需应对各种复杂局势，包括未知环境、不确定性、价值与利益冲突等多重问题。无论是决策者、政策研究者还是专家，均受限于有限理性，无法预见所有可能出现的局面及各种潜在后果，因此也难以作出最优选择。根据渐进决策理论的观点，决策者倾向于优先处理最为紧迫的议题，并在有限的备选方案中进行比较，而非寻求最佳方案。

王绍光从政策议程的视角提出了"学习-适应"模型，以此来解释20世纪80年代以来我国取得巨大成就的内在原因。他提出，理解改革开放以来的"中国模式"，可从"适应能力""学习模式"两个变量入手。

（1）适应能力

适应能力被定义为在面对由环境变化等因素引发的各类不确定性时，一种制度所展现的在发现并纠正现有缺陷、接纳新信息、学习新知识、尝试新方法、应对新挑战以及改进制度运作等多方面的能力。适应能力对于任何国家而言都至关重要，原因在于人类社会必须面对各种复杂的局势、未知的环境以及价值与利益的冲突。而所有人，包括决策者和专家，都仅具有有限的理性，无法预见所有可能发生的局面以及自身行为的所有潜在后果，因此也无法作出最优的选择。他们所能做的，仅仅是优先处理最紧迫的问题，在不断尝试与错误的过程中，通过比较不同的选项，最终找到虽非最佳但令人满意的解决方案。对于正处于快速转型期的国家如中国而言，适应能力更是尤为重要。

从逻辑层面分析，一种具备强适应能力的体制应当展现出以下几个核心特征：

首先，该体制的结构使得决策者对于新出现的问题、挑战及不平衡状态保持高度敏感，并自觉承担起责任。

---

① 王绍光. 学习机制、适应能力与中国模式 [J]. 开放时代，2009（7）：36-40；26.

其次，决策者坚信，唯有通过实践与实验的途径进行学习，而非盲目照搬外国经验或追逐时尚理论，方能探寻到解决政策与制度难题的有效路径。

再次，在确保政治统一的基础上，该体制在多个领域内允许实施分权式决策，从而为通过分权实践与实验来最大限度地探索解决问题的多样化方式创造了必要的制度条件。该体制既培育了多元化的学习源泉，又保持了整体性的协调一致。

最后，对于从实践和实验中涌现的新事物，该体制在进行集中式纵向推广应用的同时，也允许或鼓励分权式横向推广应用，特别是在决策形成的初期阶段。

（2）学习模式

学习模式被定义为有意识地借鉴特定时间和地点的政策或制度经验，以调整当前时间和地点的政策或制度。在影响治理适应能力的诸多因素中，王绍光强调，学习能力扮演了最为基础性的角色。表8-2中所列的四大类学习模式并非相互排斥，一个国家完全有可能采用多种模式并行学习。体制的适应能力强弱取决于其能否充分利用所有可用的学习模式。

表8-2 **学习模式**

学习的推动者	学习源	
	实践	实验
决策者	1	2
政策倡导者	3	4

这一分析模型认为，改革开放以来中国政府的学习模式发生了很大变化。王绍光以农村合作医疗体制的变迁为例，发现改革开放以来中国不仅向实践学习，还通过政策试验进行学习；不仅注重本土实践，也十分注重吸取其他国家实践中的经验和教训。20世纪80年代以后，小范围进行的干预性试验也成为重要的学习源，旨在通过试验发现有效的政策目标和工具。另外，在政策变迁的过程中，学习的推动者范围逐渐扩大，包括政策倡导者，如中央政府、地方政府、国际组织以及国内外学术机构等，其所发挥的作用日益显著。

"学习-适应"模型为划分政治体制提供了新的标准。该研究指出，除了传统的政体类型分类外，全球的政治体制亦可依据其学习模式及适应能力进行划分。该模型强调，相较于是否采纳竞争性选举制度，学习模式的优劣及适应能力的强弱对治理成效的影响更为深远。适应能力或许相较于其他能力更为关键，缺乏适应能力，富裕国家可能沦为贫困国家，强国可能转弱；具备适应能力，即便国家起初贫穷、落后，亦有可能逐步迈向繁荣兴盛的道路。

8.4　政策执行的影响因素

将政策计划转化为实践并非如想象中那般直接或简单，很多时候，计划的执行效果并未达到最初的设想。因此，执行的现状与成效往往不尽如人意。研究表明，政策执行过程受到多种因素的直接或间接影响，唯有对这些因素进行系统性的分析，才能排除执行过程中的障碍，确保政策执行任务的顺利完成，进而实现政策目标。

8.4.1　政策方案的影响

政策方案的制定与执行是相互衔接、相辅相成且相互制约的两个环节。政策执行是实现政策方案意义与价值的关键途径，而政策方案为政策执行提供了基础和依据。在很大程度上，政策方案决定了政策执行的具体过程及最终所能实现的结果。尽管政策执行过程中可能存在诸多变化，但其基本活动仍须遵循政策方案所规定的内容进行，否则不构成真正的政策执行。因此，政策执行不可避免地会受到政策方案中多方面因素的制约。

（1）政策问题的性质

政策执行的成败与政策所针对问题的性质紧密相联。在现实生活中，政策问题有难有易，性质各异。政策问题的性质对执行的影响，既与政策问题涉及的范围有关，也与其本身的复杂程度及由此产生的需调节行为量的大小密切相关。对于性质单一、影响范围小、不具有连锁性的政策问题，相应的政策执行起来较为容易；相反，若政策问题性质复杂、涉及面广、需控制的行为量大，则执行起来更为困难。例如，针对城市垃圾分类的政策问题相对明确且范围有限，执行起来较为容易；针对农村扶贫的政策问题则涉及面广、复杂度高，需控制的行为量大，执行起来更为困难。

（2）政策方案目标的性质

政策执行活动是以政策目标为导向的。政策目标与政策执行如同路标与行车的关系。正确的政策目标能够促进社会的发展，给人民群众带来利益，因而在政策执行中遇到的障碍较少，政策的效果也可以得到充分的体现。若政策目标本身存在错误，那么执行效率高，反而可能加剧问题的严峻性，甚至导致问题进一步恶化。例如一项旨在提高教育质量的政策，如果目标设定合理且符合社会期望，执行过程中遇到的障碍会较少；相反，如果政策目标错误地追求不切实际的教育指标，如过度强调考试成绩，可能加剧教育问题，导致教育质量下降。

（3）政策方案内容的性质

为了确保政策的顺利推行，政策必须包含明确的内容要求以及具备可操作性的措施与行动步骤。例如，一项鼓励企业创新的政策，如果内容详尽且包含具体的税收优惠、资金扶持等措施，则企业能够迅速理解和利用这些政策。而如果政策内容过于笼统，如仅提出"支持企业创新"的口号，企业可能难以具体实施。政策内容越是详尽且可操作性强，其转化为实际行动的速度就越快。相反，若政策规定过于笼统和抽象，缺乏可操作性，执行者将会面临无所适从、难以着手的困境。

（4）政策方案的科学性

政策方案的科学性不仅要求在制定过程中，政策研究者和决策者必须遵循科学程序，充分利用各种科学方法和手段，并充分发挥专家的作用，还要求政策制定者基于理性判断，而非主观臆断或情绪化决策。例如，在制定环保政策时，如果政策制定者能够基于科学研究和专家意见，制定出符合实际情况且能有效减少污染的政策方案，那么政策的执行过程将更加顺畅。相反，如果政策制定者仅凭主观臆断或情绪化决策，可能制定出不切实际的政策，导致执行困难。可见，政策方案的科学性程度越高，其执行过程便越顺畅与便捷。

（5）政策的稳定性

政策的稳定性包含了政策的阶段性和政策的连续性两方面的含义。政策的阶段性要求在发展阶段没有结束之前，这些政策都要保持相对稳定，不能轻易地改变。政策的连续性是指不同的政策或政策措施需在目标、手段及效果等诸方面维持内在的连贯性和有机的联系，展现出继承性、相关性和某种程度的一致性。政策稳定性的反面是政策多变。政策多变是指政策未能适应社会发展不同阶段特点的要求，各种政策之间缺失有机的联系和过渡，政策失误过多，因而造成政策频繁变动或剧烈变动的现象。政策多变是政策发展变化中的一种不正常的现象。例如，在房地产市场调控中，如果政府能够保持政策的稳定性，如长期执行限购、限贷等政策，则有助于稳定市场预期和房价；如果政策多变，如频繁调整限购政策或贷款利率，可能导致市场混乱和购房者的不安。

（6）政策方案的综合配套性

任何单项政策都是政策体系的一个子系统。政策体系是各项政策联系的总和，各项政策的功能只有在相互制约与相互联系中才能发挥出来。例如，在推动新能源汽车产业发展中，如果政府能够出台一系列综合配套政策，如提供购车补贴、建设充电设施、优化交通规划等，这些政策将相互促进，共同推动新能源汽车产业的发展。而如果缺乏综合配套政策，仅依靠单一的购车补贴政策，可能难以实现预期的效果。可见，政策的整体功能即政策体系内的各项政策以相互联系、相互配合的方式作用于社会所产生的效力。单项政策的执行只有在政策之间综合配套、政策整体功能优化的情况下，才能顺利进行。

8.4.2 执行机构的影响

在一个国家中，绝大多数行政机构承担着政策执行的职责。因此，优化行政组织结构对于提升政策执行力具有至关重要的作用。一个合理的组织结构是政策执行的组织基石，而精简且高效的执行机构有助于降低政策执行的成本。同时，明确的组织目标能够确保政策执行的正确方向。在政策执行机构方面，以下因素对政策执行产生显著影响：

（1）组织机构的层级和幅度

合理的组织结构体现在适当的管理层级与幅度上。一个合理的层级结构能够确保层次分明的分工、目标和任务的逐级分解与落实，从而有利于政策执行的统一领导和指挥，也有利于信息的顺畅传递以及监督控制的有效实施。若组织的纵向结构不合理，则会对政策执行产生不利影响。具体而言，层级过多可能导致信息传递不畅和程序烦琐；层级过少则可能造成分工不明确、责任和权力界限模糊。此外，合理的幅度能够使组织目标根据性质和业务类型进行有效分解，并使管理职能得以综合或扩展。这有利于政策执行的专业化和程序化，也有利于事权与政令的统一。组织的横向结构若不合理，同样会对政策执行造成不利影响。幅度过宽可能导致应对不暇的情况；幅度过窄则可能增加不必要的管理层级，造成机构膨胀和人力资源的浪费。

（2）组织内部的权力结构和体制

行政组织内部的权力结构和体制通常划分为三种类型：首长制与委员会制、层级制与职能制、集权制与分权制。鉴于执行系统强调统一性、速度和效率的特性，政策执行组织普遍倾向于采用以个人负责为核心的首长负责制。我国各级行政组织均实行首长负责制，并同时汲取委员会制的优点，以弥补首长制的不足。在现代行政组织体制中，多数选择将层级制与职能制有机结合，形成直线职能制结构。这种结构融合了层级制的统一指挥优势和职能制的专业管理职能优势，同时摒弃了两者的缺点，因此能够提高效率。然而，它也存在不足之处，主要表现为各职能部门间协调性差、条块分割现象严重、矛盾突出，进而影响效率。政策执行组织内部应将集权制与分权制有机结合，并根据社会环境、国家历史传统以及政策问题的性质等因素，寻求集权与分权之间的平衡点，既要防止权力过度集中，也要防止权力过于分散。

（3）组织内部的凝聚力

一个有效的政策执行机关，必然具备良好的凝聚力。缺乏凝聚力，则意味着缺乏战斗力和执行力。组织内部凝聚力的影响因素主要包括：组织成员对组织目标的认同程度及对该目标的共同承担程度；群体成员对组织利益的认识，以及组织利益与个人利益之间的平衡状态；核心人物的影响力；群体成员的心理满足程度；组织内部人际关系的和谐程度；组织内部冲突解决与协调的状况，即组织的调和能力。因此，培养组织的协作精神并加强其凝聚力建设，为实现组织奋斗目标奠定坚实基础。

拓展阅读8-3

8.4.3   执行人员的影响

任何政策的最终实施都依赖特定的执行人员。执行者对政策的认同度、创新精神、强烈的责任感以及较高的政策和管理水平，是政策得以有效执行的关键条件。若政策执行人员缺乏必要的知识和能力，无法准确把握政策的精神实质，或对政策理解不够透彻，便可能导致政策在执行过程中的失真，进而在传达、宣传和执行政策时出现政策的扭曲或曲解。政策执行人员对政策执行的影响主要体现在以下几个方面：

（1）执行者的政策水平

政策执行人员的政策理解深度与应用能力，直接关乎政策执行的效果。他们需全面理解政策的性质、核心精神、含义及内容，方能切实执行。理解力是政策水平的基础，若理解不足或歪曲政策，必将影响执行成效。我国诸多政策执行不力的案例，往往源于执行者的政策水平欠缺。部分执行者因对政策精神理解不深，导致执行措施不力、贯彻不及时，且机械执行，缺乏创新与适应性，执行效果欠佳。此外，执行者对政策执行过程的掌控及对具体问题的应变处理能力，亦是其政策水平的体现，同样影响执行效果。

（2）执行者的政治觉悟与职业道德

政策执行要求执行者具备高度的政治意识。其党性、政治纪律性的体现程度，直接影响政策执行的效果。政策涉及利益分配与行为调整，当执行者同时身为政策对象时，其思想政治觉悟成为执行的关键。觉悟高的执行者，尤其是领导者，应将国家利益、长远利益、整体利益置于首位。执行者对职业操守的模范遵守以及道德规范对其的约束力，也是影响政策执行的重要因素。良好的职业操守能提升执行者忠实于政策的自觉性。在政策执行中，道德约束发挥着法律制度不可替代的作用，它主要依赖社会舆论和内在信念。

（3）执行者的意向、责任感和工作作风

意向是个体对某现象的主观评价与行为倾向，直接影响人的行为强度。在政策执行中，执行者的意向与态度占据重要地位，态度决定一切。执行者对政策的评价标准、反应方向与程度，决定其对政策执行的积极、消极或抵触意向。提升执行者的政治素质，培养其对政策目标的认同感与使命感，是塑造其积极意向的有效措施。执行者具备高度责任感，才能产生内在动力与工作推动力，培养求真务实的工作态度；缺乏责任感，则官僚主义、形式主义盛行，导致工作敷衍塞责，玩忽职守。

（4）执行者的知识结构和组织管理能力

合格的政策执行者需具备多方面的知识，不仅应熟练掌握政策科学的基本理论与专业知识，还应广泛了解政治学、社会学、管理学、社会心理学及法学等相关领域知识。如此，才能在政策执行中掌握更大的主动权。能力是知识的综合体现，合格的执行者还需具备强大的管理能力。从某种意义上说，执行政策是一种组织管理活动。执行者需有胆有识，审时度势，做好宣传工作，争取各方支持，动员各种资源，完善规章制度，维持组织凝聚力，且需机动灵活，协调各方关系，有序推进政策实施。

8.4.4　政策对象的影响

政策执行的目的在于对政策对象（目标群体），施加影响或促使其发生改变。政策对象指的是那些因政策作用与影响而需调整自身行为的群体。政策效能的产生源自政策执行者与政策对象之间的互动过程。在执行过程中，若政策能够得到政策对象的支持与遵循，则其效能得以彰显；反之，则效能低下。尽管在政策执行中，政策对象通常处于被动地位，但他们也会以自身行为方式对政策执行者产生反作用。政策对象对政策执行的影响主要体现在以下几个方面：

（1）政策对象的利益取向

公共政策作为对全社会价值进行权威分配的手段，其结果往往是对一部分政策对象的利益进行分配与落实，而对另一部分政策对象的某些利益进行调整或剥夺。因此，一部分人因政策而受益，另一部分人则可能受损。面对政策的推行，相关政策对象都会进行成本–收益分析，即利益预期。那些预期受益的政策对象可能支持政策的执行，预期受损的对象则可能反对和抵制公共政策的执行。因此，目标群体的利益取向是影响公共政策执行的重要因素。

（2）政策对象的受教育程度

政策对象的知识水平与受教育程度制约着他们对新政策的认知、理解以及支持程度。受过良好教育的政策目标群体，会更加理性地认识一项新的政策。他们不仅考虑政策的当前收益和直接收益，还会考虑政策的长远收益和间接收益。因此，他们更能接受那些具有长远目标的政策，并增强对政策的承受力，从而减少政策执行的压力。此外，人们的受教育程度越高，他们越会主动与政策执行者进行沟通协调，越会关心政策的执行情况，包括提出建议、进行监督与控制。

（3）政策对象的群体力量

单个政策对象的力量是有限的，因此，具有共同社会背景和利益要求的政策对象会自发地结成利益群体或利益团体。他们借助群体力量，如示威、游说等，来增强与政策决策者、执行者进行利益博弈的筹码。这些群体的组织化程度越高、凝聚力越强，对政策运行的制约能力也越强。在市场经济条件下，大量利益集团的兴起既是市场的产物，也是民主的产物。利益集团的活动对于实现社会的公平和正义具有不可磨灭的贡献。

拓展阅读8-4

8.4.5 政策资源的影响

政策执行需投入相应资源，才能实现既定目标。资源的投入对政策执行而言，犹如注入活力。任何政策的贯彻与执行均离不开人力、物力、财力、信息以及权威资源的投入，这些资源是政策执行活动顺利进行的重要保障。若缺乏必要的政策执行资源，执行结果将难以达到理想效果，甚至可能导致良好的政策无法实施。由此可见，政策资源是政策执行不可或缺的条件。对于政策资源的具体内容，在前述章节已有介绍，在此不赘述。

8.4.6 政策执行策略的影响

政策执行策略的核心是如何正确把握原则性与灵活性相结合的关系问题，即在政策执行过程中，如何尽可能地实现原则性与灵活性的完美统一。

政策执行中的原则性要求执行者必须遵循政策的基本精神，确保政策的统一性、严肃性和权威性得到维护，严格按照政策规定的要求行事，以全面且不打折扣的方式实现政策目标。公共政策作为指导和规范人们行为的依据和准则，其本质体现了事物的本质和规律，因此在实施过程中具有高度的原则性。这种原则性是由政策本身固有的属性所决定的。一旦原则性被破坏，政策的性质就发生改变，其积极作用和实施效果也会受到影响。因此，政策执行者在实施政策时，必须严格按照政策所规定的特定调控对象和作用范围去贯彻落实。缺乏政策实施的原则性，将导致政策的统一性、严肃性和权威性丧失，进而可能造成执行过程失控和政策系统失调的严重后果。因此，坚持原则性是确保政策执行稳定、协调和有序发展的必要条件。

灵活性是在不违背政策原则精神和保持政策基本方向的前提下，根据实际情况采取灵活多样的方法和策略，因时、因地、因人制宜，在现有条件下最大程度地实现政策目标。这实际上也是政策执行中创造性活动的具体体现。政策实施的灵活性基于以下几个方面的考虑：

首先，政策过程的动态性和时效性要求政策执行具有灵活性。任何政策都是针对特定时空条件下的特定问题而制定的。随着时空条件的变化，政策可能失去效力，成为过时的政策。而新政策替代旧政策往往存在滞后期。如果在此期间仍受固有形式的约束，不善于灵活运用和执行政策，势必错失时机，给社会发展带来损失。

其次，政策作用范围与对象的复杂性，同样要求政策执行具备灵活性。从纵向维度分析，所有政策均展现出一定的层次性特征。通常而言，中央层面的政策属于高层次政策，具有宏观性、导向性、原则性等特质，因此无法对全国各地的具体执行情况作出详尽、明确的规定。这就要求各级执行者在实施过程中根据时间、地点等实际情况进行灵活调整。从横向来说，各个部门、各个区域的政策都具有一定的特殊性，综合性、高层次的政策不可能都规定得很周全。所以，在执行政策时必须因部门、领域和对象的不同，采取不同的策略和方法，这就需要掌握和运用灵活性原则，保证政策效果和政策目标的实现。

在政策执行过程中，坚持原则性与灵活性相统一的原则，意味着要将政策的本质精神与实际情况紧密结合，既要创造性地执行政策，又要准确把握政策的界限。以"摸着石头过河"这一典型的政策执行策略为例，它在实践中不仅强调了谨慎探索与试验，也彰显了原则性与灵活性相统一的特点。政策执行者需要根据具体环境、条件和问题，灵活选择和执行适当的政策措施，以适应不断变化的实际情况，这种手段与方式体现了政策执行的灵活性。

在执行政策的过程中，若摒弃了政策的原则性，过度滥用灵活性，便可能导致政策失控，使公共政策体系混乱，难以确保政策的有效且有序执行。相反，若在实际工作中表现得过于僵化、保守，不结合实际情况灵活执行政策，也无法最大化地实现政策效果，达成政策目标。政策的实施之所以需要原则性，是因为它能使执行者维护政策的严肃性和权威性；灵活性则使执行者能够避免政策实施的教条化和僵化。因此，如何在政策执行中实现原则性与灵活性的完美结合和有机统一，是应当重点考虑的问题。

8.5　政策执行过程

公共政策执行是一个复杂的动态过程，要经过一系列相互衔接的基本程序，并辅之以各种手段的综合运用，才能实现既定的政策目标。这一过程主要包括准备阶段、实施阶段和总结阶段，具体包括学习和宣传政策、制订政策执行计划、组织落实、政策试验、政策全面推广、政策协调监控、绩效评估和追踪决策等程序。当然，并不是所有的公共政策执行都要经历这些程序，在现实中这些环节也是经常变动的。

8.5.1　政策执行的准备阶段

"好的开端是成功的一半""军马未动，粮草先行"。这些都说明了充分准备的重要性。政策执行首先要做好充分的准备工作，做到"有备无患"。

（1）学习和宣传政策

政策的深入学习与广泛宣传是政策执行的首要步骤。一般而言，政策制定完成后，人们并不会自动自发地去实施和主动接受，这就需要政策制定者对政策进行广泛宣传，以促进人们对所发布政策的理解与认同。这一过程主要包括两个方面：

首先，政策执行主体需对政策进行深入学习与掌握，深刻领会政策的精神实质、内在机理及其与外部环境的关联，以确保全体执行者思想统一，减少政策执行的阻力，提高执行效率，共同致力于实现政策目标。

其次，政策对象需对政策有充分的认知与理解，这要求促使政策对象全面理解政策内容，充分认识到政策与自身利益之间的紧密联系，从而使他们认同并自愿积极接受政策，为政策的有效执行奠定坚实基础。因此，政策执行者不仅需通过组织学习和优化知识结构等途径提升自身政策认知水平，还需通过政策宣传推动政策对象对政策的认知与认同。

（2）制订政策执行计划

政策执行是一个复杂且动态的过程，而制订科学、可行的执行计划，是确保这一活动有序进行的前提与必要条件。政策执行者需依据政策方案的具体要求，并结合实际情况，对执行政策所需的人力、物力、财力等资源进行系统性的安排与筹划。通过制订政策执行计划，执行者能够明确各自的责任、在执行机构中的位置及作用、相互之间的关系、可资利用的设备及环境条件，以及整个政策执行活动的程序与步骤。这样一来便能按部就班、有条不紊地推进工作。

（3）组织落实

政策方案和政策计划的执行都是通过组织来进行的。组织是公共政策执行的核心力量和责任主体。政策执行的组织实施主要包含以下几个方面：首先，明确政策执行机构，这是组织实施的首要任务；其次，选拔并配备能够胜任执行任务的人员；最后，建立健全相关规章制度。唯有如此，方能确保政策执行过程中领导、计划、指挥和行为的统一，实现有章可循、规范管理。

8.5.2 政策执行的实施阶段

作为实现政策目标、提高政策效益的关键环节，政策执行的正式实施阶段主要包括政策试验、政策全面推广和政策协调监控等环节。

（1）政策试验

在新政策正式推行之前，通常会进行政策试验。这一步骤涉及根据政策目标群体和适用范围，选定具有代表性的局部地区、范围或群体，以较低的成本和较短的时间对政策进行试行。政策试验是政策执行过程中不可或缺的环节，它为政策的全面推广提供了基础。一方面，由于政策执行条件可能尚未成熟，计划设定可能不够完善，加之政策信息的不对称性，政策执行主体往往难以对执行过程及其结果作出精确判断，因此政策执行必然伴随着一定的风险。而政策试验通过利用有限的资源进行局部性和临时性的评估，有助于相对降低公共政策执行的风险。另一方面，政策试验有助于验证政策的可行性和有效性，使政策方案得到及时的修改和完善，并从中获取重要的经验和信息资源，最终提高政策执行效率、降低执行成本。

（2）政策全面推广

政策在试验取得成功后，便进入全面贯彻实施阶段，即全面推广。这是政策执行过程中操作性、程序性极强，涉及面最广，变量最多，也最为艰难的一个环节。政策全面推广要求严格执行政策的基本原则，充分发挥政策执行的功能要素，以确保政策目标的顺利实现。结合中国的国情及政策推广的实践经验，政策全面推广环节应注重把握重点与解决难点的结合，同时立足全面并着眼总体战略。把握重点意味着要抓住政策执行的关键因素，通过对主导利益群体的特征与基本情况的深入分析，争取获得其支持与配合；解决难点则要求将主要力量集中在难点的分析和解决上，因为只有难点问题得到切实解决，其他问题才更有可能迎刃而解。

（3）政策协调监控

作为一项极其复杂的管理活动，政策执行全过程都需要协调、监督和控制。政策协调是一种重要的功能性活动，是指在政策执行过程中，通过引导、调停和说服的方式，在执行组织与执行人员之间建立起互相协作、互相配合的关系，使政策执行组织及其内部各部门、各环节的政策执行活动尽量少发生或不发生冲突和内耗，从而高效率地实现政策目标。

监督控制是政策执行活动的保障环节，是指政策执行者为使政策执行状态与计划所要达到的状态一致而进行的管理活动，主要是针对政策实际执行与计划的差距或背离的纠偏行动。监督控制的目的在于保质保量地按时完成政策执行活动，实现政策期望目标。监督控制的方式主要有事前控制、事中控制和事后控制三种。

8.5.3 政策执行的总结阶段

在政策执行完成之后及时地进行总结，这是政策执行的最后一个阶段，也是为制定和执行新政策作准备。政策执行总结主要包括两个方面，即绩效评估和追踪决策。

（1）绩效评估

绩效评估是政策执行流程这一有机体系中不可或缺的一环，对于优化政策制定与执行机制、克服执行过程中的弊端与障碍、提升政策质量与效益具有显著的推动作用。绩效评估应遵循科学、客观、系统和全面的基本原则，主要聚焦于政策执行的效率、效益及公平性。即便一项政策经过精心设计并经过多方论证被认为是无懈可击的，在执行后是否达到预期目标、产生预期效果，也不能仅凭政策执行者的主观判断，而应运用科学的评估指标，遵循严格的评估程序，进行客观的评价，从而决定政策的后续方向，并进一步进行追踪决策。

（2）追踪决策

追踪决策亦称政策执行的再决策，是指在政策执行过程中，当主客观情况发生重大变化，或发现原有政策存在原则性错误时，对原有政策方案进行根本性的修正与变革。因此，追踪决策并非对原有政策方案的简单修补，其本质上是对原有政策问题的重新审视与决策，必须严格遵循科学决策的程序与方法。追踪决策要求逆向回溯原有政策的制定过程及环境，识别出导致失误的环节与根源，以便采取相应的纠正措施；同时，它要求以已经变化的主客观条件为新的出发点，重新进行决策，重新审查政策目标，重新制订政策方案，并进行新的选择。

8.6 政策执行的偏差与矫正

在政策实施过程中，尽管政策制定者付出了巨大的努力来确保政策的科学性和合理性，但在实际操作中，政策执行往往会出现偏差。这些偏差可能源于多种因素。政策执行的偏差不仅可能导致政策效果未能达到预期，甚至可能引发一系列社会问题，影响社会的稳定与和谐。因此，对政策执行偏差的及时识别、深入分析和有效矫正显得尤为重要。

8.6.1 政策执行偏差的含义与类型

8.6.1.1 政策执行偏差的含义

政策执行偏差是指在执行政策的过程中，由于主观与客观因素的影响，执行者的行为效果偏离了既定的政策目标，进而产生了政策失真的现象。它是执行者在依据政策制度规定，通过多种措施将政策付诸实施的过程或结果中，所出现的与预期目标不一致的情况。从政策意义建构和执行的技术理性视角分析，执行者可能因未能深入理解政策的初衷与目标，或者对政策进行了不当的解释、改变与转化，从而导致偏差行为的发生。

8.6.1.2 政策执行偏差的类型

（1）政策变更造成的偏差

政策表面化即政策执行者仅停留在政策宣传层面，未将政策真正落实到具体行动中。这通常表现为"雷声大雨点小"，政策的宣传声势浩大，但实际执行效果微乎其微。以某地区的环保政策执行为例，政府出台了一系列旨在保护环境的政策，包括限制高污染产业发展、推广清洁能源等。然而，在实际执行过程中，这些政策遭遇了表面化的困境。一些地方政府为了追求短期经济利益，对高污染产业视而不见，甚至为其提供庇护。同时，清洁能源的推广未能得到有效落实，一些地区仍然存在严重的能源浪费和环境污染问题。这一案例充分展示了政策表面化带来的严重后果，不仅未能实现环保目标，反而加剧了环境问题的恶化。

政策扩大化是指执行者在执行过程中将政策范围或内容扩大，超出了原政策的设定。这种扩大可能基于执行者的主观判断或利益驱动，但往往导致资源分配不均或浪费。以某地区的扶贫政策执行为例，政府出台了一系列旨在帮助贫困地区脱贫的政策，包括提供资金支持、推动产业发展等。然而，在执行过程中，一些地方政府将这些政策的适用范围扩大到了非贫困地区，甚至一些相对富裕的地区也享受到了扶贫政策的待遇。这种政策扩大化不仅导致扶贫资源的浪费，也使得真正需要帮助的贫困地区无法获得足够的支持。同时，这种不公平的资源分配引发了社会的不满和矛盾。

政策减损是指政策在执行过程中，各种原因导致政策效果减弱或丧失。与政策扩大化相反，政策减损是执行者在执行过程中缩小了政策的范围或内容，使得政策效果大打折扣。这可能是由于执行者担心风险、逃避责任或出于其他利益考虑。政策减损不仅使得政策目标难以实现，还可能引发一系列社会问题。例如，一项旨在促进教育公平的政策，如果在执行过程中因为资金不足或执行不力而导致政策效果减弱，那么原本应该受益的群体可能无法获得应有的教育资源，进而加剧教育不平等问题。

政策执行者在执行政策过程中，出于自身利益或其他考虑，将原政策替换为符合自己利益的新政策。这种现象通常发生在政策执行者与政策制定者之间存在利益冲突或政策执行者拥有较大自主权的情况下。政策替换不仅导致原政策目标无法实现，还可能引发更大的社会问题。例如，一项旨在保护环境的政策，如果被执行者替换为追求经济增长的新政策，那么环境可能遭受更严重的破坏，进而影响到人们的健康和生存环境。

（2）政策执行方式造成的偏差

政策执行方式造成的偏差是指在政策付诸实施过程中，由执行方法和手段选择不当而导致的偏差，这对政策效果的影响不容小觑。基于执行方式差异，可以将这类偏差细分为僵化执行型、变更执行型、选择性执行型。

僵化执行型偏差是指执行者因循守旧、照本宣科，生搬硬套政策条文，缺乏因地制宜的灵活性和创造性，导致政策在落地过程中走样变形。这种偏差往往源于执行者能力不足或求稳怕乱的心理。如在"厉行节约、反对浪费"方针实施初期，一些单位将会议、培训等活动一律取消，将"节约"简单等同于"不花钱"，背离了政策的初衷。再如，在"大众创业、万众创新"号召下，一些地方为追赶"双创"浪潮，盲目上马众创空间，但运营不善、入驻率低，最终沦为"空创空间"。

变更执行型偏差恰恰与"僵化执行"相反，是指执行者擅自突破政策约束，另起炉灶、自行其是，偏离政策的轨道和方向。这种偏差多见于基层探索和改革试点，动机可能是为民解困，但容易陷入盲动和走偏。如20世纪90年代，一些地方为发展经济，在土地征用和税费减免等方面擅自突破政策界限，虽然一度刺激了地区生产总值增长，但积累了风险隐患。

选择性执行型偏差是指执行者对政策内容有选择地落实，重点执行"政治正确"或"利益相关"的内容，对棘手问题则避重就轻、选择性忽视。这种偏差折射出部门利益博弈的复杂性。如在"环境保护与经济发展并重"方针实施中，一些地方更看重地区生产总值，对污染问题睁一只眼闭一只眼。再如在"党政机关厉行节约"中，一些单位在公车改革、办公用房清理等方面避重就轻，未全面彻底落实。

8.6.2 政策执行偏差的危害

8.6.2.1 削弱政府的合法性

一方面，公共政策作为国家或政党的产物，天生具备权威性，并受到国家强制力的支持。另一方面，为赢得公民对政府及执政党的理解与信任，政府常通过执行公共政策来兑现对公民的承诺，因此，公共政策的执行是政府树立权威的重要途径。虽然政策执行者可借助国家或政党的力量，采取必要强制措施以实现政策目标，但若执行过程中发生偏差，偏离原定政策目标，对目标群体的既得利益造成实际损害，则将削弱目标群体对政府及执政党的认同与好感，引发抵触情绪，甚至导致行为上的反抗，使政策制定者与执行者面临对立局面，政府的合法性因而遭受严峻挑战。

8.6.2.2 影响政策目标的实现

政策目标能否成功达成，不仅取决于政策制定者是否能科学制定有效政策，更在于政策执行者能否准确贯彻政策的精神与意图。无论何种缘由导致的政策执行偏差，无论这种偏差最终以何种形态显现，均会给政策目标的实现带来重重阻碍。执行偏差还会加剧政策执行过程中的风险，导致目标群体对政策的认同感降低。因此，政策执行偏差会导致政策偏离既定目标，严重时甚至与政策初衷南辕北辙。

8.6.2.3 破坏政策有机系统

构建良好的政策环境是实现政策有效落实的必要条件，这一过程要求经济、社会、政治、文化等多个领域的政策相互配套、协同推进。政策从来不是孤立存在的，多领域政策的相互作用机制是相互依存、相互影响的，共同构成一个稳定的政策生态系统。在这个有机的生态系统中，若某一政策的执行出现偏差，其影响不仅局限于该政策本身的效用，还可能引发多米诺骨牌效应，对其他相关政策目标的实现造成诸多阻碍。在严重情况下，这种偏差甚至可能妨碍整个政策系统的有效运行，推迟后续政策的实施，扰乱政策秩序，带来诸多不利影响。

8.6.2.4 损害目标群体的既得利益

公共政策是针对特定的政策对象而制定、实施的，其最终目的都是对社会价值的再分配，以满足目标群体的利益需求。若政策执行过程中出现偏差，不仅会导致政策目标无法实现，目标群体的预期利益需求得不到满足，还可能损害政策执行客体的自身利益，这种损害可能表现为政策效果的弱化、资源分配的不公、社会福利的减少等方面。

8.6.3 政策执行偏差的矫正

政策执行偏差是政策在实际执行中常出现的情况，是理想的政策目标与实际的客观操作之间固有矛盾的切实反应，但通过对造成偏差的因素进行分析，及时发现问题，执行偏差可以得到一定程度的矫正。公共政策执行偏差的矫正是指政策执行主体为引导政策执行回归正确方向，消除或尽量减少其负面效应与不良后果，所采取的一系列纠正措施的过程。

8.6.3.1　完善信息传导与政绩考核体系

（1）信息传导机制的优化

政策执行中，中央政府与地方政府间的信息不对称是重要挑战。地方政府可能通过"形象工程"等手段追求地方利益最大化，损害了政策的真实性和有效性。为此，必须优化信息传导机制，打破传统的封闭格局。具体来说，应拓宽信息反馈途径，不仅将政府部门作为信息源，还要通过多元化渠道收集目标群体的政策反馈。此外，利用现代科技手段，如数据分析、图像识别等，提升信息采集的精准性和效率。

（2）政绩考核指标的重构

当前政策执行的绩效考核体系存在"官本位"倾向，过于强调对上级负责，忽视了政策执行的实际效果。这种考核机制加剧了地方政府打造"示范区"或"形象工程"的行为。因此，需要重构政绩考核指标，以政策执行效果为出发点，建立多维度、合理的考核体系。同时，考核不仅应关注政策的"是否执行"，更要重视执行的"质量与效果"，从而引导地方政府科学、真实、创造性地执行政策。

8.6.3.2　强化监督问责与地方政府约束

（1）监督机制的完善与社会监督的强化

对政策执行过程的监督至关重要，它能够及时评估执行情况，发现并纠正偏差。尽管我国已初步构建起多元监督网络，但社会监督的作用仍显不足。因此，必须重视并发挥社会监督的作用，完善相关法律体系，赋予社会监督主体明确的地位和权限。同时，利用互联网技术优势，使广大网民成为社会监督的重要力量。

（2）明确责任与完善问责追责机制

地方政府在执行政策时的变通行为与其承担的风险成本密切相关。完善责任追究机制的首要任务是明确各方责任，并公开责任追究的具体办法。这不仅能约束和激励责任主体严格履行职责，还有助于政策相关者和监督主体进行有效监督。明确规定政府责任有助于增加地方政府变通执行的成本，从而提升政策执行效果。

8.6.3.3　提升政策执行者素质与积极性

（1）选拔与培训机制的改进

政策执行者的素质直接影响政策执行的准确性和有效性。因此，需要优化政策执行者的选拔机制，提高任用标准，并强化对人员的政策科学知识培训；通过将培训结果与人事决策相挂钩，形成激励机制，促使政策执行者主动提升自身素质。

（2）创造性政策执行的激励

创造性政策执行是推动政策创新和提高执行效能的关键。然而，当前政策执行体系中存在对创造性执行激励不足的问题。因此，需要加强对创造性政策执行的激励机制，将考核机制从过程管理转变为目标管理，并给予取得成效的政策执行者更多的利益和嘉奖。同时，上级政府应及时兑现对下级政府的财政补偿承诺，为创造性政策执行提供必要支持。

8.6.3.4 因地制宜与协作执行

（1）因地制宜的执行策略

环境因素对政策执行具有重要影响。在执行政策时，必须充分考虑具体执行环境的差异性和特殊性，采取"因地制宜"的策略。这要求在政策制定阶段进行深入调查研究，了解目标地区的实际情况，并在执行过程中灵活调整执行方式，确保政策与当地自然条件、经济状况相适应。

（2）加强协作与目标群体参与

协作治理在政策执行中发挥独特作用。为了加强政策执行中的协作和提高目标群体的主动参与程度，应鼓励当地居民积极参与政策执行过程，表达其愿望和诉求，并对政策进行细致合理的调整；同时，使当地居民成为政策执行的监督者，减少执行偏差，改善执行效果。这种参与式的执行方式有助于增强政策的可接受性和可持续性。

明德园地

免陪照护服务：爱的守护、暖心之举

随着我国老龄化社会的加速发展，"一人住院，全家奔波"的现象日益凸显，给许多家庭带来了沉重的负担。为有效缓解这一难题，国家医保局于2024年出台了一系列重要政策。其中，最引人注目的便是新设的"免陪照护服务"项目。该项目旨在通过医疗机构的专业医疗护理员，为住院患者提供24小时不间断的生活照护服务，从而减轻患者家属的陪护压力。

根据政策规定，"免陪照护服务"将实行政府指导价管理，以确保服务价格的透明与合理。这一创新举措不仅有助于满足患者多样化的护理服务需求，还能够在一定程度上减轻患者家庭的经济负担。同时，政策明确了该服务的适用范围，即现阶段仅适用于特级、I级护理患者，并且暂不纳入医保。这一规定旨在避免服务资源的滥用，确保有限的护理服务资源能够得到合理分配与利用。

在推广方面，国家医保局已要求各省对接落实立项指南，并在年内规范统一全国护理价格项目。虽然"免陪照护服务"在推广过程中可能面临费用分担、专业人才短缺以及监督管理难度大等挑战，但政策制定者已对此进行了充分考虑，并提出了相应的解决方案，如通过加大专业人才培养力度、建立健全的监督管理机制以及鼓励技术创新和服务模式创新等措施，来逐步解决这些问题。

值得注意的是，"免陪照护服务"与部分地方推出的"无陪护"病房在工作内容上相差不大，但在服务提供主体、服务规范程度以及医保政策支持等方面存在差异。未来，"免陪照护服务"可能根据改革的推进纳入医保报销范围，从而进一步减轻患者家庭的经济压力。

党的二十大报告提出："深化医药卫生体制改革，促进医保、医疗、医药协同发展和治理。"从长远视角审视，"免陪照护服务"的推广不仅有助于构建更加完善的医疗服务体系，还能够促进医疗护理行业的升级与发展。随着政策的逐步落地与实施，我们有理由相信，"免陪照护服务"将成为解决"一人住院，全家奔波"难题的有效途径，为更多家庭带来福音。同时，这将推动医疗护理行业向更加专业化、规范化的方向发展，为人民群众提供更加优质、高效的医疗服务。

资料来源：汪宁．"一人住院，全家奔波"，我国新增"免陪照护服务"项目［EB/OL］．(2024-11-18)［2024-11-25］．https://news.cnr.cn/dj/20241118/t20241118_526980306.shtml?sign=ABZ0cnNfd2NtX3ByZXZpZXhdfYWNjZXNzAAAH6AAAAAoAAAATAAAAAAAAAkAAAAA.

【价值塑造】

"免陪照护服务"不仅是国家医保局在应对老龄化社会挑战、解决民生痛点方面的一次重要尝试，更是公共政策制定与执行过程中，以人为本、关注弱势群体理念的生动体现，展示了公共政策在解决实际问题中的重要作用。通过学习这一案例，学生可以深刻理解到，良好的公共政策能够有效缓解社会矛盾，提升民众福祉。"免陪照护服务"的推出，正是基于对社会老龄化趋势的准确判断和对民众需求的深刻理解，体现了政策制定者对社会问题的敏锐洞察和积极应对。

基础训练

❖ 在线测试题

第8章单选题　　　　　第8章填空题　　　　　第8章判断题

❖ 简答题

1.简述政策执行的含义与特征。

2.高效的政策执行力需具备哪些核心要素？

3.简述政策执行研究的路径有哪些？

4.政策执行过程模型包含哪些内容?

5.简述政治势能在中国政策执行过程中的主要作用方式。

❖ 案例分析

阳光下的阴影:阳光社区的服务困境

在城市的东北角有一个名为"阳光社区"的地方。这里原本是一个宁静的村落,绿树成荫,溪水潺潺。但随着城市化的浪潮涌来,这个村落被改造成了社区,村民也变成居民。

小李是阳光社区的一名普通居民,他的父母都是原村落的村民。自从村改居后,小李发现生活并没有像名字那样充满阳光。一天,小李的儿子小明突然发起了高烧,小李急忙带着小明去社区的医疗站。可是到了那里,他发现医疗站的药品短缺,医生也显得手忙脚乱。他不得不带着小明前往市区的医院,路上耗费了大量的时间和精力。还有一次,小李想去社区图书馆借几本书给小明看,却发现图书馆因为经费不足,已经很久没有更新过书籍了。那些陈旧的图书根本吸引不了小明的兴趣。更让小李头疼的是,社区的教育资源也十分匮乏。小明的学校虽然硬件设施还可以,但师资力量严重不足,很多课程都得不到有效的讲授。小李不得不花费额外的费用,请家教来辅导小明的学习。

小李认为这是因为社区在转型过程中,基本公共服务的供给出现了严重的困境。小李决定不再坐视不理,开始积极参与社区的各项活动,与其他居民一起探讨如何改善社区的基本公共服务。他们向政府反映问题,呼吁加大投入;联系社会力量,寻求合作与支持;还自发组织志愿活动,为社区的老人和孩子提供力所能及的帮助。

虽然过程艰辛,但小李和居民们的努力并没有白费。随着时间的推移,阳光社区的基本公共服务逐渐得到了改善。医疗站的药品得到了补充,医生也接受了更专业的培训;图书馆得到了经费支持,开始更新书籍;学校的师资力量也得到了加强,孩子们的学习质量得到了提升。

小李看着这些变化,心中充满了欣慰。他知道,虽然阳光社区还面临着很多挑战,但只要大家齐心协力,就一定能够克服困难,让阳光真正洒满每一个角落。

资料来源:付舒.偏差与调适:"村改居"社区基本公共服务的供给困境与治理对策——以广州的实践为例[J].新经济,2024(2):123-133.

思考:

1.阳光社区在执行"村改居"过程中出现了哪些问题?

2.什么是政策执行偏差?产生这种偏差背后的原因有哪些?

3.村改居过程中为什么会出现政策执行偏差?

4.结合实际谈谈如何解决在村改居过程中的政策偏差问题。

5.阳光社区在"村改居"过程中面临了基本公共服务供给不足、社区管理与服务水平不高、居民适应与融入困难等多重挑战。假设你是该社区的负责人,请结合实际情况,制订一份详细的解决方案,以应对这些挑战,并推动阳光社区顺利实现由村落向城市社区的转型。

第9章 政策评估

学习目标

1. 理解政策评估的含义。
2. 了解政策评估的类型。
3. 理解政策评估的作用。
4. 了解政策评估的发展阶段。
5. 掌握政策评估的过程及方法。
6. 掌握中国政策评估的发展历程、存在的不足及改进路径。

在公共政策过程中，每一个环节都要被精细打磨，其中既需要科学合理的政策制定和执行，也需要对整个政策制定和执行等过程进行完善的全过程评估。在政策的制定、执行或产出阶段，通过政策的全过程评估，人们可以较为客观地了解到一项政策的实施效果以及政策目标的实现程度，并以此为标准决定该项政策是否应该继续、更新或终结，以吸取经验和教训，为政策过程的后续环节和未来新政策的制定提供参考和帮助。

9.1 政策评估概述

9.1.1 政策评估的概念

评估（evaluation）是指评估主体根据某种标准，按照一定的方法，对某个对象、项目、政策、计划或系统等进行系统的分析和判断，以确定其价值、有效性、效率、影响或表现等的过程。其目的通常是得出评估对象的优劣好坏、提供决策的依据，以及指导未来的行动方向等。作为评估概念下的一个分支，政策评估是一项系统性、全面性的分析活动，旨在审视政策的效果和影响。它不仅关注政策的当前成效，还能在一定程度上预测其未来的走向。本教材认为，政策评估是一种全过程评估，是由相关评估主体，根据预先制定的评估目标、标准和程序，运用科学的方法和手段，对既定公共政策的形成过程、实施情况以及政策绩效等进行系统性的分析和评判。

政策评估的核心目标是运用科学的方法全面分析政策在各领域的影响，识别问题并为改进提供一定依据。作为一种反馈机制，政策评估能够为决策者提供及时调整和优化政策的机会，并通过量化分析客观地测度和考核政策的效率、效能及其他关键指标，从而发现政策中存在的问题和不足，为考核政策成果和制定新政策提供框架和依据，提高政府决策的科学化和民主化水平，推动政策的持续改进和社会的全面进步。

9.1.2 全过程政策评估

政策评估是整个政策过程中一个非常重要的环节，贯穿政策制定、政策执行和政策终结，一项公共政策必须在制定、执行和产出等多个阶段共同作用下才会成功，那么确保公共政策在每个阶段都能够无误实施至关重要，这也就要求我们必须对政策周期的前、中、后各个阶段开展评估工作。对于不同的政策环节，评估的性质也各不相同（如图9-1所示）：

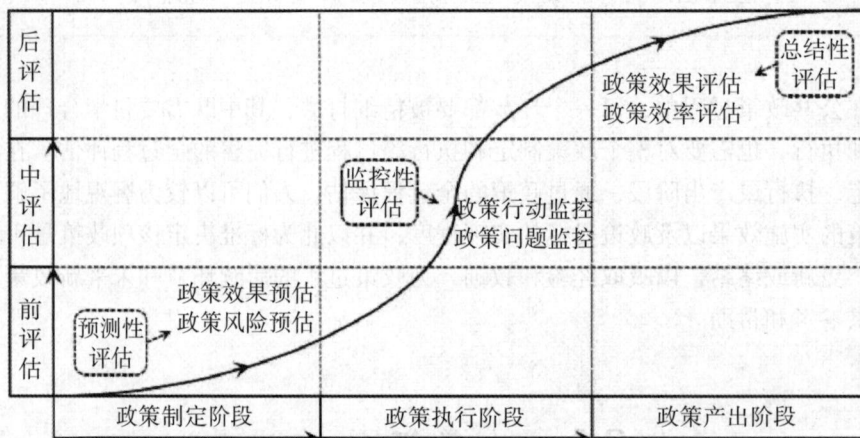

图9-1　政策的全过程评估

资料来源：ALTHAUS C，BRIDGMAN P，DAVIS G. The Australian policy handbook：a practical guide to the policy-making process［M］. 6th ed. Sydney：Allen & Unwin，2017：30-32.

首先，在政策制定阶段，应针对政策问题和目标提出多个备选方案，并评估这些方案可能带来的效果及风险，这一过程称为前评估。

其次，在政策执行阶段，需要根据已颁布的政策制订详尽的实施计划，并投入相应的人力、物力和财力，这一过程中进行的评估属于中评估，以监控实施过程和其中的问题，确保政策朝着预定目标顺利进行。

最后，在政策产出阶段，政策的实施基本结束，在政策效果逐渐显现时，就需要进行政策的后评估，对政策的效果和效率进行全面的总结和分析。

9.1.3 政策评估的主体

评估主体的选择直接关系到评估结果的客观性、权威性和可信度，因此不同的评估主体在评估过程中所发挥的作用存在显著差异。根据评估主体与被评估政策之间的关系和利益相关程度，政策评估主体被划分为内部评估主体和外部评估主体两大类。不同主体由于与被评估政策的关系密切程度不同，在评估视角、信息渠道、判断标准等方面存在明显差异，使其评估结果的客观性、全面性和公信力也有所不同。

9.1.3.1 内部评估主体

政策评估的内部评估主体指的是在政策制定和执行的同一组织内部进行评估的个人或部门，这些内部主体可能是专门负责评估的单位或者政策执行中负责自我监督和审核的人员。内部评估主体通常包括政策制定和执行部门、内部监督审计部门以及其他内部利益相关者。一般来说，政策制定和执行部门承担着政策评估的主要工作，包括政策调查报告、政府工作报告、公民意见和投诉、政策听证会、政府效能考评和绩效考核等。[①]相较于其他主体，它们参与了政策的全过程，能够更准确全面地收集到与政策有关的一手资料和信息，并且对于它们自己组织的结构、文化和政策背景有深入了解，可以更方便地得出完整的结论。内部监督审计部门负责对组织的财务和运营进行定期审查，以确保政策和程序的遵从性，并对政策实施进行效能监察等。在某些情况下，政策的内部利益相关者（如政策的最终用户或受益者）也可能参与评估，他们通过政策作用于自身得出各种信息，从各方面对政策的实行效果作出自身的价值判断，提供反馈。

内部评估作为一种政策评估方式，具有显著的优势。由于无需外部专家参与，这种方法通常能够更加快速便捷地完成，在成本方面也更具效益。同时，因为参与内部评估的人员往往是政策的制定者或执行者，他们对整个政策过程有全面而深入的了解，并掌握大量第一手资料，这种深度参与使得评估结论更加可靠和贴近实际，因此内部评估的结果可以直接应用于政策调整，使得决策的效率和针对性得到提升。但是由于参与评估的内部人员可能受到组织内部政治因素的影响，或者因与评估对象存在利害关系而产生利益冲突，这可能使内部评估在某些时候缺乏客观性和独立性。为了平衡内部评估的优势和局限性，组织会在某些情况下引入外部评估来提供更为客观和独立的视角，以补充其自身存在的不足。

9.1.3.2 外部评估主体

外部评估主体是指政策制定和执行部门之外的独立第三方。这些外部评估者不参与政策的制定或执行，它们对政策进行独立的评估，主要包括立法机关、司法机关、专业评估机构、企业、社会团体、媒体、公众和个人等。

这些政策的外部评估主体通常不受待评估政策的制定和实施过程的影响，并且

---

① 宁骚. 公共政策学 [M]. 3版. 北京：高等教育出版社，2018：377-378.

互相之间没有直接的利益关系，这既降低了评估可能受到内部政治影响的风险，也可以提供更加客观和无偏见的评价。此外，外部评估报告往往被认为更具公信力，特别是对于公众和其他利益相关者来说。外部评估可以提供政策制定者和实施者之外的第三方视角。但是外部评估主体对于某些内部信息难以获取，这可能限制它们对政策的全面了解和评估的深度，并且它们可能不如内部评估主体那么熟悉组织的文化和政策背景，这可能影响到评估的准确性和相关性。

9.1.4　政策评估的类型

依据不同划分标准，政策评估大致可以根据全过程实施阶段、实施主体、评估程序、评估性质、预设标准以及关注点不同而进行区分。

9.1.4.1　前评估、中评估和后评估

政策评估是一种全过程评估，根据政策实施的不同阶段，其可以被分为前评估、中评估和后评估。

政策前评估作为一种预测性评估，是在政策制定阶段针对政策方案进行的一种带有预测性质的评估，其核心目的是预测和分析政策或项目可能产生的影响和结果，帮助决策者更好地理解政策或项目的潜在价值和挑战，以便在实施前对政策所需资源进行合理的配置估算，同时为实施过程中可能出现的潜在风险提供早期预警，以便作出更加明智的决策。

政策中评估是一种在政策执行阶段进行的监控性评估。公共政策更多在执行阶段面临多重挑战，作为一种及时的监测工具，政策中评估必须能够快速处理问题，确保政策目标的顺利实现。其核心任务主要包括对政策行动和问题的监控，行动评估关注政策投入与执行的匹配性，如资源供给的及时性和充分性、文件的完善程度，以及政府行为的合法性和合适性；问题评估则聚焦于执行过程中遇到的具体问题与障碍。

政策后评估又称结果评估，是在政策实施完成后在政策产出阶段对政策效果和效率进行的总结性评估。在分析公共政策时，不能只关注其产出而忽略相关成本，应全面评估每项政策投入所带来的结果，以确保在有限资源的情况下，实现效果的最大化。因此，政策后评估的关键任务包括评估政策效果和政策效率：效果评估关注政策干预所产生的因果关系，而效率评估侧重投入与产出之间的有效性。[①]

拓展阅读9-1

---

① 尚虎平，刘俊腾. 公共政策全过程科学评估：逻辑体系、技术谱系与应用策略〔J〕. 学术研究，2023（3）：47-57；177-178；2.

9.1.4.2　内部评估和外部评估

以政策实施的不同主体为标准，评估可以分为内部评估和外部评估。

内部评估是行政机构本身、制定或实施政策的系统内部人员或部门进行的评估活动。这种评估形式的目的在于使用内部资源来监控和分析政策或项目的设计、执行以及成果，以便于及时作出调整和改进。该类评估者往往能够快速、准确收集到政策相关信息，便于有效开展评估活动，并且成本较低。但由于存在可能的利益冲突等情况，内部评估也有一定的局限性。

外部评估主要是由行政系统以外的独立第三方所进行的评估，主体包括立法机关、司法机关、大众传媒、社会团体以及社会公众等。该类评估者往往不受内部政治环境和组织利益的影响，彼此少有利益冲突，并且通常具有专业的评估技能和丰富的经验，可以更客观地评价政策或项目的有效性和效率，更具有公信力。但外部评估的可能成本较高，评估者获取相关政策信息的途径较少，也导致其局限性。

9.1.4.3　正式评估和非正式评估

根据评估的程序不同，评估可以被分为正式评估和非正式评估。

正式评估指的是按照既定的程序系统地收集和分析数据，严格按照标准和目标对评估对象进行的评估。这种评估通常具有计划性，由具有相关专业知识的人员使用科学的方法论进行，并可能涵盖定量和定性的分析方法。其过程的标准性使它的结果更加具有客观性。

非正式评估则通常指的是不完全结构化或没有明确程序和方法论，而是依照评估者自身掌握的信息和资料所作出的判断评价。这种评估可能是随意的、连续的，可能不依赖严格的数据收集和分析过程，所以其结果的可靠性和有效性难以得到保证，并具有一定的主观性。

非正式评估的条件较为宽松，方式较为灵活，所以常作为正式评估的补充。例如，网络直播平台或相关监管机构可能在没有预先设定严格评估标准和程序的情况下，依靠自身的审核团队或技术手段对直播内容进行实时监控。这些监控人员或系统会根据自身的经验和判断，对直播中的违规行为（如虚假宣传、低俗内容、违法信息等）进行快速识别和处理。监控人员在发现某直播间存在虚假宣传行为时，可能立即采取警告、封禁等措施，并在事后进行记录和总结。这种非正式评估方式虽然缺乏严格的数据收集和分析过程，但能够迅速响应直播中的违规行为，保护消费者的合法权益，维护网络直播行业的健康发展。然而，需要注意的是，由于非正式评估的结果可能受到监控人员或系统自身经验和判断的影响，因此其可靠性和有效性可能存在一定的局限性。为了弥补这一不足，网络直播平台或监管机构通常会结合正式评估方式（如定期调查、数据分析等）来全面评估网络直播的合规性和质量。

9.1.4.4　行政评估、司法评估和政治评估

豪利特和拉梅什将政策评估分为行政评估、司法评估和政治评估。行政评估的

评估主体主要来自政府内部，有专门的负责机构，其目的是确保政策在实施过程中的有效性和效率，力求以最小的成本换取最大的效益。行政评估主要包括投入努力度评估、绩效评估、绩效充分性评估、效率评估和过程评估。①司法评估是由司法机关对政策是否符合法律规定、宪法原则和人权标准进行评估。政治评估不同于其他评估方式，它可以通过评估政府或领导人的支持率等表现来判断政府制定的政策的效果，同时政治评估涉及相关的子系统中其他成员进行政策咨询的过程。

9.1.5 政策评估的作用

在政策过程的各个阶段，政策评估对于促进决策科学民主、优化资源配置、检验政策效果和控制政策走向方面有关键作用，具体体现在如下方面：

9.1.5.1 促进政府决策的科学化、民主化

在现代的国家治理中，政府通过各种政策手段调节社会关系，引导和规范公共生活的各个方面，而政策评估作为系统的分析和评价过程，对提升政府决策的科学性和民主性具有不可替代的作用。

一方面，政府的决策必须保持科学思维，从客观事实出发。政策评估通过科学的方法收集数据、分析结果和预测政策效果，为决策者提供了可靠的理论基础，从而使政策决策过程更加理性，并且这种基于证据的决策方法有助于减少决策中的不确定性和主观性，提升政策的客观度和效率；另一方面，政府的决策必须发扬民主，体现人民的利益。政策评估通过对政策全过程的分析评价，促进了利益相关者的参与，允许公众、专家和其他利益团体对政策的制定和执行提出反馈，增强了政策过程的透明度和问责性。这种参与不仅增强了民众在政策制定中的代表性，还提升了公共政策与社会需求间的匹配程度，增强了政策的公正性和民主性。

9.1.5.2 优化公共资源配置

政策评估通过综合分析已有的或制定中的政策，判断政策执行的效果、效率和效益，指出资源使用中的问题，为政策制定者和执行者提供了优化决策的重要依据。政策评估不仅能够确保公共资源被分配到最能发挥作用的领域，减少资源浪费，并且能够避免对无效或低效项目的过度投资，帮助决策者从不同政策选项中选择那些成本效益最高的方案。

政策评估通过确保合理分配和有效利用公共资源，在推动经济和社会目标方面担当了一个基础性的促进角色。鉴于政府公共政策资源的有限性以及多项政策同时执行的可能性，评估不仅能衡量各项政策的价值并预测其有效性，还决定了各项政策的资源投入量。同时，政府可以通过政策评估的结果判断资源配置的合理程度，以便及时调整资源投入的比例，确保有限资源发挥最大效用。此外，政策评估使政策制定者和执行者能够从全局利益出发，避免仅为追求部门利益而过度配置资源于本部门，不仅

① HOWLETT M, RAMESH M. Studying public policy: policy cycles and policy subsystems [M]. Toronto: Oxford University Press, 1995: 224-228.

减少了资源的不平衡分配情况，而且有助于避免其他政策因资源不足而受到影响，从而实现整体资源配置的均衡和高效，达到优化资源配置的作用。

9.1.5.3 检验政策执行效果，推动完善政策

政策评估是检验政策效果的关键工具，通过对政策实施后的结果进行系统的分析，可以帮助决策者了解政策是否达到预期的目标，以及多大程度上达到预期目标，这些要素在某些时候并非浮于表面易于观察的。在政策评估的过程中，应主要关注三方面的内容：第一，政策的有效性，即政策是否成功解决既定的问题；第二，政策的效率，即政策执行过程中资源是否得到有效利用；第三，政策的效益，即对政策的成本与效益进行评估判断。

通过政策评估，政策制定者和实施者可以发现那些政策未涉及或未达到预期效果的情况，以便于及时修正误差，推动政策的完善。例如，在我国曾长期执行的计划生育政策，通过持续的评估发现，虽然它在控制人口增长方面取得了一定成效，但人口数量的增长与经济和社会发展的步调并不总是一致的。根据国家统计局的数据，2000 年国内生产总值（GDP）为 89 404 亿元，全国总人口数量为 126 583 万人；2010 年国内生产总值为 397 983 亿元，全国总人口数量为 134 100 万人，与 GDP 的成倍增长并行的是在计划生育政策下人口数量的缓慢增加，这种时常出现的脱节现象使得人口增长与发展之间的矛盾也亟须解决。而正是基于各类评估结果，政府陆续对计划生育政策进行调整和完善，如允许部分夫妇生育两个子女、提高社会抚养费等。直至 2020 年，国内生产总值达 1 015 986 亿元，[①]同时全国总人口达到 141 178 万人，[②]二者之间的差距进一步缩小，也更好地兼顾人口与经济社会发展的平衡。

9.1.5.4 决定政策未来走向

对一项政策的科学评估对于该项政策未来的走向有着重要作用，通过对其价值和效果等的科学评判，决定该政策是否需要进行延续、调整或终结。例如，对于中国的普及九年义务教育政策，经过多年实施和不断评估，虽然城镇地区基本实现了这一目标，但农村地区仍存在一些问题，如辍学率高、师资力量薄弱等。因此，政府在延续这一政策的同时，对农村地区进行了政策调整，在 2001 年正式出台了如"两免一补"等优惠措施，以确保农村适龄儿童顺利完成义务教育阶段的学习。党的二十大报告提出"加快义务教育优质均衡发展和城乡一体化，优化区域教育资源配置"，正是基于过往政策评估的结果，对义务教育政策未来走向加以明确指引。通过持续的评估与反馈机制，政府能够精准识别政策执行中的短板与不平衡之处，进而作出科学决策，不仅延续了九年义务教育的基本国策，还针对农村教育的薄弱

① 国家统计局. 中华人民共和国 2020 年国民经济和社会发展统计公报［EB/OL］.（2021-02-28）［2024-11-25］. https://www. stats. gov. cn/xxgk/sjfb/tjgb2020/202102/t20210228_1814159.html.

② 国家统计局. 第七次全国人口普查公报（第二号）［EB/OL］.（2021-05-11）［2024-11-25］. https://www.stats.gov.cn/sj/tjgb/rkpcgb/qgrkpcgb/202302/t20230206_1902002.html.

环节进行了有针对性的调整与强化。党的二十大提出的新要求，进一步彰显了政策评估在决定政策未来走向上的重要性，即通过优化资源配置、促进城乡教育一体化，推动义务教育向更高质量的均衡发展阶段迈进，确保每个孩子都能享受到公平且有质量的教育，为国家的长远发展奠定坚实的基础。

9.2 政策评估的过程

公共政策评估的过程是一系列系统的步骤。为了合理预测政策制定环节的后果和发现潜在风险、实时监控政策执行过程的行动、及时总结政策产出的效果和效率，必须合理有序地对评估客体进行评价活动，做好评估准备、实施和终结三个阶段的工作。政策评估的过程如图9-2所示。

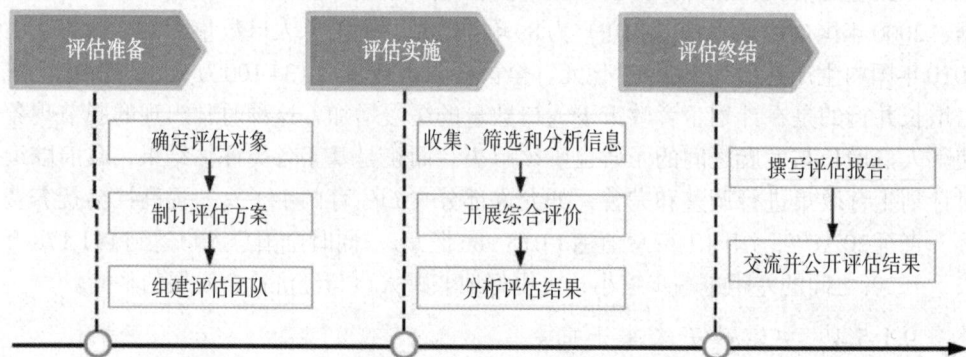

图9-2 政策评估的过程

9.2.1 评估准备

在政策评估过程中，评估准备阶段是基础性环节，但也是至关重要的。它涉及确定不同阶段的评估对象，从而制订评估方案以及组建评估团队。

9.2.1.1 确定评估对象

评估对象指的是要评估的内容，即要解决的具体问题。由于政策的相关性，某些效果的产生可能并非因为一项政策的作用，要清楚地划分出一项政策的影响边界范围并不是一件容易的事，所以确定评估的对象首先要基于评估主体的意愿和客观现实的情况，其次需要基于评估目的进行，同时要考虑资源的可用性、时间限制以及评估的紧迫性等各种影响因素。例如，假设政府推出了一项旨在改善城市低收入者住房条件的政策，该政策可能包括提供补贴、改善基础设施或落实低收入家庭的财政援助。在这种情况下，评估对象可能是政策对住房条件的具体影响，例如改善了多少住宅单位、增强了住房的可负担性或增加了哪些区域的居住安全性，识别这项政策的影响边界可能相当复杂。如果在同一时间段内，私人企业也在贫民区进行住房建设，那么该区域住房条件的改善可能并不完全是执行政府政策的结果。为了准确评估政府政策的效果，评估者需要区分政策效果与其他非政策因素产生的效果。对于一些刚刚开始发挥作用或者评估要素尚不齐全的政策，则暂时无须评估。确定有效的评估对象有助于帮助决策者精确地收集数据、选择合适的评估方法和工具，以及更加有效地分析评估结果。

9.2.1.2 制订评估方案

制订评估方案是政策评估准备阶段最重要的一部分。它涉及具体规划评估过程，主要包括以下几个方面：

第一，详细阐述评估对象，即明确最终要评估什么政策和评估政策的哪些方面等。

第二，明确评估目的，即为什么要解决评估的问题以及要解决至何种程度，预期要达到什么样的效果。

第三，确定评估标准和方法，包括政治、经济、社会以及伦理标准，是采用定性还是定量分析，或是两者的结合；是通过案例研究、调查问卷，还是依赖统计分析等方法来收集和分析数据等。

第四，规定评估所需的时间、范围、经费来源等情况，最终在这些基础上提出一个较为完整的评估方案。

针对政策的制定、执行和产出不同阶段，需要规划出不同的评估方案。一个高质量的评估方案不仅能够提供一项明确的行动计划、确保评估过程有序进行，而且能够确保评估结果的可信度和有效性，为决策提供依据。

9.2.1.3 组建评估团队

政策评估涉及对政策理解的多种视角和判断，所以对于评估人员的专业知识素养要求很高。评估团队应由具备不同背景和专业知识的成员组成，以便充分考虑评估过程中的多视角和技能；同时，需要综合考虑成员的专业技能、经验以及协作能力，根据不同领域的评估项目选择不同的评估人员并进行必要的培训。以一项教育政策的评估为例，假设政府旨在通过科技融入课堂来提高中学生的学习成效。针对这一政策的评估，团队的构成不仅需要深入理解教育体系的教育专家，也需要精通科技工具的信息技术专家，以及能够评估学生学习成效心理的心理专家，当然更要包括具有实际教学经验的现职教师、数据统计分析人员、项目管理人员等。一个高效协作的评估团队能够为政策制定者提供准确、全面的评估结果，为决策提供良好的信息支持。

9.2.2 评估实施

政策评估的实施阶段是整个评估过程中最为关键的一环，无论是在政策的制定、执行还是产出过程中，评估的实施都是至关重要的一部分。

9.2.2.1 收集、筛选和分析信息

信息是所有评估活动的基础，信息的收集、筛选和分析直接影响评估结果的可靠性。

首先，信息的收集来源包括现有的研究、统计数据、政策本身以及调查和访谈结果等，收集的信息必须覆盖所有相关方面，以便为全面评估政策提供足够依据。

其次，在信息筛选阶段，要对收集到的信息进行审核，排除不相关或质量不高的数据，以便提高评估结果的质量并简化后续的分析过程。

最后，对于信息的分析是一个核心环节，它使用定性和定量的方法来解释数据，对各种经验性或不确定的信息资料进行核实论证，寻找其中潜在的趋势和因果关系。基本的方法主要包括统计分析、逻辑分析和理论分析。

例如，假设政府要评估一项关于提升城市公共交通系统效率的新政策，评估团队则需要汇集包括市民出行习惯的调查数据、公交运营统计数据以及交通流量分析等信息，在此基础上剔除过时的数据和与该政策不直接相关的信息，并通过使用统计软件来确定公交车准点率的变化，运用逻辑、理论等分析来探究新政策对通勤效率的可能影响，最终将这些复杂的数据和分析结果转化为对政策制定者有用的信息。信息处理阶段的主要目的是将复杂的数据转化为支持政策制定和实施的有力论据，为最终的评估报告和决策提供科学依据。

9.2.2.2 开展综合评价

综合评价旨在将分析阶段得出的各项数据、趋势和因果关系整合起来，形成对政策实施效果的全面理解。

以政府评估提升城市公共交通系统效率的新政策为例，评估团队在收集了市民出行习惯的调查数据、公交运营统计数据以及交通流量分析等信息，并经过筛选和分析后，进入综合评价阶段。

在综合评价中，评估团队首先会对比政策实施前后的数据变化。例如，对比政策实施前后公交车准点率的变化，可以直观地反映出政策对于提高公共交通系统效率的直接影响。同时，评估团队会考虑其他可能影响公交车准点率的因素，如天气状况、道路施工等，以确保评价的准确性和全面性。

除了对比数据变化外，评估团队还会运用多种评价方法和工具进行综合评估。例如，可以使用成本效益分析方法，计算政策实施所带来的经济效益和社会效益，以及政策实施所需投入的成本，从而评估政策的性价比；还可以使用满意度调查等方法，收集市民对政策实施效果的直接反馈，以了解政策在公众心目中的接受度和满意度。

在综合评价过程中，评估团队需要注意政策实施可能带来的间接影响。例如，提升公共交通系统效率的新政策可能促进市民减少私家车使用，从而降低城市交通拥堵和空气污染程度。这些间接影响虽然难以直接量化，但对于全面评价政策效果同样具有重要意义。

通过综合评价，评估团队可以形成对政策实施效果的全面、系统的理解，为后续的决策和政策调整提供有力支持。

9.2.2.3 分析评估结果

在完成综合评价后，评估团队需要对评估结果进行深入分析，以提炼出政策实施的主要成效、存在的问题以及改进建议。

在提升城市公共交通系统效率的新政策评估中，评估团队通过分析评估结果，发现政策实施取得了显著成效。例如，公交车准点率明显提高，市民出行时间得到有效缩短，城市交通拥堵状况得到一定程度缓解。同时，政策促进了市民减少私家车使用，对改善城市空气质量产生了积极影响。然而，评估结果也暴露出一些问题。例如，部分公交线路的运力仍然不足，高峰时段仍存在乘客拥挤现象；部分公交站点设置不合理，导致乘客换乘不便；政策宣传和推广力度不足，部分市民对政策了解不够深入，影响了政策的普及率和接受度。

针对评估结果中暴露出的问题，评估团队提出了相应的改进建议。例如，建议政府加大对公共交通系统的投入，增加公交线路和运力，优化公交站点设置，提升公交服务质量和便捷性；同时，加强政策宣传和推广力度，提高市民对政策的认知度和满意度；建立政策效果监测机制，定期对政策实施效果进行评估和调整，以确保政策能够持续发挥积极作用。

通过分析评估结果，评估团队不仅总结了政策实施的主要成效和存在的问题，还提出了具体的改进建议，为政府后续的决策和政策调整提供了重要参考。

9.2.3 评估终结

9.2.3.1 撰写评估报告

评估终结意味着整个评估过程的结束，主要通过撰写评估报告或交流公开评估结果的方式对当前政策进行最终评价。

在这个阶段，撰写评估报告是汇总和传达整个评估活动成果的关键步骤。一份合格的评估报告应当清晰、准确地反映评估的过程和分析所得的结果，以客观的角度对政策效果的客观评价、政策面临的挑战和问题评估结果的可靠性和有效性等因素进行全面的阐述。它会从多个角度评价政策的成果，如在提高公交系统效率方面取得的进展，同时指出存在哪些挑战，如公交车辆拥挤和乘客满意度未显著提高的问题。此外，评估报告将讨论评估过程的可靠性和有效性，特别是如何识别并控制任何可能存在的偏见或数据收集中的不确定性。

政策评估报告也应该包含具体的政策建议，以便政策制定者和实施者利用这些见解改进现有政策或制订新的政策方案。这些建议将基于整个评估过程中的发现，建议决策者如何改进现有政策或制定新策略来进一步优化公交系统的服务效率和乘客满意度。例如，报告可能建议增加公交车辆、优化路线设计或者提高司机培训的标准。评估团队应负责将所进行的分析、发现的证据以及得出的结论和建议等编纂成一个结构化的文档并形成书面形式的纸质评估报告,之后将其提交至领导或有关部门,或向社会公开评估结果进行反馈。一份有效的评估报告不仅有助于提升政策透明度和问责性,而且对相关领域的研究和实践有宝贵的借鉴意义。

9.2.3.2 交流并公开评估结果

交流并公开评估结果是确保评估活动影响力与透明度的重要环节。这一步骤不仅促进了政策制定者、实施者、利益相关者及公众之间的沟通与理解,还为后续的政策调整与优化奠定了坚实的基础。

首先,评估结果的交流应当是多向且互动的。评估团队需组织专门的会议或研讨会,邀请政策制定者、实施机构、行业专家、公众代表等关键利益相关者参与。在会议上,评估团队应详细阐述评估报告的核心内容,包括评估方法、主要发现、政策建议等,并鼓励与会者就评估结果进行深入讨论。这种面对面的交流有助于增进各方对评估结果的理解和认同,也为政策制定者提供了直接听取公众意见和需求的宝贵机会。

其次,评估结果的公开是提升政策透明度和公信力的关键。评估团队应通过政府官方网站、社交媒体平台、新闻发布会等多种渠道,及时、全面地公开评估报告及关键数据。公开的内容应包括但不限于评估目的、评估过程、主要结论、政策建议以及评估的局限性等。这种全面的信息公开不仅有助于增强公众对政策评估的信任感,还能激发社会各界对政策改进的关注与参与。

最后,为了最大化评估结果的影响力,评估团队还应积极寻求与媒体的合作,通过新闻报道、专题访谈等形式,将评估结果传递给更广泛的受众。媒体作为信息传播的重要渠道,其报道能够迅速吸引公众注意,促进评估结果在更大范围内的传播与讨论。

在交流公开评估结果的过程中,评估团队还需注意保护敏感信息和个人隐私,确保评估活动的合法性和合规性;同时,应建立有效的反馈机制,鼓励公众和相关利益方对评估结果和政策建议提出意见和建议,以使后续的政策调整与优化更加精准地回应社会需求和期望。

9.3 政策评估的标准

公共政策评估标准是一系列用于指导和衡量政策评估过程和结果质量,以判断其好坏的准则。对于公共政策的评估,既要遵循事实判断,也要符合社会的价值判断,因此我们主要将这些标准分为两类:事实标准和价值标准。

9.3.1　事实标准

事实标准指的是在评估过程中用于衡量政策实施情况和成效的具体、客观的事实依据，能够根据数量、比率等统计结果来反映政策的实施情况。这些标准基于可观测的数据和信息，以确保评估结果的客观性和准确性。其主要包括以下方面：

9.3.1.1　效率标准

效率标准是指在政策过程中的投入与产出或成本与收益之间的比例关系，旨在判断政策的经济合理性，即政策的效率标准最关注的并非如何才能有效执行政策以及如何实现政策目标，而是该项政策能否以最小的投入换取最大的效益产出，因此效率标准通常着眼于成本效益分析和成本效果分析。成本效益分析比较的是政策产生的总体益处和总体成本，这些益处和成本通常会被量化为经济价值，都可以用现实货币进行测量；成本效果分析关注更多的则是用一定成本能够实现预期目标的程度，或者在实现相同效果的情况下所需的最低成本。根据学者宁骚的观点，在政策评估中效率的高低可以细化为三对关系，分别是投入与成本的关系、行政开支与业务开支的关系以及人均开支和单位成本的关系。[①]

以城市交通改善项目评估为例。在效率标准下，评估团队会比较项目投资成本与收益，包括购买新公交车的资金、建设专用车道的开支以及实施电子收费系统的初始投入和运维费用，以及交通效率提升所带来的时间节约、减少的交通拥堵导致的环境改善，以及公共交通乘客数量的增加所产生的额外收入等。进行成本效益分析时，评估团队会将上述成本和收益转化为货币价值，以评估政府支出是否得到了相应的经济回报，如计算节省的通勤时间的经济价值以及减少的环境污染可能为公共健康节省的费用等。在成本效果分析中，评估团队会关注政策实施后是否能够达到预期目标，如是否真正缓解了交通拥堵状况，提高了公共交通的吞吐量，并且对比不同方案在相同效果下的成本效率，以寻求最低的实施成本。总之，通过这种效率评估，决策者可以清晰看到该交通改善政策是否以最小的资源投入实现了最大的公共效益，帮助他们作出是否继续推进、调整策略或寻找更有效方案的决策。

效率标准的核心是优化政策过程中的资源配置，从而确保公共资源被用在能够带来最大公共利益的地方。在政策评估过程中，效率的高低直接影响到政策选择、调整或是否继续推进决策等。根据效率标准，有效的政策应该是在有限的资源条件下，能够以最低的成本达到最优的效果。因此，该标准能够帮助决策者理解如何更好地利用资金和其他资源，以及政策实施是否真正按照预期一样"物有所值"。

9.3.1.2　效益标准

政策效益指的是一项政策实行后取得的效果达到预期目标的程度。政策评估的效益标准不同于效率标准，其重点并不关注政策过程中投入的资源成本，而着重关

[①]　宁骚. 公共政策学 [M]. 3 版. 北京：高等教育出版社，2018：385.

注政策是否达成预期目标或者在多大程度上达成预期目标。效益标准通常会涉及定量和定性的评价方法。定量评价常通过统计数据、经济价值估算等方法得出可以以数字表现的结果，而定性评价可能考虑政策对民众生活质量、社会公正以及一些人们的主观思想等不易量化的领域的影响。所以在应用政策评估的效益标准时，评估者必须确保全面评价所有相关的效益，考虑各方主观因素的影响，并且要特别注意那些长期的、间接的或不易察觉的正面或负面效果。在应用效益标准对城市交通改善项目进行评估时，我们重点关注项目是否达到了缓解交通拥堵状况和提高公共交通效率的目标。定量分析可能包括测量交通流量和公共交通使用率的变化，以及通勤时间的缩短。定性分析将考量项目如何改善市民的生活质量，如减少的通勤压力和改善的空气质量对居民健康的影响。此外，应关注政策是否公平地惠及了各个区域，以及它有可能带来的长期环境效益。总体上，评估的重点是政策结果对社会的整体提升程度，而不仅仅是经济成本的投入与回报。因此，政策评估的效益标准不仅要求评估者考察政策的期望目标是否达成，还要分析这些结果对于社会福祉的增进程度。

9.3.1.3 政策回应性标准

政策回应性标准指的是政策实施的结果满足政策目标群体的需要、诉求和价值的程度，主要考察政策在实施过程中对目标群体需求和预期的敏感性及反应能力。因为政策实施的政治、经济、社会等环境始终是不断变化的，在这种情况下，无论是政策受到的影响还是目标群体的诉求和利益都并非固定不变的，所以回应性这一标准也着重于评估政策是否能够及时、恰当地识别并满足受众的特定需求，以及如何对环境的变化作出快速反应，或者是否能在问题出现时进行及时调整，强调的是其动态适应性和实时反馈的重要性，评估的焦点在于政策能否及时解决目标问题和适应新变化。

对回应性的评估有助于确定政策是否精准有效地服务于公众需求、是否存在反馈机制来持续改进政策实施，以及政策制定者能否对环境变化和新出现的问题迅速作出反应。一项回应性强的政策不仅能够增强受众的满意度，也能够提升政策的适应性和效能，确保政策目标的实现更加精准和及时。

9.3.2 价值标准

政策评估的价值标准是指在伦理、道德、文化、经济、政治和社会的价值取向条件下，确定公共政策在价值方面的效用，包括经济价值、社会价值、环境价值等。价值评估不单是对政策成本和收益的经济分析，还是更加全面地考量政策对不同利益相关者的影响，以及这些影响是否符合社会正义、道德与伦理原则和长期可持续性等价值要求。价值标准的主要内容包括以下方面：

9.3.2.1 公正性标准

在政策评估过程中，公正性标准是对公平多方面的考察。它不仅要求在政策决策和执行中对不同的人群进行公平对待和资源的均匀分配，也要确保社会中的各个层面——无论是社会、经济还是文化背景——都能平等地受惠。它的核心关注点是保障所有人的权益平等，特别是为弱势群体和边缘化社区等提供足够关注，以促进社会包容和平等。例如在实践中，教育和卫生领域的政策评估会特别关照不同社会经济背景下个体获得服务和资源的平等性。此外，公正性强调政策过程本身的公平性，要求政策制定过程中利益相关者能够广泛参与，政策决策流程需具备高度透明度和问责性，确保决策既不受限于特定利益集团，也能真正体现公众利益，从而通过全面的公正性评估，推动社会的公平与正义。

概言之，政策评估的公平性致力于谋求社会福利的最大化，并让这种福利惠及每个人，其做法有四种：一是使个人福利最大化，即让所有人获得的福利最大化；二是保障最少量人的福利，即增加某些人的福利，保证让情况最糟糕的人都能获得最低的基本福利保障；三是使净福利最大化，即增加社会的净福利，但假设其所获利益可用以补偿遭受损失者；四是使分配的福利最大化，即让社会中某些特定的团体，其所获再分配的福利能够最大化。①但尽管政策的实施会惠及大多数人的利益，在很多情况下，会有部分人的利益因此而受损，所以通过各种形式的利益协调和政策调整来使该部分群体得到补偿并谅解和支持政策实施也是重要的一环。

9.3.2.2　可持续性标准

政策评估的可持续性标准着重于审视政策决策和其长期执行过程维持资源有效使用的情况，并确保其对政治、经济、社会和环境等领域的积极影响能够延续，并尽可能减少消极影响的出现。这一标准要求决策者不仅考虑政策短期内的效率和益处，而是更加关注长期后果，注重当前利益与长远利益、局部利益与整体利益、社会发展与环境保护、经济与政治等多方面之间权衡的关系。换句话说，可持续性评估要确保政策措施不会将牺牲未来的福祉作为成就今日利益的代价，而是促进经济、社会和环境等多方面的和谐发展，目的是确保政策能够支撑一个长期、稳定的持续发展路径。

9.3.2.3　合法性标准

合法性标准是政策评估中的一项基本标准，是指评估政策的方法、流程等是否符合现行法律法规、宪法原则以及国际法等的要求，以确保政策制定和实施不仅遵循正式立法程序，而且与法律体系的基本精神和法治原则相一致。合法性标准意味着政策必须在法律赋予的权限范围内制定，同时要尊重公民的基本权利和自由。合法性评估有助于确保政策不会因违反法律规定而失效，从而减少法律纠纷和不必要的社会冲突，从而增强政策的正当性和可信度效力。同时，这涉及对政策实施中可能出现的法律问题进行预测和预防，确保政策实施过程中的合法性，以及成果的法律效益最大化。因此，合法性标准是评估政策是否得以顺利执行并获得预期成效的重要指标。

---

① 陈潭. 公共政策学［M］. 长沙：湖南师范大学出版社，2003：218-221.

9.3.2.4　可行性标准

政策评估的可行性标准作为政策实施前的关键性评估标准，要评估的是纸面上的政策方案能否在实践中被应用和执行，即政策的可操作性。可行性标准要求评估者分析政策是否具有明确的目标、是否基于可靠的证据、是否考虑了现有资源和环境限制以及是否有实际的操作方案等，同时强调政策在制定时期便要考虑到如政治、经济、技术等潜在性障碍，最后评估这些计划在现有的社会、政治和经济环境中是否可行。评估的可行性标准主要可以分为技术可行性、政治可行性、经济和财政可行性以及行政可操作性四类。

首先，技术可行性指的是要判断政府是否拥有或能够开发必要的技术资源来促使政策成功实施，以及在该种技术条件下政策的实施能否达成预期的目标。对于技术的考量主要可以包括对现有技术的评判、对完成目标所需技术需求的评估和对所需技术可获得性的评价。以智能交通系统政策的实施为例，技术可行性首先要求政府评估自身是否拥有或能否开发出支持智能交通系统运行的关键技术资源，如高精度地图、大数据分析平台以及物联网通信技术等。这包括对当前市场上已成熟的交通管理技术的评判，确定它们是否能满足政策目标中对交通效率提升、安全感增强及环境污染减少的需求；同时，需评估为实现这些政策目标所额外需要的技术开发难度及成本，并考量这些必要技术的可获得性，如是否可以通过国际合作、自主研发或购买服务等方式获得。只有在确认技术资源充足且技术实施路径可行的情况下，智能交通系统政策的成功实施及预期目标的达成才具备坚实的基础。

其次，政治可行性指的是一项政策在政治上是否与国家的性质、政治制度、政治思想和发展方向保持一致，是否符合国家利益、人民群众利益，能否被社会和人民群众所拥护和接受。[①]在整个政策过程的政治大环境中，政策能否得到支持和批准对政策的实施具有关键性作用。这不仅包括政策是否获得政府、决策者和立法机构的支持，而且涵盖了公众的接受度、与现行法律和政策的兼容性以及其他政党或利益团体的态度等因素。因为一项新政策实施所产生的效果并不是立竿见影的，而且不可避免地会触及部分人的利益，所以对于社会的承诺和各方利益的协调都会对政策实施的顺利程度造成影响。不仅如此，对政治可行性的分析还需要考虑政策提议是否能够在政治议程上获得优先地位，是否能够引起足够的关注以促进讨论和行动，以及政策的制定和执行者是否拥有推广和捍卫该政策的政治资本。例如我国的共建"一带一路"倡议，其政治可行性在于它与我国的发展理念和目标高度一致。这一政策旨在通过加强与共建国家的经济合作，实现共同发展和繁荣。这符合中国长期以来倡导的和平发展、互利共赢的外交理念，也体现了中国作为一个负责任大国的国际担当。通过"一带一路"建设，中国可以与其他国家共享发展机遇，共同应对全球性挑战，推动构建人类命运共同体。

再次，经济和财政可行性是衡量政策的经济可用性和结果收益性的重要标准，

---

① 谢明. 公共政策分析 [M]. 北京：首都经济贸易大学出版社，2010：167-168.

涉及估计政策实施所需的财务资源及其分配、资金来源的长期可靠性、潜在的经济影响以及长短期的成本收益分析等。在经济和财政可行性标准中，应该主要注意政府对实施政策所需资源的承载力、政策资金的来源及各项来源的稳定程度和持续程度、对政策过程的成本效益分析，以及预算分配的合理性和各种可能的经济波动影响。对经济可行性的客观评估能够保证政策实施过程中资源需求上的合理分配和财政的可持续供给，防止因经费不足而导致政策中止的意外情况出现。

最后，行政可操作性是指一项政策能够在现有的行政体系和程序内得以顺利实施的能力，也就是相关行政机构在政策实施过程中的实际操作能力。

该标准要关注的问题主要包括：第一，能力问题，即执行机构是否具备实施该政策的能力以及是否有足够的人员、技术和管理能力；第二，资源分配问题，即执行机构是否有足够的技术、人才、资金等资源来支持政策的执行；第三，程序问题，即执行机构是否有明确、高效的行政程序和流程来指导政策的实施；第四，权限问题，即执行机构在政策实施过程中遇到各种情况时是否有足够的权限解决问题并顺利执行政策。

例如，一个城市决定实施自行车共享计划，以促进绿色出行并改善交通拥堵状况。在该计划的实施过程中，行政可操作性会包括：第一，能力问题：市政府是否有专门的团队来监管自行车共享计划，以及这个团队是否具有足够的技术知识和管理经验来处理与共享自行车相关的任务。第二，资源分配问题：市政府是否分配足够的资金来购买自行车、建设停靠站，以及维护这些设施。第三，程序问题：市政府是否建立了顺畅的流程来管理自行车的维护、分布和用户反馈。第四，权限问题：如果出现盗窃或破坏自行车的行为，市政府是否有足够的权力来追究责任，并确保计划的顺利进行。

行政可操作性需要确保政策设计与现行的法律法规、行政流程以及监管框架相契合，并合理运用监控和评估机制，以确保政策实施的结果能够被有效跟踪和测量。简言之，行政可操作性关注的是政策从纸面到现实中的转化过程，以及相关行政系统对该政策支持和执行的能力。

9.4 政策评估的方法

政策评估是一个复杂而系统的过程，涵盖了政策制定、执行和产出多个阶段。每个阶段的评估都有其独特的目的和重要性，因此需要采用不同的评估方法来确保评估的准确性和有效性。

9.4.1 政策前评估阶段

政策前评估作为政策制定环节的一种预测性评估，主要包括对于政策可能产生的效果预估和即将面临的风险预估，所以本部分方法主要分为效果预估和风险预估两方面。

9.4.1.1　效果预估

政策前评估作为政策制定环节的关键预测性评估，其核心在于效果预估，旨在通过科学方法和工具预先判断政策实施后可能产生的多方面影响。这一步骤基于多目标决策分析、系统动力学模型、投入产出分析等理论框架，采用定量分析法（如利用计量经济学模型预测"营改增"政策对税收收入、企业负担及产业结构的影响）、定性分析法（如通过专家咨询、利益相关者调查等方式收集意见，为中国新能源汽车推广政策提供决策依据）以及情景模拟法（如构建不同减排情景评估气候变化政策效果）等具体方法，全面评估政策的潜在正面和负面影响。效果预估的重要性在于为政策制定者提供科学、全面的决策依据，减少政策实施中的不确定性和风险，帮助政策制定者更加清晰地了解政策的潜在价值和可能存在的问题，从而及时调整政策方向和优化政策措施，确保政策的科学决策和有效实施。

9.4.1.2　风险预估

（1）模糊综合评价法

模糊综合评价法是一种基于模糊数学理论的综合评估工具，旨在处理不确定性和模糊性问题，该方法通过运用隶属度理论，将定性评价转化为定量分析，从而能够对受到多种因素影响的公共政策进行全面评估。模糊综合评价法的核心在于利用模糊数学模型对相关的政策变量进行量化分析，较为准确地预测和评估政策潜在的风险。因为模糊综合评价法通过量化得出的结果较为明确，具有较强的系统性，能够有效处理那些难以通过传统方法量化的复杂问题，所以更适合面对多重影响因素和不确定条件的场景。通过对多种因素的综合考虑，该方法为决策者提供了科学合理的评价依据，从而帮助其在复杂的决策环境中作出更加明智的选择，不仅增强了政策分析的有效性，也为政策制定提供了更加可靠的参考框架。

（2）蒙特卡罗模拟法

蒙特卡罗模拟法是一种用于预测不确定事件结果的数学方法，主要依赖概率和统计理论，并利用随机数（通常是伪随机数）来解决多种计算问题。在通常情况下，这种方法通过计算机程序分析历史数据，并根据不同的决策方案预测未来可能的结果。其基本原理在于遍历性，即在一个封闭系统内，移动点的统计行为描述了其在所有可能位置之间的分布，通过进行大量的模拟，计算机能够生成不同输入条件下的最终结果。例如，在掷一个六面骰子的过程中，每个面出现的概率为1/6，尽管掷6次可能不会得到6个不同的数字，但如果进行无限次投掷，每个数字的实际出现概率将逐渐接近理论值1/6。因此，模拟的准确性与模拟次数成正比，进行10 000次模拟所获得的结果将比进行100次模拟更为精确。蒙特卡罗模拟法的原理也基本与此相似，其工作机制依赖计算机系统进行多次模拟，以产生反映现实情况的多种可能结果。它通过随机数生成器来再现输入参数的固有不确定性,这一程序用于产生不可预测的随机数序列。作为一种基于数理统计的概率评估方法,蒙特卡罗模拟法被广泛应用于风险评估和模拟仿真,在政策风险评估中,采用该方法可以通过实验计算风险概率的平均值,作为政策风险评估的依据,从而为决策提供参考。

（3）反向传播神经网络模型

反向传播神经网络（BP神经网络）模型是一种基于误差反向传播算法的人工神经网络模型,其设计灵感源自生物神经系统的结构。作为一种公共政策风险评估的典型方法,其核心思想是通过对输入和输出之间的误差进行反馈,从而逐步调整网络中的权重,以优化预测结果。在公共政策风险评估中,反向传播神经网络的有效性往往依赖对历史风险事件的分析和训练。这一过程涉及收集和整理过往的数据,以构建一个可以识别和预测潜在风险的神经网络模型,并通过对已有案例进行学习,网络能够捕捉到复杂的风险模式和关系,从而提高对新政策实施后可能出现风险的预测精度。BP神经网络模型适用于有先例可循的政策评估体系,其能够处理大量的数据输入,并快速准确地识别出潜在的风险因素,这使得决策者在制定和调整政策时,能够基于数据驱动的分析结果作出更明智的选择。同时,随着数据收集和计算能力的提升,反向传播神经网络的应用范围和精确度愈加广泛可信,为公共政策的科学决策提供强有力的支持。

9.4.2 政策中评估阶段

政策中评估是发生在政策执行环节的一种监控性评估,其核心目的是分析政策实施中投入和行动的匹配性以及识别执行过程中遇到的各类问题和障碍,主要包括对政策行动的监控和对政策问题的监控。所以该部分的评估方法主要从行动监控和问题监控两方面入手。

9.4.2.1 行动监控

对于政策执行过程的实证评估大多基于对各种指标体系的构建来实施,因其目前成熟的技术和方法很有限,所以主要采用层次分析法和综合评价法进行评估。

层次分析法是一种用于解决复杂多目标决策问题的系统性方法,它通过将主要目标分解为多个子目标和评价标准,进一步细化为具体的指标,从而构建一个层次化的决策模型。该方法通常采用定性与定量结合的方式,通过模糊量化来计算各个层次之间的优先权重,最终得出各备选方案的综合排序。这一过程涉及构建判断矩阵,并通过特征向量的求解来确定每一层次中各元素对上层目标的贡献度,最终便可通过加权汇总获得最优方案。由于公共政策的执行通常涉及多方利益相关者和复杂的目标体系,层次分析法能够有效地将政策内容细分为不同层次,从而清晰地反映出各项指标的相对重要性。[①]这种结构化的分析方式不仅便于定量评估政策资源

---

① 张龙平,熊雪梅. 我国政策执行效果审计研究——关于政策执行效果评价指标体系的构建 [J]. 厦门大学学报（哲学社会科学版）,2020（2）:79-90.

的投入和实施效果，还能够帮助决策者在众多备选方案中作出更为合理的选择，因此政策评估工作能够更加系统和全面，更好地识别实施过程中的关键因素与潜在问题，为后续的政策调整与优化提供有力的支持。同样，类似于层次分析法，综合评价法也是一种将多个指标转化为一个能够反映综合情况的指标来进行评价的方法，在行动监控中常通过构建多指标评价体系来详细评估某项政策实施过程。

拓展阅读9-2

9.4.2.2　问题监控

（1）案例分析法

案例分析法通过对特定的具体政策实例进行深入研究，来揭示政策实施中的动态以及某些具体的问题，使评估者能够深入理解政策的实施过程以及会产生的具体影响。案例分析法尤其适合用于那些传统定量评估方法难以识别或捕捉的深层次细节问题，该方法通常以定性为主，特别关注单个案例或一系列案例的详细情况，通过对某一项或多项政策的背景、执行过程、影响因素以及政策对不同利益相关者的影响效果等进行深入分析，采用访谈、观察和文献研究等手段，来构建一个能够对特定政策和运作机制进行全面理解的环境。在这个过程中，评估者可以详细地描绘出政策过程，清楚识别出促进或者阻碍政策的各类影响因素，使评估者能够对特定政策进行全面而深入的多维度分析，从而更清晰地识别政策执行过程中所遇到的问题，也为政策制定者提供对现有政策未来走向的实证依据。但是案例分析法的局限性也很明显，由于其常常聚焦于特定的事件，因此得出的结论普遍性也极为有限，并且可能受到研究者主观意愿上的影响。

（2）调查分析法

调查分析法一般是通过构建问卷或调查去收集来自大量受访者的数据，这些数据随后被用于评估特定政策的影响、效果以及公众满意度等。这种调查可以是面对面的，也可以是通过电话、邮件或在线进行的。但需要强调的是，调查研究方法虽然是收集数据的方法之一，但因没有使用主流统计学方法进行数据分析，所以其仍属于定性评估方法。调查分析法主要可以分为以下两种：

第一，访谈法。所谓"没有调查，就没有发言权"，访谈作为调查的一种形式，侧重于通过开放式对话的方式允许受访者自由表达其对特定政策的意见和感受，以获取他们细致、深入的个体或集体观点，以处于政策影响范围内的群体感受来发掘特定政策存在的问题。这种方法可以揭示受访者的深层次信念、动机和态度，力求深入了解受访者对特定公共政策的看法、经验、感受和反应，这些在闭合式的问卷调查中可能无法实现。访谈法通常涉及精心挑选的部分参与者，这使得访谈者更深入地探讨每个个体的答案，并根据受访者的回答及时调整提问的方向，挖掘个体隐藏的观点和见解。访谈法作为一种完全以"人"为行为主体的方法，能够深入探讨人在政策实施过程中的行为、感受和期望，以此分析政策落实中存在的挑战及未来的改进方向。此外，由于其操作的灵活性，小规模的访谈也能够更快适应不同的讨论方向和受访者的差别性，但是同时这个过程需要大量的时间和资源投入。

其中，焦点小组访谈法作为访谈法的一个分支方法，也被常用于政策中评估的问题监控环节。焦点小组法是一种在群体讨论环境中进行的非正式访谈方式，旨在通过组员之间的互动交流收集信息。与普通的访谈法相比，焦点小组更强调集体的互动性，使评估者能在较短时间内获取受访者对公共政策问题的看法以及他们之间的交流内容。

第二，问卷调查法。大规模问卷调查允许评估者通过发布包含一系列标准化问题的问卷，向大量的人群收集关于特定政策或服务的信息来衡量和理解政策的影响和公众的反馈，并以此捕捉政策执行过程中存在的问题。这种问卷调查的方法能够覆盖更广泛的受众群体，能产生可推广到更多人群的统计结果，对问题的监控也更客观全面。其流程主要包括以下环节：

首先，问卷设计是此方法的关键环节，它必须确保问题是清晰、无偏向性的，并且能够准确收集所需的信息。此外，设计应考虑到问卷的长度和复杂性，以避免引起被调查者的疲劳，这可能导致数据的不准确和被调查者的不配合。

其次，样本选择的准确性对于确保调查结果的代表性有着重要影响。在理想情况下，样本应随机抽取，以反映目标群体的整体特征。然而，在实践中，这可能因为资源限制等问题而受到挑战，因此可能涉及非随机的采样方法。

再次，可以通过多种途径进行数据收集，包括邮寄纸质问卷、电话调查、面对面访问或在线调查等，但在一些方式中需要保证问卷的质量或调查者的专业性等要求。

最后，在数据分析阶段，常采用包括描述性统计分析、交叉表分析、相关分析和回归分析等方式来帮助政策评估者了解公众对政策的看法、政策实施的效果以及可能存在的问题区域。大规模问卷调查的优势在于其可操作性强、成本较低，可以迅速收集大量数据，特别是在当今互联网和移动设备普及的时代，电子问卷的发放、收集和处理以及线上访谈变得更加高效。

9.4.3　政策后评估阶段

在政策产出环节，政策后评估旨在评估公共政策实施后的效果与影响，以及政策的投入与产出效率，这就是效果评估和效率评估，也可以理解为检验政策是否实现了"做正确的事""正确地做事"。在这一部分，所采用的方法将围绕这两种评估展开。

9.4.3.1 效果评估

随机对照实验是效果评估中经常采用的一种方法。随机对照实验属于双组实验设计的一种，其最突出的特点便在于有一个接受政策干预的组别和一个不接受政策干预的组别，从而能够通过比较两组的结果来评估政策的效果。这种比较可以相对清楚地了解有关政策效果的影响因素，甚至能够控制或者至少识别那些可能影响结果的其他变量。随机对照实验旨在评估变量之间的因果关系，通过随机数表或例如SPSS等具有随机数表功能方式将研究对象随机分配到实验组（接受政策干预）和控制组（不接受干预或接受不同的干预），并在干预前和干预后评估实验效果，通过比较两次结果来判断干预的影响。比如说政府想要评估一项新的就业培训课程的效果，便可能随机选择一些失业者参与这个培训，即实验组，同时选择另一组失业者不参与该培训，作为对照组，并在培训前后对这两组人进行就业情况的调查和比较，以评估该培训计划的有效性。由于随机对照实验中并未增加个人主观控制，所以它能够更加"原生地"表现出政策实施带来的效果，故而作为一种评估政策效果的有效方法，其也被称为检验政策因果关系的"黄金标准"。

但是在随机对照实验的实施成本高昂或条件不允许通过随机化的方式来进行分配的情况下，往往需要双组实验设计的另一种方法——准实验设计来弥补缺陷。准实验设计往往通过非随机化的方式来构建实验组和控制组，并试图通过其他方法来模拟随机分配实验的条件。根据彼得·罗西等的观点，准实验设计的控制方法也分为多种，包括配对法、控制法、回归设计等。

9.4.3.2 效率评估

对政策产出阶段的评估，除效果评估之外，还要对政策实施的效率进行评估。效率反映了特定时间维度内的任务完成程度，在经济学和管理学领域被定义为政策实施过程中投入资源与最终成果之间的比例关系，即是否"正确地做事"。从严格意义上来说，效率评估本应属于效果评估的一种，但是在一些公共管理实践中，出于对各种财政、税收政策或技术创新的效率汇总要求，又必须对政策进行专门的效率评估。而在效率评估中，数据包络分析和随机前沿分析是两种被广泛应用的测量方法。

数据包络分析以相对效率为核心，结合凸分析和线性规划技术，旨在通过数学模型评估不同决策单元之间的相对效率。该方法能够充分考虑决策单元的最优投入产出方案，因此能够更准确地反映评价对象的特征和信息。[①]数据包络分析适用于多投入和多产出的情境，对复杂系统的评估有优势，更能客观地衡量政策的投入产出比率，评估公共政策实施的效率。

随机前沿分析则是一种参数化的方法，主要用于评估各类生产单位的效率及其影响因素。它同样属于前沿度量方法，基于距离函数，利用投入和产出数据进行效

---

① 史珍珍，王欣，陈玉杰. 三类技能培训载体培训效率的比较与分析——基于数据包络分析法［J］. 中国职业技术教育，2022（21）：87-96.

率评估。随机前沿分析适用于多投入和单产出政策效率的评估，能够有效区分效率损失与随机误差，这一点是其显著优势之一。

在这两种方法的比较中，随机前沿分析能够进行统计检验，并处理随机误差；数据包络分析则是一种非参数方法，不考虑随机误差，这可能导致对效率差异的误判。随机前沿分析在小样本数据上通常表现更优，显著的灵活性和适应性使其在特定情境下更具优势。

9.4.4　其他方法

除了以公共政策各个过程进行分类的评估方法外，仍有一些方法通过对政策实施前后进行比较分析来评估某项政策，较为常见的是以下几种对比分析法。

9.4.4.1　"前-后"对比分析法

"前-后"对比分析法将政策实施过程中的两个时间端点，即将政策实施之前和政策实施之后的各种情况信息数据收集起来并进行对比。如图9-3所示，A_1代表政策执行前的数据，A_2代表政策执行后的数据，(A_2-A_1)得出的便是政策的效果。"前-后"对比分析法易于执行和理解，更加直观明了，并且成本通常不高。但是该方法的缺点是可能出现未知的外部因素影响指标，这会导致无法确定这些变化是由政策还是其他因素引起的。

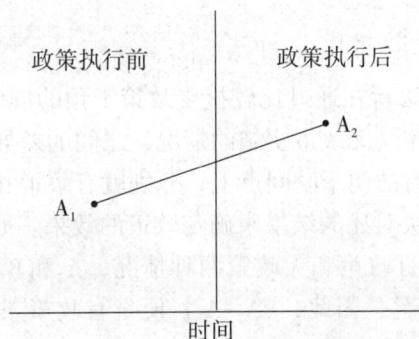

图9-3　"前-后"对比分析

9.4.4.2　"投射-实施后"对比分析法

"投射-实施后"对比分析法旨在通过比较政策实施后的实际结果与没有实施政策时的预测结果来评估政策的效果。这种方法试图通过构建一个假想的基线——在不采取任何政策行动的情况下会发生的情况——来克服"前-后"对比分析法中缺乏控制组的局限。如图9-4所示，O_1O_2是根据政策执行前的各种情况所建立起来的趋向线，再将该趋向线投射到政策执行后的某一时间点上，即A_1和A_2，其中，A_1指的是如果没有该项政策会发生的情况，A_2则是执行该政策后的实际情况。这种方法也被称为"预测效果-实际效果"对比法，O_1为预测效果的基点，O_2为顶点，

O_1和O_2之间的连接线叫预测效果的趋向线，（A_2-A_1）指的是政策执行后的实际效果，实际效果与预测效果的差就是滤除其他因素产生的效果之后剩下的被评估政策的"纯效果"。[①]

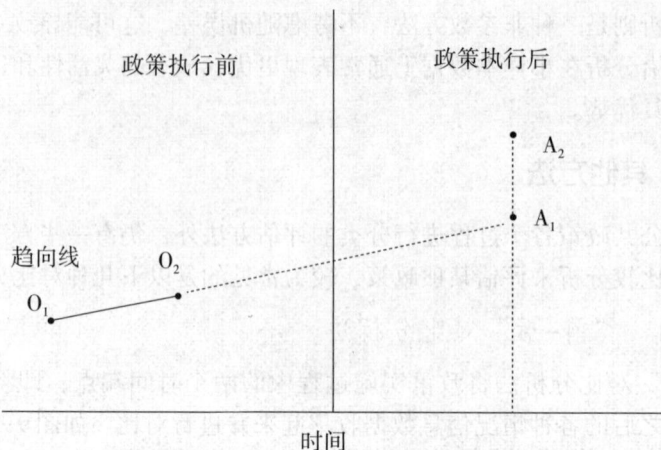

图9-4 "投射-实施后"对比分析法

相较于"前-后"对比分析法，这种方法能够通过投影预测并排除没有政策介入时的情况，为评估政策效果提供了更强的因果推断基础，使得结果更加准确。但是其困难在于如何详尽地收集政策执行前的相关资料、数据，以建立起政策执行前的趋向线。

9.4.4.3 "有-无"对比分析法

"有-无"对比分析法旨在通过比较接受政策干预的群体（有政策实施的情况）和未接受政策干预的群体（无政策实施的情况）之间的差异来评估政策的效果。在公共政策执行前和执行后的两个时间点上，分别就有政策和无政策两种情况进行前后对比，再通过比较两次对比的结果来确定政策的效果。如在图9-5中，A_1和B_1分别表示在政策执行之前有政策和无政策两种情况，A_2和B_2则表示在政策执行之后有政策和无政策两种情况。因此，（A_2-A_1）便是有政策条件下的变化结果，（B_2-B_1）为无政策条件下的变化结果，（（A_2-A_1）-（B_2-B_1））则是政策的实际效果。"有-无"对比分析法的优点在于可以使评估者清晰地看到干预的存在与否对结果变量造成的影响，并且能够确保存在的差异基本由政策因素而非其他因素导致，这在很大程度上提高了对政策效果评估的准确度。

9.4.4.4 "控制对象-实验对象"对比分析法

在"控制对象-实验对象"对比分析法中，评估者在政策执行之前将评估对象分为两组，一组为实验组，一组为控制组，对实验组施加政策的影响，对控制组不施加政策影响。在政策执行后，将这两组的情况进行对比，并以此确定政策的效

[①] 谢明. 公共政策概论［M］. 2版. 北京：中国人民大学出版社，2014：616-617.

果。如图9-6所示，A_1和B_1分别是政策执行前实验组和控制组的情况，A_2和B_2是政策执行后实验组和控制组的情况，（A_2-B_2）为政策的效果。这种方法的特点在于在政策执行前两类评估对象是同一的，并且评估者在评估过程中有条件对影响评估对象的各种可变因素进行某种程度的控制，以尽量消除其他因素的影响。但是相比较之下，这种"控制对象-实验对象"对比分析法对于评估条件的要求更高，在评估过程中需要政策执行部门的大力配合。①

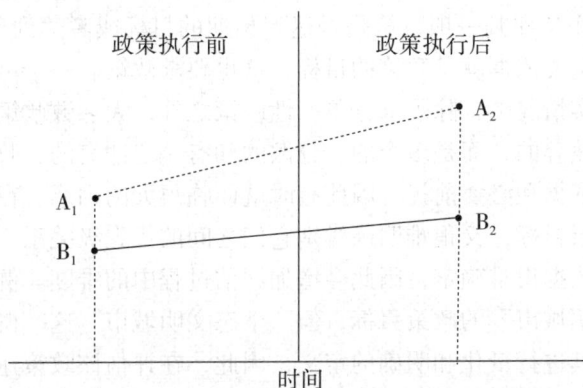

图9-5 "有-无"对比分析法

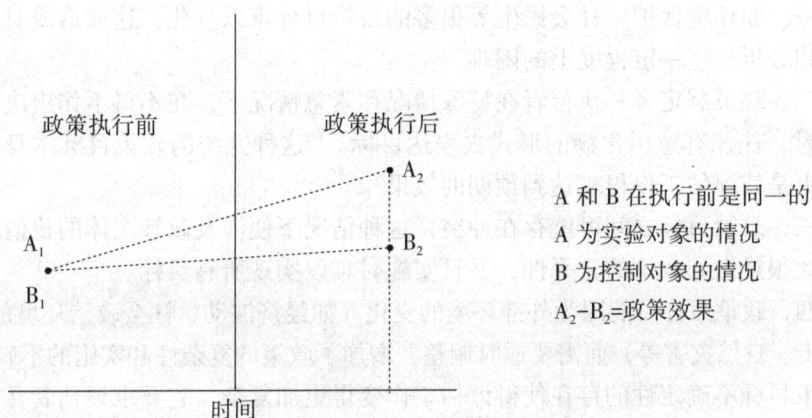

A 和 B 在执行前是同一的
A 为实验对象的情况
B 为控制对象的情况
$A_2-B_2=$政策效果

图9-6 "控制对象-实验对象"对比分析法

9.5 政策评估的影响因素

在探讨政策评估的过程中，我们不可忽视那些对评估结果产生重大影响的各种因素。这些影响因素构成了评估活动的环境背景，决定了评估的方向、深度和广

---

① 张金马. 政策科学导论［M］. 北京：中国人民大学出版社，1992：266.

度。从政策目标到多元的利益相关者的参与，从信息的可获取性到资源的投入程度，各种元素相互交织，共同塑造了政策评估的质量与效果。为了实施有效的政策评估，以确保其结果真实反映政策的实施效果，为后续的政策制定和调整提供有力支持，必须摸清在政策评估中可能的影响因素。

9.5.1 政策目标的不确定性

政策评估工作是评判一项政策是否达到预期的目标或者达到预期目标的程度，所以评估的一个重要依据就是政策的目标，这也要求政策有一个可预测的、明确的目标。但是在现实情况中，除了部分单一性政策之外，大多数政策目标往往不是单一的、集中的和兼容的，而是多个的、分散的和有一定冲突的，政策评估又必须以政策目标为基础依据和必要前提，因此有时就面临很大的困惑。在此基础上，对于同一类政策的多层目标，又很难明确辨别它们之间的优先级关系，这就导致评估工作在目标方面的依据很难确定，因此会增加评估过程中的难度。例如，某城市制定了"建设生态文明城市"的政策目标；但"生态文明城市"这一概念本身具有一定模糊性，很难对其进行量化和明确的定义，因此，在评估该政策达成目标的程度时就存在一定的困难和不确定性。

对于政策目标的不确定性问题，主要表现在以下几个方面：

第一，如环境保护、社会民生等很多的政策目标难以量化，这就造成对其数据的统计和分析产生一定程度上的困难。

第二，政策制定者和执行者在特殊情况和紧急情况下，在不得不作出决策和实施政策时，往往有意用含糊的形式去表达目标。①这种笼统的政策目标本身具有模糊性，更是使评估工作很难达到预期的效果。

第三，政策目标之间可能存在冲突，这种情况下便涉及政策主体的价值取向问题，因此很难做到政策的公平性，并且实施时难以实现所有目标。

第四，政策目标可能因为外部环境的变化（如经济波动、社会政治环境的变化、技术进步、自然灾害等）而需要适时调整，增加了政策的复杂性和实施的不确定性。

政策目标不确定性的存在使得评估工作变得更加复杂，它要求评估者在分析时必须考虑到这种不确定性，采用灵活的方法来适应目标的变化，并考虑在不同的情况下政策可能的多种结果。此外，这也要求政策制定者和执行者在政策制定环节设定明确的目标，并在整个政策周期中持续监测和评估目标，必要时对政策目标进行重新定义或调整，确保政策适应不断变化的条件和需求。因此，有效地管理和减少政策目标的不确定性对于增强政策评估的客观性和简便性至关重要。

9.5.2 评估主客体态度的干扰

在政策评估过程中很重要的一点就是主客体的配合，但很多时候那些受政策影

---

① 张国庆. 现代公共政策导论 [M]. 北京：北京大学出版社，1997：198.

响或对政策有影响力的个人、团体或组织可能试图按照自己的利益来影响政策评估的方向、过程和结果（符合自身利益便支持相关评估工作；反之，则进行不同程度的抵制），这种情况下对于政策评估整体的过程和结论都会造成很大影响。

其中，最突出的影响因素便是被评估者的态度。在评估结果并不确定是否对自身有利的情况下，大多数被评估者更倾向于尽量避免被评估，因为根据路径依赖理论的表述，政策制定者和执行者一旦开始了某项政策的过程，在潜意识中便会选择自己的偏好，而不想接受批评。[①]在种种涉及自身利益和心理的因素影响下，被评估者很可能对评估工作进行不同程度的抵制和阻挠，从而影响评估过程和结果。同时，对于评估者自身来说，由于其本身的价值标准和利益诉求，也可能出现为谋求某种利益而歪曲评估结果、浮于评估形式或偏离评估目的等现象。比如某项旨在整治农村污染的环保政策实施后，农民和村里污染企业由于可能受到一定经济损失，便对该政策的评估工作持不太积极或消极态度，不愿提供真实数据或阻挠评估进程，这种态度影响了评估的客观性。

总而言之，评估主客体的态度在政策评估的过程中起着双刃剑的作用。一方面，它们可以积极参与政策评估，丰富政策讨论和执行效果，提升政策的客观性和有效性，又能够提供宝贵的一手信息和反馈信息，帮助政策制定者理解和评估政策的实际影响。另一方面，很多时候他们又可能因为寻求个人或集体利益最大化而试图施加影响，使政策评估偏离客观和全面的轨道，影响政策评估的结论。这种干预可能导致评估结果无法真实反映政策的成效和问题，从而影响政策的调整和优化。

9.5.3 相关信息资料的获取难度

在政策评估的过程中，全面的政策相关信息和资料是客观、科学评估的基础，它直接影响到评估的深度和准确性。顾名思义，对一项政策的评估，如果评估者通过现有的技术手段和资源，能够收集到准确全面的第一手相关信息，那么后续对其的评估工作会简便许多，得出的结论也更加客观科学。相反，准确且相关的统计数据及其他信息的缺少可能妨碍政策评价者。在现实的政策实践中，很多情况下相关政策的信息资料获取对于评估者来说有很大难度，主要因素有以下几方面：

第一，数据可接近性问题。有时关键数据在不同的政府部门或私有机构中，因隐私、商业敏感性或版权等问题而难以获取。

第二，资源限制。政策评估可能受限于研究预算、时间和技术等框架，没有充足的资源支持去收集足够的信息。

第三，技术限制。政策评估所需的数据可能在现实中存在，但缺乏合适的技术工具或专业知识进行有效的收集和分析。

第四，信息的公开程度。在一些情况下，政府或相关机构提供信息的透明度和公开度不足，导致数据发布不及时或不充分，使评估者难以及时收集到所需信息。

---

① 马国贤，任晓辉. 公共政策分析与评估 [M]. 上海：复旦大学出版社，2012：154-155.

如在评估某项促进中小企业发展的产业政策时，由于相关企业保有的运营数据属于商业机密，评估团队难以获取到充分的第一手资料，这就会给评估工作的深入开展带来一定阻碍。

总之，与政策有关的信息资料的获取难度在很大程度上影响着政策评估的过程和结果，即便投入很大成本能够获取到较全面的信息，也容易因为在信息收集方面消耗的成本过多而导致后续流程所需的资源不足。

9.5.4 各类资源的投入程度

政策评估的有效性在很大程度上取决于各类资源的投入程度，主要可以分为财政资源、时间资源、人力资源和技术资源。

第一，资金投入的充足与否直接决定了可用于聘请专业人员、收集数据、购买必要的设备和技术等的财政上限。资金的多少也影响着评估的深度和范围，充裕的资金能够支持更严谨的数据分析，并得出更可靠的评估结果。

第二，政策的评估过程必须在合理的时间框架内进行，以确保信息的时效性和评估的相关性。但同时对于时间的过度压缩可能迫使评估团队忽视某些细节的复杂性，从而影响评估质量。

第三，人力资源的投入也是一个重要的影响因素。

首先是"质"。评估人才团队的专业能力和经验对于确保评估工作的准确性和有效性至关重要，他们能够运用合适的评估方法，进行有洞察力的分析，并得出有价值的结论。

其次是"量"。在保质的基础上，一个优秀的评估团队的人数不能过多或过少，必须根据现实情况合理分配。

第四，技术资源包括数据分析软件、数据库和其他信息技术工具，是现代政策评估中不可或缺的，这些工具能够提高数据处理的效率和质量。如果不能保证这些因素的投入充足，则可能对评估造成难以解决的困难。例如，一个区县在评估当地农村扶贫政策效果时，受限于财政预算，仅能分配有限的人力和技术资源，这导致他们无法进行大规模的数据调研和采集，也无法采用先进的大数据分析工具，从而在一定程度上影响了评估结果的全面性和精准度。因此，各类资源的充分投入是实现深入、全面政策评估不可或缺的前提。

9.6 中国的公共政策评估

9.6.1 中国公共政策评估的发展历程

早期，中国学者对于政策评估理论的了解较少，中国对于政策评估的研究整体起步较晚，并且发展历程较为复杂，根据时间主要可以分为四个阶段：

9.6.1.1 初始阶段（1978年以前）：计划经济下的初步政策评估

在1978年以前，中国实行计划经济体制，政府的政策重点在于实施经济计划和推动社会进步活动，缺乏系统的政策评估理论和实践。在计划经济体制下，政策评估的内容主要包括以下三点：

第一，对计划执行的检查，即政策评估主要侧重于经济计划的完成情况和对计划指标的完成程度进行检查。

第二，对统计数据的核对。鉴于数据是计划经济体制下最重要的管理工具之一，因此政策评估工作在很大程度上要依赖对统计数据的收集和核对。

第三，对效率和效果的初步考量。该时期的政策评估尽管不像现代意义上那样系统和全面，但在一定程度上，1978年以前的政策评估也会考虑政策实施的经济效率和社会效果，特别是在资源配置的方面。同时，因为同期制度不够完善和经济技术发展较为落后等一些问题，有关政策评估的特点也更多偏向于其局限性。

首先，由于计划经济体制的影响，政策评估的政治导向性更强。在整个评估的过程中，政治目标和意识形态因素占据了重要位置，政策评估往往与政治运动和领导的意志紧密相关。

其次，大多数评估缺乏独立性和参与性，很少涉及公众参与，也缺乏独立性，多数情况下是由政府内部机构执行。

最后，由于受限于当时的理论和技术条件，评估的方法大多过于简单，并且缺乏系统的评估框架和工具。

总之，在这个时期，中国的政策评估的工作主要体现在计划经济体制下的经济和社会发展计划的完成情况评估上，而不是现代意义上的公共政策评估。

9.6.1.2 萌芽阶段（1978年至20世纪90年代初）：改革开放引进政策评估实践

在这个阶段，伴随着改革开放的推行，中国由计划经济逐渐转向市场经济，政策制定和评估整体开始受到重视，公共政策评估体系和理论也逐渐开始建立和发展。中国开始从西方引入现代公共管理和政策分析的理论与方法。政策评估主要集中在宏观经济管理和部分行业政策的改革上，重视对政策效果的回顾性分析，着力于评估政策实施的经济效益。但这一时期的政策评估主要是为了支持改革的决策和监督执行，并没有形成完整的理论体系和标准化的操作流程。

1978年至20世纪80年代中期是该阶段的第一个时期，将其称为"引进与探索时期"。1978年开启的改革开放为公共政策评估的发展提供了更便利的社会和经济背景。随着对外开放的扩大和学界的探索加深，中国开始接触并引入国外的公共管理和政策评估理论，如美国的PPBS（Planning-Programming-Budgeting System，计划–编程–预算制度）、成本效益分析等方法，这也使得政府开始意识到传统的经济计划和管理模式需要改革，以适应日益复杂的社会经济情况。同时，在中国公共管理学界内，很多学者开始通过书籍、学术论文、国际会议等途径了解西方的政策评估理论和实践，国内学术机构和高等教育机构也逐渐加强对政策评估相关课程的设置和研究，并且在高等教育机构中也逐渐设立公共管理课程，开始培养专门从事政策分析和评估的人才。

20世纪80年代中期至90年代初是该阶段的第二个时期，即"实践与深化时期"。随着经济体制改革的深入，政策环境变得更加多元化和开放，政策评估的需求随之增长，因此其应用的领域也从经济和政治逐步扩展到社会政策的范畴。在这种情况下，政府逐渐意识到制度化的政策评估对于提高政府效率、确保政策效果的重要性，开始在一些部门和地方建立起初步的政策评估机制，开始尝试在社会政策领域进行一系列试点改革，并运用政策评估的方法来指导和优化这些改革。

此外，在评估方法上，国内学者开始尝试将成本效益分析、多目标规划等定量方法应用于政策评估中，并结合中国具体情况进行一定的本土化改造。但总体上当时的评估方法相对初级，主要采用定性描述和简单的定量分析，复杂的评估模型和工具尚未广泛应用。这个阶段的学术界开始从理论层面探讨政策评估的概念、原则、方法和框架，以案例分析为主的政策评估实证研究也开始出现并受到重视。

9.6.1.3　发展阶段（20世纪90年代初至21世纪初）：逐渐走向成熟

在这个阶段，中国的公共政策评估经历了从初步探索到逐渐发展成熟的过程。伴随着社会主义市场经济体制的确立和深化，以及中国在加入世界贸易组织后对国际规则的适应，政策评估日益被认为是增强政策制定科学性和有效性的重要手段。在20世纪90年代初期，公共政策评估在中国还只是处于起步阶段，主要依靠借鉴国外的理论和方法并进行一定程度的改造和适应，学者们所探讨的如何将评估理论整合到中国特有的政治经济环境中也并未有显著的结果。到20世纪90年代末期和21世纪初，政府才逐步建立起相关的政策评估机制和流程，包括通过法律法规确定评估的基本框架，以及推动政策评估在各级政府决策中的应用等。伴随着评估方法的多样化和一些较为复杂的评估工具的出现，这个时期政策评估的实践更为广泛，范围也更大，得到的重视程度逐渐提高，并在学术界也引起一波热潮。国内第一篇以"政策评估"为主题词的文章写于1998年，该文系统论述了政策评估的重要意义，并呼吁有关组织机构和决策部门高度重视政策评估。[①]

然而，这一时期的政策评估仍存在很多问题和挑战，如评估的独立性不足、评估结果的运用和反馈机制不完善以及缺乏专业的评估人才等。尽管如此，这一阶段政策评估的发展为后续中国更为系统和规范化的政策制定与评估实践奠定了坚实的基础。

9.6.1.4　深化阶段（21世纪初至今）：理论实践结合，多元化发展

自21世纪初开始，中国的公共政策评估进入了一个新的发展阶段，这一阶段

---

① 朱仁显. 政策评估与政策优化：论政策评估的意义 [J]. 理论探讨，1998（2）：64-65.

的主要特点是政策评估理论与实践深入结合，以及评估范围和方法更加多元化。随着经济社会的快速发展和治理体系的不断完善，政府越来越注重政策的科学化、民主化和法治化，并且政策评估不仅聚焦于政策效果的后评估，更强调全过程评估，尤其是在决策执行前的预防性评估。以环境政策评估为例，中国政府在这一时期强化了对环境保护政策的评估，特别是在2006年通过的《中华人民共和国环境保护法》修订案中，明确要求对可能产生环境影响的规划和项目进行环境影响评估。这一变化促使了环境政策评估从被动的法律遵从性检查转变为一种主动的、以预防为目的的决策工具。此外，政府部门在评估中引入了生态补偿机制和"绿色信贷"政策等创新措施，提高了政策的执行效率和环境效益。

具体来说，可以从以下几个方面纵观中国21世纪初至今的政策评估变化：

从评估的影响方面来看，中国开始重视政策的社会经济影响及长远效果，如在推进精准扶贫政策时，不仅考察短期内脱贫人口的数量，还关注脱贫质量和可持续性，通过数据分析和跟踪调查来评估政策成效。

从方法论方面来看，中国的政策评估采用了更多的先进技术和手段，如利用大数据分析来监测和评估公共卫生政策的影响，特别是在疫情期间，通过实时数据监控，评估各项防疫政策的效果和对经济社会的影响，为政策调整提供了科学依据。

从制度化方面来看，政策评估已经成为中国公共管理中的常规程序。例如，《中华人民共和国国民经济和社会发展第十三个五年规划纲要》特别强调了中期评估的重要性，以确保规划目标的实现，并在《中华人民共和国国民经济和社会发展第十四个五年规划和2035年远景目标纲要》中再次进行强调。这种制度化要求政策在实施过程中进行定期评估，以确保其符合预定目标和社会需求；从多元化主体参与方面来看，除了政府部门，中国也鼓励社会组织、研究机构和公众等参与政策评估过程。

9.6.2 中国政策评估的不足

9.6.2.1 评估所需的信息和财政资源欠缺

在政策评估的过程中，获取一手全面的信息和数据是进行客观评估的基础，是保证评估结果科学准确的根源。但是在中国的政策评估实践中，在获取信息这一基础性阶段，往往会出现不尽如人意的情况。相较于之前的评估，虽然中国政府在数据收集和信息化建设方面投入了更多资源，但由于地域广阔、人口众多以及各地经济发展水平参差不齐，信息收集存在差异，特别是在一些偏远地区，有效信息的收集和整合尤为困难。此外，由于中国的信息公开制度和透明度限制，一些政府部门对于其内部资料往往选择拒绝对外公开，或某些被评估者为了特定的利益拒绝向评估者提供关键资料，这些行为使得第三方的评估难以深度开展。在政府内部不同部门之间的信息隔阂和数据孤岛现象仍然存在，信息难以实现有效整合和共享，导致评估工作无法全面利用现有信息资源，这大大降低了评估的效率和准确性，并直接影响了评估结果的质量和可靠性。

在财政资源方面，虽然中国政府逐渐增加了对政策评估的财政支持，但由于公共资源有限，且需求繁多，政策评估往往在财政预算中优先级不高。更重要的是，在地方政府层面，面对经济发展和社会稳定的双重压力，其对于政策评估的财政投入相较于政策实施往往被边缘化。此外，评估工作及其价值尚未引起人们的足够认同和重视，很难指望人们从现行政策资源中拿出经费作为评估之用，政策评估常常处于经费短缺状态。即使有的政策机构愿意提供评估经费，它们也总是试图影响评估的结论。[①]种种因素导致评估团队缺乏足够的财政支持来进行深入和广泛的研究，无法聘请足够的专业人员，或者使用先进的评估工具和技术，从而影响了评估的专业性和深度。

9.6.2.2 评估主体的专业性有限，相关领域人才不足

当今时代的政策评估过程愈加复杂，需要的人力资源投入要求也越来越高，但中国评估队伍的专业性仍然有限，这就导致很多评估过程和结果的科学性和可信度有待考究。其主要有以下两个方面：

首先，专业性有限主要表现在负责政策评估的人员往往缺乏足够的培训和实践经验。由于政策评估是一个跨学科的复杂过程，它不仅要求评估者具备相关政策领域的知识，还要求其掌握严谨的研究方法和数据分析技能。然而，在实际操作中，由于专业培训的不足，评估人员往往难以运用先进的评估模型和方法，无法针对复杂的政策问题提供深入的分析和准确的评估结果。

其次，相关领域人才不足也是一个突出的问题。政策评估需要多方面的专家知识，包括经济学、社会学、统计学等多个领域的专长。但目前在中国，从事政策评估的相关专业人才相对匮乏，特别是在一些特定的领域或新兴的政策领域，专家资源更是稀缺，这也就使得评估团队经常面临人力资源不足的局面，从而难以应对复杂多变的评估需求。

9.6.2.3 对于评估结果的应用效果有限

有效的政策评估应当以全面性、客观性和科学性为基础，通过深入分析和评价正在执行或将要执行的政策，向决策者提供综合的政策信息，并供其参考以优化和调整政策方向。但目前中国的政策评估所面临的一个主要问题就是在政策评估完成后，其结果并不总能有效地反馈到政策调整和决策过程中。

在政策制定和执行的过程中，官僚体制的存在常常妨碍评估结果的有效利用。在这种阻碍下，即便评估揭示了政策的缺陷或不足，但由于官僚机制内的抵制和部门的利益保护，这些评估结果往往未被完全采纳或在实施时被削弱。此外，撰写的评估报告对于评估结果的应用效果影响也不可忽视。如果评估报告仅仅停留在问题的抽象描述上，缺少具体可行的改进建议，又或者评估报告的内容编写过于技术化

---

① 陈振明. 公共政策分析 [M]. 北京：中国人民大学出版社，2003：287.

或难以理解，决策者就可能因不清楚如何具体执行而忽视这些发现。不仅如此，即便评估报告系统全面地阐述了对政策过程的分析，但如果没有通过适当的渠道传达给关键的政策制定者和公众，那么其影响力也会大打折扣。同时，中国很多政府部门对于评估的周期性和系统性的重视程度也多有不足，评估常有时被看作一次性活动，而不是政策发展周期中的持续性过程。这种缺乏常规的反馈机制使得评估结果不能及时或持续地被用于政策的持续改进之中。

9.6.3 完善中国政策评估的路径

9.6.3.1 完善信息公开制度，强化财政保障

信息的收集、整理和分析无论是在政策评估的哪个过程中都是至关重要的基础部分，所以为了保证在准备阶段能够更加客观全面地收集到相关的政策信息和资料，以保证评估结果的科学性和可信性，必须不断完善和推进信息公开制度，在确保政府部门保护国家安全和公民隐私的前提下，最大限度公开数据和信息，并通过立法和政策引导，推动政府数据的开放共享，以减少信息不对称的问题。对于政府内部信息的交流和收集，要建立并完善跨部门的信息共享平台，打破部门间的信息孤岛。各种技术手段和组织创新促进各政府部门之间的信息流通和数据整合，提升信息资源的利用效率。对于各地信息收集差异化的问题，应针对不同地区经济发展水平和信息化程度的差异，采取分级分类的信息收集策略，特别是加强对偏远地区信息收集的支持，采用适合当地的信息和数据收集方法。除此之外，采用现代信息技术对第三方的数据进行采集验证、强化信息数据的质量管理以及增强公众参与等措施也能增强信息收集的有效性。

另外，要确立稳定的财政保障。对于政府内部，必须建立独立的财务审计体系，定期对评估项目的财务状况进行审计，以确保评估资金被真正应用到评估过程，并严格按照既定的目标和计划使用，保障公共资金的公正使用。确立明确且长效的资金分配机制，以保证资金的合理分配与使用。资金也应当按照评估的实际需要进行分配，避免因资金使用的不当造成评估质量的下降。此外，要增强群众以及政府各部门对于政策评估的重要性认识，强化其对于评估的作用和要求的理解，提升人们的价值认同，以增强其为政策评估提供资金支持的意愿；同时，通过各种政策引导和激励机制，鼓励社会资本参与政策评估的资金供给，拓宽评估资金来源，形成政府与社会资本共同参与的多元化投资模式，强化政策评估活动的财政保障。

9.6.3.2 提高公众参与度，加强公开监管

公众群体是政策实施过程中最深刻的体验者，所以公众是否能够有代表性地参加到政策评估中，对于整体评估结果的公平性和科学性都有很大影响。这一环节的关键便在于构建开放透明的政策环境，鼓励公众积极发声，并确保其意见被充分考虑。提高公众的参与度可以从以下几个方面入手：

首先，加强对公众参与政策评估重要性的宣传教育，增强公民的政策意识和参

与能力，从而形成广泛参与的评估氛围，推动政策评估的民主化和科学化。

其次，政府应通过各种渠道公开政策信息，包括政策的制定背景、实施过程和评估标准等，使公众能及时了解政策内容并合理参与政策讨论。同时，政府要建立健全政策咨询和反馈机制，如设立在线平台、举办公开听证会等，收集来自各方的建议和意见，特别是要关注弱势群体的声音。不仅如此，为了增强公众的参与意愿，政府也需要确保公众的意见在政策评估过程中得到真正采纳，并在政策调整和完善中发挥作用，并设置独立的监督机构对政策评估的全过程进行监督，保障评估的公正性和透明度。

除了公众参与之外，有关部门也必须加强对政策评估流程的监管，减少评估主体之外的人员对评估结果的干扰，增强评估主体的独立性，因此，可以设立专门的监管机构，如政策评估监察委员会，负责监督评估活动的独立性，并对违规行为进行查处。该类监管机构必须明确其职责和范围，保证评估过程的透明度，公开评估标准、方法、人员构成和结果等信息，并接受公众监督；同时，可以引入外部第三方机构，如学术机构或专业的评估公司，对评估过程进行审核和评价，并提供独立的监督。之后，创建结果反馈系统，允许利益相关者和公众对评估结果提出合理公平的异议，并由监管机构负责处理这些反馈，确保评估结果的公正性得到有效保障。

9.6.3.3 加强相关人才队伍建设，提高评估的专业化水平

如今，很多高等院校和教育机构已经增设公共政策评估相关的课程和专业，同时提供在职培训和继续教育，以便能够培养更多各类评估领域的专业性人才来弥补人才匮乏的局面，并且使各类政策分析师和评估专家可以不断更新知识和技能，提高其专业化水平。课程和培训内容不仅要涵盖管理学、经济学、社会学等传统学科，还要包括数据分析、项目管理、沟通技巧等实用技能；在该基础上便可以营造跨学科交流的环境，以此鼓励不同领域的专家合作。而政府部门和研究机构应当促进这些领域间的交流和合作，以期跨学科团队能够提供更全面和深入的评估报告。

此外，政府必须着力建立一支政策评估专职队伍，这意味着有一支长期从事评估工作、拥有丰富经验的专业人士队伍，对于这支队伍，必须经过专门的专业考核和各种资格认证来作为筛选条件，并加大后期对其的培养和扶持力度。对此，政府也可以通过设置职位、制定专业发展路径和提供竞争性薪酬来吸引和留住各类评估领域的人才。

9.6.3.4 重视评估结果的反思和实践

针对政策评估结果的反思和应用问题，最重要的一点就是深化对官僚体制在政策评估利用中作用的认识，准确识别并解决官僚体制中存在的影响因素，如部门之间的抵触、利益保护等问题，这些都可能导致评估结果难以得到应有的重视或在实践的过程中被削弱。为此，必须推动完善政策制定和执行过程中的透明度，建立更加开放有效的沟通渠道，以促进不同利益团体之间的协商和平衡，确保评估结果被公正地考量并顺利实践。此外，在评估报告方面，必须确保评估报告不仅能简洁地

指出问题，而且能够提供具体的、可操作的改进建议和切实可行的解决方案，因此涉及评估团队的专业知识和实践经验的充足性。同时，对于报告的撰写风格应当清晰明了，让非专业人士甚至是最普通的群众都能够理解。因为一份合格的评估报告应当以适宜的方式被传达至决策者和公众手中，并通过网络媒体等方式扩大传播效应，以提升公众对政策评估重要性的认识，并增强政策制定者对评估结果的重视程度。最后，无论是对政策制定者和执行者还是对人民群众来说，都必须提高其对政策评估的认识水平：政策评估不应当是一次性活动，而应该是政策生命周期中的持续过程。因此，不仅要加大教育宣传力度，也应当建立起一种评估与政策调整之间的定期反馈机制，如通过定期的政策审查来检验政策评估的持续性力度等，以此来将评估结果实时更新和反馈到政策调整中，以支持政策的连续完善和发展。

基础训练

❖ 在线测试题

第9章单选题　　　　第9章填空题　　　　第9章判断题

❖ 简答题

1. 政策评估是什么？都有哪些类型？

2. 政策评估的作用是什么？

3. 政策评估的标准都有哪些？

4. 尝试简述政策中评估阶段的评估方法。

5. 中国政策评估需要克服的问题有哪些？要如何克服？

❖ 案例分析

强基计划的发展历程

2024年4月，多个高校陆续公布了强基计划2024年的招生简章。强基计划是教育部于2020年在部分高校开展的基础学科招生改革试点，旨在选拔有志于基础科学研究的优秀学生，为国家发展重要基础领域输送人才。截至2024年5月，已有39所985高校参与，涵盖数学、物理、化学等基础学科，每年招收6 000余名学生，累计在校生超过2万名。

强基计划展现出以下特点：

第一，报名趋于理性化。初期报名人数激增，2020年近136万，2021年达到187万，很多考生将其视为保底选择。随着对强基计划了解的加深，2022—2024年报名人数稳定在85万至95万之间，显示出家长和考生的理性认识，强调吸引真正有志于基础研究的学生。

第二，严格的考核淘汰机制。强基计划实行本硕博贯通培养，学生需通过阶段性考核才能升入研究生或直博阶段，不达标者需要退出。例如，武汉大学化学强基班要求学生在必修课及英语六级等方面达到标准。数据显示，清华首届648名强基生中约70%成功转段，同济大学则有95%。这一严格机制确保了适合的学生得以保留。

第三，培养模式不断创新。各高校在个性化培养、注重实践锻炼、与研究生课程衔接、优化课程设置等方面进行了积极探索。例如清华为每位强基生制订个体化动态培养方案，大连理工大学在大一就安排学生参与课题组实习等，以期更好地培养强基生。

第四，专业范围扩大。为了满足国家对基础学科人才的需求，强基计划逐渐拓展专业设置。2024年新增地球物理学、海洋科学等专业，同时对数理化等专业实施"破格入围"政策，如中山大学允许高考数学达140分或物理满分的考生破格入围。这反映了强基计划吸引多领域人才的努力。

第五，高校重任在肩。强基计划已初见成效，但专家指出高校需承担更大责任。高校必须在招生、培养、输送人才等方面进行顶层设计，关注计划的优化与发展定位。各高校应结合自身特色，制订差异化的强基计划，以促进人才培养与经济社会发展的对接。

总之，强基计划在严格选拔、创新培养和专业设置等方面进行了积极探索，体现了高等教育人才培养的活力，高校在这一过程中扮演着核心角色，需加强顶层设计，为基础学科人才培养注入持续动力。

资料来源：魏翠翠. 强基计划四年探索：报名趋于理性，选拔方式调整，学科不断扩容[EB/OL]. （2024-05-27）[2024-11-28]. https://www.infzm.com/contents/272361.

思考：

1. 如何评估强基计划的目标设定与实现程度？

2. 在实施强基计划的过程中，怎样确保招生标准的公正性和科学性？

3. 如何评价强基计划中严格的考核淘汰机制对学生长期发展的影响？

4. 高校在强基计划实施中的角色与责任如何影响政策的有效性？

5. 在政策评估的过程中如何优化强基计划的持续改进机制？

第10章 政策变迁与终结

在政策实践中，绝大部分政策都不是从议程设置到政策终结的线性发展过程，它们都会经历多次的政策过程循环，经由政策变迁过程乃至走向终结。其中，政策终结是积极的政策变迁。从政策周期来看，政策终结既是前一个政策周期的终结，又是后一个政策周期的开始，它们共同构成了政策周期的重要组成部分。

10.1 政策变迁

10.1.1 政策变迁的含义

自20世纪50年代以来，政策变迁（policy change）的研究日益成为公共政策研究的重要领域。但在20世纪80年代之前，伴随着社会的不确定性增加，公共政策的外部环境急剧变化，"政策变迁"这一主题无论是在实践中还是在理论上都不断被提上议事日程。20世纪70年代中期以后，政策过程的阶段框架基本形成。政策过程一般被划分为议程设置、政策规划、政策制定、政策执行、政策评估和政策终结。政策终结代表旧政策的结束、新政策的开始，进入一个新的政策循环。

对于政策变迁的含义，学界主要有广义和狭义两种类型划分。从广义上讲，政策变迁具有突出政策变迁的动态演变过程；强调政策变迁的连续性和周期性；包含政策变迁的原因、过程、结果等多个维度，涵盖政策创新、接续、维持、终结等多种类型和形式的特点。从狭义上讲，政策变迁具有聚焦政策内容的变化；强调现有政策被修正、替代或终止的现象；突出政策行动者推动变迁的主体作用；侧重政策变迁的具体表现形式和结果的特点。

综合上述观点，本教材将政策变迁界定为在一定的政治、经济、社会环境下，政府或公共部门基于公共利益诉求，对既有公共政策进行的调整、修正、替代或终止的动态过程。

10.1.2 政策变迁的内涵

对于政策变迁的含义，可以作如下几方面理解：

（1）政策变迁的主体是政府或公共部门

公共政策学关注的是政府及其他公共组织制定和执行的政策，私人部门的政策活动通常不属于该学科的研究范畴。因此，界定政策变迁的主体为政府或公共部门，反映了公共政策学的研究对象和范围。

（2）政策变迁的客体是既有的公共政策

公共政策具有稳定性和连续性的特点，但同时需要根据环境变化进行动态调整。政策变迁研究的是如何对既有政策进行科学民主的调整完善，以更好地实现公共利益。这突出了公共政策学的应用性和实践性特点。

（3）政策变迁是一个动态过程

公共政策学强调政策的动态性和周期性，认为政策并非一成不变，而是在政策制定、执行、评估、调整中不断发展变化的。

（4）政策变迁受多重因素影响

一是政治因素，执政党更迭、利益集团压力等政治环境变化会推动政策变迁；二是经济因素，经济发展水平、产业结构调整等因素将对政策变迁产生影响；三是社会因素，人口结构、社会阶层分化、民众诉求表达等社会变迁因素也会影响政策走向。这反映了公共政策学的交叉性特点，需要综合运用政治学、经济学、社会学、管理学等多学科知识。

（5）政策变迁以实现公共利益为导向

公共政策的目标是实现公共利益最大化，这是判断和评估政策得失的根本标准。因此，政策变迁的方向和路径选择必须以能否更好地回应公共诉求、解决社会问题、维护公平正义、提升公众福祉为依归。这彰显了公共政策学的价值理念和伦理追求。

（6）政策变迁的方式包括调整、修正、替代和终止

这是根据政策评估结果作出的分类：调整是对政策局部细节的修改和完善；修正是对政策整体框架的系统改革；替代是用一项新政策取代原有政策；终止是废止不再执行原有政策。四种方式相辅相成，反映了政策变迁的层次性和渐进性。这与渐进主义、增量主义等决策理论相契合。

10.2　政策创新

政策创新的背景主要源于科技革命和产业变革的加速推进、经济社会发展的新需求、解决国内社会问题的迫切需要以及政府治理能力的持续提升。随着新一轮科技革命和产业变革的深入发展，中国政府需通过政策创新来引导和支持科技创新活动，保持和提升国家在全球科技领域的竞争力。同时，面对经济社会发展的新需求，如人口老龄化、城乡差距、环境污染等问题，政府需制定和实施创新政策以推动问题解决和社会进步。此外，政府治理能力的提升要求政府不断进行政策创新，以适应新的治理需求和挑战，如推动政府数字化转型、加强政策评估和反馈机制、促进跨部门协作和信息共享等。这些因素共同推动了中国政府在国内进行政策创新，以适应时代发展的需要和人民群众的期待。

10.2.1　政策创新的含义

政策创新是指在复杂动态的政策系统中，政策主体基于环境变迁和问题演化的内外部压力，突破固有的观念和思维定式，通过政策学习和资源整合，创造性地重塑政策理念、优化政策要素组合、变革政策过程机制，形成具有前瞻性、系统性和协同性的新型政策范式，以适应环境、回应诉求、科学配置资源、高效解决公共问题的动态过程。

对于这个概念，可以从以下几方面来理解：

（1）系统论视角

政策创新是在开放的政策系统中展开的，受到系统内外环境、结构、功能、反馈等多重因素的交互影响和动态制约。因此，研究政策创新要立足复杂系统理论，审视政策要素之间、政策系统与环境之间的关联耦合和动态演化。

（2）过程论思维

政策创新不是一蹴而就的，而是一个涵盖政策形成、执行、评估、调整等环节的动态过程。各环节之间存在复杂的信息流、能量流交换，创新动力、阻力此消彼长。因此，研究政策创新要坚持过程导向，刻画创新动力学机理和生命周期规律。

（3）创新生态学理念

政策创新内生于特定的政策生态，政策主客体、政策资源、政策环境等要素间的关系型塑了创新的生态基础、演化路径和竞争优势。因此，研究政策创新要注重创新生态的培育，厘清并优化创新主体、客体、情境和资源等生态要素的良性互动。

（4）公共价值取向

政策创新不是盲目的变革，而是以提升公共利益和公共价值为导向的革新。对社会问题和公众需求的敏锐洞察，有助于寻求多元行动主体协同、知识与政策协同、当前与未来协同，提升问题解决的精准性、资源配置的效率性、政策回应的正当性，是检视创新成效的关键标尺。

（5）能力建设导向

政策创新根本上取决于政策主体的学习力、创造力和协调力。政策主体需要通过持续地组织学习，优化知识转化机制，增强基于信息或数据的决策能力；需要营造鼓励创新的文化氛围，完善创新的激励机制和容错机制；需要加强部门协同、府际协同、多元主体协同，提升体制化的创新治理能力。因此，研究政策创新要聚焦创新能力建设。

（6）理论与实践融通

一方面，要立足鲜活的政策创新实践，提炼和概括创新的一般规律、典型模式和有效路径，丰富和发展创新理论；另一方面，要运用系统完备的理论来指导实践，通过模型构建、情景模拟、评估预警等方式，为创新实践提供精准指引和智力支持，实现理论创新与实践创新的迭代发展。

10.2.2 政策创新的原则

（1）人本原则

政策创新是满足人们基本需求的过程，因此，在创新的决策和执行中，充分考虑到人的基本价值和尊严，使公共政策具有较强的正当性，增强公共政策的权威性。

（2）民主化原则

在政策创新的决策环节，需要广泛听取社会组织和社会公众的意见，集思广益，发扬民主。在中国，不仅立法机关、行政机关、司法机关、政党、政协等有权组织直接参与公共政策的创新活动，企业组织、社会团体也可以直接或间接的方式参与到公共政策创新活动中来，共同改进和完善公共政策创新的方案。

（3）符合需要原则

政策创新表面上看是公共政策创新主体起着决定性的作用，但在实际情况下，公共政策创新的客体也扮演着重要角色。这说明，在公共政策创新的过程中，既要考虑到公共政策创新主体、客体的主观意愿，也要顾及公共政策创新的各种客观条件，使主观需要与客观条件有机结合，发挥最大的功效。

（4）机会均等原则

为了体现公平与公正的原则，需要在公共政策制定与公共政策执行过程中，确保利益相关者之间机会均等，在此基础上，调动社会组织和社会公众的积极性。公平正义是公共政策创新活动最核心的价值理念，通过它规范和约束公共政策创新行为。

（5）利益协调原则

公共政策制定与执行过程是利益资源的配置过程，因此，在公共政策创新活动中，要充分尊重旧有的利益格局，在此基础上，对新有的利益按功绩进行配置，使旧有利益与新的利益之间有一个总体的协调，并保持国家利益、集体利益和个体利益之间的整体性。在现实生活中，公共政策创新有两种情况：一是在维持旧有利益的基础上进行政策创新；二是在打破旧有利益格局的基础上进行政策创新。随着公共政策创新的持续，并不能保证不减少任何利益相关者的利益来增进社会福利最大化，这样协调显得尤为重要。

（6）可行性原则

公共政策创新活动是一个探索过程，要充分考虑到在执行过程中的可行性，确保人力、财力、物力、信息和时间有较合理的配置，使公共政策创新活动建立在可行的基础上，最终取得较好的效果。

（7）平衡原则

公共政策创新需要有一个较好的投入产出比，引导社会组织和社会公众提高行为效率，加强资源的最优化配置，达到帕累托最优状态。影响公共政策性价比的因素有许多，包括公共政策创新的成本与收益、公共政策创新的供给与需求、公共政策创新的公平与效率。[①]显然，公共政策创新的绩效衡量是一个难题，这涉及公共政策创新投入的资源与产出的资源，既有数量化的表现，又有非数量化的形态，这就需要把握总体方向，使公共政策创新的形式与实际效果之间有一个平衡。

因此，在运用平衡原则时需要注意以下几个方面的问题：

一是法治化与创新的矛盾。公共政策创新既要打破旧的规范和程序，又要确立新的规范和程序，因此，在实践过程中就会出现公共政策创新与法治化、程序化之间的冲突与矛盾。一般情况下，公共政策刚开始在创新时都会或多或少地与原有的规范相抵触，如果过多强调规范化，整个创新活动就无法进行，更谈不上持续。这就要求公共政策创新主体在创新到一定阶段的时候，将符合需要的一些行为和做法制度化、规范化，并上升到法治化的轨道。

二是积极效果与消极效果的矛盾。政策创新不以人们的主观意志为转移，而是在客观环境下的一种行为。这种行为既会有积极的效果，也会有消极的效果。积极效果是一种创新活动，消极效果就不是一种创新活动，而是一种政策变迁的过程。也就是说，公共政策创新活动应与公平、正义的社会价值理念相一致，以人为本，只有在此前提下，公共政策创新活动才有活力。

10.2.3 政策创新的类型

10.2.3.1 依据创新主体的划分

依据主体不同，政策创新被分为执政党和政府强制推动型政策创新，社会利益群体与执政党、政府结合的回应型政策创新，以及社会自治型政策创新。

（1）执政党和政府强制推动型政策创新

这种创新类型是由执政党和政府主动发起和推动的，具有强制性和权威性，主

---

① 杨帆. 公共政策创新应考量"性价比"[J]. 浙江经济，2007（10）：34-35.

要体现为政府提供新的制度安排，并以强制力作后盾，确保政策的实施和执行。例如，随着互联网技术的快速发展，传统行业与互联网的融合成为趋势。为了推动这一融合，我国政府提出了"互联网+"行动计划。中央政府通过制定一系列政策措施，如鼓励互联网企业与传统行业合作、推动互联网技术在各行业的应用、加强互联网基础设施建设等，强制推动"互联网+"行动计划的实施。这一政策创新不仅促进了互联网与传统行业的深度融合，还推动了经济的转型升级和高质量发展，为全球数字化转型提供了重要借鉴。

（2）社会利益群体与执政党、政府结合的回应型政策创新

在这种创新类型中，社会利益群体与执政党、政府进行互动和协商，共同推动政策的创新，其中，政策创新是对社会利益群体需求的回应，具有灵活性和适应性。如中国房地产市场的调控政策，政府通过与社会利益群体进行互动和协商，共同推动房地产市场调控政策的创新，出台了一系列政策措施，如限购、限贷、土地供应调整、房产税征收等，以稳定房价、促进房地产市场的健康发展。这一政策创新有效回应了社会利益群体的需求，平衡了各方利益，促进了房地产市场的平稳运行，为经济的稳定增长提供了有力支撑。

（3）社会自治型政策创新

社会自治型政策创新强调社会的自主性和自我管理能力。在这种创新类型中，社会组织和个体自发地提出具有创新性的政策理念和方案，并推动其实施和执行。如随着城市化进程的加速，社区治理成为城市管理的重要一环。然而，传统的社区治理方式难以满足居民日益增长的多样化需求。于是，一些社区组织和志愿者自发地提出创新性的志愿服务理念和方案，如开展邻里互助活动和组织文化活动、提供心理咨询服务等。这些创新实践得到了社区居民的广泛认可和参与，形成了良好的社区治理氛围。社会自治型政策创新在志愿服务领域的实践，不仅提升了社区居民的参与度和满意度，还促进了社区治理的民主化和多元化，为构建和谐社会提供了有力支撑。

10.2.3.2 依据创新过程的划分

依据创新过程，政策创新被分为创制性政策创新和移植性政策创新。

（1）创制性政策创新

创制性政策创新是一种依赖内部学习的政策创新方式，它侧重于从自身的经验和教训中汲取营养，通过深入分析政策实践中的成功与失败案例，提炼出具有普遍指导意义的政策规律，进而提出新的政策安排。这种创新方式强调对既有政策的反思与优化，旨在通过自我革新来提升政策的有效性和适应性。例如，近年来，中国政府积极推进数字政府建设，这是一项典型的创制性政策创新。在推进过程中，政府没有简单照搬西方国家的数字化治理经验，而是立足于中国国情，通过对国内政务信息化建设的实践进行总结与反思，逐步形成了具有中国特色的数字政府发展路径。例如，政府推出了"一网通办""互联网+政务服务"等创新举措，有效提升了政务服务效率和公众满意度。在这一过程中，政府不仅积累了宝贵的实践经验，

也为全球数字政府建设提供了有益借鉴。

（2）移植性政策创新

移植性政策创新则是一种依赖外部学习的政策创新方式，它侧重于从其他地方的政策创新和结果中汲取经验，通过对比分析、借鉴吸收，将外地的成功经验引入本地，以促进本地政策的改进和完善。这种创新方式强调政策的跨区域传播与共享，旨在通过"拿来主义"来加速本地政策的优化升级。例如，新加坡的"智慧国计划"是全球领先的智慧城市发展典范，其通过构建智慧城市框架、推动电子政务发展、加强信息安全保障等措施，实现了城市治理的智能化和高效化。近年来，中国政府高度重视智慧城市发展，多地政府积极借鉴新加坡"智慧国计划"的成功经验，结合本地实际进行了创新应用。例如，一些城市引入了新加坡的电子政务平台建设经验，推动政务服务向移动端延伸，实现了更多政务服务事项的"指尖办理"。这些移植性创新举措不仅提升了城市治理的智能化水平，也为中国的智慧城市发展注入了新的活力。

10.2.3.3　依据构成要素的划分

依据政策构成要素，政策创新被分为政策价值创新、政策目标创新和政策工具创新。

（1）政策价值创新

政策价值即公共政策的目的。政策文本一般都会提出新的价值导向和理念，如公平、效率、平等、自由等，并明确阐述决策者的价值偏好和政策倾向。例如，我国政府提出的"绿水青山就是金山银山"理念中就包含了政策价值创新的内容。它明确提出了"保护环境就是保护生产力，改善环境就是发展生产力"的新价值导向。与传统的"先污染后治理"观念截然不同，该政策强调经济发展与环境保护的和谐共生，明确阐述了决策者对于可持续发展的价值偏好和政策倾向。这一政策不仅引导了全国范围内的生态环境保护行动，还促进了绿色经济的发展，实现了政策价值的深刻转变。

（2）政策目标创新

政策目标可以在创新的初始阶段确定下来，也可在政策执行的过程中不断因新问题而调整。新政策的目标与当地的政治、经济、社会环境及特征密不可分。

拓展阅读10-1

（3）政策工具创新

政策工具是实现政策目标的具体手段、方法与技术。在政策实施过程中，根据不同的情境和条件约束使用最有效的工具，以实现既定的价值取向和目标。例如，随着数字化技术的发展，人们将这种技术作为一种新型政策工具对文化遗产进行详细的记录、保存和传播。数字化技术可以将文化遗产转化为数字档案或数字模型，以便更好地进行保护和管理。例如，中国的昆曲保护项目就通过数字化技术将昆曲的表演和唱腔记录下来，并在学校和社区中开展昆曲讲座和演出，从而促进年轻一代对昆曲的了解。同时，数字化技术为文化遗产的展示和传播提供了新的平台和渠道。数字化技术在文化遗产保护中的应用，打破了传统保护方式的局限，实现了文化遗产的数字化保存和传播。这不仅有助于提升文化遗产的保护效率和质量，也为文化遗产的传承和发展提供了新的思路和途径。

10.2.3.4 依据政府与社会关系的划分

依据政府与社会关系，政策创新被分为强制性政策创新和诱致性政策创新。

（1）强制性政策创新

强制性政策创新是由政府主动提供的新的制度安排，它将政府的强制力作为后盾，确保政策的实施和执行。这种创新方式通常具有突变性，能够在短时间内实现制度的大幅度变革。例如，近年来，为了应对全球气候变化的挑战，中国政府推出了一系列强制性政策创新，如"碳达峰、碳中和"目标。政府通过制定严格的碳排放标准和时间表，推动企业和个人减少碳排放，加速绿色转型。这一政策不仅体现了政府对环境保护的坚定决心，也通过政府的强制力确保了政策的执行效果。通过这一系列的强制性创新，中国正在逐步构建一个低碳、绿色、可持续的发展模式。

（2）诱致性政策创新

诱致性政策创新是社会为了寻求更好的获利机会，自发提出倡导性意见，并引起政府关注，进而推动政策的制定和实施。这种创新方式具有自发性、渐进性的特征，往往是在市场机制的引导下，由社会主体根据自身利益需求推动的。以新壹科技为例，该公司凭借视频大模型和AIGC（AI生成内容）技术，为传统行业带来了新的发展动力。在市场需求和技术创新的双重驱动下，新壹科技自发地推动了AI技术在视频内容生成、个性化交互等方面的应用，这些创新不仅提升了企业的生产效率和服务质量，还极大地拓展了个性化、定制化服务的边界。随着新壹科技的成功实践，政府也开始关注并推动AI技术在更多领域的应用，出台了一系列支持政策，促进了AI技术与实体经济的深度融合。这种由社会主体自发推动、政府后续跟进的诱致性创新模式，成为推动经济社会发展的重要力量。

10.2.3.5 依据中央与地方关系的划分

依据中央与地方的关系，政策创新被分为国家赋权型政策创新和问题倒逼型政策创新。

（1）国家赋权型政策创新

国家赋权型政策创新是由中央政府率先提出，通过自上而下的途径进行运作，地方政府负责具体实施。例如，在推动区域经济协调发展的过程中，一种创新的

"跨区域产业协调发展"模式在悄然兴起。这一模式打破了传统的行政区域限制，由上级政府指导和支持地方政府实施。例如，一些地区通过建立"1+2+N"工作机制，整合产业布局、要素保障和招商引资，实现了区域经济的"一盘棋"发展。这种创新模式不仅促进了区域间的优势互补和差异发展，还推动了产业的高水平布局、高效率落地和高质量发展。通过跨区域合作，地方政府能够共同应对经济发展中的挑战，实现互利共赢，为区域经济的持续健康发展注入了新的活力。

（2）问题倒逼型政策创新

问题倒逼型政策创新是地方政府为回应问题而自主提出的，通过自下而上的途径扩散开来。例如，在脱贫攻坚的战役中，中央政府创新性地采用了"央-县"治理模式，这是一种在原有省级政府负总责的基础上，叠加中央对县级政府的直接互动与点穴式治理的新模式。该模式通过引入第三方评估、对贫困县主要领导实施"干部冻结"等举措，强化了中央意志的向下渗透与传递。这种治理模式不仅确保了脱贫攻坚工作的精准实施和如期完成，还为中国县域治理提供了新的视角和框架。通过"央-县"治理模式的实践，中央政府能够更准确地了解县域治理的需求和挑战，为县域经济和社会发展提供了更有力的支持和保障。

10.2.4　政策创新战略

政策创新战略是指政策创新主体根据社会、经济、政治和文化等环境诸因素，科学预测公共政策的发展趋势，制定出一系列的创新战略方针、战略原则、战略计划，以指导公共政策创新活动。其具体包括理念创新战略、体制创新战略、人才创新战略、资源整合创新战略、工具创新战略和营销创新战略。

10.2.4.1　理念创新战略

理念创新战略是指公共政策主体根据创新战略方针，确定理念创新的步骤与计划，以指导整个公共政策创新活动。随着环境与条件的变化，原有的理念已经不适应社会组织和社会公众的需求，这就要求公共政策创新主体改变原有的理念，接受新的理念，并运用新的理念来指导所有的公共政策制定活动和执行活动。在由计划经济向市场经济转型的过程中，计划经济的传统理念是，公共政策包括所有的社会事务和企业事务，而市场经济的理念是公共政策主要涉及公共事务，少部分包括社会事务和企业事务。只有在理念创新战略的前提下，公共政策才能在内容、手段、方法等方面有所突破。

10.2.4.2　体制创新战略

体制创新战略是指公共政策主体根据创新战略方针，确定体制创新的步骤和计划，以影响整个公共政策创新活动。体制创新战略包括组织结构的变化、功能与权力的调整和人员行为的转变。通常情况下，体制创新战略的地位非常重要，它一方面使理念创新战略有较好的指导性，另一方面确保创新活动体现在具体的内容和形式上。同时，体制创新战略在一定程度上制约和规定着人才创新战略、资源整合创新战略和营销创新战略。

10.2.4.3　人才创新战略

人才创新战略是指公共政策主体根据创新战略方针和原则，确定人才创新的内容和形式，使人才发挥最大的效用，确保公共政策创新活动的顺利进行。公共政策的制定与执行都离不开人。高素质的人会为公共政策制定与执行带来好的效果；相反，低素质的人会对公共政策的制定和执行产生消极影响。因此，人才的素质在公共政策活动中扮演的角色就显得非常重要。人才创新战略就是通过一定的途径、机制、方式，使社会组织和社会公众中高素质的人较好地进入公共政策人才队伍，并且进入公共政策人才队伍的人员能够在原有的基础上提升能力，确保公共政策创新活动取得较好的社会效果。

10.2.4.4　资源整合创新战略

资源整合创新战略是指公共政策主体根据创新战略方针和原则，确定资源整合的途径和方式，使公共政策资源的效用最大化，以实现公共政策创新的目标。不同的资源内涵和不同的资源使用方式，其产生的效果会有较大不同。公共政策创新资源整合，使人力、物力、财力、时间和信息等各种资源有效整合，为公共政策创新目标提供优质服务。

10.2.4.5　工具创新战略

工具创新战略是指公共政策创新主体根据创新战略方针和原则，选择合适的工具服务于政策创新，使公共政策创新活动取得预期的效果，实现公共政策创新目标。公共政策工具创新包括工商管理技术创新、市场化工具创新和社会化手段创新。

工商管理技术是指企业战略管理技术、企业绩效管理技术、企业顾客导向技术、企业目标管理技术、企业全面质量管理技术、企业标杆管理技术、企业流程再造技术等。企业中常用的管理技术理念被运用到公共政策创新活动中，提高公共政策创新活动的绩效。

市场化工具是指民营化、使用者付费、管制与放松管制、合同外包、分权与权力下放、内部市场、产权交易等。在公共政策创新活动中，公共政策创新主体借助市场主体的力量，通过市场竞争与市场自由活动，降低交易成本，提高资源效用。

社会化手段是指社区治理、个人与家庭、志愿者服务、公私伙伴关系、公众参与及听证会等。在公共政策创新活动中，公共政策创新主体借助社会主体力量，善于运用社会主体的独立性、自主性和自愿性的特点，使社会主体配合和支持公共政策创新主体，确保公共政策创新目标的有效实现。

10.2.4.6　营销创新战略

营销创新战略是指公共政策主体根据公共政策创新战略方针和原则，从实际情况出发，选择公共政策营销的方式、途径和内容，以实现公共政策创新目标的活动。公共政策创新营销战略的主要目的在于，通过营销战略，更好地使创新的公共政策既能被有权组织所接受，又能得到社会组织和社会公众的支持，确保公共政策创新活动有序进行，取得较好的社会效果。

拓展阅读10-2

10.3　政 策 调 整

10.3.1　政策调整的含义

政策调整（policy adjustment）是在公共政策的实施过程中，以政策评估与监测所获得的有关政策执行效果的反馈信息为基础，对原有政策中不适应政策对象和政策环境变化的部分，进行不断地修正、补充和发展，以便达成预期政策效果的政策行为。

对于这一概念，我们可以从以下三方面理解其内涵：

首先，政策调整的前提是政策评估与监测。系统、科学的评估方法和手段有助于对政策执行过程中的实际效果进行客观、全面的分析，包括政策目标的实现程度、政策执行的效率与公平性、政策对象的满意度等多个维度。监测环节则负责持续跟踪政策执行过程中的新情况、新问题，为政策调整提供及时、准确的信息支持。

其次，政策调整的对象是原有政策中不适应当前政策对象或政策环境变化的部分。这些不适应可能表现为政策目标与实际情况的偏差、政策执行难度的增加、政策效果的减弱等。政策调整有助于及时发现并解决这些问题，确保政策的持续有效性和适应性。

最后，政策调整的目的是达成预期的政策效果。在政策执行过程中，由于各种因素的影响，原有政策可能无法完全符合预期目标，因此，通过政策调整，可以不断优化政策内容、执行方式和资源配置，增强政策的针对性和实效性，从而更好地实现政策目标。

10.3.2　政策调整的原因

政策调整作为政府管理的重要手段，其背后有着多种复杂且深刻的动因。这些原因涵盖了社会发展的各个方面，从决策者的价值取向变化、政策环境变化、政策资源变化、政策的局部性暴露到政策的负面效应因素等多个维度，共同构成了政策调整的动力源泉。

（1）决策者的价值取向变化

决策价值取向取决于决策者公共行政价值观的确立，其价值判断与价值取向必须反映社会价值和公民价值。如果决策者在进行价值选择时，首要考虑社会价值，而不是决策者的自身价值，政策目标就可以按照预期效果发挥效用，目标群体的需求也可以得到更好的满足。但决策主体人性的一面决定了决策者可能偏离社会价值的取向，从而造成一项决策降低其原始价值，失去其社会价值或社会价值甚微，或者只是代表了某一部分社会集团的利益，而不是整个社会的利益价值。这时应根据多种社会经济、政治和文化价值交互作用的影响及时调整公共政策。例如，我国改革开放之初的政策制定侧重于快速经济增长，决策者倾向于支持工业化项目，对环境保护的考虑较少。然而，随着工业化的推进，环境问题日益严重，影响了居民生活质量和生态系统平衡。公众对环境保护的呼声高涨，决策者开始认识到单纯追求经济增长的不可持续性。因此，政府调整了环境保护政策，加强了对工业项目的环境监管，出台了更严格的排放标准，并加大了环保投入。这一政策调整反映了决策者价值取向的变化，从侧重经济增长转向关注公众健康、福祉和生态系统的可持续发展。

（2）政策环境变化

政策环境变化是指社会政治、经济和文化等环境因素发生变化，从而使政策问题本身发生变化。公共政策作为政治系统的一个子系统，与社会系统中的经济、文化等子系统相互作用。在公共政策执行过程中，政策子系统本身发挥作用导致其他子系统发生变化，或者政策子系统外部因素发生变化使得政策子系统不得不作出改变。在上述情况出现时，应及时根据新的政策环境和政策问题对政策的某些环节或内容作出相应的调整，从而避免政策的滞后性。

（3）政策资源变化

政策资源主要有物力资源、财力资源、人力资源、信息资源和权威资源。政策执行过程不仅需要政策主体的坚定实施，更要有各种资源加持，财力、物力是两种最基本的资源，可以使公共政策更好展开；同时，加强政策宣传、政策理解、政策沟通，为政策主体提供更多相关信息，避免资源不对称；给予政策主体采取行动、进行指挥、获取资源的相关权利，使得政策主体在政策执行受阻时可以继续推进政策。相反，如果相关资源给予不充分，则会导致政策执行不力或者执行走样，这时就应及时调整政策，以便按照预期方向发展。

（4）政策的局部性暴露

在政策执行过程中，随时间推进，政策的一些局限性逐渐暴露。比如，一项政策只适用于部分特定情形，或者只是部分实现了预期目标，又或者只满足了一部分目标群体的需求，即在政策执行与预定目标产生差距时，对政策系统和政策执行过程作出少量的、缓慢的修改和补充。

例如，在中国经济领域，出口退税政策曾作为鼓励出口、提升出口企业竞争力的重要手段，初期显著促进了中国出口增长和外贸发展。然而，随时间推移，该政策的局限性逐渐显现，如过度倾斜于传统劳动密集型产品出口，导致产业结构优化受阻；退税额度限制及监管不严，使得部分企业面临成本上升、竞争力下降的同时，滋生了虚报出口、骗取退税等不正当行为；国际贸易环境的变化也对中国出口企业构成了新的挑战。针对这些问题，中国政府适时调整出口退税政策，优化退税结构，减少对传统劳动密集型产品的支持，加大对高新技术和绿色环保产品的支持力度，同时提高退税效率，加强监管和风险防范，以适应经济发展需要和国际贸易环境的变化，推动中国外贸持续健康发展。这一过程充分体现了政策局部性暴露后，政府在经济领域进行政策调整的灵活性和有效性。

（5）政策的负面效应因素

政策主体经过政策评估发现，一项公共政策的执行受到外部客观因素或者人们主观因素的影响，不仅未取得应有的政策效果，而且带来一系列负面作用。因为一项公共政策的推出总是针对一定的社会问题，缓解当下及之后的社会矛盾，发挥正面效应促进社会发展，所以一定时期后出现负面效应，就使政策调整成为必要。如果不对该项政策进行调整，就可能导致其负面效应进一步扩大；只有及时调整，才能避免负面效应的蔓延。

例如，在我国，PX（对二甲苯）项目政策的调整是一个涉及政策负面效应因素的典型例子。PX 作为一种化工原料，用于生产塑料瓶、涤纶等产品，但其潜在的环境风险引发了公众的广泛担忧和反对。特别是在厦门、大连等城市，PX 项目的计划和实施遭到了公众的强烈抗议。政策主体在政策评估中发现，PX 项目的执行不仅未能实现预期的政策效果，反而带来了一系列负面作用，包括社会不稳定和公众信任度下降。为了避免负面效应的进一步扩大，政府对 PX 项目政策进行了调整，包括加强环境评估、提高信息透明度、与公众沟通协商以及优化项目选址等措施。这些调整旨在减少项目的负面效应，同时促进经济发展和环境保护的平衡，增强政策的公众接受度，体现了政府对负面效应因素的重视和对政策效果的重新评估，以及对公众意见的积极响应。通过这些政策调整，政府试图缓解社会矛盾，确保政策更好地服务于社会发展和民众福祉。

10.3.3 政策调整的作用

政策调整的根本目的在于确保公共政策沿着既定轨道实施下去，最终达到预期的目标。具体来说，政策调整的积极作用表现在以下几个方面：

（1）公共政策调整有利于保障公共政策的科学化

由于决策者的有限理性、决策者掌握信息的有限性特点以及政策环境的动态发展性，无论决策者的创新性有多强，其制定出的任何一项政策都有可能是不合时宜的、不完善的。具体而言，公共政策在制定和执行过程中所出现的任何偏差可能是由于主体的主观认识偏差，也可能是客观环境的不断变化。如果没有及时纠正这些偏差，随时间推进、受众扩大，政策问题的暴露亦更加明显，不仅会危及政策系统的稳定性，也有可能造成整项政策的失败，从而影响政策整体推进进度。因此，必须加强政策监督和评估，并密切关注政策执行过程，及时了解反馈信息，有针对性地去解决，从而有效预防和减少政策的失误。

（2）公共政策调整有利于保证公共政策的权威性和严肃性

在政策体系中，并不是所有的政策都是由同一个政策主体制定的，许多具体的政策往往是由不同的部门共同制定的。如果一些部门和制定主体从本部门、本地区的利益和职责出发，必然导致责任界限模糊、执行困难或执行偏差。

针对上述情况，各政策主体之间应加强沟通、相互协调，对政策进行调整；否则，就会造成"各自为政，政出多门"的混乱局面，不仅扰乱了良好的政策实施环境，而且损害了群众的切身利益。在执行过程中可能出现下列情况使政策运行呈现出无序状态：一是政策执行主体之间出现矛盾与意见的分歧；二是政策执行主体与客体发生矛盾；三是几种政策交叉在一起，相互矛盾。这时就需要暂时中断政策的实施，对政策主体内部关系、政策主体与客体的关系、几种政策的相互关系进行调整，使政策有序运行。

因此，必须对各部门制定的政策不断进行必要的调整，以便协调好各项政策之间的摩擦，促使政策内外各方面、各个环节相互衔接，协调一致发挥好政策的整体功能，从而保证政策的权威性和严肃性。

（3）公共政策调整有利于保持公共政策的稳定性与连贯性

要在一定的时间和空间内保持相对稳定，避免由政策的大幅度变动而引起社会震荡，从而改进政策的实际绩效和效果。但是，在保持稳定性的同时，政策制定主体要根据环境变化和政策活动的反馈信息对政策不断修改、补充和完善，使政策与客观环境、政策资源的变化协调发展。公共政策最本质的目标是在多元的社会背景下，政策能够保持和维持社会的稳定，获得广泛的社会支持。只有在这个基础上，对政策进行局部的调整，才能改进政策的效率、效能和效果。公共政策的调整不是胡乱调整，也不是朝令夕改，而是稳中有变、变中求稳。政策调整使公共政策的合理内容在变动中得以保留，适度地调整政策既可以保证政策的动态发展，又可以保证政策的连贯和稳定。

10.3.4 政策调整的内容

政策调整的内容涉及公共政策系统的各个环节、各个要素、各个方面，包括政策目标调整、政策方案调整、政策措施调整、政策关系调整以及政策主客体调整。

（1）政策目标调整

政策目标调整是指将原来语言模糊或表述不准确的目标加以明确，根据政治、经济以及环境状况校正、修订原定目标。具体而言，有些公共政策在付诸实施一段时间后，会出现其原定目标与客观实际不完全一致甚至脱离客观实际的情况，或者目标值定得过高、脱离实际而无法在一定期限内取得显著效果，或者目标值定得过低，无法更好地满足公众期望从而有针对性地解决社会问题，或者实现目标的具体时限、评估指标定得过死，没有调整的余地等。在上述情况出现时，就需要及时对原定目标进行校正、修订或者重新确立。

目标的调整要注意以下几点：新目标的设定要切合客观实际，充分考虑当前的政治、经济、社会及环境条件，确保新目标与外部环境相匹配；新的目标不是对原来目标的全部修改，而是扬长避短地修改；新目标的制定要注意新旧目标的统一和衔接，对于前后不一致的目标要注意做好沟通和协调工作；对于目标的设定还要注意留有余地，不能限定得过死等。

（2）政策方案调整

政策方案调整更多的是在政策目标明确的前提下进行，以政策目标为指导，对原定政策方案或政策执行原定方案中存在的种种不足进行必要的调整。各种不足包括政策问题界限不明晰、运行条件过于严苛、运行成本过高、运行所产生的负面影响过大以至于难以有效解决相关社会问题等，当出现这些情况时就需要及时对政策方案进行调整。政策方案的调整视不同情况可以作不同程度的调整，如果原来的方案基本可行，那么只要作某些修改或补充，适当放宽条件，降低成本；如果原来方案与新的目标差距过大，则需要对原有的方案作出较大的调整；如果原来的方案与实际情况差距过大，则可能要作出较为系统的调整，这种调整的幅度最大。方案的调整包括对方案的步骤、时间、作用对象、作用方式等进行调整。

（3）政策措施调整

措施是指实现政策目标、实施政策方案的具体方法、手段和步骤，是连接政策目标和政策实施效果的重要桥梁。政策措施调整是指在实施政策方案过程中要根据现实环境进行相对应的调整。具体而言，如果在政策执行过程中出现不同程度的偏差，其原因可能是对一些细节问题考虑不够周全，执行步骤安排不合理，所采取的方法不恰当，或者缺乏对突发事件的应急准备等。上述各种情况是经常出现的，也是最容易根据变化了的客观环境去调整的，但值得注意的是要依现实情况而采取适当的补救和修正方法来完善执行措施。

2024 年 3 月，上海市政府就出台的《上海市减轻企业负担支持中小企业发展若干政策措施》作出回应。减轻企业负担是宏观政策支持稳预期、稳增长、稳就业的重大举措。为全面贯彻落实国家和本市关于减税降费的部署要求，持续优化营商环境，着力减轻企业负担，降低中小企业成本，主要从三方面考虑，制定了本次若干政策措施：一是问题导向。切实回应企业诉求，直击企业痛点，深挖减负潜力，以政府收入的"减"，换取企业效益的"加"，实现高质量发展的"乘"。二是统筹协同。兼顾当前与长远，兼顾企业减负、就业促进与民生保障。加强部门协同、市区协同和政策协同。三是综合施策。多措并举，实施 5 方面 20 项举措，涉及降低税费成本 4 项，降低用工成本 4 项，降低用能成本 4 项，降低融资成本 6 项，优化为企服务 2 项。

（4）政策关系调整

由于公共政策问题的复杂多样性和关联性，因此在同一时间、同一范围内会有多项公共政策出台。但是，不同层次的公共部门、同一层次的不同部门在制定和实施政策时，往往从本部门的职责、利益出发，在主观和客观上容易忽视其他部门或者地区的利益。这样就形成了错综复杂的政策关系，政策之间可能出现矛盾、重复交叉等情况，使政策作用对象在多项政策中无所适从。另外，政策的制定、执行、评估和监控各环节之间的关系如果安排不当，也会造成不必要的混乱和干扰。因此，对政策关系的调整，就是要理顺那些在实际中存在摩擦的各个部门、各项政策、各个环节之间的关系，明确各自的职责范围，协调各方发挥作用的时机，避免相互干扰和资源的重复浪费。

（5）政策主客体调整

在公共政策的实施过程中，政策的主体和客体也会发生变化。就主体而言，制定或执行政策的权力机关存在能力不足、机构不全、职责不清等原因，从而造成政策效果不佳或政策失误，这就应当对机构本身进行调整。在我国，有时决策权在党和政府之间的转移也是一种主体的调整。政策客体的调整是指政策问题和目标群体的调整。公共政策所指向的问题以及与之相关的人群也是处于不断变动之中的，环境的变化可能改变问题或人群的性质和范围。因此，为了保证政策的针对性，必须及时调整政策的客体。

拓展阅读10-3

10.3.5 政策调整的形式

公共政策调整的形式多种多样，包括政策增删、政策修正、政策更新等。这些形式各具特点，但都在不同程度上促进了政策体系的优化和完善，提升了政策效果和治理水平。在实际工作中，政府应根据具体情况选择合适的调整形式，以推动政策体系的不断进步和发展。

（1）政策增删

政策增删是指在现行政策基本框架不变的前提下，对执行中政策的具体内容、作用范围和适用时间等所作的补充和删减。其主要包括两种方式：

一是政策补充。它以现行政策基本框架不变为前提，对具体内容加以扩充，对适用范围适当扩大，或对其使用时间酌情延长，从而拓展现行政策的功能。

二是政策删减。它是指在现行政策的基础上，依据现实情况减少部分内容，缩小作用范围，削减作用时间，其目的是缩减现行政策的功能。

（2）政策修正

政策修正是指在现行政策基本框架不变的前提下，对执行中政策的具体内容、作用范围和适用时间等所作的修改和校正。在社会政治、经济出现变革，原有的体制和社会评价标准被新的体制和评价标准所部分取代或完全取代的情况下，对正在执行的政策进行部分修改与校正，其目的是使政策更完善，更适应客观现实。例如，《中华人民共和国刑法修正案（七）》于2009年2月28日正式通过实施，该修正案出台过程的一个显著特点是面向社会公开征集对修正案草案的建议，并补充修改后予以公布实施，充分表达了立法上的平等与民主。此外，该修正案之所以受到如此广泛的关注和好评，还在于在修正案通过实施之前，我国从预防犯罪、保卫社会、促进和谐的现实需要出发，指出了"宽严相济"的刑事政策，并得到了法律理论界、实务界及普通公众的理解和支持。

（3）政策更新

政策更新是指为适应形势，在遵循原有政策目标的前提下突破旧的政策框架体系，对主要的政策内容、政策目标、政策适用范围、政策执行主体、政策目标团体所作出的不同程度的调整。政策更新通常是在一个国家的政治、经济、社会生活出现重大变革时发生的政策调整形式。2020年，苏州发布人才新政，进一步聚焦产才融合发展，围绕人才国际化引领产业高端化，对原有政策全新升级；南京打造"海智湾"国际人才街区，"一揽子"解决人才落地发展、落户生活等各方面问题；重庆努力为引进人才的配偶（子女）就业、子女入学入托等提供便利服务等。从注重突出细节到推进便捷举措，从提高服务水平到提升宜居程度，从吸引人才上的"快人一步"到礼遇人才上的"超常力度"，不少城市拿出了真招、实招、新招，解决劳动力和人才落户发展的后顾之忧，在留住人才、用好人才上做文章、下功夫。

10.3.6 政策调整的原则

在进行政策调整时，需要遵循一系列原则，以确保调整的合理性、有效性和可持续性。

（1）实事求是原则

实事求是是政策调整过程所必须遵循的首要原则。具体而言，公共政策调整不应该是政策制定主体个人主观意志的产物，而应以客观实际为依据。尊重客观实际，针对具体的社会政治、经济、文化环境进行具体的政策调整，坚持"从群众中来，到群众中去"，以解决相关社会问题为最高标准，保证政策调整的科学化、民主化，从而使政策调整真正有利于推动社会发展进步、满足目标受众的相关需求。

（2）渐进调适原则

政策调整的对象是已经付诸实施了一段时间并产生了一定效用的公共政策，由于前期进行了大量的政策宣传，并投入了一定的人力、物力、财力资源，经过一段时间的执行后，已经对目标受众产生了一定程度甚至根深蒂固的影响，大多数人已经认同和接受了该项政策。如果这时对政策调整的范围和幅度过大，人们就会对该项政策表现出疑虑和担心，从心理上和行为上都难以接受政策调整带来的变化，更有甚者会对政策产生抵触情绪。因此，政策调整一般要循序渐进，要考虑政策调整的范围和幅度与社会承受时间的关系，根据客观实际，保留仍然可行的部分，删减不适用的内容，同时应加大政策宣传的力度，使社会思想达到高度一致，加大政策拥护力度，以利于政策调整的顺利完成。

（3）追踪反馈原则

政策调整是动态发展的，需要在执行过程中不断收集反馈信息并提供给决策者，决策者据此判断政策环境和目标受众是否发生变化以及发生了什么样的变化，然后决定是否要对政策进行调整以及进行什么样的调整。这种追踪决策包括两个方面：一方面，对原政策进行回顾分析，找出失误和偏差产生的原因，继而进行修正和补充；另一方面，根据政策实施结果采取合适的方法，因为在这种情况下并没有明确失误和偏差产生的原因，所以应该先对问题最突出或者影响最大的部分进行调整，再根据反馈信息逐步完善。

（4）适度原则

适度是指政策调整的幅度、范围应在一个可接受的限度内。政策调整是对已实施一定时期的政策进行的调整。如前所述，一项政策在实施一段时间后，已经采取了大量的宣传贯彻手段，投入了一定人力、物力等资源，已经在政策作用对象中形成了某种影响，人们已经有了接受此政策的惯性。在这种情况下，如果政策调整的幅度和范围过大，人们从心理上和行为上难以适应。所以，一项政策的调整除了应当作重新的宣传和解释以外，调整的幅度和范围应当在人们的心理承受范围之内，对调整幅度较大的政策应当采取适当的过渡措施。

（5）长远规划与短期成效相结合原则

短期成效原则是指政策的调整要尽可能争取在近期内取得一些较为明显的成效，这不仅能增强人们对政策调整的信心，获得人们对政策的支持，而且有利于对调整后的政策作出检验。长远规划与社会的发展紧密相关，有利于政策问题的解决和社会的发展。例如，在文化领域，《中华人民共和国公共文化服务保障法》旨在建立和完善公共文化服务体系，确保人民群众基本文化权益得到保障，这是一项长远规划。从短期成效来看，通过实施该法律，中国各地公共图书馆、文化馆、美术馆等公共文化设施实现了免费开放，显著增强了人民群众的文化获得感和幸福感，这是短期内取得的明显成效。这一政策既考虑了文化发展的长期目标，也注重了政策实施的即时效果，体现了政府对长远规划与短期成效相结合的重视。

（6）学习借鉴与自主创新相结合原则

当代许多国家为了增强政策的科学性，都进行了许多重大的改革。这主要体现在重视信息系统的建设、重视智囊系统的建设等方面。一些突出的变革如跟踪执行重大政策的部门机构，成立不同性质、不同层次、不同目的的各种"智囊团""思想库"，建立与预算挂钩的政策审核制度等。其中许多改革都取得了成功，使制定政策的水平得到提高。在政策调整中要注意先进的经验，提高政策调整的技术水平。在吸收和借鉴外部经验时，要注意结合实际情况创造性地吸收。此外，在政策调整过程中要注意对自己创新，因为自己创新的东西比较适合本国的国情以及具体政策的情况。例如，日本在制定教育政策时不但吸收了西方先进的经验，而且结合本国的实际情况作了很好的创新。

10.3.7　政策调整的程序

政策调整要依据一定的程序，具体而言，首先要分析问题原因，然后拟订调整方案，再选择调整方案，最后实施调整方案。

（1）分析问题原因

政策制定者根据反馈信息分析政策产生失误和偏差的真正原因。政策制定者通过对政策偏差的分析，结合客观实际情况，充分了解政策问题症结所在，进而为政策调整提供很好的实践依据。

（2）拟订调整方案

政策制定者在分析问题原因的基础上，根据政策问题的性质和严重程度等分析提出若干可供选择的政策调整方案，各个调整方案应从不同角考虑，以便于最优调整方案和调整措施的选择和确定。在拟订过程中应注意提出及时、方案准确、措施得力。

（3）选择调整方案

政策制定者通过公民参与提出合理建议和专家论证等环节，遵循科学决策程序，对所选方进行排列择优后选出一个最佳调整方案，不但要优于其他调整方案，而且要优于原来的政策方案，增强政策调整的合法性和有效性。

（4）实施调整方案

政策制定者通过政策方案的准备阶段，即分析政策问题，提出、选择调整方案，政策方案就开始按照合理的步骤、措施和方法，迅速有力地实施；对于具体调整效果如何，需要经过一段时间的实施后才能作出具体的判断。

10.4　政 策 终 结

作为公共政策系统运行过程中的一个关键节点，政策终结与政策评估紧密相联，是政策评估主体通过政策评估信息后作出的一种主动性行为。政策终结不仅代表着政策更新与政策发展，也是提高政府执政绩效的有效行为。人们在政策执行过程中发现问题、解决问题，及时终止一项多余无效或已经实现预期目标的政策。

10.4.1　政策终结的含义

政策终结是指公共政策的决策者通过对政策进行审慎的评估后，采取必要的措施，以终止那些过时的、多余的、不必要的或无效的政策、政策功能、政策工具或政策组织的一种行为。它是政策过程的最后一个环节，也是理性化政策过程的最后结果。政策终结的主体是公共政策的决策者，这些决策者通常包括政府官员、政策制定者以及相关领域的专家等。他们需要对政策进行审慎的评估，这是政策终结的前提和基础。评估过程包括对政策的实施效果、政策目标是否达成、政策是否适应当前的社会环境等多个方面进行全面的考量。这种评估是客观、公正和科学的，旨在确保政策终结的决策是基于充分的信息和合理的判断。

政策终结是政策过程的最后一个环节，也是理性化政策过程的最后结果。它标志着一项政策的结束，也为新政策的出台提供了机会和空间。政策终结不是简单地停止或废除政策，而是基于审慎评估和理性决策的结果。它体现了政策过程的连续性和动态性，是政策不断适应社会环境和发展需求的重要体现。政策终结对于提高政策效率、保障公共利益、推动政策创新等具有重要意义。终结无效或多余的政策，可以释放更多的资源用于更有效的政策实施，从而提高政策效率。同时，及时终结那些可能产生负面效果的政策，可以保障公共利益和社会稳定。此外，政策终结为新政策的出台提供了机会和空间，从而推动政策创新和发展。例如，一些省已经推广取消信访排名通报制，以减轻信访压力并降低维稳成本；又如，《中共中央关于全面深化改革若干重大问题的决定》提出取消对生态脆弱贫困县的地区生产总值考核；再如，河南省公安厅废除"破案率"等指标，以加强和改进刑事执法工作，防止冤假错案发生等。

10.4.2　政策终结的原因

政策终结的原因从政策过程的角度分析，可通过政策背景、政策执行、政策结果三个方面来考量，但在实际运作过程中往往是多个原因的交互作用，才会导致终结机制的启动。

10.4.2.1　政策背景方面的原因

这里的政策背景是指政策所处的时空环境，时空环境变迁、前车之鉴、理论基础改变、意识形态改变、政治制度失灵都属于政策终结的背景原因。

（1）时空环境变迁

政策是依据特定环境、针对具体问题而制定的，受制于特定环境的影响。政策所处环境并不是一成不变的。因此，当环境不断变化并积累到一定程度时，政策便不会再像预期那样发挥作用，这时应及时对其进行调整或终结，以使其更好解决社会问题。

（2）前车之鉴

一些政策在有些时候往往会以另一种方式重复上演，这时可以根据之前经验来预估现在正在执行的政策可能出现的结果。但是这种试错并不是一种很好的推行方法，因此，应该及时借鉴过往经验，对不合时宜的部分进行调整，并在必要时刻终结。

（3）理论基础改变

理论基础以客观环境为依据，是对当下情况的一个理论总结，因此，当客观现实发生改变时，理论基础的适应性、灵活性相对会受到影响，这时应对理论进行调整，否则最终将导致政策的终结。

（4）意识形态改变

一项政策在实施前，必须先经由决策者制定评估标准，在此过程中任何决策既有事实成分，也有价值成分。其中对客观事物的描述属于决策中的事实成分，如对组织外部环境的描述、对组织自身问题的描述等都属于事实成分。事实成分是决策的起点，能不能作出正确决策在很大程度上取决于事实成分的准确性。而对所描述的事物所作的价值判断属于决策中的价值成分。显然，这种判断易受个人价值观的影响。简而言之，个人价值观通过影响决策中的价值成分来影响决策。因此，当决策者价值观发生转变时极有可能引起一项政策的终结。

（5）政治制度失灵

政治制度是社会稳定运行的前提与基础，一项政策是决策者根据客观情况，结合政治制度而制定的，政治制度的顺利运行可以使政策更平稳地推进；相反，如果政治制度发生变化，不再有利于政策的推进，这时应及时调整政策，甚至是终结政策。

10.4.2.2　政策执行方面的原因

政策执行方面的原因是指在政策执行过程中发生的问题，包括财政负担沉重、被捷足先登、执行不力等。

（1）财政负担沉重

一项政策的实施不仅需要制定者、实施者审时度势，更需要国家财政的投入。一般而言，出现的大多数问题是由资金投入不足所引起的。因此，当资金投入不足，政策不能顺利平稳推进时，应向公众做好解释说明工作，及时缩减政策规模，并在必要时停止政策工具的使用。

（2）被捷足先登

当多项政策同时出台并付诸实施时，虽各有侧重，但又有异曲同工之处。在某些方面可能从不同角度发挥相似的作用，这时应及时辨别，以免造成资源浪费；当问题已经被其他政策影响并得到改善时，应及时对相应政策进行调整甚至终结。

（3）执行不力

政策执行的好坏不仅取决于政策制定者，更取决于政策执行者，可能政策目标制定得过高，或是政策执行人员不能很好地理解政策任务，再或者是执行过程中受到各种条件的限制，从而导致政策执行走样，这时就需要对政策进行调整并终止。

10.4.2.3　政策结果方面的原因

用以解决问题的政策没有发挥作用，反而使问题更加严重，该政策就需要被终结。政策评估得出的结论可为政策终结提供依据。如果正式评估得出某项政策已经过时或无效的结论，则会加快政策终结的进程。造成政策结果不佳的原因主要有以下三个：

一是政府组织间的合作不力而呈现的竞争态势造成内耗，进而导致政策终结；

二是政策的相互关联而导致难以施展作为，必须对相关政策加以考虑；

三是无效或不当的政策工具也可能导致政策的失灵，但有时政策工具的选择是妥协或一定政治文化环境的产物，所以导致政策终结是必然的结果。

10.4.3 政策终结的对象与方式

10.4.3.1 政策终结的对象

政策终结是对特定的低效或失效的公共政策进行的终结，其终结的对象也具有多样性和特定性。具体来说，政策终结的对象主要有功能、组织机构、政策、工具。[①]

（1）功能

在所有对象中，功能的终结应该是相对困难的。具体来讲，功能是指某种特定的功效或作用，而功能的终结就意味着政策实施过程中所带来的某种或某些功能的消失。功能终结的难点主要体现在两方面：一是政策的执行能够满足部分人的需要或者适合部分人的利益，因而其取消会招致部分人的反对；二是某项功能的消失，往往联系着其他更多的政策，因此，其取消会带来更大量的工作。

（2）组织机构

一项政策或一系列政策的出台，往往伴随着相关组织机构的诞生，同时伴随对相关工作人员的需求。与此同时，一项政策的终结也会造成某个或某些组织机构的改变，对政策终结中的组织机构而言，其往往会随着政策的变迁而被缩减、撤销。例如，有些机构就是为了某项政策的实施而成立的，随着政策的终结，该机构也就随之撤销；有些机构承担了多项政策，因此，某项政策的终结不足以导致该机构的撤销，便会出现机构压缩、减小的趋势；某项政策的终结还有可能导致机构的分离，属于政府序列的到其他部门，属于公司序列的成为企业，属于社会领域的回到社会。但机构的改变也会面临较大的阻碍，首要的便是与该机构利益相关的工作人员的切身利益，他们将会阻碍变革，使机构终结无法顺利实施。现实中，很多应该予以撤销或压缩的机构迟迟得不到处理便是实际例子。

（3）政策

政策本身终结的难度相对于前面两项来说要小很多，因为政策终结的直接对象便是政策。具体来讲，对于某些政策而言，如教育政策、福利政策、医疗政策、保障房政策都是比较容易直接评估并直接终结的，因为政策本身终结的阻力比较小，远远没有功能的转变、组织结构的调整来得大。此外，和其他改变带来的麻烦不同，政策本身的可操作空间也比较大，政策本身的终结具有很强的灵活性。

（4）工具

工具的终结在政策终结中是最常见、最容易的一种方式，其难度最小。具体来讲，工具的终结指的是实施具体政策过程中使用的具体的措施和手段，如行政手段、

[①] 宁骚. 公共政策学 ［M］. 3版. 北京：高等教育出版社，2018：146.

法律手段等。工具终结的难度最小主要是因为政策执行的效果有目共睹，政策措施和手段也是最为表面且常见的，这些措施和手段的变动所引起的阻力不大。此外，工具的终结本身带来的影响力也不是很大，因而不会引起较大的震动。

10.4.3.2　政策终结的方式

公共政策的终结除了对象具有特定性之外，终结的形式也具有特殊性。政策的终结会以一定的形式展现出来，如政策被废止、替代、合并、分解或缩减，甚至变为相关的法律规范。公共政策的终结应当由公共权力机关通过合法的程序作出决定，并以文件、公告等形式向社会宣布终结的指令。与此同时，政策的终结会牵涉到诸多的因素，引起一定的社会震动，所以现实中政策的终结往往不会采取很激进的方式，大多采取较为稳妥、渐进的方式。①总之，具体来讲，政策终结的方式有以下几种：

（1）政策废止

政策废止是指政府经过量化、评估后彻底结束一项已经完全脱离了客观实际或是已经不能再对社会、目标群体产生积极影响的政策，使这项政策在限定时间和一定范围内不再产生效力，不再具有社会效应。政策废止是政策终结所有方式中最直接、最果断的一种，是对不合时宜、过时了的政策进行清理。但是另一方面，政策废止也是最过激的一种，因为被废止了的政策已经实施了一段时间而且已经在社会范围内产生了一定影响，被社会公众部分或者全部接受，因此废止政策应该慎重，必须是经过各方评估后不得不被清理，并在清理的同时应该做好对公众的解释说明工作。

（2）政策替代

政策替代是指用新的政策去替代旧的政策。作为旧政策的补充，要解决的社会问题是不变的、一致的，要满足的目标需求也是不变的，基本上沿用旧政策的核心任务。之所以进行政策替代，可能是因为旧政策不能很好地解决相关社会问题，或是客观环境发生变化，或是旧政策的沿用在新环境状态下不能完全发挥作用。政策替代这种渐进式方法可以缓解政策废止所带来的强大冲击，比较缓和，且容易为受众所接受。新政策出台以后，旧政策中被替换的部分也就停止发挥效应了，这就要求新政策与旧政策之间具有较好的衔接性，能够在旧政策停止时仍能相对解决社会问题。

（3）政策合并

政策合并是指一项或者多项政策在一定时期内被终止，但是这项政策所承担的社会功能并没有停止，而且对社会的广泛影响依然存在。这时就需要相关主体通过一定的程序将这些截至目前为止仍然可行的部分政策内容合并到一项新的政策内容或者其他正在实行的政策内容中去。政策合并主要包括两种情况：一是将已经终止的政策内容合并到另一项现行政策中去，作为另一项政策的补充，使其更好发挥功效；二是将两项现行政策进行合并，从而达到1+1>2的效果，作为一项新政策从新

---

① 谢明. 公共政策概论 ［M］. 5版. 北京：中国人民大学出版社，2020：367.

的角度去看待并解决问题。

（4）政策分解

政策分解是指当一项政策的目标过多、所针对的问题过于繁杂时，需要按照政策在不同领域发挥的不同功效对本项政策进行细分，使各细分部分独立成为一项新的政策，更具有针对性。但是各项细分政策是对原有政策的细化，它的实质内容并没有发生任何实质性变化。如我国城镇职工的社会保险政策，《中华人民共和国劳动保险条例》于1951年颁布，其在内容上无所不包、非常繁杂，涉及社会问题的方方面面。改革至今，我国已经对相关条例进行了很大程度上的划分，养老、医疗、失业等保险有了具体的目标和方案。

（5）政策缩减

政策缩减不像前面的政策终结那样直接干脆，是比较渐进的政策终结方式。具体来讲，政策缩减主要是指采取渐进式的方式终结政策，减少政策带来的冲击，协调好各方面的利益，进而减少终结的阻力和损失。政策缩减的具体形式表现为：降低政策实施中的资源要素投入力度；缩小政策实施范围；放松对政策执行的管制和调控。此外，政策缩减可以通过把政策中不合时宜的部分废除，保留政策中合理部分的方式实现。

（6）政策的法律化

政策的法律化就是将政策从普通的政策转变为法律的过程。这赋予了政策更多的权威性、强制性和执行性，主要表现为一项长期执行的政策经过立法机关或被授权立法的行政机关审核，上升为相关法律法规的过程。

10.4.4　政策终结的意义

（1）有利于政策资源的节约

政策终结有利于节省财政开支、减少资源浪费。对任何政府而言，政策资源都是有限的，执行一项不该继续下去的政策，政府付出的不仅是实际成本，还有机会成本。及时的政策终结不仅可以减少人力、物力、财力的无效消耗，还可以把有限的政策资源配置到必要的领域，使其发挥最大的作用。[①]

（2）有利于政策绩效的提高

政策绩效问题有时是由政策过多导致的，规制冲突、政策矛盾，导致政策绩效低下。将绩效低下的旧政策适当地淘汰，能够避免政策走向僵化，并促进新陈代谢，提高政策绩效。

（3）有利于促进政策过程的优化

政策终结能更好地促进政策更新，维护公共价值。政策过程的优化包含政策人员优化和政策组织优化。政策人员优化包括政策制定者、政策执行者、参与政策过程的其他相关人员的优化。政策组织优化，包括政策的撤裁、更新、发展，结合人

---

① 宁骚. 公共政策学 [M]. 3版. 北京：高等教育出版社，2018：379

员优化，形成最佳的总体效应，建立更合理的多层次、多领域的政策机构。

（4）有利于政策质量的提高

政策制定是面向未来的活动，而未来会出现许多意想不到的因素，建立有效的政策评估和终结机制，有利于及时发现问题，纠正错误，总结经验，吸取教训。

10.4.5　政策终结的影响因素与策略

10.4.5.1　政策终结的影响因素

（1）政策终结的推动因素

对政策终结过程发挥推动作用的影响因素主要包括利益整合、触发事件、舆论、政策评估、政治领导者的领导能力。[①]

第一，利益整合。其是引发政策终结的根源。利益因素既可以成为政策终结的阻碍因素，也可能成为政策终结的推动因素。利益整合是利益分化和聚合的统一，两者同时进行、相互促进。具体地说，当在原有体制和政策框架内的利益分化时，原有的利益结构便会动摇。某些个体为谋求更多的利益进行盘算，并将这种预期转变为利益表达。一旦这种利益表达使其获得比原先体制和政策框架内更多的利益，具有这种相同利益要求的个体就会联合起来，以共同抵制原有规则和政策，同时积极拥护新政策的出台。联合起来的个体便可以从形成的群体中获取更多的利益。当这种利益整合进行到一定程度时，就会形成较为稳固的利益集团，进而逐渐形成社会阶层。当新的利益集团和阶层出现时，必然通过各种行动影响政策过程，要求改变或废止不利于其利益的旧政策，从而促成了某些旧政策的终结。

第二，触发事件。其是政策过程中的关键催化剂，建立了对政策问题的认识与采取政策行动要求之间的桥梁。一个触发事件要求公共政策制定者对此事件予以足够的重视，必要的条件是影响的人数足够多，并且引起了公众的担心或愤怒。此时，政策制定者就会考虑是要废除过时的、无效的政策，制定一项全新的政策来取代旧的政策，还是对政策进行部分修改。倘若触发事件已出现并引起众怒，但政策决策者或制定者仍然不作任何反应，旧政策继续实施下去，就会导致政府的合法性出现危机。所以，当触发事件发生后，政策决策者或政策制定者必须敏锐地觉察其重要性，并牢牢地抓住这一契机，将已经引起公愤的、过时的、无效的政策予以废止。

第三，舆论。其在政治生活中有着极为重要的影响和作用。当舆论对政策终结持积极态度时，政策终结就显得比较容易；相反，当舆论对政策终结持消极态度时，就会阻碍政策终结的进行。舆论在政治生活中的特殊作用被誉为第四种权力。要推进那些过时、无效的政策终结，可以发动或借助舆论的推动力。比如，可以使媒体首先关注那些过时、无效的政策，关注对这些政策的评估结果，关注这些政策的弊端和危害，进而引起公众的广泛关注，形成强大的舆论，促成政策制定者关注并终结那些过时、无效的政策。

① 张金马. 新编公共政策基础 [M]. 长春：吉林大学出版社，2009.

第四，政策评估。这是政策过程的一个重要环节，是政策终结的前提和依据。政策评估既可以侧重对政策预期效果的评估，即事前评估，也可侧重对政策运用之后的实际结果的评估，即事后评估。作为政策终结动力因素之一的政策评估专指事后评估，即对政策实施后的影响的评价。政策评估可由政府自身进行，也可以聘用社会组织进行，也有部分第三方自发地、无偿地对政策进行评估。作为政策终结的推动因素的政策评估，应该由多元评估主体对共同实施中的政策作出客观、公正的评价，并将该结果公布于众，以此作为终结过时的、无效的政策的依据。

第五，政治领导者的领导能力。政治领导者的人数虽少，但他们往往对全社会甚至对一个时代的国内格局乃至世界格局产生重大影响。由于国家政治体制的差别，政治领导者对政策过程的影响程度也有所差别。但可以肯定的是，他们对政策过程的影响是举足轻重的。在一些国家，政治领导者可以直接影响甚至决定政策的制定、实施、评估和终结的全过程。政治领导者必须具备非常好的综合素质，这种内在素质的外在综合表现就是其领导能力。政治领导者的领导力越强，意味着其对形势的判断能力、对新事物和新情况的分析能力以及创新能力越强。政治领导者是国家政治、社会变革的积极倡导者和推动者，也是过时、无效政策得以终结和新政策得以推行的促成者，其在政策终结上的作用是任何个人都无法替代的。政治领导者的领导能力是政策终结的一种重要动力因素。

上述5种因素中，利益因素是政策终结的内因，其他因素是外因。利益整合从根本上要求过时、无效的政策不断地被淘汰；触发事件则是政策终结的导火索；舆论作为催化剂可以加速政策的终结；科学、客观的政策评估结果是政策终结的前提和依据；政治领导者的领导能力是政策终结的助推力。这5种动力因素对政策终结发挥不同的功能，并且它们是相互联系、相互作用、相互渗透的有机整体。

（2）政策终结的阻碍因素

政策终结是一个政治过程，能否顺利实现终结要取决于各种政治力量互动的结果。政策终结的阻碍因素主要包括政策终结的心理障碍、组织障碍、利益集团障碍、法律障碍和成本障碍。

第一，心理障碍。政策终结往往会引起与政策相关的人员的心理抵触和反感。这些与政策相关的人员主要包括政策制定者、政策执行者与政策受益者。政策制定者对自己制定的政策总是有一定的偏好，一般不愿意承认政策的缺陷，政策终结会给他们造成一定的心理失落感。政策执行者在执行过程中付出了一定的精力和成本，如果政策终结意味着他们的利益和工作绩效受到影响，会产生强烈的心理抵触。政策受益者往往可以从现有的政策中受益，如果政策终结，就意味着利益的再分配，也就是说他们很可能不再受益，政策终结会使他们产生逆反情绪。

例如，农村殡葬改革是我国社会发展中的一项重要工作，旨在解决一些传统殡葬方式所带来的问题，推动殡葬事业的可持续发展，然而在推动殡葬改革过程中遭遇到许多阻碍。一直以来，在我国传统文化中，丧葬是极为重要的一部分。尤其在农村地区，"落叶归根、入土为安"的思想深入人心。一些农村地区的居民长期受"入土为安""厚葬"等传统观念的影响，认为自家耕地有完全自主的使用权，对火葬等现代殡葬方式产生了强烈的抵触情绪。这些居民认为，土葬是传统的、符合习俗的安葬方式，而火葬是对逝者的不尊重。当政府推行火葬政策时，这些居民往往会产生逆反心理，不愿意接受新的殡葬方式。这种心理障碍主要源于对传统习俗的坚守和对新政策的不理解。居民们担心火葬会破坏传统，担心逝者不能得到安息，也担心火葬过程中的费用和服务质量。这些担忧和抵触情绪成为殡葬改革推进中的一大障碍。

第二，组织障碍。从组织学的角度来说，组织具有一定的惯性，换句话就是组织的保守性。组织持续存在的特性是阻碍政策结束的重要因素。某一机构持续的时间越长，它被终结的可能性就越小。组织自身的进化、适应能力以及自身组织的弹性是影响政策终结的客观因素。组织机构具有动态适应性的特点，它可以随着客观环境的变化和现实的需要而产生变动。在长期的发展中，机构还会为自身创造存在的条件，这就进一步增大了政策终结的阻力。对于机构的动态适应性而言，组织会在周围状况发生改变的时候，也相应地对自身进行改变，从而避免政策终结的威胁，在一定程度上加大了政策终结的难度。

农业税政策的终结是中国政策调整中的一个典型案例，它揭示了政策终结过程中可能遭遇的组织障碍。长期以来，农业税作为地方政府的重要财政来源，其取消无疑对地方财政构成了直接挑战，导致部分地方政府因财政压力而对政策终结持保留态度，甚至采取拖延策略。此外，农业税的取消要求对税收征管体系进行全面调整，这涉及税务人员的重新配置、征管流程的再造，不仅耗时费力，还可能引发内部矛盾。更重要的是，与农业税利益密切相关的特定群体或行业，担心政策变动会削弱其既得利益，因此成为政策终结的重要阻力，通过多种渠道表达不满和担忧。这些由地方财政压力、税收征管体系调整及特定利益群体阻力构成的组织障碍，共同构成了农业税政策终结过程中的复杂挑战。

第三，利益集团障碍。公共政策实际上是多种政治力量相互作用的结果，社会生活中的政治过程实际上就是各种团体力争影响公共政策的行为过程，因此，利益集团对政策终结起着至关重要的作用。而当公共政策终结威胁到各利益集团的利益追求的时候，反对政策终结的利益集团为维护既得利益，就会采取各种合法或非法的途径（如游说、行贿等）以阻止政策终结。因此，利益集团的存在会使得政策终结更为困难。

例如，终结美国现有枪支政策的最大障碍之一就是来自利益集团的阻挠。近年来，美国枪支暴力案件增加，枪击事件频发，然而控枪阻力重重。美国全国步枪协会（National Rifle Association of America）在阻止控枪中发挥了重要作用。作为美国最具影响力的利益集团之一，该协会每年投入巨额预算，通过游说国会议员来影响枪支政策的制定。其预算规模远超所有支持枪支管制团体的总和，显示出其在政治游说方面的强大实力。美国全国步枪协会坚定捍卫美国宪法第二修正案，即保障公民持有及携带武器的权利，并大力反对任何形式的枪支管制措施，积极倡导扩大枪支权利的立法。

第四，法律障碍。任何政策上的变动和组织机构的调整都要通过一定的法律程序来进行。政策的终结和组织的撤销同样必须经过法定的程序，但这一过程不仅费时费力，而且操作起来往往十分复杂，尤其是那些已经上升为法律的政策，要使其终结更要大费周折。另外，立法机关如果经常废止或修改原有的政策，又常常会使人们对立法活动本身的有效性、科学性和稳定性产生怀疑。

以美国国会立法机制改革为例。国会议席的增减、选举制度的改革等都需要经过国会的审议和投票，甚至可能需要全民公投或州议会批准。这些程序不仅费时费力，而且往往伴随着激烈的政治博弈和利益纷争。在美国历史上，国会曾多次对现有的法律进行修订或废止，以应对社会变迁和新的挑战。然而，这些修订或废止往往伴随着广泛的争议和批评，有时甚至会导致政治危机和社会动荡。虽然改革者在不同程度上完成了预设目标，但实际效果未能使国会彻底摆脱立法效率不足、制衡力疲软的窘境。这在一定程度上反映了政策变动和组织机构调整所面临的法律障碍，以及立法机关在修改或废止政策时可能引发的问题。

第五，成本障碍。政策终结的高昂成本也是影响政策终结的一个关键因素。政策终结的成本包括终结行为本身要付出的成本和现有政策的沉没成本。在政策实施时所付出的成本被称作"沉淀成本"，政策设计者投入大量的资金和资源来保证政策可以在不确定的未来持续发挥功效；终结工作开始后要付出的成本，是终结活动"本身要付出的代价"。由于这两方面的成本的考虑，决策者常常会因为成本太过于高昂而犹豫不决，往往就导致了终结工作的迟滞问题。

这在英国脱欧的过程中就有所体现。2016年6月23日，英国全民公投决定脱离欧盟，随后英国政府宣布在2017年3月29日启动脱欧程序。加入欧盟40多年后，英国与欧盟的行政、法律和经济体系深度融合。英国如果终结欧盟身份，那么它需要与多个国家重新进行贸易谈判，涉及渔业、公平竞争环境、边境设置、资本、商品、人员流动等复杂问题，这将消耗大量的时间和精力。英国政府内部持不同立场的"拉锯"也推高了"脱欧"的成本。因此，英国"脱欧"迟迟没有结束。2020年12月24日下午，欧盟委员会主席冯德莱恩在布鲁塞尔召开新闻发布会，表示欧英双方已就贸易协议达成共识，为这场长达4年的"脱欧"长跑画上了句号。①

10.4.5.2 政策终结的策略

正是由于政策终结暗含错综复杂的利益斗争，因此它要求决策者运用高度的政治智慧、高超的政治艺术，采取灵活的策略，加以妥善处理；否则，不仅达不到政策终结的目的，甚至会适得其反，引发政治危机和政治冲突。

（1）重视沟通交流工作，消除相关者的抵触情绪

在政策终结之前，应该做好相关的调研工作，了解政策支持者、反对者与中立者对政策终结的具体态度与看法，并有选择地与相关人员进行沟通交流。例如，应

---

① 肖敬亮，文韵，陈达飞. 英国脱欧的困境：经济一体化断裂下的危机？[EB/OL]. （2019-01-11）[2024-11-22]. https://news.caijingmobile.com/article/detail/382364?source_id=40.

积极回收支持者的反馈信息，并将这些信息运用到日后的工作中；对于中立者，积极了解他们对政策采取观望的原因并寻求更加完善的建议，积极争取到中立者的支持；对于反对者，应该提升他们对政策的认知水平和认可度，使其了解到政策终结并不是某些机构或者个人的错误导致，从而逐步消除他们的抵触情绪。与此同时，在交流沟通中应该传播正确、及时的信息，并让政策的既得利益者明确政策终结所带来的短期利益调整确实是为了之后更长远的获利，以此来提升相关人员的心理认同感，使政策终结得以顺利进行。

（2）旧政策终结与新政策出台并举，缓和政策终结的压力

在旧政策即将终结时，应及时颁布新政策，从而使两者更好地衔接，避免出现脱节现象。同时应注意，旧政策的终结可能使部分既得利益者的利益受损，从而招致反对者同盟的合力阻止，这时应及时颁布新政策，并使利益受损的大部分人可以从中获得补偿，填补旧政策终结后新政策颁布前出现的真空地带。这会对政策制定者提出空前的挑战，不仅制定接续旧政策的新政策，而且要在制定的同时顾及多方的利益，只有这样才可以减少政策终结的争议和阻力，削弱反对者力量。

（3）选择有利的终结时机，转移目标群体的焦点

不仅要在终结前对公众做好解释说明工作，而且在终结时要选择合适的时机，这也是至关重要的，机遇对成功的政策终结至关重要。一般而言，这种机遇包括国家发生的重大政治事件、战争的爆发、外交上重要协议签署、旧政策执行引发的重大事件等。在这种情况下，公众的关注焦点一般会放到这类机遇事件上，即政府会将公众注意力的焦点引到另外的事件，从而降低公众对政策终结的关注度。另一种做法是使社会公众认识到政策持续运行所带来的危害、对既得利益者的利益所带来的损失，以及向公众展示政策终结带来的美好愿景。

（4）有选择地释放试探性信息，减轻舆论给政策终结造成的影响

所谓释放试探性信息，就是政府在正式宣布终止某项政策之前，在一些非正式场合流露出准备政策终结的信息，以测定舆论对这一行动所持的态度。这一做法有助于引起公众的广泛讨论，从而认清终结的必然性，减少舆论对政策终结造成的困难。

（5）正确处理政策终结与政策稳定、政策发展的相互关系

无论是政策制定者还是政策执行者，都格外关注政策实施情况的好坏，都赋予政策终结、政策稳定与政策发展以不一样的意义。他们会更加重视政策的稳定性，注重旧政策与新政策的衔接性。

（6）深度剖析与快速响应

在政策终结的筹备阶段，深度剖析策略显得尤为重要。此策略强调在政策终结前进行广泛的社会调研，深入了解并分析政策相关者的观点与反馈。这一过程有助于精准预测政策终结可能带来的各种影响，并预先制订应对方案；同时，需对政策终结的支持者、反对者及中立者的力量进行对比分析，明确各方的立场与论据，从而有效增强支持者的力量，削弱反对者的声势，并努力争取中立者的理解和支持。

此外，快速响应策略针对那些具有重大战略意义或涉及高度敏感信息的政

策。这一策略强调从国家与民族的整体利益出发，对于需要迅速终结的政策，必须果断采取行动，以避免可能产生的负面后果或错失重要机遇。快速响应有助于确保政策终结的及时性和有效性，从而维护国家的长远利益和民族的整体福祉。

基础训练

❖ 在线测试题

第10章单选题　　　　　第10章填空题　　　　　第10章判断题

❖ 简答题

1. 试论述公共政策创新的基本原则及其对政策效果的影响。
2. 政策创新有哪些战略？
3. 试述政策调整的过程。
4. 试论公共政策调整的原因。
5. 何谓政策终结？其有何意义？

❖ 案例分析

分税制的前世今生

一、财政包干制

在分税制改革之前的1980—1993年，我国实行的是财政包干制。财政包干的基本思路就是中央对各省级财政单位的财政收入和支出进行包干，地方增收的部分可以按一定比例留下自用，对收入下降导致的收不抵支则减少或者不予补助。财政包干制更加接近于真正意义上的"分权"。地方政府开始逐步变成有明确的利益和主体意识的单位。

二、弊端显现

在财政包干的增收压力下，地方政府不但没有真正做到"政企分开"，反而地方政府和地方企业的利益更为紧密地绑定在一起，形成了利益共同体。地方政府会主动帮助企业获得银行贷款，购买固定资产以扩大生产规模，从而通过流转税的增加给地方政府带来财政收入。

地方政府和企业的密切关系形成了地方政府的独立利益，加强了对新增加的经济资源的控制能力，直接导致中央政府的再分配能力的下降与中央-地方关系的紧张。这也给1994年分税制改革埋下了伏笔。

三、改革的迫切性

在财政包干制下，企业和地方政府的利益绑定得越来越深。当时盛行预算外收入。虽然地方预算内的收入要和中央分成，但是预算外的收入可以独享。比如给企业免税，"藏富于企业"，再通过其他诸如行政收费、集资、摊派、赞助等手段收一些回来，就可以避免和中央分成，变成完全自由支配的预算外收入。1982—1992年，地方预算外收入年均增长30%，远超过预算内收入年均19%的增速。到了1992年，地方预算外收入达到了预算内收入的86%，俨然"第二财政"。

财政包干制使地方积累了大量的财力，而中央的财政收入比重过小，大大降低了中央政府调控经济的能力。

1992年，邓小平南方谈话掀起了新一轮经济建设热潮。新的经济建设亟需市场化的资源配置方式。包干制引发的地方保护主义等问题成了以市场而非计划配置资源的市场经济发展的阻力。改革势在必行。

四、主要改革措施

分税制改革受到了很大的地方阻力，越是在包干制下过得很舒服的省级地方政府越不愿意改革。中央最终也进行了一部分让步。主要的让步一是以1993年的收入为返还基数（而非中央政府希望的1992年）；二是在1994年之后，返还数以"两税"增量的1∶0.3（中央/地方）的比例增加。

一定程度的让步加上中央仍然保持对地方的绝对权威，最终分税制在几个月的时间内得到了全国各地方政府的认可，并迅速被推行。

广义的分税制改革主要包括两个方面的内容：一是税制改革，即税种的重新划分和调整；二是财政体制的改革，即中央和地方重新划分和调整各自的财权和事权。

资料来源：吴超. 站在又一个历史起点上，分税制改革30年回眸［EB/OL］.（2024-01-11）［2024-11-28］. https://www.infzm.com/contents/264199?source=131.

思考：

1. 在政策变迁过程中，为什么地方保护主义在财政包干制下迅速加剧？
2. 在政策变迁过程中，中央在推行分税制改革时为何需要对地方进行让步？
3. 政策变迁如何影响中央与地方的财政关系？财政包干制与分税制有何区别？
4. "分税制"政策调整的原因有哪些？
5. "分税制"改革成功的经验及启示分别是什么？

主要参考文献

［1］SALAMON L M. The tools of government: a guide to the new governance ［M］. New York: Oxford University Press, 2002.

［2］HOWLETT M, RAMESH M. Studying public policy: poilcy cycles and policy subsystems ［M］. Toronto: Oxford University Press, 1995.

［3］PETERS B G. American public policy: promise and performance ［M］. 3d ed. NJ: Chattham House, 1993.

［4］GOGGIN M L, BOWMAN A O, LESTER J P, et al. Implementation theory and practice: toward a third generation ［M］. Chicago: Scott, Foresman/Little, Brown, 1990.

［5］HOOD C C. The tools of government ［M］. London: The Macmillian Press, 1983.

［6］EASTON D. The political system: an inquiry into the basic concepts ［M］. New York: Alfred A. Knopf, 1953.

［7］LERNER D, LASSWELL H D, FISHER H H. The policy sciences: recent development in scope and method ［M］. New York: Standford University Press, 1951.

［8］COBB R, ROSS J, ROSS M H. Agenda building as a comparative political process ［J］. American Political Science Review, 1976, 70 (1): 126-138.

［9］VAN METER D S, VAN HORN C E. The policy implementation process: a conceptual framework ［J］. Administration & Society, 1975, 6 (4): 445-488.

［10］SMITH T B. The policy implementation process ［J］. Policy Sciences, 1973, 4 (2): 197-209.

［11］COBB R W, ELDER C D. The politics of agenda building: an alternative perspective for modern democratic theory ［J］. The Journal of Politics, 1971, 33 (4): 892-915.

［12］LOWI T J. American business, public policy, case studies, and political theory ［J］. World Politics, 1964, 16 (4): 677-715.

［13］LIPSKY M. Toward a theory of street-level bureaucracy ［C］. Annual Meeting of the American Political Science Association, 1969: 48-69.

［14］休斯. 公共管理导论 ［M］. 张成福, 等译. 5版. 北京: 中国人民大学

出版社，2023.

[15] 王洛忠. 公共政策学 [M]. 北京：北京大学出版社，2022.

[16] 韩莹莹. 公共政策学 [M]. 广州：华南理工大学出版社，2022.

[17] 西蒙. 管理行为 [M]. 詹正茂，译. 北京：机械工业出版社，2021.

[18] 杨宏山. 公共政策学 [M]. 北京：中国人民大学出版社，2020.

[19] 宁骚. 公共政策学 [M]. 3版. 北京：高等教育出版社，2018.

[20] 习近平. 决胜全面建成小康社会夺取新时代中国特色社会主义伟大胜利：在中国共产党第十九次全国代表大会上的报告 [M]. 北京：人民出版社，2017.

[21] 金登. 议程、备选方案与公共政策 [M]. 丁煌，方兴，译. 2版. 中文修订版. 北京：中国人民大学出版社，2017.

[22] 朱春奎. 公共政策学 [M]. 北京：清华大学出版社，2016.

[23] 麻宝斌，王庆华. 公共政策学 [M]. 北京：高等教育出版社，2016.

[24] 严强. 公共政策学基础 [M]. 北京：高等教育出版社，2016.

[25] 夏洪胜，张世贤. 公共关系管理 [M]. 北京：经济管理出版社，2014.

[26] 谢明. 公共政策概论 [M]. 2版. 北京：中国人民大学出版社，2014.

[27] 张红凤. 公共政策导论 [M]. 上海：上海财经大学出版社，2013.

[28] 马国贤，任晓辉. 公共政策分析与评估 [M]. 上海：复旦大学出版社，2012.

[29] 伊斯顿. 政治生活的系统分析 [M]. 王浦劬，主译. 北京：人民出版社，2012.

[30] 陈振明. 政策科学：公共政策分析导论 [M]. 3版. 北京：中国人民大学出版社，2012.

[31] 邓恩. 公共政策分析导论 [M]. 谢明，伏燕，朱雪宁，译. 4版. 北京：中国人民大学出版社，2011.

[32] 戴伊. 理解公共政策 [M]. 谢明，译. 12版. 北京：中国人民大学出版社，2011.

[33] 谢明. 公共政策分析 [M]. 北京：首都经济贸易大学出版社，2010.

[34] 缪勒. 公共选择理论 [M]. 韩旭，杨春学，等译. 北京：中国社会科学出版社，2010.

[35] 张亲培. 新编公共政策基础 [M]. 长春：吉林大学出版社，2009.

[36] 李允杰，丘昌泰. 政策执行与评估 [M]. 北京：北京大学出版社，2008.

[37] 胡宁生. 现代公共政策学：公共政策的整体透视 [M]. 北京：中央编译出版社，2007.

[38] 陈振明. 公共政策学——政策分析的理论、方法和技术 [M]. 北京：中国人民大学出版社，2004.

[39] 张金马. 公共政策分析：概念·过程·方法 [M]. 北京：人民出版社，2004.

[40] 韦默，维宁. 政策分析——理论与实践 [M]. 戴星翼，董骁，张宏艳，译. 上海：上海译文出版社，2003.

[41] 陈潭. 公共政策学 [M]. 长沙：湖南师范大学出版社，2003.

[42] 张成福，党秀云. 公共管理学 [M]. 北京：中国人民大学出版社，2001.

[43] 格斯顿. 公共政策的制定：程序和原理 [M]. 朱子文，译. 重庆：重庆出版社，2001.

[44] 徐大同. 当代西方政治思潮（20世纪70年代以来）[M]. 天津：天津人民出版社，2001.

[45] 哈贝马斯. 公共领域的结构转型 [M]. 曾纪茂，等译. 上海：学林出版社，1999.

[46] 本书编委会. 现代化进程中的政治与行政：下册 [M]. 北京：北京大学出版社，1998.

[47] 张国庆. 现代公共政策导论 [M]. 北京：北京大学出版社，1997.

[48] 陈庆云. 公共政策分析 [M]. 北京：中国经济出版社，1996.

[49] 北京大学马克思主义学院哲学教研室. 辩证唯物主义和历史唯物主义纲要 [M]. 北京：北京大学出版社，1996.

[50] 马克思，恩格斯. 马克思恩格斯选集：第1卷 [M]. 中共中央马克思恩格斯列宁斯大林著作编译局，译. 北京：人民出版社，1995.

[51] 邓小平. 邓小平文选：第2卷 [M]. 北京：人民出版社，1994.

[52] 林永波，张世贤. 公共政策 [M]. 台北：五南图书出版公司，1993.

[53] 伊斯顿. 政治体系——政治学状况研究 [M]. 马清槐，译. 北京：商务印书馆，1993.

[54] 药师寺泰藏. 公共政策 [M]. 张丹，译. 北京：经济日报出版社，1991.

[55] 毛泽东. 毛泽东选集：第1卷 [M]. 北京：人民出版社，1991.

[56] 桑玉成，刘百鸣. 公共政策学导论 [M]. 上海：复旦大学出版社，1991.

[57] 王同亿. 语言大典 [M]. 海口：三环出版社，1990.

[58] 安德森. 公共决策 [M]. 唐亮，译. 北京：华夏出版社，1990.

[59] 阿尔蒙德，鲍威尔. 比较政治学：体系、过程和政策 [M]. 曹沛霖，译. 上海：上海译文出版社，1987.

[60] 刘悦伦，李江涛，廖为建. 决策思维学 [M]. 沈阳：辽宁人民出版社，1986.

[61] 马克思，恩格斯. 马克思恩格斯全集：第23卷 [M]. 中共中央马克思

恩格斯列宁斯大林著作编译局，译．北京：人民出版社，1972．

[62] 马克思，恩格斯．马克思恩格斯全集：第20卷 [M]．中共中央马克思恩格斯列宁斯大林著作编译局，译．北京：人民出版社，1971．

[63] 张友浪，王培杰．政策如何塑造大众？基于最近三十年国际政策反馈研究的元分析 [J]．公共行政评论，2024，17 (3)：24-43．

[64] 尚虎平，刘俊腾．公共政策全过程科学评估：逻辑体系、技术谱系与应用策略 [J]．学术研究，2023 (3)：47-57；177-178；2．

[65] 陈玲，孙晋．政府间规范秩序：一个扩展的政策过程理论 [J]．公共行政评论，2023 (1)：144-160；199-200．

[66] 汪家焰．以人民为中心的政策议程设置：理论阐释、生成逻辑与实现机制 [J]．学习论坛，2023 (6)：69-78．

[67] 史珍珍，王欣，陈玉杰．三类技能培训载体培训效率的比较与分析——基于数据包络分析法 [J]．中国职业技术教育，2022 (21)：87-96．

[68] 张龙平，熊雪梅．我国政策执行效果审计研究——关于政策执行效果评价指标体系的构建 [J]．厦门大学学报（哲学社会科学版），2020 (2)：79-90．

[69] 贺东航，孔繁斌．中国公共政策执行中的政治势能——基于近20年农村林改政策的分析 [J]．中国社会科学，2019 (4)：4-25；204．

[70] 刘兆鑫．新时代政策执行的过程变迁及其走向 [J]．中国行政管理，2019 (12)：75-79．

[71] 陈振明．中国政策科学的学科建构——改革开放40年公共政策学科发展的回顾与展望 [J]．东南学术，2018 (4)：52-59；247．

[72] 李保忠，赵金莎．新时代与公共政策的创新 [J]．国防科技，2018，39 (6)：88-95．

[73] 谢新水．对"人民满意的服务型政府"行动特征的考察：以行动主义为视角 [J]．学习论坛，2018 (10)：73-80．

[74] 薛澜，赵静．转型期公共政策过程的适应性改革及局限 [J]．中国社会科学，2017 (9)：45-67；206．

[75] 杨宏山．政策执行的路径-激励分析框架：以住房保障政策为例 [J]．政治学研究，2014 (1)：78-92．

[76] 朱水成．政策执行的中国特征 [J]．学术界，2013 (6)：15-23；281．

[77] 宁骚．中国公共政策为什么成功？——基于中国经验的政策过程模型构建与阐释 [J]．新视野，2012 (1)：17-23．

[78] 霍海燕．中国公民社会参与视角下的政策过程 [J]．人民论坛，2011 (24)：20-23．

[79] 陈玲，赵静，薛澜．择优还是折衷？——转型期中国政策过程的一个解释框架和共识决策模型 [J]．管理世界，2010 (8)：59-72；187．

[80] 王绍光．学习机制、适应能力与中国模式 [J]．开放时代，2009 (7)：

36-40；26.

[81] 王绍光. 中国公共政策议程设置的模式 [J]. 开放时代，2008（2）：5-22.

[82] 杨帆. 公共政策创新应考量"性价比"[J]. 浙江经济，2007（10）：34-35.

[83] 朱仁显. 政策评估与政策优化：论政策评估的意义 [J]. 理论探讨，1998（2）：64-65.

[84] 河北省公共政策评估研究中心，燕山大学京津冀协同发展管理创新研究中心，燕山大学县域振兴发展政策研究中心. 第十二届公共政策智库论坛暨"新时代、新征程、新发展"国际学术研讨会会议论文集 [C]. 秦皇岛：燕山大学公共管理学院，河北省公共政策评估研究中心，2022.

[85] 习近平. 在庆祝中国共产党成立100周年大会上的讲话 [N]. 人民日报，2021-07-02（2）.

[86] 习近平. 谈谈调查研究 [N]. 学习时报，2011-11-21（1）.